国家宏观战略中的关键性问题研究丛书

大数据环境下面向宏观经济风险的审计监测预警研究

王 擎 ◎ 著

科 学 出 版 社

北 京

内 容 简 介

本书是在我国宏观经济信息进入大数据时代,以及宏观经济风险更加复杂多变的背景下,基于审计大数据信息,创建宏观经济风险分析框架,构建审计数据指数体系和数据体系,开发宏观经济风险监测预警系统,提出优化数字化审计工作模式的建议。本书运用复杂网络、机器学习、宏观计量模型等方法,构建起行业风险向宏观经济风险的跨部门、跨地区风险传染机制,夯实了宏观经济风险的微观生成机理;同时本书构建了宏观经济风险和房地产热点跟踪两个智能系统,实现了对宏观经济风险进行可视化的实时监测预警,具有较强的运用性能和智能化水平。

本书适合宏观经济金融风险的学者、宏观经济金融部门的管理者、数字化审计工作的实践者、大数据和机器学习方法的研究者阅读。

图书在版编目(CIP)数据

大数据环境下面向宏观经济风险的审计监测预警研究/王擎著. —北京:科学出版社,2023.3
（国家宏观战略中的关键性问题研究丛书）
ISBN 978-7-03-071248-6

Ⅰ. ①大… Ⅱ. ①王… Ⅲ. ①宏观经济–政府审计–审计监督–研究–中国 Ⅳ. ①F239.44 ②F123.16

中国版本图书馆 CIP 数据核字（2022）第 000913 号

责任编辑：李 嘉／责任校对：贾娜娜
责任印制：张 伟／封面设计：有道设计

科学出版社 出版
北京东黄城根北街 16 号
邮政编码：100717
http://www.sciencep.com

北京中科印刷有限公司 印刷
科学出版社发行 各地新华书店经销
*
2023 年 3 月第 一 版 开本：720×1000 1/16
2023 年 3 月第一次印刷 印张：22
字数：441 000
定价：228.00 元
（如有印装质量问题，我社负责调换）

丛书编委会

主　编：
　　侯增谦　副　主　任　国家自然科学基金委员会

副主编：
　　杨列勋　副　局　长　国家自然科学基金委员会计划与政策局
　　刘作仪　副　主　任　国家自然科学基金委员会管理科学部
　　陈亚军　司　　　长　国家发展和改革委员会发展战略和规划司
　　邵永春　司　　　长　审计署电子数据审计司
　　夏颖哲　副　主　任　财政部政府和社会资本合作中心

编委会成员（按姓氏拼音排序）：
　　陈　雯　研　究　员　中国科学院南京地理与湖泊研究所
　　范　英　教　　　授　北京航空航天大学
　　胡朝晖　副　司　长　国家发展和改革委员会发展战略和规划司
　　黄汉权　研　究　员　国家发展和改革委员会价格成本调查中心
　　李文杰　副　主　任　财政部政府和社会资本合作中心推广开发部
　　廖　华　教　　　授　北京理工大学
　　马　涛　教　　　授　哈尔滨工业大学
　　孟　春　研　究　员　国务院发展研究中心
　　彭　敏　教　　　授　武汉大学
　　任之光　处　　　长　国家自然科学基金委员会管理科学部
　　石　磊　副　司　长　审计署电子数据审计司
　　唐志豪　处　　　长　审计署电子数据审计司
　　涂　毅　主　　　任　财政部政府和社会资本合作中心财务部
　　王　擎　教　　　授　西南财经大学
　　王　忠　副　司　长　审计署电子数据审计司
　　王大涛　处　　　长　审计署电子数据审计司
　　吴　刚　处　　　长　国家自然科学基金委员会管理科学部
　　徐　策　原　处　长　国家发展和改革委员会发展战略和规划司
　　杨汝岱　教　　　授　北京大学
　　张建民　原副司长　国家发展和改革委员会发展战略和规划司
　　张晓波　教　　　授　北京大学
　　周黎安　教　　　授　北京大学

丛 书 序

习近平总书记强调，编制和实施国民经济和社会发展五年规划，是我们党治国理政的重要方式[①]。"十四五"规划是在习近平新时代中国特色社会主义思想指导下，开启全面建设社会主义现代化国家新征程的第一个五年规划。在"十四五"规划开篇布局之际，为了有效应对新时代高质量发展所面临的国内外挑战，迫切需要对国家宏观战略中的关键问题进行系统梳理和深入研究，并在此基础上提炼关键科学问题，开展多学科、大交叉、新范式的研究，为编制实施好"十四五"规划提供有效的、基于科学理性分析的坚实支撑。

2019年4月至6月期间，国家发展和改革委员会（简称国家发展改革委）发展战略和规划司来国家自然科学基金委员会（简称自然科学基金委）调研，研讨"十四五"规划国家宏观战略有关关键问题。与此同时，财政部政府和社会资本合作中心向自然科学基金委来函，希望自然科学基金委在探索PPP（public-private partnership，政府和社会资本合作）改革体制、机制与政策研究上给予基础研究支持。审计署电子数据审计司领导来自然科学基金委与财务局、管理科学部会谈，商讨审计大数据和宏观经济社会运行态势监测与风险预警。

自然科学基金委党组高度重视，由委副主任亲自率队，先后到国家发展改革委、财政部、审计署调研磋商，积极落实习近平总书记关于"四个面向"的重要指示[②]，探讨面向国家重大需求的科学问题凝练机制，与三部委相关司局进一步沟通明确国家需求，管理科学部召开立项建议研讨会，凝练核心科学问题，并向委务会汇报专项项目资助方案。基于多部委的重要需求，自然科学基金委通过宏观调控经费支持启动"国家宏观战略中的关键问题研究"专项，服务国家重大需求，并于2019年7月发布"国家宏观战略中的关键问题研究"项目指南。领域包括重大生产力布局、产业链安全战略、能源安全问题、PPP基础性制度建设、宏观经济风险的审计监测预警等八个方向，汇集了中国宏观经济研究院、国务院发展研究中心、北京大学等多家单位的优秀团队开展研究。

该专项项目面向国家重大需求，在组织方式上进行了一些探索。第一，加强顶层设计，凝练科学问题。管理科学部多次会同各部委领导、学界专家研讨凝练

[①]《习近平对"十四五"规划编制工作作出重要指示》，www.gov.cn/xinwen/2020-08/06/content_5532818.htm，2020年8月6日。

[②]《习近平主持召开科学家座谈会强调 面向世界科技前沿面向经济主战场 面向国家重大需求 面向人民生命健康 不断向科学技术广度和深度进军》（《人民日报》2020年9月12日第01版）。

科学问题，服务于"十四五"规划前期研究，自上而下地引导相关领域的科学家深入了解国家需求，精准确立研究边界，快速发布项目指南，高效推动专项立项。第二，加强项目的全过程管理，设立由科学家和国家部委专家组成的学术指导组，推动科学家和国家部委的交流与联动，充分发挥基础研究服务于国家重大战略需求和决策的作用。第三，加强项目内部交流，通过启动会、中期交流会和结题验收会等环节，督促项目团队聚焦关键科学问题，及时汇报、总结、凝练研究成果，推动项目形成"用得上、用得好"的政策报告，并出版系列丛书。

该专项项目旨在围绕国家经济社会等领域战略部署中的关键科学问题，开展创新性的基础理论和应用研究，为实质性提高我国经济与政策决策能力提供科学理论基础，为国民经济高质量发展提供科学支撑，助力解决我国经济、社会发展和国家安全等方面所面临的实际应用问题。通过专项项目的实施，一方面，不断探索科学问题凝练机制和项目组织管理创新，前瞻部署相关项目，产出"顶天立地"成果；另一方面，不断提升科学的经济管理理论和规范方法，运用精准有效的数据支持，加强与实际管理部门的结合，开展深度的实证性、模型化研究，通过基础研究提供合理可行的政策建议支持。

希望此套丛书的出版能够对我国宏观管理与政策研究起到促进作用，为国家发展改革委、财政部、审计署等有关部门的相关决策提供参考，同时也能对广大科研工作者有所启迪。

侯增谦

2022 年 12 月

前　言

当前我国经济发展已由高速增长阶段转向高质量发展阶段，在经济发展新常态环境下，各种风险挑战不断显现。与此同时，国际形势正在发生深刻复杂的变化，大国战略博弈全面加剧，国际体系和国际秩序深度调整，外部环境不确定、不稳定因素显著增加。党的十九大报告中，"防范化解重大风险"被摆在打好三大攻坚战的首位[①]。从审计功能与经济安全来讲，审计机关和审计干部要当好国家财产的"看门人"和经济安全的"守护者"[②]，需全力推进审计全覆盖，切实发挥好审计常态化"经济体检"功能。当前，我国宏观经济信息进入大数据时代，宏观经济风险具有复杂网络的传染表现，传统审计监测无法满足大数据时代的现实需求。因此，有必要基于跨部门、跨机构、跨市场的视角全面审视宏观经济风险的生成、传染、放大与突变机制，构造从微观数据到宏观经济风险生成的一般机理，以突破传统研究范式的局限，以便得以在大数据环境下运用新的审计分析方法和新的数据获取、分析技术构建审计风险指标体系，提高宏观经济风险分析的监测预警与应对能力。

本书基于审计大数据信息，创建宏观经济风险分析框架，构建审计数据指数体系和数据体系，开发宏观经济风险监测预警系统，提出优化数字化审计工作模式的建议。

第一，本书在对宏观经济风险和微观经济风险进行界定、刻画和描述的基础上，通过复杂网络、计量模型、机器学习等方法，构建部门、行业、地域相互间关联的机制，将宏观经济风险与微观经济风险关联起来，刻画了宏观经济风险的微观形成机理和传导机制，构建了我国宏观经济风险的分析框架。

第二，基于审计大数据信息，本书以金融机构和微观企业为核心主体，构建部门、行业的风险评价体系，通过理论分析、机器学习、功效系数法等方法，构建了行业部门的审计风险指数体系以及宏观经济风险指数体系。

第三，本书结合研究中的多源异构数据，采用业界标准的数据采集处理分析

[①] 习近平：决胜全面建成小康社会　夺取新时代中国特色社会主义伟大胜利——在中国共产党第十九次全国代表大会上的报告，http://www.gov.cn/zhuanti/2017-10/27/content_5234876.htm[2022-04-29]。

[②] 不忘初心　牢记使命　争当新时代有思想的"看门人"和"守护者"，https://www.audit.gov.cn/n6/n1558/c133435/content.html[2022-04-29]。

流程，建立起一套标准的审计数据框架体系，具体包括：数据采集、数据处理、数据存储、数据分析和数据可视化展现。

第四，本书项目开发了大数据智能化的宏观经济风险监测预警平台和房地产热点跟踪系统，实现了数据自动实时更新，实现了宏观经济风险把控全面化、宏观经济风险监测自动化与宏观经济风险预警精准化。

第五，本书在分析数字化审计工作模式优化必要性的基础上，提出数字化审计工作模式优化的理论框架，分析数字化审计工作模式的现状、困难和问题，提出数字化审计工作模式优化的路径选择，最后构建数字化审计工作模式优化的流程设置。

第六，运用前面的宏观经济风险分析框架以及宏观经济风险监测预警系统，本书对我国当前宏观经济风险进行详细研究，撰写相应研究报告。研究报告共分为两个层面、六个方面：一是对行业风险和健康度的监测评价报告，具体又分为金融行业、房地产行业和其他行业的评价报告；二是对宏观经济风险的监测预警报告，具体从复杂网络、机器学习、宏观计量模型三种视角进行分析。

本书存在以下可能创新：①通过对微观经济风险指数的智能构建和分析，构建了基于大数据的宏观经济风险分析框架。本书运用复杂网络、机器学习、宏观计量模型等方法，构建了行业风险向宏观经济风险的跨部门、跨地区风险传染机制，夯实了宏观经济风险的微观生成机理，完善了从微观大数据到宏观经济风险的内在逻辑。②创新了机器学习的分析方法。本书在风险预警实现过程中，利用均方根误差对比了线性回归模型和六种机器学习模型的预测性能，然后使用 Shapley 值和 Shapley 回归框架解决了机器学习模型的不可解释性，有效兼顾了机器学习和传统计量分析的优势。③构建了可视化宏观经济风险监测预警智能系统。本书构建了宏观经济风险和房地产热点跟踪两个智能系统，实现了对宏观经济风险进行可视化实时监测预警，具有较强的运用性能和智能化水平。

宏观经济风险的分析是一个庞大的工程，囿于时间的限制，本书研究只是一个开端，在各方面都还存在不足：一是宏观经济分析框架非常复杂，涉及面很广，本书搭建的框架还比较初步；二是数据的可得性仍然决定了宏观框架的可行性，目前数据的获得仍有较大局限；三是宏观经济风险监测预警系统的自动分析与迭代更新还需要进一步完善。不过，沿着这条道路，可以不断在理论和运用上取得突破。

目　　录

第1章　导论 1
　1.1　研究背景及意义 1
　1.2　研究文献基础 2
　1.3　研究思路和内容 12
　1.4　研究方法 23
　1.5　研究创新与不足 24

第2章　大数据环境下的宏观经济风险分析框架 25
　2.1　宏观经济风险的内涵、特征事实与演变 25
　2.2　微观经济风险的表现与刻画 29
　2.3　宏微观经济风险的关联逻辑 31

第3章　宏观风险导向的审计指数体系构建 74
　3.1　金融部门风险指数 74
　3.2　房地产部门风险指数 84
　3.3　行业健康度指数 101
　3.4　宏观经济风险审计指数 110

第4章　基于多源异构大数据的审计数据体系构建 118
　4.1　数据处理框架 118
　4.2　数据处理关键技术 118
　4.3　多源异构数据处理框架 120
　4.4　数据采集 122
　4.5　数据处理 126
　4.6　数据存储 127

4.7 数据分析 ·· 128

4.8 数据展示 ·· 129

第 5 章 智能化审计风险监测预警平台搭建 ························· 130

5.1 宏观审计风险监测预警平台搭建 ································· 130

5.2 房地产热点跟踪及分析系统搭建 ································· 156

第 6 章 数字化审计工作模式优化研究 ································ 180

6.1 引言 ··· 180

6.2 数字化审计工作模式优化的理论框架 ·························· 182

6.3 数字化审计工作模式的现状 ······································· 185

6.4 数字化审计工作模式面临的困难和问题 ······················· 192

6.5 数字化审计工作模式优化的路径选择 ·························· 193

6.6 数字化审计工作模式优化的流程设置 ·························· 196

第 7 章 宏观经济风险监测分析报告 ··································· 200

7.1 金融行业风险监测分析报告 ······································· 200

7.2 房地产行业风险监测分析报告 ···································· 217

7.3 其他行业风险监测分析报告 ······································· 250

7.4 宏观经济风险监测预警报告 ······································· 284

参考文献 ·· 329

后记 ·· 340

第 1 章

导　　论

1.1　研究背景及意义

当前我国经济发展已由高速增长阶段转向高质量发展阶段，在经济发展新常态环境下，各种风险挑战不断显现，经济高杠杆、地方政府隐性债务、影子银行体系膨胀、金融过度化、房地产泡沫、资产价格波动、汇率贬值、资本流动突然逆转等宏观经济风险隐患加剧。与此同时，国际形势正在发生深刻复杂的变化，大国战略博弈全面加剧，国际体系和国际秩序深度调整，外部环境不确定、不稳定因素显著增加。

诸多宏观经济风险引起了国家的足够重视。党的十九大报告中，"防范化解重大风险"被摆在打好三大攻坚战的首位。习近平总书记也反复强调，要"深刻认识和准确把握外部环境的深刻变化和我国改革发展稳定面临的新情况新问题新挑战，坚持底线思维，增强忧患意识，提高防控能力，着力防范化解重大风险"[1]。

从审计功能与经济安全方面来讲，审计机关和审计干部要当好国家财产的"看门人"和经济安全的"守护者"[2]，需全力推进审计全覆盖，切实发挥好审计常态化"经济体检"功能。值得注意的是，社会经济部门信息化的迅速发展，使得我国宏观经济信息进入大数据时代。目前，经济大数据信息已呈现出多源异构的复杂特征，宏观经济风险具有复杂网络的传染表现，传统审计监测无法满足大数据时代的现实需求。因此，有必要基于跨部门、跨机构、跨市场的视角全面审视宏观经济风险的生成、传染、放大与突变机制，构造从微观数据到宏观经济风险生成的一般机理，以突破传统研究范式的局限，以便在大数据环境下运用新的审计分析方法和新的数据获取、分析技术构建审计风险指标体系，提高宏观经济风险分析的监测预警与应对能力。

---

[1] 习近平在省部级主要领导干部坚持底线思维着力防范化解重大风险专题研讨班开班式上发表重要讲话，http://www.gov.cn/xinwen/2019-01/21/content_5359898.htm?tdsourcetag=s_pcqq_aiomsg*[2022-04-29]。

[2] 不忘初心　牢记使命　争当新时代有思想的"看门人"和"守护者"，https://www.audit.gov.cn/n6/n1558/c133435/content.html[2022-04-29]。

为此，本书基于审计大数据信息，提出新的宏观经济风险分析框架，构建审计数据指标体系，开发监测预警平台框架，优化数字化审计工作模式。第一，本书拟基于审计大数据信息，以金融机构和微观企业为核心主体，构建微观智能网络，研究部门、行业、地域与市场之间的关联机制，把握当前宏观经济风险的微观形成机理和传导机制，提出我国宏观经济风险的分析框架。第二，本书拟进一步构建多源异构数据处理机制，开发大数据智能化的宏观经济风险监测预警平台，实现宏观经济风险把控全面化、宏观经济风险监测自动化与宏观经济风险预警精准化。第三，本书拟深入探究大数据环境下数字化审计组织模式与内部协调机制，进而为有效防范化解宏观经济风险提供重要的制度保障。

1.2 研究文献基础

为全面反映国内外研究状况及发展动态，我们从以下四个维度进行文献梳理：一是宏观经济风险形成与传导机理；二是宏观经济风险传统监测预警方法；三是大数据技术在风险监测预警领域的应用；四是大数据环境下数字化审计工作机制。

1.2.1 宏观经济风险形成与传导机理的相关研究

对宏观经济风险机理的研究一直是经济学研究的前沿领域之一。从基本假设出发建立不同经济行为主体之间的联系，模拟不同负面冲击发生时风险的扩散及爆发机制，是理论建模的核心思路。至今，这一领域已发展出很多不同的研究范式。我们将基于复杂金融网络方法、部门经济分析法、CCA（contingent claims analysis，或有权益分析）法、DSGE 模型（dynamic stochastic general equilibrium model，动态随机一般均衡模型）以及审计理论等，阐述宏观经济风险研究的发展趋势。在此基础上，进一步梳理我国宏观经济风险指标构建研究的进展情况。

1. 基于复杂金融网络的宏观经济风险研究

由于宏观经济风险涉及各部门之间的协调共变与溢出传染，因此需要寻找一种将这些部门置于同一个框架下的处理技术。网络分析法可以构建经济活动节点之间的连接结构模型，有助于识别由节点、连边或外部所触发风险的外部性以及对整个系统的影响，从而逐渐被应用于金融经济体系中系统性风险的研究。经济活动节点之间的关系通常具有强度和方向，因此一般都是有权有向网络，这要比普通的自然网络和社会网络更为复杂。在风险传染渠道方面，近年来的文献主要有三个研究途径。一是经济节点间的直接关联通道，如节点之间的债权债务关系、交易关系或者投入产出关系等。直接关联关系的存在便于构建显然的风险传导机制，并在此基础上进行网络建模和求解模型的唯一解（Eisenberg and Noe, 2001;

Afonso and Shin, 2008）。二是关注存在资产共性和按市值计价会计准则的情况下出现的经济外部性（Greenwood et al.，2015），即当一个节点受到冲击时，会采取诸如出售资产的措施来满足VaR（value at risk，在险价值）或资本结构要求。在按市值计价会计准则下，市场价格的内生降低会对其他节点的资产负债表产生负面影响（Cifuentes et al.，2005）。三是对节点之间由于信息溢出产生的风险溢出效应或风险传染的研究。例如，当系统内的某个节点出现危机时，尽管部分节点与其并不存在直接联系，但由于"羊群效应"或者"投资者心理"的波动，另一节点产生风险联动效应（Diebold and Yilmaz，2014）。

由于经济节点间直接往来数据往往难以获得，很多研究缺乏对传染渠道差异的考虑，只关注节点间的关联性和网络构建方法、基于关联性构建的网络结构类型、不同网络拓扑结构对系统稳健性以及风险传染效率的影响等问题。

在金融经济网络的构建方法方面，网络分析法的研究思路根据数据类型以及数据可得性主要分为四类。第一，可以直接获得经济节点间的往来个体数据，以此构建网络，进而对网络和网络中的节点进行分析。第二，经济节点间直接往来数据不可得，但行业间的总量数据或整体指数可以获得，则可以结合最大熵法来构造关联网络（Furfine，2003）。第三，不考虑节点间的直接往来数据，而是利用公开市场数据基于相似性构建网络，即首先计算节点之间的相关系数，随后按照一定的标准筛选冗余连边，构建主干网络。常用的方法有最小生成树（minimum spanning tree，MST）（Mantegna，1999）和平面极大过滤图（planar maximal filtering graph，PMFG）（Tumminello et al.，2005）等。第四，与第三种方法类似，但在冗余连边的筛选方法上利用公开市场数据，基于格兰杰因果检验、有向无环图及方差分解等计量方法，构建格兰杰因果关系网络或风险溢出网络（Billio et al.，2012；Diebold and Yilmaz，2014）。

在金融经济网络拓扑结构特征对系统性风险形成的影响研究方面，Allen和Gale（2000b）与Freixas等（2000）在早期的研究中强调了网络中节点关联性对风险分散的影响，并指出网络拓扑结构是影响金融机构风险恢复能力的关键影响因素。Bae等（2003）指出节点之间的过度互联会增加系统性风险，并可能导致大量的节点违约。Gai等（2011）则认为连通度和系统性风险之间存在非单调关系。Brunnermeier等（2009）也指出一个紧密联系的网络可以使节点风险得以通过网络转移到其他节点，从而通过风险的分散化减轻系统性风险。Imakubo和Soejima（2010）发现网络密度越高，风险传染循环越畅通，而某些参与者能起到缓冲器的作用。Mistrulli（2011）、Trapp和Wewel（2013）不仅观察到网络结构对冲击传播的反应不同，而且发现系统的脆弱性取决于最初受到影响的机构在网络中的位置。

Acemoglu等（2015）进一步发现在影响节点的负面冲击规模足够小时，连接更密集的网络会增强网络的稳定性。但网络连接的密集程度存在一定的阈值，一旦超过这一阈值，风险在网络中的传染效率将会大大提高，从而降低金融经济网络的稳定性。Battiston 等（2012）研究发现，网络连通度与系统性风险之间的关系是驼峰型的，可以表示为在相对较低的连通度水平下，由于风险分担的作用，个体违约风险降低；而在较高的连通水平下，正面反馈循环使陷入困境的节点更容易发生风险。

另一部分研究关注网络的连通性及网络异质性对风险传染的影响。Dasgupta（2001）研究了银行之间的联系如何成为传染的根源，并研究了储户在收到有关银行基本面的负面信号时的反应方式。Iori 等（2006）研究发现当银行网络异质性较高时，随着连接的增加，系统抵御风险的能力增强。Allen 和 Gale（2000b）认为金融网络的规模对系统性风险的传染起着重要作用。Tasca（2011）指出金融体系中异质性越高，金融系统中的风险越分散，因而金融机构和金融系统更有弹性也更稳定。Allen 和 Carletti（2011）进一步研究了网络异质性对风险传染的影响，指出异质性越高并不一定是金融机构的最佳选择，例如，银行的异质性很高时，银行系统由于完全风险分散，网络稳定度下降。Amini 等（2016）基于金融网络的无标度特征，模拟构建了无标度网络，并以此分析了网络及其中节点在遭受外部冲击时的风险传染情况以及冲击下的系统稳健性。Acemoglu 等（2015）通过比较完备网络和环形结构网络发现，虽然完备网络更稳定，但在极端情况下越紧密的连接会使系统越脆弱。

2. 基于 CCA 方法的宏观经济风险研究

以 CCA 方法分析与管理宏观金融风险的发展历程并不很长，其核心方法是把各部门的权益和担保看作期权，并运用期权定价模型进行定价。最初，CCA 方法主要被用于测算微观企业的偿债能力和违约风险。经过 Gray 等（2006，2008）的系列研究，CCA 方法的适用范围由微观层面推广到宏观层面，由此建立起使用宏观资产负债数据量化分析宏观金融风险的理论体系，用以估算宏观经济的风险暴露。例如，Castren 等（2009）运用 CCA 方法分析了欧元区的宏观金融风险，认清了宏观金融风险的源头及传染模式，全面分析了负面冲击在宏观金融中的传导过程及其对宏观经济、金融脆弱性的影响程度，国内学者在这方面的研究也有很多（范小云等，2013；吴恒煜等，2013；苟文均等，2016）。这种方法也广泛运用在经济各部门的风险测度层面，如主权部门的风险测度及其可持续探讨（Gray et al.，2008）、国家风险压力测试（Gapen et al.，2005）、企业部门脆弱性及其与国民经济的联动性（Gapen et al.，2004）。为进一步实现 CCA 方法的优化，后续研究从机构资产关联性（Saldías，2013）、风险相依性（Gray and Jobst，2010）、高阶矩（张立华和丁建臣，2016）以及引入宏观风险跳跃扩散假设（唐文进和苏帆，2017）等方面进行了扩展。

3. 基于 DSGE 模型的宏观经济风险研究

利用 DSGE 模型研究宏观经济风险是当前宏观经济研究的主流，特别是与经济波动和金融系统相关的主题，这也是宏观金融研究领域近些年的热门。其研究方法是将金融市场因素嵌入动态随机一般均衡框架中，系统地研究某个外生冲击带来的经济波动。Gertler 和 Kiyotaki（2010）首次将金融中介纳入基准模型，模拟出金融中介的冲击及银行资本规模变动会通过信贷市场影响实际经济。Gertler 和 Karadi（2011）将金融部门引入 DSGE 模型，将金融加速器的作用效果以金融部门的最优行为的形式表现了出来，虽然其目的是研究美国直接介入购买证券的货币政策的效果，但开辟了加入研究金融部门问题的宏观研究模式。而后 Brzoza-Brzezina 等（2013）将抵押约束的金融摩擦和金融加速器的金融摩擦分别纳入标准 DSGE 框架，进行矩匹配、脉冲响应和会计资产负债表分析，得出结果是包含金融加速器的金融摩擦更能反映经验事实。这些研究基本上奠定了后续研究的基础，引出了后续一系列关于金融冲击和经济波动的研究（Nolan and Thoenissen, 2009；王国静和田国强，2014）。当然，从实证研究检验金融风险所造成的经济波动的研究也有很多（Kaihatsu and Kurozumi, 2014；Iacoviello, 2015；Mimir, 2016）。然而，这类研究都有共同的缺陷，即不能刻画金融风险隐患的来源，更不能表现出经济阶段转变对风险隐患的内生性。而且由于 DSGE 模型本身的缺陷，金融对经济的影响机制并不能完全展现出来，也表现不出经济的长期性质。

4. 基于风险导向审计理论的宏观经济分析框架

审计是党和国家监督体系的重要组成部分，需要在整个国家治理体系中的更高层次、更高水平上发挥功能作用（蔡春等，2018），这也就意味着审计必然是打好"防范重大风险"攻坚战的重要保障，对应着风险导向的审计功能。风险导向的审计作为现代审计方法，最早是在西方发达国家的内部审计实践中得到日益普遍的应用。国际内部审计师协会（Institute of Internal Auditors，IIA）首次将风险管理的职能赋予内部审计之中，并通过不断修订规则将内部审计工作完全引上了风险导向审计的道路，把风险导向审计贯穿于内部审计全过程（陈宇，2004；黄海，2009）。有关风险导向内部审计理论结构的研究，学者提出了一些有代表性的模式，如"环境—本质—假设—目标—规范与信息—控制—环境"的审计理论结构模式、"本质—假设—目标—职业规范"的结构模式、"目标—对象—职责"的模式（陈宏，2005）以及"目标—风险—控制"的逻辑结构等（李玲和陈任武，2006）。而无论模式的具体形式如何，其内核基本一致，也就是审计程序与风险管理协同一致（徐元玲，2008；庄飞鹏，2014；蔡春等，2016）。就具体的方法而言，庄飞鹏（2014）提出审计人员应当首先对审计对象可能面临的所有风险进行识别，通过完善风险数据库使数据可以被完整地借鉴和测评来识别风险。成体系的典型方法是美国反虚假财务报告全国委员会的发起组织委员会（Committee of Sponsoring Organization of the Treadway Commission，COSO）提出的企业风险管理（enterprise risk management，ERM）框架，其框架有三个维度，即目标、构成要素和层级，其特点是提出了风险偏好（risk appetite）和风险容忍度（risk tolerances）的概念（林斌等，2012）。之后大量的研究都在此框架内进行，通过总结其在实践中的问题并提出解决方法来不断完善（Miccolis et al.，2005；Kimmel and Anderson，2010）。通过对 ERM 的研究，国内学者也将其用在了商业银行、现代企业等诸多领域的审计体系构建中（胡继荣，2009；陈武朝，2010；张丽英和杨俊峰，2015），当然也可以借鉴到国家审计之中，完善国家审计在防范风险层面的目标、任务、环节和重点等内容（王彦，2006）。

1.2.2　宏观经济风险传统监测预警方法的相关研究

1. 宏观经济风险测度与指标构建的相关研究

与风险机制研究相比，宏观经济风险测度（即是否有风险以及风险到底有多大）及指标构建的研究还不够丰富。这主要是因为宏观经济风险涵盖面太广，构建涉及经济各方面的指标体系难度太大。因此，研究一般会集中在宏观经济中某种类型风险，其中系统性金融风险测度与指标研究最多。

在系统性金融风险测度方面，主要存在两类方法。第一类方法是基于严格的理论假设和翔实的微观基础建立相应的结构测度方法。具有代表性的该类方法主要有 Segoviano 和 Goodhart（2009）等学者提出的联合违约概率（joint probability of default，JPoD）模型、CCA 方法以及 Gray 和 Jobst（2010）等发展的系统性或有权益分析（systemic contingent claims analysis，SCCA）方法。第二类方法是基于金融市场公开数据的简约式（reduced-form）测度模型。基于简约式测度模型的系统性金融风险测度方法主要有 Shapley 值法、条件在险价值（conditional value at risk，CoVaR）、边际期望损失（marginal expected shortfall，MES）、系统性金融风险指数（systemic risk，SRISK）等（Tarashev et al.，2010；Adrian and Brunnermeier，2011）。

现阶段比较主流的构建风险指标的思路包括：采用历史数据分析的综合指标法，早期的综合指标有 IMF（International Monetary Fund，国际货币基金组织）的金融稳健指标、金融压力指数（financial stress index，FSI）（Illing and Liu，2003）、金融稳定状况指数（End and Tabbae，2005），之后的综合指标的构造融入了更多方法，如主成分分析法（郭娜等，2018）和马尔可夫状态转换等技术（陶玲和朱迎，2016），以及基于违约相关性构建的指标（巴曙松等，2013）、基于 VaR 构建的指标（Brunnermeier et al.，2009）、用 CCA 方法构建的指标（范小云等，2013；

吴恒煜等，2013）等。也有学者在金融系统之外考虑宏观经济冲击来构建指标体系，如刘春航和朱元倩（2011）综合构建的宏观风险指数、经营风险指数和银行传染指数多层次风险矩阵。

2. 基于传统风险模型对宏观经济风险监测预警的研究

长期以来，宏观经济风险监测和预警研究主要关注监测和预警金融风险，监测和预警方法更是层出不穷。20 世纪末，Frankel 和 Rose（1996）与 Sachs 等（1996）率先在回归模型中设定风险预警阈值监测金融风险。监测预警模式简单易行，但风险预警阈值设定缺乏科学依据，无法保证风险监测和预警精度。为了合理设定风险预警阈值，Kaminsky 等（1998，1999）提出了 KLR 信号法[①]。KLR 信号法监测预警步骤可分为两步：第一步，研究金融危机起因，进而确定金融风险监测预警指标；第二步，回归分析金融危机爆发的先行指标，确定危机监测与预测阈值。除此之外，许多学者还使用格兰杰因果检验、主成分分析、聚类分析、层次分析法以及合成指数等方法改进 KLR 信号法，都获得了较为可喜的风险监测和预警精度（吴洪权，2014）。然而，令人遗憾的是，KLR 信号法无法解释风险演化的动态机理，难以胜任复杂多变宏观经济风险的监测预警。

近些年来，已有学者跳出 KLR 信号法研究框架，开始运用马尔可夫区制转移（Markov-switching）模型刻画风险演化的动态机理，建立宏观经济风险的监测与预警系统（Coke and Berg，2004；Aboura and van Roye，2017）。

1.2.3 大数据技术在宏观风险监测预警领域的应用研究

1. 基于大数据技术的宏观经济风险研究

近些年来，大数据方法一般应用在微观领域，如预测信用风险、违约风险或市场风险等，这对阐明宏观经济风险机制并没有实质的提升。而在一般宏观经济的研究中，因为最多只关注到宏观经济部门的问题，所以参数估计时所用到的经济变量的数量也会比较少。在对宏观经济风险机制的研究中，大数据技术一般都与 DSGE 模型的构建联系在一起，模型的数值解和参数估计的算法就更需要大数据技术的支持。这一思想最早是由 Boivin 和 Giannoni（2006）融入研究的，他们认为大数据集中包含的信息与重要宏观经济序列的演化有关，传统的基于 DSGE 模型的估计和推理可能存在失真。因此他们提出了一个通用的经验框架来估计 DSGE 模型，以系统的方式利用了潜在的大数据序列面板中的信息，而且给出了模型的马尔可夫链蒙特卡罗的估计方法，结果模型在一定程度上提升了预测的精确度。而后，Kryshko（2011）在此研究基础上进一步把新凯恩斯 DSGE 模型与大

---

① 由 Kaminsky（卡明斯基）、Lizondo（利松多）、Reinhart（莱因哈特）创立。

数据面板数据结合，并把卡尔曼滤波结合原始数据向量的低维转换平滑技术引入模型的估计中，大大提高了效率，这也确立了最初的 DSGE-DFM①。而后这种方法被很多学者使用，如 Galí 等（2012）提倡使用多个数据系列来衡量工资，Barsky 等（2007）则使用多个通胀指标来估计他们的模型。这些研究都从一定程度上改进了不可观测状态和可观测状态的识别，进而改进了结构参数的估计。

2. 多源异构数据库构建研究

近年来，数据来源与特征的高度多样化使多源异构数据库构建技术成为大数据领域的新研究热点。现阶段，多源异构数据库构建技术实现主要基于三种方法：异构信息网络（heterogeneous information network）、多视角学习（multi-view learning）以及基于深度学习的推荐（deep learning based recommendation）方法。异构信息网络体现了大数据真实的交互关系，与同构信息网络相比，包含更丰富的数据结构和语意。自 Sun 等（2009）首次提出异构信息网络方法以来，异构信息网络方法已成为多源异构数据库构建的利器法宝，能够胜任相似性度量、聚类、链接预测、推荐等多源异构数据库构建的关键工作（Sun et al.，2011）。

多视角学习解决了传统机器学习方法单一视角生成导致的过度拟合与特征丢失问题，是更为可靠的多源异构数据库构建方法。在众多多视角学习方法中，有两类方法较受关注：协同训练（co-training）与多核学习（multiple kernel learning）。其中协同训练是较早出现的多视角学习方法之一，主要通过交替训练最大化未标记数据中多视角的共同目标，最终实现多源异构数据融合（Blum and Mitchell，1998）。而多核学习方法则是通过控制核矩阵的搜索空间容量以适应数据多源异构特征（Bach et al.，2004；Rakotomamonjy et al.，2008）。

基于深度学习的推荐方法可谓是时下前沿的多源异构数据库构建技术之一，深度学习与推荐系统的融合为多源异构数据库构建提供了新的机遇。现阶段，基于深度学习的推荐方法大多与深度神经网络模型有关，如基于多层感知机（multilayer perceptron）的推荐方法（cheng et al.，2016）、基于自动编码器（autocoder）的推荐方法（sedhain et al.，2015）、基于循环神经网络（recurrent neural network，RNN）的推荐方法（Hidasi et al.，2016）以及基于卷积神经网络（convolutional neural network，CNN）的推荐方法（He et al.，2016）。

3. 基于大数据的宏观经济风险监测预警中数据降维的研究

虽然在小样本环境中基于 SVM（support vector machine，支持向量机）与 BCT（binary classification tree，二元分类树）方法的宏观经济风险监测和预警效果已获得广泛认可，但对于大数据，基于 SVM 或 BCT 方法的宏观经济风险监测和预

---

① DFM 即 dynamic factor model。

警模型极易引发维度灾难，所以在面对大数据时，降维是不可避免的。

目前，基于 SVM 与 BCT 方法的大数据降维技术主要分为两类：第一类是两步法，先降维选取变量，再运用 SVM 与 BCT 方法构建宏观经济风险监测与预警模型（Aksu et al.，2010）；第二类是利用惩罚函数（penalty function）选取变量构造宏观经济风险监测与预警模型（Chen and Tian，2010）。虽然两类模型的监测预警效果卓著且难分伯仲，但都仅为单变量选择模型，都忽略了变量间可能存在的复杂结构关联，可能导致严重的变量误选，最终降低风险监测预警效果。在近期的研究中，一些学者开始钻研基于群组变量选择（group variable selection）的 SVM 或 BCT 宏观经济风险监测预警模型，比如 Yang 和 Zou（2013）提出的 Group LASSO-SVM 法[①]，Huang 等（2012）提出的 Group MCP-SVM 法[②]。不过需要进一步说明的是，即便基于群组变量选择的宏观经济风险监测预警模型确实有效解决了大数据维度诅咒与变量组群间的结构关联问题，但却忽视了群组内的变量选择问题。所以，有学者引入所谓的双层变量选择（bi-level variable selection）方法同时筛选群组内外的所有变量（Simon et al.，2013）。方匡南和杨阳（2018）借助稀疏群组（sparse group LASSO，SGL）双层变量选择技术，构建了基于 SGL-SVM 的财务风险监测预警模型，并获得了优于其他群组变量选择 SVM 模型的监测预警效果。

4. 基于机器学习方法的宏观经济风险监测预警研究

随着机器学习的快速发展，越来越多的学者开始使用机器学习提取风险特征进而监测和预警宏观经济风险（苏治等，2017）。该类方法主要采用了神经网络（neural network，NN）、SVM 以及二元分类树。

神经网络具有很强的非线性拟合能力，可映射任意复杂的非线性关系，而且学习规则简单易于实现。但是神经网络的最优解仅为局部最优，易出现过度学习问题，因而监测和预警效果并不稳定（吴冲等，2004）。

部分学者已开始尝试使用具有全局最优解的 SVM 构造宏观经济风险的监测与预警模型（林宇等，2016）。但令人遗憾的是，传统 SVM 在面对非对称样本数据集时，只使用单一决策分类超平面，监测和预测结果往往会偏向少数类样本，容易导致模型预测失误，最终降低模型的监测和预测性能。而就宏观经济风险而言，正常类样本（风险爆发前的样本）往往远多于关注类样本（风险爆发后的样本），所以仅使用 SVM 依然无法确保宏观经济风险监测和预警精度。针对传统 SVM 面临的非对称样本问题，学者提出了孪生 SVM（twin-SVM）（王鹏和黄迅，2018）。twin-SVM 将传统 SVM 的单一决策分类超平面扩展成两个决策分类超平面，分别

---

① 即组最小绝对值收敛和选择算子的支持向量法。LASSO 即 least absolute shrinkage and selection operator，最小绝对值收敛和选择算子。

② 即组广义最小最大凹惩罚的支持向量法。MCP 即 minmax concave penalty，最小最大凹惩罚。

拟合各自所属类型的样本,有效克服了传统 SVM 的单一决策分类超平面向多数类样本倾斜的缺陷,在宏观经济风险监测和预测上具有显著优势。

虽然基于 SVM 方法的宏观经济风险监测预警模型取得了长足进步,但模型严重依赖模型设定,容易出现模型误设问题,导致宏观经济风险监测预警失真。为了克服模型误设问题,部分学者提倡采用基于非参数方法的二元分类树模型来监测预测宏观经济风险(Duttagupta and Cashin, 2011)。

1.2.4 大数据环境下数字化审计工作机制的相关研究

正如前文所述,因为国家审计需要发挥防范化解重大风险的职能,所以这方面的审计工作机制也是风险导向的。基于此,以往的审计工作强调有效的审计需要深入了解被审计单位所处的行业环境、战略规划和业务流程,分析审计目标单位可能蕴藏的风险(Knechel and Vanstraelen, 2007),这也与当前我国审计工作主要采用"项目式"模式(魏祥健, 2015;马德辉, 2017)相对应。在当前大数据环境下,这种审计工作模式也难以有效应对宏观经济风险的变化。在经济转型发展的关键时期,要满足全面提升审计能力、有效发挥审计职能的要求,审计工作机制朝大数据数字审计方向完善就变得非常必要(刘家义, 2015)。

而当前我国审计工作机制还存在不适应大数据应用的地方,如大数据信息平台建设应用存在不平衡(马德辉, 2017),部分审计人员能力难以适应大项目、综合性审计的发展要求等(刘家义, 2015;马德辉, 2017),传统的根据审计任务采取现场"一对一"审计的模式存在缺陷(魏祥健, 2015;马德辉, 2017)。

对于此,学者提出了一系列大数据环境下完善数字化审计的措施,如在建设大数据审计平台方面,提出以 SaaS(software as a service,软件即服务)模式为依托,建立跨行业、跨领域的行业云大数据审计分析平台(秦荣生, 2014;牛艳芳等, 2017),打破审计数据在共享方面的限制(马德辉, 2017),针对不同的大数据应用系统,设计相适应的系统架构,例如,可将大数据审计平台分拆为采集、预处理、分析和可视化四个子平台,各平台支持多种审计大数据分析方法(刘国城和王会金, 2017);在提升审计人员应对大数据环境的素质方面,主要就是完善符合审计工作职业特点的审计人员管理制度,有计划提高审计人员的专业化素质和职业胜任能力(刘家义, 2015);在完善现有审计模式方面,中共中央办公厅、国务院办公厅印发的《关于实行审计全覆盖的实施意见》提出"建立健全数据定期报送制度,加大数据集中力度",这是大数据数字化审计的前提(王家新等, 2016)。在此基础上,有学者提出全面推广"总体分析、发现疑点、分散核实、系统研究"数字化审计方式(刘星等, 2016),实现各级审计机关的组织协同和业务协同(魏祥健, 2015),促进各级审计机关由相对孤立的分层式审计向相互衔接、上下贯通的一体化审计转变(牛艳芳等, 2017),利用大数据的处理与分析功能和手段,对被审计单位的数据进行集中分析、验证核查，实施对重点数据动态的实时监控。

1.2.5 研究现状简要评述

通过文献梳理，不难发现，无论是基于大数据的宏观经济风险形成和传导机理研究，还是基于大数据人工智能方法的风险监测预警和审计机制构建研究都是方兴未艾且极具挑战的前沿研究。

在宏观经济风险形成与传导机理研究方面，现有研究的内涵和外延已非常丰富。而且自次贷危机以来，学界对经济风险测度与评估，特别是金融风险的测度与评估研究也有了长足的发展，尤其在风险测度和评估方法发展上，考虑越发全面细致，统计与微观基础也越发翔实。但现阶段，无论是宏观经济风险机理研究还是宏观经济风险测度与评估研究，依旧没有实现宏观经济风险机理与风险测度评估的有效融合，导致宏观经济风险机理研究空有微观理论基础支撑却无法实现微观数据验证，宏观经济风险测度评估研究徒有强大完备的实证技术却难有理论支撑。而且，从现阶段看，将大数据的技术融入宏观经济的研究也是一个崭新的研究领域，特别是从中国的相关研究来看，这方面的文献极为匮乏。

在宏观经济风险监测预警研究方面，在有限样本环境中，宏观经济风险监测预警模型的发展已经相当深入，尤其是在风险监测预警模型构建方法上，大多都具有坚实的统计理论基础。不过较为遗憾的是，现有宏观经济风险监测预警模型大多依旧停留在"黑匣子"阶段，难以体现宏观经济风险的形成与传导机理，导致宏观经济风险理论与监测预警方法脱节，无法对宏观经济风险追根溯源。因此，即便模型的监测预警结果在统计意义上足够卓越，也可能只是"就结果解释结果"，无法获得具有深刻经济含义的理论解释，更难以切实指导制定实施宏观经济风险防范化解措施。另外，在大数据环境中，宏观经济风险监测预警研究才刚刚开始，已有研究往往止步于解决"维度灾难"问题，对如何使用机器学习方法建设大数据环境下的多源异构数据库还鲜有提及。本书拟采用大数据全样本分析方法解决传统有限样本问题，通过多源异构大数据采集、储存、集成，构建大数据仓库来实现；利用表征学习对特征数据和风险指数进行治理，形成动态跨部门、跨层级的风险指数体系；采用机器学习和宏观经济风险复杂网络方法，实现微观大数据到宏观经济风险传导路径演化；在以上工作的基础上，构建起有效的基于审计大数据的宏观经济风险监测预警框架。

在大数据环境下数字化审计工作机制研究方面，当前的学者有针对性地提出了完善大数据环境下审计工作机制的建议，尤其是在工作模式转变方面，基本已经涉及了审计工作的各种细节，极具启发性。然而，在大数据环境下，审计工作更需要与宏观经济风险的机理相适应，能在数字化审计过程中找准风险在数据指标上的表现，并能根据数据的构成回溯到风险的起源、成因以及传导路径等。现有文献还鲜有从这个角度来考虑如何完善审计工作机制的，要切实完善大数据审计工作机制，真正做到常态化"经济体检"，必然要深入探讨审计机关内部协调问题与跨部门的数据治理问题。

1.3 研究思路和内容

1.3.1 总体研究思路及框架

本书的总体研究思路是揭示微观大数据到宏观经济风险的传导路径，提出新的宏观经济风险分析框架，进而基于宏观经济运行态势实现风险导向审计指数体系构建，进一步完成多源异构大数据的审计数据体系构建工作，最终实现基于大数据的智能化审计监测预警平台。此外，本书还会考虑数字化审计工作模式优化等问题。

如图1-1所示，本书拟解决三大科学问题：基于微观数据的宏观经济风险形成机理与分析框架；多源异构审计大数据治理；基于大数据的审计监测预警方法。围绕上述三大科学问题，具体开展五个方面的研究工作：宏观经济风险作用机理及分析框架构建；基于宏观经济运行态势的风险导向审计指数体系构建；基于多源异构大数据的审计数据体系构建；基于大数据的智能化审计监测预警平台框架构建；数字化审计工作模式优化。最终实现四大研究目标：提出基于大数据审计视角的中国宏观经济风险分析框架；构建基于大数据的风险导向智能审计体系；开发宏观经济风险监测预警平台框架；形成大数据范式下常态化数字审计工作模式。

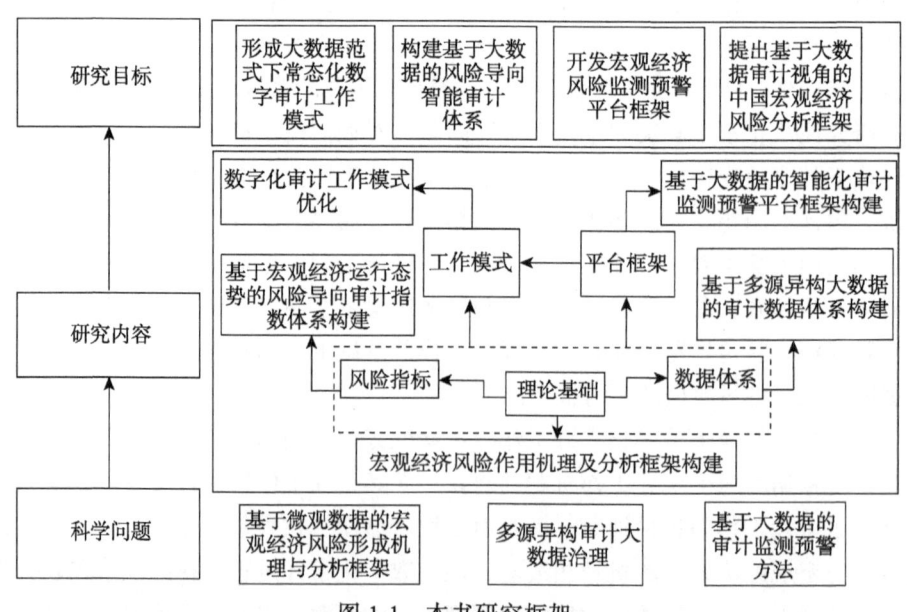

图 1-1 本书研究框架

1.3.2 本书内容

1. 大数据环境下的宏观经济风险分析框架

整个分析框架首先分析宏观经济风险的概念、特征和事实，其次分析微观经济风险的表现与刻画，最后采用不同的方法，将微观风险指标与宏观经济风险联系起来。

（1）基于审计功能与经济安全视角对宏观经济风险的概念、特征进行界定。本书将宏观经济风险界定为实现经济高质量发展目标过程中出现的不确定性。基于推动发展方式转变、实现产业体系和产业结构的转型升级和打造环境友好型经济等目标权衡以及创新、协调、绿色、开放和共享五大发展理念，本书主要从"增长"（增长速度、增长效率、增长动力）、"结构"（产业结构、区域结构、城乡结构）和"环境"（资源消耗、环境污染）三个维度来对宏观经济风险进行界定和测度。为进一步体现审计常态化"经济体检"功能，本书提出宏观经济风险还需关注实现不同维度之间的关联风险。本书主张从经济系统的视角将宏观风险分为静态的风险状态与动态的风险抵御能力。前者重点关注经济体系的风险传染、金融与经济部门的反馈机制等；后者侧重完善宏观经济风险管理能力，即提高金融经济体系的风险抵抗能力、逆周期宏观经济调控政策等。

（2）分析宏观经济风险的微观起源和产业背景。本书认为，行业作为连接微观基础与宏观经济的重要纽带，其自身的行业健康度以及行业风险关联对宏观经济的影响重大。要实现对宏观经济风险的微观审计和早期预警，需要找到微观数据与宏观经济风险之间的内在逻辑。我们采用国民经济部门的分析方法，将经济部门与风险关联主体分为家庭部门、金融部门、企业部门、政府部门和国外部门，其中金融部门与企业部门为核心。结合我国宏观经济风险的发展逻辑，我们将企业部门重点分解为房地产部门和其他行业部门，立足于微观行业，分析各行业风险的成因以及这种风险与宏观经济表现的关系，揭示各行业风险的演变以及微观数据和宏观风险间的作用机理。

（3）将行业风险指标与宏观经济风险联系起来，采用不同方法，对宏观经济风险进行预测预警。

首先，采用复杂网络方法，构建中国产业空间网络，分析风险从行业到宏观经济的传染路径，评估、预测我国宏观经济风险的大小。由于某个区域的产业受多方面因素的影响且这些影响相互关联，计量经济学的方法已经不能描述产业网络体系的特征；而且，直观的宏观经济数据忽略了中间投入产出结构，无法描述产业冲击的传染过程。因此，我们使用复杂网络方法构建基于产业关联和空间关联的产业空间关联网络来解构宏观经济风险的微观关联基础。基于所构建的省级区域间产业空间网络，我们对产业空间网络结构特征和网络应用的研究问题进行了深入分析。在网络结构方面，我们在中国产业空间骨干网络及网络特征、聚类分析、节点重要性分析三个方面展开研究。在此基础上，重点研究了风险传染的两个重要领域：一是区域产业的重要性评估，用于分析不同地区的不同产业受到不同冲击对其他经济节点、消费、资本形成、进出口等经济部门的影响；二是产业链系统重要性评估，用于从带动力、价值度、中心性等维度评估以核心产业为基础的 45 条产业链。

其次，采用传统宏观计量模型，对宏观经济风险进行监测与预警。在宏观经济遭遇类似疫情等的强烈外部冲击的情况下，如何准确对宏观经济运行情况，特别是未来短期内的经济走势进行预测和分析就成了研究的重点。一个精确的预测结果能够帮助政府部门快速了解冲击的强度以及破坏性，为反冲政策的制定提供可靠的依据，从而有助于经济体快速走出冲击带来的负面影响。为此，本书构建了基于明尼苏达（Minnesota）共轭先验分布的 BVAR（Bayes vector autoregression，贝叶斯向量自回归）预测模型和 LASSO 模型，对反映经济运行状况的三个关键指标——GDP（gross domestic product，国内生产总值）、通货膨胀率和利率进行了预测与分析。

最后，采用机器学习模型，对宏观经济风险进行监测与预警。本书开发了一个自动机器学习平台，在该平台上，分行业预测行业及其关联行业的经济增加值波动，并利用各行业相关数据对宏观经济变量进行预测，如 GDP、CPI（consumer price index，消费者价格指数）、失业率等。同时，使用 Shapley 回归框架分析各行业经济增加值和宏观变量的影响因素，对宏观经济的风险因子进行追踪溯源。

2. 构建宏观经济风险审计指数体系

（1）对行业的风险指标进行全面分析，构建行业风险审计指数。

首先，对金融部门进行风险分析。本书立足于金融市场高频与金融机构月度数据，构建金融市场（银行市场、股票市场、外汇市场、房地产市场）压力指数，刻画金融市场的月度风险及隐患；采用 CoVaR、SRISK、CES（constituent expected shortfall，成分期望损失）、MES、CCA 等方法对金融机构系统性风险进行测度。

其次，对房地产部门进行风险分析。依据微观房地产大数据基本实现房地产行业微观数据全覆盖、风险挖掘与关联以及基于机器学习的风险预测。基于贝壳网、房价行情网、中国土地市场网、Wind、CEIC 等数据源的采集，实现房地产分析数据的全覆盖。数据体系包括 31 个省区市中的 366 个城市，采集约 1197 万条数据，包含每套住房、土地的成交价格与其他特征属性。系统实现全自动采集，每周全部更新一次，每日更新重点数据。在此基础上，基于大数据特征，从城市群、城市内部区域、不同分位数等多维度，以跨主体的关联分析视角准确洞察房地产行业的风险，全景式监测房地产行业的财务风险、经营主体风险、经营主体活动、土地价格、房屋价格。

最后，对其他行业健康度进行分析。本书基于全样本的企业微观数据、行业中观数据与宏观经济数据对产业健康度进行分析，构建既涵盖风险源与风险评价，又考量产业的经济效应与政治效应的综合评价体系；从静态的风险评估与动态的风险抵御能力双重视角，基于风险指数、发展指数、控制力、对外依存度以及外部溢出风险五个维度进行评价，基于通用指标和行业特征指标两个层面进行指标体系构建。

（2）按照宏观经济风险的定义，构建宏观经济风险审计指数。

基于宏观经济风险的定义及评价的测度逻辑，同时兼顾测度指标层次性与数据可得性，本书采用熵权法构建了包括经济增长、经济结构优化、经济稳定性、资源配置效率和生态可持续 5 个子系统、14 个准则层和 36 个测度指标的宏观经济风险评价指标体系。

3. 构建宏观经济风险审计数据体系

我们采用业界标准的数据采集处理分析流程，建立起一套标准的审计数据框架体系。从数据架构角度分析，可以分为数据采集（主要提供实时、准实时、定时、按需等多种采集策略，对多源异构数据进行采集）、数据处理（对多源异构数据进行数据处理，包括数据清洗、ETL[①]、数据转换等内容）、数据存储（提供数据仓库、分布式数据库和分布式文件存储模式，并依据 Hadoop 技术生态体系实现数据的并行计算）、数据分析（提供数据的多维分析、挖掘分析、实时分析和数据共享服务等）和数据可视化展现（实现垂直应用的部署能力，并实现多维分析和挖掘分析等可视化分析展示形式）。

4. 经济风险监测及预警系统设计方案

本部分是在前面宏观经济风险分析框架的基础上，搭建宏观经济风险监测预警系统。在搭建宏观经济风险监测预警系统的基础上，我们又侧重地搭建了房地产热点跟踪及分析系统。系统主要包括以下四个部分：①系统设计的关键环节；②数据及数据库架构设计；③数据分析；④可视化展示及决策。

1）系统设计的关键环节

系统的整体设计思路如下：宏观经济风险监测与预警系统将充分利用大数据和人工智能技术，实现对金融部门进行风险分析、对房地产部门进行风险分析、对其他行业健康度进行分析，建设和完善宏观经济风险大数据中心平台通信网络条件，满足风险数据传输、辅助决策、风险监测、风险预警等功能要求。通过大

[①] 即 extract-transform-load，用来描述将数据从来源端经过抽取（extract）、转换（transform）、加载（load）至目的端的过程。

数据和人工智能技术，建立实时聚合海量数据资源和服务资源的分布式宏观经济风险服务框架和模型，建立客观、量化的宏观经济风险指标体系，通过量化风险模型和智能预测技术，实现宏观经济中的风险识别、量化，通过智能预警机制，实现对宏观经济中风险的预警，防止宏观经济风险发生，从而辅助经济健康发展。

系统开发的技术路线包括：①基于开源的 Hadoop 大数据技术，搭建数据存储、计算等环境；②建立宏观经济风险分析模型；③基于大数据的宏观经济风险关联性分析；④风险的智能预警。

系统开发的关键技术包括：①建立宏观经济风险分析服务框架和模型；②非结构化多源异构宏观经济风险数据智能挖掘技术；③基于机器学习的宏观经济风险模型；④宏观经济风险智能预警机制。

2）数据及数据库架构设计

数据采集：通过将外部数据资源、互联网数据资源统一接入，为宏观经济风险监测与预警系统提供原始数据支撑。项目主要着眼于以下两个方面：多源异构宏观经济活动数据库数据采集技术、多源异构宏观经济活动数据库数据源发现方法。项目研究中，首先尽量爬取互联网中的大数据，例如，从信用中国、中国裁判文书网等网站获得企业基本信息、股权关系、经营状况等基础数据。从贝壳网、中国房价行情网、中国土地市场网、Wind、CEIC、百度搜索等网站获取房价与地价等数据。同时，利用 Wind 数据库，建立全面反映行业健康度的年度化指标体系。另外，与四川省大数据中心、中国农业银行四川省分行、成都大数据集团股份有限公司，共享企业工商大数据、企业税务大数据、企业增值税大数据、电力大数据、企业信贷大数据等政务与信贷大数据。

数据存储：通过提供标准的数据统一接入机制，将各来源以及互联网的结构化和非结构化数据进行统一的汇聚接入，并提供对接入的数据进行统一的转换、去重和编目等功能，包括对数据定义、数据结构、数据标识、数据编码、数据编目、负责人、来源、转换关系、目标、质量等级、依赖关系、安全权限等相关内容进行管理，最终形成符合统一存储要求的数据模型。同时，利用分布式数据库和分布式文件系统对结构化数据与非结构化数据进行高效存储。房地产可视化系统的数据来源主要是贝壳网、中国土地市场网和中国房价行情网这三个网站的实时数据。首先将三个网站的数据进行分布式排序，然后将三个网站的所有数据都整合到一个 ElasticSearch 数据库。为了满足后续的数据清洗、数据分析、数据建模等工作的需要，将建立中间数据仓库。本书计划使用关系型数据库 MySQL 来做数据存储。

数据清洗：从各种数据源接入数据之后，首先需要由数据清洗及转换子系统对数据进行必要的清洗和抽取处理，从而提高数据的整体质量和数据压缩率，节约系统资源。数据清洗基本准则就是将爬取内容不全的、爬取内容存在明显错误的数据，以及内容重复的数据进行去除，然后再将清洗后的数据存入数据库中。

3）数据分析

数据分析系统作为宏观经济风险监测与预警系统对外提供数据的深度挖掘和分析服务的核心系统，分布式数据处理子系统提供了对分布式存储数据进行并行处理的能力。数据分析系统利用多种分布式计算引擎，结合分布式数据存储模型对各类结构化及非结构化的信息资源进行快速的分布式分析处理，并将分析处理后的中间结果数据提供给示范应用层，并提供给其他业务系统进行二次利用。此外，模型管理子系统提供各类业务分析模型的新建、修改等管理功能。宏观经济风险监测与预警系统的数据分析系统可分为三个主要部分：分布式计算引擎、算法及模型管理、可视化数据分析挖掘。

风险监测：通过审计对象信息画像、企业关联分析、异常舆情等进行实时监测，实时动态摸底企业宏观经济活动，测度宏观经济风险，为风险建模与预警提供数据线索。对审计对象分层级风险监测，构建若干风险监测平台，具体包括：重要节点风险监测平台（包括对重要性金融机构、重要性企业等的监测）、风险传染性监测平台、行业风险监测平台、区域风险监测平台、经济部门风险监测平台、金融市场监测平台和综合监测平台。

风险预警：通过明确风险数据、构建风险模型和细化风险评价，构建风险预警框架。具体来讲，按照风险类型、业态构建各类型风险分析模型，形成多维度、高效率的宏观经济活动风险预警模型与评价体系，提升风险综合研判能力。在风险数据端，将数据按照资金、人员、业务运营和舆情分为四大部分。资金数据包括收益异常、资金异动、资金流向等，刻画金融产品收益率异常或偏离程度、审计对象银行账户异动情况和资金异动企业与个人名录。人员数据包括征信档案、经营记录、税务缴纳等，刻画审计对象核心高管人员的信用和风险特征。业务运营数据包括合规性、流动性、盈利状况等数据，刻画审计对象的业务合规性、资本充足率及信用状况。舆情数据包括舆情热点、传播地域、传播速度等，刻画舆情对审计对象的影响概率和传播半径。

在风险模型端，构建包括统计规则、计量模型、机器学习等的宏观经济风险预警模型。在风险评价端，将监测、预警风险按照危害程度分类，为后续风险处置提供风险划分依据。具体来讲，分为安全、关注、触警、中警、重警共五层级风险，对应五种不同的风险程度。

4）可视化展示及决策

构建可视化风险管控体系，使重大风险的影响程度和变化趋势直观可视，提升风险管控的及时性和效果。具体来讲，首先，明确风险驾驶舱的指标框架，包括数据结构总览、风险监测、风险预警、风险处置和追溯、外接数据应用程序接口（application programming interface，API）等。其次，根据不同的风险管控指标，匹配不同类型的可视化图表和配色管理。最后，统一规划各风险管控指标，形成统一、特色、量化的风险驾驶舱，为宏观经济风险管控提供前瞻性支持。本书完成了两套风险可视化系统，一是宏观经济风险监测预警系统，其采用自下而上的方式，对行业的健康度进行评价，从而进一步预测对宏观经济的影响。并根据需求设计了主页、金融部门、实体行业、房地产行业四大板块；二是房地产热点跟踪系统，其对各地房价、房企业及房地产金融走势进行实时跟踪及动态监测，并根据需求设计了主页、房价、地价、房企、金融市场五大板块。

根据宏观经济复杂网络的风险驱动因素与动态演化特征，对风险情景进行分类，在风险路径和节点上研究应对处置措施。通过风险评价，按照分类处置、分级处置的理念，形成基于大数据的宏观经济活动风险处置方案。分类处置指按照宏观经济部门的各自活动规律与特征，分别制订风险处置方案。风险追溯通过回溯风险来源，明确风险影响因子、风险传导路径等。本书构建的风险决策系统也提供自动生成报告功能，可实时掌握风险的现状及演化。

5. 数字化审计工作模式优化

优化数字化审计工作模式，是大数据环境下审计发挥服务国家治理功能的现实需要。本部分在分析数字化审计工作模式优化必要性的基础上，提出了数字化审计工作模式优化的理论框架；分析了数字化审计工作模式的现状，包括理念演进、制度体系、组织体系、人才队伍等方面，并进一步分析了数字化审计工作模式面临的困难和问题，提出了数字化审计工作模式优化的路径选择，尤其是在理念创新、制度创新、方法创新、模式创新、主体创新和成果创新几个方面；构建了数字化审计工作模式优化的流程设置。

1）数字化审计工作模式优化的理论框架

（1）定义了数字化审计工作模式。在数字化审计环境下，审计机关以充分发挥审计职能、提升审计监督效能为目的，利用审计职责范围内的数量巨大、来源分散、格式多样的大数据资源，遵循大数据理念，运用大数据技术、方法和工具开展审计工作的模式，包括一系列制度规范、组织方式、技术方法和人员配置等要素集成的复杂的系统模式。

（2）提出了数字化审计工作模式变革框架。与传统审计模式相比，数字化审计理念和技术方法的创新将直接推动审计能力的提升；审计能力提升必然要求与之相适应的审计制度和审计组织模式等审计要素关系的变革，反过来审计要素关系的变革又会反作用于审计能力的提升；数据审计推动审计能力提升的关键还是审计人员创新能力的增强。

2）数字化审计工作模式的现状

我国国家审计对电子数据的应用经历了手工审计、计算机辅助审计、数据审计和大数据审计等发展阶段。科技强审理念也在这一过程中逐步确立。大数据审计工作的制度基础逐步夯实，构建了包括顶层制度、审计署制度、地方审计机关制度和地方政府支持配合制度在内的框架体系。审计常用数据分析技术按数据结构类型，可以分为结构化数据分析、半结构化数据分析和非机构化数据分析三类。各级审计机关结合自身业务特点、人员结构、技术储备、数据积累等情况，因地制宜探索灵活多样的审计组织模式。

3）数字化审计工作模式面临的困难和问题

对大数据审计理念认识不清仍是制约数字化审计模式推广的主要思想障碍。现行国家审计制度体系是对传统审计模式的规范，难以完全适应大数据环境下的审计作业模式需要。大数据分析技术方法与审计业务之间仍存在脱节和不对等的情况，业务与数据"两张皮"的现象比较普遍。在适应大数据分析的"常态化"审计模式方面探索较少。大数据审计人才的需求缺口比较大，基层审计人员本领恐慌现象相对普遍。大数据审计应用成效尚未充分显现。

4）数字化审计工作模式优化的路径选择

数字化审计工作模式优化的路径选择包括：大数据审计全覆盖，推进理念创新；大数据审计规范化，推进制度创新；大数据审计智能化，推进方法创新；大数据审计常态化，推进模式创新；大数据审计普及化，推进主体创新；大数据审计实效化，推进成果创新。

5）数字化审计工作模式优化的流程设置

资源配置：数据分析资源嵌入审计计划。流程管控：数据分析过程嵌入审计程序。制度保障：数据质量控制嵌入审计规范。

6. 宏观审计风险监测分析报告

运用前面的宏观经济风险分析框架以及宏观经济风险监测预警系统，我们对我国宏观经济风险进行了详细研究，撰写了相应分析报告。研究报告共分为两个层面：一是对行业风险和健康度的监测评价报告，具体分为金融行业、房地产行业和其他行业的评价报告；二是对宏观经济风险的监测预警报告，具体从复杂网络、机器学习、宏观计量模型三种视角进行了分析。

1）金融行业风险分析报告

从 2020 年 12 月的监测情况看，当月整体 FSI 绝对值下降，市场运行压力有所缓解。从市场来看，银行市场、债券市场、股市市场、外汇市场 FSI 绝对值有所下降，市场运行压力有所缓解。房地产市场 FSI 绝对值有所上升，市场运行压力有所增加，需要持续关注。当月金融机构系统性风险指标 MES、CES、SRISK、

CoVaR 和 CCA 走势均出现小幅下降，风险水平总体已处于历史相对低位，但月底风险水平小幅上扬。

2）房地产风险监测分析报告

一是新冠疫情对中国二手房市场的影响。疫情期间，房价泡沫较为严重的地区房价下降幅度较大，惠州、嘉兴、厦门、廊坊、深圳、苏州、南通、绍兴、保定、青岛的房价泡沫最为严重。房价泡沫严重的地区在疫情这种极端风险冲击下显示出脆弱性。

二是二手房市场情绪对房价的影响。从构建的二手房市场情绪指数来看，2020年新冠疫情暴发初期我国二手房市场活跃程度极低，随着 2020 年 6 月国外疫情的集中暴发，各个城市二手房市场参与者的情绪普遍较为消极，预判房地产市场在近期表现将趋于平稳，不会大涨大跌。一线城市、直辖市二手房交易热度低，市场存在一定的不合理性，新房和二手房存在套利空间；二手房价格与二手房市场情绪指数具有正向关联，可通过情绪监测实现价格预警。

三是房价关注度指数和房价情绪指数对房价的影响。本书根据"地区+房价"的方式获取了全国 34 个大中城市的百度搜索指数，据此构造了房价关注度指数和房价情绪指数。历年来网民关注度较高的城市为上海、北京、合肥、杭州、成都、西安、深圳、武汉，这些城市房价上涨空间较大，监管应该予以重点关注。北京、上海、广州、深圳、成都、杭州的网民对房价关注度较高，炒房风气较重，建议通过限购等措施避免炒房给房地产行业带来的风险。

四是对房企融资风险的监测。2021 年，房企面临巨量债务到期潮。2020 年下半年后，政策强调房地产行业去杠杆，监管措施有着加强和扩大范围的趋势。同时，2021~2023 年房企的债券到期潮，也使得房企的偿债压力更大，未来可能出现更多的债券违约。

3）行业风险监测分析报告

一是行业健康度风险评价监测报告。从行业的运营风险来看，制造业在 2010~2017 年经历了周期性震荡后，2018 年起风险水平出现显著抬升。2020 年各个行业的运营风险均受到新冠疫情冲击，对于纺织业、医药制造业等可选消费行业而言，疫情冲击下的运营风险仍居高不下，其原因可能在于产品需求增加，资金流动能力降低。对于其他类别的行业而言，在疫情的冲击下，仍保持着原本的周期性。从行业的盈利风险来看，这得益于 2016 年供给侧结构性改革的有力推行，几乎所有行业在 2010~2017 年的盈利能力得到明显改善，盈利风险下降。其中，能源类、工业类、医药卫生类、信息技术类行业供给侧结构性改革的效果较为明显。2020 年新冠疫情的暴发使各个行业遭受不同的影响：大多数行业盈利能力降低，盈利风险升高；而医药制造业因疫情的暴发反而降低了行业的盈利风险，提升了行业整体盈利水平。

二是行业健康度效率评价监测报告。从环境效率分析，2005~2015年中国制造业的环境效率整体上呈上升趋势，但还存在较大的提升空间。排名在前三位的行业为仪器仪表及文化办公用机械、电气机械及器材制造业、通信计算机及其他电子设备；排名在后三位的行业为造纸及纸制品业，化学原料及化学制品制造业，石油加工、炼焦及核燃料。从经营效率分析，自2010年以来中国制造行业经营效率逐步攀升，2017年到达最高点。2020年受疫情冲击行业生产率骤降，但到2020年6月制造行业经营效率基本回到前期水平。从2020年各行业的经营效率来看，非金属矿物制品业，烟草制品业，酒、饮料和精制茶制造业等的经营效率居于高位，而石油、煤炭及其他燃料加工业，黑色金属矿采选业等行业却处于低位。

三是行业舆情风险报告。从行业舆情分数来看，所有行业的舆情分数都在50分以上，表明2020年11月的舆情总体程度是正面的。制造业的风险舆情事件数量显著地高于其他行业。接下来是信息技术行业、租赁商务、金融业、批发零售业等，其他行业风险舆情事件发生的数量相对较少。财务风险负面舆情事件数量的占比较高，制造业、房地产业等的财务风险舆情占比偏大。各行业的经营风险的差别较大，占比的绝对值相对较低。具体而言，教育行业、住宿餐饮行业、交运仓储业、文化体育行业的经营风险相对较高。投融资风险占总风险的比例相对较低，并且各行业的风险占比大致相当。从违规风险看，制造业、水电煤气业、水利环境业、采矿业违规事件占比在3%左右，处于一个比较低的水平。建筑业、住宿餐饮业、金融业违规事件占比在17%左右，占比较高。从地域看，广东和北京舆情数量出现频率较高。

四是行业破产风险报告。2004~2020年，批发业的破产企业数量最多，然后是商务服务业、货币金融服务业、房地产业、零售业、通用设备制造业、纺织业等。相较于前几年，2020年货币金融服务业的破产企业数量大幅增加，而其他行业变化幅度不大，说明货币金融服务业可能受到较大的新冠疫情冲击。

4）基于复杂网络的宏观经济风险监测预警

本书利用投入产出表数据、地理信息数据、各产业各地区的产值数据等构建了45个标准行业之间的产业关联网络和中国31个省区市之间的空间关联网络，并将两个网络融合为一个统一的基于1395个节点的中国产业空间网络，以反映不同地区、不同行业之间的经济联系。本书利用前面分析的工业行业健康度数据和产业增长率数据，将以上两部分数据分别作为行业风险冲击和季节风险冲击来构建微观冲击。我们可以得到2013~2021年各个季度（共36期）的产业空间网络，通过空间聚集和相关产业聚集的方法，求得32期的工业同比增长率。在最优参数下计算出2016~2021年各个季度的工业同比增长率。整体来看，2016~2019年的工业增长率的预测效果较好，预测值能反映工业增长变化的整体趋势和关键拐点，预测最大误差不超过1.2%，预测最小误差小于0.2%。由于2020年受到新冠疫情冲击,模型没有考虑重大卫生事件冲击的变量,所以2020年、2021年预测值与真实值差距较大,我们可以预测出2020年与2021年的平均值。

基于多期产业空间网络数据,我们还计算了2013年第一季度到2021年第一季度的行业冲击对宏观经济产出的影响。电子通信、电气机械、交通运输、专用机械设备、普通机械设备等行业在历年都相对重要,这些行业主要集中于重工业,发生风险时对整体经济的影响较大。对经济产生负向影响的行业主要是煤炭开采和洗选产品、黑色金属矿采选产品、有色金属矿采选产品,主要为采矿行业,但这些行业若发生风险对GDP造成的影响都相对较小,最大影响不超过1%。

5)基于宏观计量模型的宏观经济风险监测预警

本书分别采用BVAR和LASSO模型对三项宏观经济指标(GDP环比增长率、CPI、利率)进行了预测,发现除了2020年的新冠疫情冲击外,预测值与实际值的拟合程度较好,预测精度较高。同时,由于模型中引入了基本指标的滞后项,预测结果有较为明显的先验优势,这在模型很好地预测了2020年第一季度GDP增长率大幅下降中体现得尤为明显。相比而言,LASSO回归选取了最具有代表性的、能反应宏观经济运行状况的20项指标进行预测,预测效果更好,对CPI进行LASSO回归时发现30项基本指标对CPI的解释程度高达99.81%,预测值与真实值的拟合程度极高。

6)基于机器学习和Shapley回归的GDP预测研究

机器学习模型通常在预测领域具有较好的性能,但是由于其复杂的结构而不透明,换句话说,也就是没有直接的输入–输出关系。本部分首先利用均方根误差(root mean square error, RMSE)对比了线性回归模型和弹性网、神经网络、SVM、随机森林、极端决策树和XGBoost(extreme gradient boosting,极端梯度提升)六种模型的预测性能,然后使用Shapley值和Shapley回归框架解决机器学习模型的不可解释性。

本部分得到的结论主要有六点:①本书除了使用月度、年度的预测因子外,也使用了日度的预测因子,发现加入日度的变量可以使线性回归模型的拟合度提升。②在线性回归中,本书发现影响程度靠前的预测因子是研发投入、教育投入和固定投资,这三个变量对经济都有正向显著的影响。而股票市场规模和流动性对经济有负向显著的影响,表明我国经济发展与股票市场发展不适应,股票市场的发展抑制了经济发展。③本书研究发现相比于线性回归模型,弹性网和SVM在预测GDP时并没有更好的预测性能,神经网络比线性回归模型虽然有更好的预测性能,但是改进的程度并不大,而随机森林、极端决策树和XGBoost的预测准确性有很大的提升,其中又以XGBoost的预测性能最好。④在评估预测因子在预测中的贡献时,本书发现随机森林和极端决策树两种模型中预测因子的作用几乎是一样的,教育投入、研发投入、固定投资、进出口总额增长率四个变量的作用靠前，且几乎占据预测的全部贡献。而使用 XGBoost 预测 GDP 时，教育投入和固定投资几乎做出了全部贡献。在 Shapley 回归中，本书发现教育投入和固定投资是使用机器学习模型进行预测时的重要因子，且都是正向影响 GDP。所以，教育投入和固定投资是重要的预测因子，其中教育投入是最重要的预测因子。⑤股票市场规模在 Shapley 回归中因为不显著，对预测没有影响，所以股票市场规模不能用于预测 GDP。⑥进出口总额增长率、股票市场融资率、国债收益率利差和股票市场流动虽然在预测时贡献较小，但是这些变量对经济的影响都是显著的，所以可以为经济增长提供有用的信号。

1.4 研 究 方 法

（1）指标分析法。本书广泛采用指标分析法衡量各行业、各市场的风险或效率。例如，采用 FSI 来刻画金融市场风险的大小，采用 MES、CES、SRISK、CoVaR 和 CCA 指标测量金融机构系统性风险大小。

（2）功效系数法。本书在构建行业风险指数体系时，采用功效系数法将相关指标同向化、标准化，然后按百分制赋予相应分值，计算出可比较的行业风险指数。

（3）文本分析法。在进行行业舆情情绪分析时，先对一篇新闻整体进行正负情绪判断，最终得到该行业当日正负面情绪文本的数量；再提取行业风险的关键词，对行业风险关键词进行统计，建立不同风险源的风险词库，收集相关风险词频指标；最后综合各个指标，加权输出行业风险指数。

（4）复杂网络方法。基于大数据将细分地区的细分行业作为产业空间关联网络的基本节点，我们使用复杂网络方法构建基于产业关联和空间关联的产业空间关联网络来解构宏观经济风险的微观关联基础。在分析中国产业空间骨干网络及网络特征、聚类分析、节点重要性基础上，重点研究区域产业的重要性评估和产业链系统重要性评估两个方面。

（5）计量分析模型。本书分别采用 BVAR 和 LASSO 模型对宏观经济指标（GDP 环比增长率、CPI、利率）进行预测。

（6）知识图谱和表征学习方法。本书将利用知识图谱和表征学习相关技术研究风险特征提取与指标集成，针对不同的风险类型和程度，对低密度、稀疏的宏观经济运行大数据进行特征计算和数据迁移行为分析。

（7）机器学习模型。在风险预警实现过程中，本书采用多种机器学习模型——弹性网、神经网络、SVM、随机森林、极端决策树和 XGBoost，并评判了六种模型的预测性能，然后使用 Shapley 值和 Shapley 回归框架解决机器学习模型的不可解释性。

1.5 研究创新与不足

1.5.1 研究创新

（1）通过对微观经济风险指数的智能构建和分析，构建了基于大数据的宏观经济风险分析框架。本书首先在对经济各部门行业风险特征进行分析的基础上，构建了行业风险指数，并结合复杂网络方法、金融经济学研究方法和人工智能技术，智能化构建产业空间关联网络，运用机器学习、宏观计量模型等方法，构建起行业风险向宏观经济风险的跨部门、跨地区风险传染机制，夯实了宏观经济风险的微观生成机理，完善了从微观大数据到宏观经济风险的内在逻辑。

（2）创新了机器学习的分析方法。传统的机器学习方法可以解决问题的复杂性，但不能很好地提供问题的解释性和因果性。本书在风险预警实现过程中，利用 RMSE 对比了线性回归模型和弹性网、神经网络、SVM、随机森林、极端决策树和 XGBoost 六种模型的预测性能，然后使用 Shapley 值和 Shapley 回归框架解决了机器学习模型的不可解释性，有效兼顾了机器学习和传统计量分析的优势。

（3）构建了可视化的宏观经济风险监测预警智能系统。本书在理论分析框架基础上，构建了宏观经济风险和房地产热点跟踪两个智能系统，实现了对宏观经济风险进行可视化的实时监测预警，将风险状况实时动态展示出来。系统可以实现数据的自动更新，同时自动生成分析报告，有效提升了系统的智能化水平。

1.5.2 问题与不足

（1）数据的获得仍存在较大瓶颈。虽然本书尽可能收集并在网上抓取了大量公开数据，在反映行业风险上有较细的刻画，但最大的不足仍是缺少反映企业经营状况的高频、有效的微观数据，缺乏能更为细致地和动态地反映微观经济状况和产业经济关联的数据。这使得研究模型不能很好地反映实际经济状况，限制了研究结论的有效性和实用性。

（2）宏观经济分析框架非常复杂，涉及面很广。虽然目前采用复杂网络和机器学习将微观和宏观变量进行了关联，但一是由于数据缺失的问题，关联的模型有效性还不能充分体现出来；二是反映宏观经济风险的维度比较多，目前比较多地关注了经济增长中的 GDP、CPI、利率、工业增加值等指标，对经济结构和经济质量方面的关注还不够。

（3）宏观经济风险监测预警系统的自动分析与迭代更新还需要进一步完善，以提升政策分析的时效性和准确性。

第 2 章

大数据环境下的宏观经济风险分析框架

本章首先理清宏观经济风险的概念、边界和内在特征,并从微观大数据出发,在分析金融部门、房地产部门和其他行业风险分析基础上,基于复杂网络、机器学习和传统宏观计量模型等方法研究宏观经济风险的微观形成机理,构建微观数据与宏观风险之间的内在逻辑,为宏观经济风险的审计监测和预警提供理论支撑。

其次,我们将进一步采用国民经济部门的分析方法,将经济部门与风险关联主体分为家庭部门、金融部门、企业部门、政府部门和国外部门。其中,金融部门与企业部门为核心。结合我国宏观经济风险的发展逻辑,我们将企业部门重点分解为房地产部门和其他行业部门,立足于微观行业,分析各行业风险的成因以及这种风险与宏观经济表现的关系,揭示各行业风险的演变以及微观数据和宏观风险间的作用机理。

2.1 宏观经济风险的内涵、特征事实与演变

2.1.1 中国宏观经济风险界定

风险一般是指由不确定性因素造成某一事件预期的不良后果或损失。而在宏观经济层面,基于其系统本身的复杂性,也必然充满着这种不确定性(窦祥胜,2002)。加拿大全球风险研究所(Global Risk Institute,GRI)指出宏观经济风险来自行业和政府的行为以及它们之间的关系;它涉及国家和国际范围内的财政、货币政策,贸易、投资流动以及政治发展。有学者进一步指出,宏观经济风险是与宏观经济所有部门相关联的一种不确定性,不只是行业和政府行为之间的关系,这种关联可以从各个经济部门的支出模式、投资决策、资产价格和政策选择中看到,因此,不同经济部门(家庭部门、企业部门、金融部门、政府部门和国外部门)可能损害宏观经济发展的不确定性都可以看作宏观经济风险(Haddow et al., 2013)。

金融部门作为联结各个部门的核心,其所蕴含的宏观经济风险在学界通常被称为系统性风险。特别是在 2008 年金融危机之后,学术界进一步从冲击的内生化、资产价格的波动性、金融体系整体,以及经济金融正反馈行为等方面深化了金融

部门风险的内涵和外延。例如，IMF（2009）将这种风险定义为由于金融系统的整体或部分减值而产生的、可能给实体经济造成潜在负面经济后果的致使金融行业崩溃的风险。G20（Group of 20，二十国集团）财长和欧洲央行前行长将其定义为一种影响广泛的破坏金融体系功能以致经济增长和福利受到实质损害的金融失稳现象（Trichet，2010）。按照 Schwarcz（2008）的解释，金融系统性风险被概括为整个金融和实体经济领域同时发生一系列损失的可能性。其典型特征是具有传染性（赖娟，2011；叶五一等，2016）和正反馈性（Alessandri et al.，2009）。其特征事实包括银行提供的大量不审慎贷款（冯乾等，2017）、风险资产预期低收益引发的银行挤兑（Allen and Carletti，2006）、资产价格波动（Allen and Gale，2000a；Danielsson and Zigrand，2001）、货币市场基金的信用风险的增大（Collins and Gallagher，2016）、金融体系的内在缺陷（董小君和李宇航，2006）、新兴国家采用的货币政策通胀目标制（Fouejieu，2017）等。在家庭部门，风险会通过影响家庭的消费进而损害宏观经济（Romer，1990），特别鉴于 2008 年次贷危机的经验教训，西方学界普遍认为，家庭部门的杠杆率及债务总水平过高是风险的最主要特征，一旦资产价格泡沫破裂，家庭的信贷约束收紧，高杠杆使得家庭资产的流动性降低（Ganong and Noel，2020），促使家庭开始去杠杆，极大地抑制了他们的消费需求（Dynan，2012；Mian et al.，2013），进而影响就业（Mian and Sufi，2014）和投资（Ganong and Noel，2019）。这也是引发危机中经济衰退的重要原因（Corbae and Quintin，2015；Mian and Sufi，2011）。在企业部门，风险体现为企业推迟生产和投资（Dixit and Pindyck，1994）、不愿意进入新的更有生产力的领域（Bloom，2010）、没有动力提供新的就业岗位（Lazear and Spletzer，2012）或者仍进行高污染的生产模式（张慧霞等，2010）等，而风险的特征主要是一般企业往往通过借新还旧并以累积债务的方式维系经营运转，从而导致杠杆率攀升，形成低收益和高杠杆相互强化的资产负债表扩张。房地产企业形成高价格、高库存、高杠杆、高度金融化和高度关联性的"五高"风险特征。在政府部门，除显性债务之外，其还以隐性担保的方式，对居民、企业和金融部门承担着"或有债务"，进入经济转型期，产业转型升级的不确定性增大，政府的不当担保可能导致居民、企业、金融倾向于过度承担风险，使得整个经济体的资产负债表快速膨胀和风险敞口急剧扩大（卢文鹏和尹晨，2004）。在国外部门，经济全球化使各国通过贸易、投资和金融交易等方式更加紧密地联结为一体，这加快了风险跨境传递速度，容易产生风险共振效应，国内部门和国外部门之间通过外币计价的投融资工具关联，容易出现汇率预期逆转，加大货币错配风险。在当前，其风险特征主要有对外开放过程中的不确定性（易纲，2010）、人民币国际化问题（陈雨露等，2005），以及逆全球化思潮抬头与贸易保护主义盛行（佟家栋等，2017）。

当前我国经济发展已由高速增长阶段转向高质量发展阶段，本书将宏观经济风险界定为实现经济高质量发展目标过程中出现的不确定性。基于推动发展方式转变、实现产业体系和产业结构的转型升级和打造环境友好型经济等目标权衡以及创新、协调、绿色、开放和共享五大发展理念，本书主要从"增长"（增长速度、增长效率、增长动力）、"结构"（产业结构、区域结构、城乡结构）和"环境"（资源消耗、环境污染）三个维度来对宏观经济风险进行界定和测度。为进一步体现审计常态化的"经济体检"功能，本书提出宏观经济风险还需关注实现不同维度之间的关联风险。本书主张从经济系统的视角将宏观风险分为静态的风险状态与动态的风险抵御能力。前者重点关注经济体系的风险传染、金融与经济部门的反馈机制等；后者侧重完善宏观经济风险管理能力，即提高金融经济体系的风险抵抗能力、逆周期宏观经济调控政策等。

2.1.2 中国宏观经济风险的特征事实

在经济发展新常态环境下，各种风险挑战不断显现，经济高杠杆、地方政府隐性债务、影子银行体系膨胀、金融过度化、房地产泡沫、资产价格波动、汇率贬值、资本流动突然逆转等宏观经济风险隐患加剧。与此同时，国际形势正在发生深刻复杂的变化，大国战略博弈全面加剧，国际体系和国际秩序深度调整，外部环境不确定、不稳定因素显著增加。

宏观经济风险形成的原因：一是市场经济周期性的波动。在市场经济发展的进程中，因为信息不对称、市场不完备、市场主体预期调整等，投资、消费、产出都会呈现周期性的波动，这种内在的波动往往呈现出一定的规律性，相对容易观察和识别。二是外部因素冲击或政策冲击。比如，美国总统的选举、美国次贷危机爆发、全球新冠疫情大流行等，种种"黑天鹅"或"灰犀牛"事件会带来系统性的影响，对一国甚至全球经济产生重大冲击；一些重要的宏观政策，如应对国际金融危机的一揽子计划、财政减税降费政策也会引起宏观经济的波动，甚至是持续性的影响，这一类冲击往往具有突发性，难以提前预测。三是一些特定制度性摩擦引起的风险。比如，金融部门"刚性兑付"和国企"预算软约束"，表面上并不会带来显性的风险，但会加重经济的扭曲，实际上会加重长期的经济负担，这一类风险也是我们需要重点关注的。结合当前的宏观现实，我们认为以下风险需要重点关注。

1. 宏观经济高杠杆风险

我国宏观经济杠杆率从 1995 年开始呈上升趋势，2017 年底总体杠杆率为 254.05%，到 2018 年底为 256.55%，2020 年底上升为 270%，创历史新高。我国宏观经济杠杆率与西方发达国家持平，但近年来增长很快，其中隐含的风险需要高度关注。

分部门中，企业部门加杠杆最大，非金融企业部门杠杆率上升了 10.4 个百分点，从 2019 年末的 151.9%增长至 2020 年的 162.3%。我国企业部门杠杆还有两个特征：一是不随经济周期同步变化，在经济上行时杠杆增加，在经济下行时杠杆并不衰减；二是国企杠杆明显偏高，而且不具有周期性变化特征。除了企业部门外，我国居民部门杠杆也增长很快，由于房贷增长，居民部门杠杆率上升了 6.1 个百分点，从 2019 年末的 56.1%增长至 2020 年的 62.2%；从居民杠杆绝对值看，我国目前还低于西方发达国家水平，但近年的增幅基本上是最大的。我国政府部门的杠杆风险也需要关注，2020 年政府部门杠杆率上升了 7.1 个百分点，从 2019 年末的 38.5%增长至 2020 年的 45.6%，增幅达历史最高水平。我国政府部门的显性债务并不算高，但隐性债务金额较大，具有较大的风险隐患。

2. 房地产市场风险

我国房地产市场的一些主要指标如房价收入比显示，我国房价具有较大的泡沫，在一些三四线城市，随着经济下行程度加大，房价下跌的风险更大。房地产在我国经济中具有非常重要的地位，一是房地产作为企业融资的抵押品，房价下跌会降低企业融资的金额；二是土地销售成为地方政府土地财政的重要来源，房价下跌会影响地方政府融资能力，加剧地方政府债务风险；三是房价变化会直接影响房地产开发商及上下游的运营情况和盈利能力，关系着金融行业的资产质量和金融风险；四是房价波动也会影响居民部门的购房行为，影响居民杠杆的变化。因此，房地产部门对宏观经济波动有较大影响，对宏观经济风险监测需要重点监测房地产部门的风险。

3. 经济结构发展失衡的风险

我国经济高质量发展的理念是创新、协调、绿色、开放、共享。影响我国经济高质量发展的因素主要存在于我国内部，而且主要是经济结构、产业结构、区域结构等的平衡。其主要体现在以下方面：一是企业资源配置的失衡。大企业和小企业、国有企业和民营企业在资源的获得性上还存在较大的差异，在信贷资源配置上的差异会影响未来经济发展的潜力。二是经济的协调发展，这具有多层含义。我国目前城市和农村经济发展仍然存在较大差距，乡村振兴已经上升为国家重大战略。保持投资和消费的合理比例是促使我国经济内外均衡发展，进一步构建内循环发展格局的重要保障，目前我国经济仍体现出投资拉动经济的特征，我国需要逐步矫正经济发展的模式。我们还需要维持金融和实体经济的协调发展，避免经济脱实向虚，让金融更好地服务实体经济的发展。三是绿色发展体现出经济可持续发展能力。我们要监测产业的绿色化发展和绿色产业的发展，通过企业发展指标、金融资源配置等角度来监控绿色发展目标，以实现"碳达峰""碳中和"的长远目标，对此，我们还有较远的路要走。四是共享既是目标也是手段。我国经济高质量发展的最终目标是人民幸福，表现为城乡之间、不同区域之间人民的收入差距逐步变小，就业稳定。

4. 外部冲击带来的风险

中美经济摩擦伴随未来中国经济发展的时间较长，给我国经济发展带来较大的不确定性。美国的政治周期更替会加大不确定性。总体上讲，经贸、科技、投资、金融市场会受到较大的影响，对不同的产业尤其是供应链可能产生较大的冲击，可能加大宏观经济的波动，我们应该加大研究的力度。

5. 政策冲击带来的风险

中国经济的发展伴随有较强的政策调控和政策引导。在不同的阶段政策体现出不同的特征，对宏观经济产生较大的影响。政策本身有利于平抑宏观经济的波动，但也可能带来更大的失衡，因此政策效应的检验也是宏观经济风险监测的重要内容。例如，供给侧结构性改革中的"三去一降一补"，去杠杆、去产能的政策的效力到底怎样，是否真正淘汰了无效企业，需要进一步检验。财政的"减税降费"政策是否真正起到了促进企业活力提升的作用，需要进一步检验。差别性的货币政策对中小企业、民营企业实行信贷倾斜、降低利率，是否取得了相应效果，需要进一步检验。货币、财政政策的精准性和相互之间的协调配合，是我们应该关注的重点领域。

2.2 微观经济风险的表现与刻画

从宏观视角来看，宏观经济风险主要是由宏观部门之间的结构性失衡导致的，风险的跨部门、跨行业传染是其具体表现形式。宏观经济风险同样有其深刻的微观起源和产业背景。要实现对宏观经济风险的微观审计和早期预警，需要从微观数据出发，找到与宏观经济风险之间关联的微观特征。

2.2.1 企业层面风险的表现与刻画

结合大数据与传统审计方法，以企业、金融机构作为审计的单一风险节点进行风险分析，从资金、人员、业务、舆情四个方面构建一体化的评估体系。其数据结构包括资产负债信息、人员关联、业务关联、资金关联、舆情等多维数据，指标体系包括静态的信用风险、市场风险、流动性风险评估和动态的发展能力指标。

对应宏观经济风险分析的基本框架，梳理各节点的风险事项，明确审计数据，如金融部门的不良率、资本充足率等，以及企业部门的杠杆率、税前收益等数据；再利用经验判断和表征学习方法，将数据进行归类，优化审计数据与审计风险指标间的映射关系，明确审计风险特征数据。

2.2.2 部门（行业）层面风险的表现与刻画

宏观经济各部门风险是宏观经济风险网络中的节点，厘清部门风险指数是后续风险管控的基础。将宏观经济分为五大部门——金融部门、企业部门、政府部门、家庭部门、国外部门，以及一个与各部门关联的金融市场。在微观节点风险基础上集成部门（行业）风险。

1. 实体经济部门风险

实体经济部门风险衡量指标有以下三个。

各经济部门脆弱性指标：用违约概率、违约距离、预期损失、基于市场信息计算的系统性风险指数等刻画。

经济部门风险因子指标：用财务杠杆风险、市场波动风险、隐性（或有）资产风险等刻画。

经济部门风险传递指标：用某部门资产、负债、权益变动百分比对其他部门造成的风险冲击大小来表示。

从静态的风险评估与动态的风险抵御能力双重视角，基于风险指标、发展指标、控制力和对外依存度以及外部溢出风险五个维度进行评价。基于通用指标和行业特征指标两个层面进行指标体系构建。

2. 金融市场风险

本书将金融市场分为银行市场、股票市场、债券市场、货币市场、外汇市场、衍生品市场、房地产市场。构建金融市场压力指数，刻画金融市场的月度风险及隐患；采用 CoVaR、SRISK、CES、MES、CCA 等方法对金融机构系统性风险进行测度。

3. 房地产部门风险

依据微观房地产大数据基本实现房地产行业微观数据全覆盖、风险挖掘与关联以及基于机器学习的风险预测。在收集的房地产全样本大数据基础上，从城市群、城市内部区域、不同分位数等多维度，以跨主体的关联分析视角准确洞察房地产行业的风险，全景式监测房地产行业的财务风险、经营主体风险、经营主体活动、土地价格、房屋价格。

在前面获得审计风险特征数据基础上，通过机器学习获得部门（行业）审计风险指标，如金融部门信用风险、流动性风险指标和企业部门财务风险、运营风险指标等。进一步，在此过程中，可以通过优化指标体系，形成跨部门、跨层级的动态审计指标体系。比如，原为表征企业部门的流动性风险审计指标，通过优化后发现，可以用来表征企业部门的信用风险审计指标，实现指标跨层级；原为表征金融部门的资本充足率指标，通过优化后发现，可以用来表征企业部门的流动性风险审计指标，实现指标跨部门。

2.3 宏微观经济风险的关联逻辑

如何将微观经济风险节点与宏观经济风险关联起来，这是分析并监测预警宏观经济风险的核心。最主要的是采用复杂网络方法，首先，构建基于产业关联和空间关联的产业空间网络模型来解构宏观经济风险的微观关联基础。其次，可以采用传统宏观计量模型，通过探寻因果关系，对宏观经济风险进行监测与预警。最后，采用机器学习模型，通过匹配精准的相关关系，对宏观经济风险进行监测与预警。下面分别对这三种方法进行介绍。

2.3.1 产业空间网络模型

我们认为，宏观经济风险有其深刻的微观起源和产业背景。要实现对宏观经济风险的早期预警，需要找到微观数据与宏观经济风险之间的内在逻辑。由于某个区域的产业受多方面因素的影响而且这些影响相互关联，计量经济学的方法已经不能描述产业网络体系的特征；而且直观的宏观经济数据忽略了中间投入产出结构，无法描述产业冲击的传染过程。因此，我们使用复杂网络方法构建基于产业关联和空间关联的产业空间网络模型来解构宏观经济风险的微观关联基础。基于所构建的省级区域间产业空间网络，我们对产业空间网络结构特征和网络应用的研究问题进行了深入分析。在网络结构方面，我们对中国产业空间骨干网络从网络特征、聚类分析、节点重要性分析三个方面展开研究。在此基础上，重点研究了风险传染的两个重要领域：一是区域产业的重要性评估，用于分析不同地区的不同产业受到不同冲击对其他经济节点、消费、资本形成、进出口等经济部门的影响；二是产业链系统重要性评估，用于从带动力、价值度、中心性等维度评估以核心产业为基础的45条产业链。

1. 理论模型构建

1)（区域内）投入产出表

投入产出表反映了行业 i 的投入来源和产出去向。

行业 i 的投入来源分为两个方面：一是其他行业（包括行业 i）产出的中间品价值投入 $\sum_j r_{ji}$；二是行业增加值 GDP_i，反映的是生产要素的投入，包括劳动力、资本、税收和盈余。在劳动力单要素假设下，劳动力报酬即为行业 GDP，即 $GDP_i = w_i$。

行业 i 的产出去向（中间使用和最终使用）分为五个方面：一是作为中间品投入其他行业，用 r_{ij} 表示；二是作为最终消费品被市场消费，用 c_i 表示；三是作为资本形成使用，用 k_i 表示；四是流出域外，被其他区域使用，用 lo_i 表示；五是出口，被国际市场使用，用 fo_i 表示。

行业的总投入等于行业的总产出，均用 y_i 表示。

在开放经济下，行业产品的来源除了本地生产以外，还包括域外流入（其他地区的本行业产出）和进口（国际市场的本行业产出），分别用 li_i 和 fi_i 表示。

在均衡时有

$$y_i + li_i + fi_i = r_i + c_i + k_i + lo_i + fo_i \tag{2-1}$$

也就是说，不管是本地产出、域外流入还是进口，都可能作为中间品或最终品来使用。假设 li_i 和 fi_i 在技术上与本地产出相同，即按照相同比例作为中间品投入到其他行业，并按照相同比例被最终使用，包括被消费、作为资本形成、流出域外和出口。

（1）域外流入被中间使用：反映了其他区域行业经济与本地行业经济之间的关系。

（2）域外流入被消费：反映了其他区域行业经济与本地消费市场之间的关系。

（3）域外流入被流出域外：不影响本地生产，反映了其他区域之间通过本区域的联系，不额外处理，当作本地产出的域外流出来处理。

（4）域外流入被出口：不影响本地生产，反映了其他区域与国际市场之间通过本区域的联系，不额外处理，当作本地产出的出口来处理。

（5）进口被中间使用：反映了国际市场与本地行业经济之间的关系。

（6）进口被消费：反映了国际市场与本地消费市场之间的关系。

（7）进口被流出域外：不影响本地生产，反映了国际市场与其他区域之间通过本区域的联系，不额外处理，当作本地产出的域外流出来处理。

（8）进口被出口：不影响本地生产，反映了国际市场通过本区域的联系，相当于转口贸易，不额外处理，当作本地产出的出口来处理。

2）产业空间关联网络的构建

A. 产业关联网络

用 W^I 表示行业之间基于中间品价值投入的产业关联矩阵（基本流量表的中间品投入产出部分），其矩阵元素 $\omega_{ij}^I = p_i x_{ij}$，表示行业 i 的产出中作为中间品而投入行业 j 的价值，其中 p_i 为价格水平，x_{ij} 为投入量。由 W^I 得到的产业关联网络用 Ω^I 表示。该网络是一个有权有向的复杂网络；其节点表示行业，节点权重为行业总产值；有向边表示两个行业的中间品价值投入关系。

从微观经济来看，行业之间的中间品投入关系反映了行业之间的技术关联关系，联系投入和产出的关键就在于微观生产函数。

设经济体内有 n 个行业。行业产出符合 Cobb-Douglas（柯布–道格拉斯）生产函数。行业 i 的总产出为

$$y_i = z_i \varsigma_i \ell_i^{\alpha_i} \prod_{j=1}^{n} x_{ji}^{a_{ji}} \qquad (2\text{-}2)$$

其中，z_i 为希克斯中性的生产率冲击（对劳动和资本的冲击相同）；ℓ_i 为行业 i 的劳动力投入；x_{ji} 为行业 i 使用行业 j 所生产中间品的投入（资本投入）。在均衡时，行业的总产出等于其总投入，因此 y_i 既代表了总产出，也代表了总投入。

生产技术将生产要素（劳动和资本）投入转化为产出，其中 α_i 为劳动在生产技术中的份额，a_{ji} 为中间品投入在生产技术中的份额，有 $a_{ji} \geqslant 0$，且 $a_{ii} > 0$，一般有 $a_{ji} \neq a_{ij}$。

进一步假设规模报酬不变，即劳动和资本投入对生产的影响是齐次线性的，那么有 $\alpha_i + \sum_{j=1}^{n} a_{ji} = 1$，$\forall i$。

ς_i 为一般化参数，用于简化模型，有 $\varsigma_i = \alpha_i^{-\alpha_i} \prod_{j=1}^{n} a_{ji}^{-a_{ji}}$。代入生产函数即式（2-2），可得

$$y_i = (z_i)(\alpha_i^{-\alpha_i} \ell_i^{\alpha_i}) \prod_{j=1}^{n} (a_{ji}^{-a_{ji}} x_{ji}^{a_{ji}}) \qquad (2\text{-}3)$$

企业利润（π_i）为其产出与要素成本之间的差异：

$$\pi_i = p_i y_i - w \ell_i - \sum_{j=1}^{n} p_j x_{ji} \qquad (2\text{-}4)$$

其中，w 为给定的工资水平。企业决策在于选择合适的要素投入来实现利润最大化，其一阶条件分别为 $\dfrac{\partial \pi_i}{\partial x_{ji}} = p_i a_{ji} \dfrac{y_i}{x_{ji}} - p_j$ 和 $\dfrac{\partial \pi_i}{\partial \ell_i} = p_i \alpha_i \dfrac{y_i}{\ell_i} - w$。由一阶条件等于 0，可得

$$x_{ji} = \frac{a_{ji} p_i y_i}{p_j} \qquad (2\text{-}5)$$

$$\ell_i = \frac{\alpha_i p_i y_i}{w} \qquad (2\text{-}6)$$

将式（2-5）和式（2-6）代入式（2-2），然后两边取对数，可得

$$\ln\left(\frac{p_i}{w}\right) = \sum_{j=1}^{n} a_{ji} \ln\left(\frac{p_j}{w}\right) - \varepsilon_i \qquad (2\text{-}7)$$

其中，$\varepsilon_i = \ln(z_i)$，表示生产冲击。

由式（2-5）可得

$$a_{ij} = \frac{p_i x_{ij}}{p_j y_j} \quad （2\text{-}8）$$

式（2-8）的左边为行业 i 向行业 j 的中间品投入在行业 j 的生产技术中所占份额 a_{ij}，右边为行业 i 向行业 j 的中间品投入价值与行业 j 总产出的比例，也即 $\mathcal{W}^I$ 矩阵元素 ω_{ij}^I 与该元素所在列对应行业的总产出之间的比例，或者说网络 Ω^I 中每条有向边的边权占入边节点权重的比例。

设消费者效用函数为

$$u(c_1, \cdots, c_n) = \sum_{i=1}^{n} \beta_i \ln \frac{c_i}{\beta_i} \quad （2\text{-}9）$$

其中，c_i 为消费者对行业 i 产品的消费量，且有 $c_i p_i = \beta_i w$；β_i 为该商品在消费者效用中的份额，且有 $\sum_{i=1}^{n} \beta_i = 1$。

市场出清条件为

$$p_i y_i = c_i p_i + \sum_{j=1}^{n} x_{ij} p_i = \beta_i w + \sum_{j=1}^{n} a_{ij} p_j y_j \quad （2\text{-}10）$$

总的工资水平即为总的增加值，即 $w = \text{GDP}$。式（2-10）反映了行业产出、行业投入与行业增加值之间的关系，以及行业之间通过 a_{ij} 实现的相互关联关系。

B. 空间关联网络

产业空间集聚指产业部门在空间中分布的高度集中现象，是经济活动的重要地理特性。在时间范畴上，第一次产业革命后的工业时代就出现了明显的产业空间集聚特征，而且一直持续至今。在空间范畴上，产业空间集聚也符合帕累托法则，即存在经济活动自我强化现象，会吸引新的企业进一步进入该区域，因空间集聚进一步降低成本。对产业空间集聚的研究最早可追溯到新古典经济学家马歇尔的经典著作《经济学原理》的"工业组织（续前），专门工业集中于特定的地方"章节，该书中出现了对地方性工业各种起源的描述，同时马歇尔也从企业经济的外部性和企业自身的规模经济的方面研究了产业空间集聚的原因。随着韦伯产业集聚机制、胡佛产业区位理论、地域生产综合体理论的演进，产业空间集聚的研究在 20 世纪 70 年代出现了新产业集聚机制，该机制的一大突破是其认为产业间的联系是一种网状结构，是形成集聚的一大原因，这一机制引入了网络的概念。

假设经济体中存在 m 个空间经济单位（区域），用 $\mathcal{W}^S$ 表示区域之间的空间关联矩阵，其矩阵元素为 ω_{st}^S，表示区域 s 和区域 t 之间的空间联系强度。由 $\mathcal{W}^S$ 得到的空间关联网络用 Ω^S 表示。该网络是一个有权无向的复杂网络。

两个区域之间空间关联强度 ω_{st}^S 的刻画来源于空间经济中的引力模型。在引力模型中,区域之间的空间关联关系会随着区域间的空间距离而衰减。但由于地理空间的非均质性,这里的距离并不是一个简单的地理距离,还必须考虑各类特定的政治、经济、社会和文化因素。其基本形式为

$$\omega_{st}^S = \frac{\theta_{st}}{d_{st}^{\gamma_{st}}} \tag{2-11}$$

其中,d_{st} 为两个区域之间的地理空间距离;γ_{st} 为待估的参数,是两个区域之间的距离摩擦系数,衡量了地理距离对联系强度的影响程度;θ_{st} 为调整系数,用于对结果进行标准化处理,需要根据数据情况来分别处理。该模型表明,两个区域之间的空间关联强度与两地之间的考虑摩擦系数后的空间距离成反比。

a. 两个区域之间的地理空间距离

两个区域之间的地理空间距离,用区域经济中心之间的球面距离来表示,并假设每个区域的经济中心为其省会或直辖市的政府所在地。设 (α_s, β_s) 和 (α_t, β_t) 分别为区域 s 和区域 t 经济中心的经纬度坐标,则两地之间的地理距离 d_{st} 为

$$d_{st} = R \cdot \arccos\left[\cos(\alpha_s - \alpha_t)\cos\beta_s\cos\beta_t + \sin\beta_s\sin\beta_t\right] \tag{2-12}$$

其中,R 为球体半径。

b. 区域内部的地理空间距离

要将产业关联和空间关联融合起来,就必须解决区域内的产业关联问题。对于同一个区域内部,不能简单地将产业间的距离设置为零。为求出同一个区域内部的产业距离,假设区域内的产业分布为均匀分布,且区域形状为面积不变的正方形。将正方形上随机两点之间的期望距离设为该区域任意两个产业部门之间的距离。

设正方形面积为 S,那么正方形内随机两点 (x_{s1}, y_{s1}) 和 (x_{s2}, y_{s2}) 之间的预期地理空间距离 $\hat{d}_{s1s2}$ 为

$$\begin{aligned}\hat{d}_{s1s2} &= E\left(\sqrt{(x_{s1}-x_{s2})^2 + (y_{s1}-y_{s2})^2}\right)\sqrt{S} \\ &= \sqrt{S}\int_0^1\int_0^1\int_0^1\int_0^1 \sqrt{(x_{s1}-x_{s2})^2 + (y_{s1}-y_{s2})^2}\,dx_{s1}dx_{s2}dy_{s1}dy_{s2}\end{aligned} \tag{2-13}$$

令 $x = x_{s1} - x_{s2}$,$y = y_{s1} - y_{s2}$,且 $x \in (0,1)$,$y \in (0,1)$,可得

$$\hat{d}_{s1s2} = \sqrt{S}\int_0^1\int_0^1 \sqrt{x^2+y^2}(1-x)(1-y)dxdy \tag{2-14}$$

将上式再转化为极坐标,令 $x = r\cos\theta$,$y = r\sin\theta$,可得

$$\begin{aligned}\hat{d}_{s1s2} &= 8\sqrt{S}\int_0^{\frac{\pi}{4}}\int_0^{\frac{1}{\cos\theta}} \sqrt{r^2\cos\theta^2 + r^2\sin\theta^2}(1-\cos\theta)(1-\sin\theta)rdrd\theta \\ &= \frac{(2+\sqrt{2}+5\ln(\sqrt{2}+1))\sqrt{S}}{15}\end{aligned} \tag{2-15}$$

c. 距离摩擦系数

地理空间存在非均质性，即相同距离对经济联系的影响并不一定是相同的。更为重要的是，影响经济联系的距离并非单纯的地理距离，而是两地之间的交互距离或经济距离，因此需要通过距离摩擦系数来对地理距离进行调整，即通过幂指数 γ_{st} 来处理。如何得到合理的摩擦系数是模型是否合理有效的关键。有学者认为不同地区的产业联系不仅是该地区产业部门供给和需求关系的反映，而且是以产品为中介的经济联系，这一联系受到地理距离、交通运输状况、工业发展水平、地区政策、营商环境等因素的影响。例如，区域间的交通运输条件越好，就说明地理距离的相对影响越小。

对于交通状况，可以使用区域的客运量和货运量指标。用 T_s^C 和 T_s^P 分别表示地区 s 的年客运量和年货运量。那么两地之间的距离摩擦系数可表示为如下函数：

$$\gamma_{st} = f\left(\left(\frac{T_s^C}{\sum_{s=1}^m T_s^C} + \frac{T_s^P}{\sum_{s=1}^m T_s^P}\right)\left(\frac{T_t^C}{\sum_{t=1}^m T_t^C} + \frac{T_t^P}{\sum_{t=1}^m T_t^P}\right)\right) \quad (2\text{-}16)$$

且两地的交通运输量越大，则 γ_{st} 越小。此外，大量的实证研究表明，地理距离对经济联系成本的影响系数 γ_{st} 通常在 1 左右。因此通过标准化方法，将 γ_{st} 调整到区间 $[0.8, 1.2]$，以实现更好的结果。

对于区域内，有

$$\widehat{\gamma}_{ss} = f\left(\left(\frac{T_s^C}{\sum_{s=1}^m T_s^C} + \frac{T_s^P}{\sum_{s=1}^m T_s^P}\right)^2\right) \quad (2\text{-}17)$$

d. 空间关联网络的构建

将区域间空间关联和区域内空间关联融合起来，可以得到所需的空间关联矩阵 $\mathcal{W}^S$ 和空间关联网络 Ω^S。由于考虑了区域内部的空间关联，$\mathcal{W}^S$ 的对角线元素是非 0 的，这使得 Ω^S 成为一个存在自环的非简单网。

C. 产业空间关联网络

产业空间关联网络是通过将产业关联网络和空间关联网络相互融合而形成的。

a. 产业空间关联关系与关联网络

假设经济体中存在 m 个空间经济单位（区域）和 n 个行业，用 $\mathcal{W}^{IS}$ 表示产业之间的跨区域经济关联矩阵，其矩阵元素为 $\omega_{is,jt}^{IS}$，表示区域 s 的行业 i 和区域 t 的行业 j 之间的经济关系强度。由 $\mathcal{W}^{IS}$ 得到的产业空间关联网络用 Ω^{IS} 表示。该网络是一个有权有向的复杂网络。

已知全局 $\mathcal{W}^I$、$\mathcal{W}^S$ 和区域经济总量 y_s。

在 $\mathcal{W}^S$ 的计算中，设：

$$\theta_{st} = \frac{y_s y_t}{\sum_{s,t=1}^{m} \frac{y_s y_t}{d_{st}^{\gamma_{st}}}} \quad (2\text{-}18)$$

从而使得 $\sum_{s,t=1}^{m} \omega_{st}^S = 1$。那么有 $\omega_{is,jt}^{IS} = \omega_{ij}^I \omega_{st}^S$，满足 $\sum_{s,t=1}^{m} \omega_{is,jt}^{IS} = \omega_{ij}^I$。

由 $\omega_{ij}^I = p_i x_{ij}$ 可得

$$\omega_{is,jt}^{IS} = p_{is} x_{is,jt} \quad (2\text{-}19)$$

即区域 s 行业 i 向区域 t 行业 j 的中间品价值投入，其中有 $\sum_{s=1}^{m} p_{is} \frac{y_{is}}{\sum_{s=1}^{m} y_{is}} = p_i$，即

行业产品价格为各地区产品价格的加权平均值，并有 $\frac{\sum_{j=1}^{n}\sum_{t=1}^{m} x_{is,jt}}{\sum_{j=1}^{n}\sum_{s,t=1}^{m} x_{is,jt}} = \frac{y_{is}}{\sum_{s=1}^{m} y_{is}}$，即区

域 t 行业 j 在全行业的产出比例与中间品投入比例是相等的。

已知 $\mathcal{W}^I$、$\mathcal{W}^S$ 和区域行业经济总量 y_{is}。

在 $\mathcal{W}^S$ 的计算中，由于可以考虑区域分产业情况，因此 $\mathcal{W}^S$ 变成了一个 $nm \times nm$ 的二维矩阵，并有

$$\omega_{is,jt}^S = \frac{\theta_{is,jt}}{d_{st}^{\gamma_{st}}} \quad (2\text{-}20)$$

其中，

$$\theta_{is,jt} = \frac{y_{is} y_{jt}}{\sum_{j=1}^{n}\sum_{t=1}^{m} \frac{y_{is} y_{jt}}{d_{st}^{\gamma_{st}}}} \quad (2\text{-}21)$$

从而使得 $\sum_{j=1}^{n}\sum_{t=1}^{m} \omega_{is,jt}^S = 1$。那么有 $\omega_{is,jt}^{IS} = \left(\omega_{ij}^I \frac{y_{is}}{\sum_{s=1}^{m} y_{is}} \right) \omega_{is,jt}^S$，同样满足 $\sum_{s,t=1}^{m} \omega_{is,jt}^{IS} = \omega_{ij}^I$。

已知整体的产业关联矩阵 $\mathcal{W}^I$，以及区域内部的产业关联矩阵 $\mathcal{W}^{I_s}$，且已知区域 s 产业 i 区域外流入向量 li_{is}、区域外流出向量 lo_{is}、出口向量 fo_{is}、进口向量 fi_{is} 和总产出向量 y_{is}。

由于区域内部产业关联矩阵 $\mathcal{W}^{I_s}$ 包含了不同来源产品的使用情况，需要将其

分解为本地产出的使用、域外流入产品的使用和进口产品的使用。

对于区域内本地产业之间的投入产出联系，有如下关系：

$$\omega_{is,js}^{\text{IS}} = \omega_{ij}^{I_s} \frac{y_{is}}{y_{is} + \text{li}_{is} + \text{fi}_{is}} \quad (2\text{-}22)$$

对于区域间的产业联系，首先计算域外产品作为中间品对本地产业的投入和国际市场产品作为中间品对本地产业的投入，那么来自域外的行业 i 产品作为中间品被投入到区域 s 行业 j 的价值流量为

$$\sum_{t=1}^{m} r_{it,js}^{\text{li}} = \omega_{ij}^{I_s} \frac{\text{li}_{is}}{y_{is} + \text{li}_{is} + \text{fi}_{is}} \quad (2\text{-}23)$$

来自域外的行业 i 产品作为最终消费品被投入到区域 s 行业 i 最终消费市场的价值流量为

$$\sum_{t=1}^{m} c_{it,is}^{\text{li}} = c_{i}^{I_s} \frac{\text{li}_{is}}{y_{is} + \text{li}_{is} + \text{fi}_{is}} \quad (2\text{-}24)$$

类似地，来自国际市场的行业 i 产品作为中间品被投入到区域 s 行业 j 的价值流量为

$$r_{iF,js}^{\text{fi}} = \omega_{ij}^{I_s} \frac{\text{fi}_{is}}{y_{is} + \text{li}_{is} + \text{fi}_{is}} \quad (2\text{-}25)$$

来自国际市场的行业 i 产品作为最终消费品被投入到区域 s 行业 i 的价值流量为

$$c_{iF,is}^{\text{fi}} = c_{i}^{I_s} \frac{\text{fi}_{is}}{y_{is} + \text{li}_{is} + \text{fi}_{is}} \quad (2\text{-}26)$$

域外流出的区域产业产品则按照全国投入产出表的比例在不同产业的中间品使用和最终品使用中进行分配。那么区域 s 行业 i 的产品作为中间品被投入到域外行业 j 的价值流量为

$$\sum_{t=1}^{m} r_{is,jt}^{\text{lo}} = \text{lo}_{is} \frac{\omega_{ij}}{r_i + c_i + k_i + \text{fo}_i} \quad (2\text{-}27)$$

此时，区域间产业关联关系与式（2-20）相同，而式（2-21）变为

$$\theta_{is,jt} = \sum_{t=1}^{m} r_{is,jt}^{\text{lo}} \sum_{s=1}^{m} r_{is,jt}^{\text{li}}, \forall s \neq t \quad (2\text{-}28)$$

根据产业之间的空间联系关系 $\omega_{is,jt}^{\text{IS}}$ 将域外的行业流量 $\sum_{t=1}^{m} r_{it,js}^{\text{li}}$ 分配到不同区域，从而得到区域行业之间的经济联系：

$$\omega_{is,jt}^{\text{IS}} = \sum_{s=1}^{m} r_{is,jt}^{\text{li}} \frac{\omega_{is,jt}^{\text{S}}}{\sum_{s=1}^{m} \omega_{is,jt}^{\text{S}}} \quad (2\text{-}29)$$

同理，区域 s 行业 i 的产品作为最终消费品流向区域 t 消费市场的流量为

$$\omega_{is,Mt}^{IS} = \sum_{j=1}^{m}\sum_{s=1}^{m} c_{is,jt}^{li} \frac{\omega_{is,jt}^{S}}{\sum_{s=1}^{m}\omega_{is,jt}^{S}} \qquad (2\text{-}30)$$

区域 s 行业 i 的产品出口流量直接使用区域投入产出表中的分行业出口数据,即

$$\omega_{is,F} = \text{fo}_{is} \qquad (2\text{-}31)$$

区域 s 行业 i 的产品进口流量区分为作为中间品的进口投入和作为最终消费品的进口,其中最终消费品进口不进行行业区分。那么,有

$$\omega_{F,is} = \sum_{j=1}^{m} r_{jF,is}^{fi} \qquad (2\text{-}32)$$

$$\omega_{F,Ms} = \sum_{i=1}^{m}\sum_{i=1}^{m} c_{iF,is}^{fi} \qquad (2\text{-}33)$$

基于上述算法,可以得到一个 $nm \times nm$ 的反映不同区域、不同产业之间的投入产出关联矩阵;以及一个 $(nm+m+1)(nm+m+1)$ 的反映 nm 个区域产业以及 m 个区域市场和一个国际市场之间的投入产出关联矩阵。

b. 产业空间关联网络的经济学含义

通过将 $\omega_{is,jt}^{IS}$ 沿着产业维度聚合可形成新的考虑细分产业关联关系后的空间联系关系,即

$$\omega_{st}^{S^I} = \sum_{i,j=1}^{n} \omega_{is,jt}^{IS} \qquad (2\text{-}34)$$

相应的空间关联矩阵和空间关联网络分别由 $\mathcal{W}^{S^I}$ 和 Ω^{S^I} 表示。

在产业空间关联网络中,区域 s 的行业 i 的生产函数由式(2-3)变为

$$y_{is} = (z_{is})\left(a_{is}^{-a_{is}}\ell_{is}^{\alpha_{is}}\right)\prod_{j=1}^{n}\prod_{t=1}^{m}\left(a_{is}^{-a_{is}} x_{jt,is}^{a_{jt,is}}\right) \qquad (2\text{-}35)$$

企业利润由式(2-4)变为

$$\pi_{is} = p_{is}y_{is} - w\ell_{is} - \sum_{j=1}^{n}\sum_{t=1}^{m} p_{jt}x_{jt,is} \qquad (2\text{-}36)$$

类似地,有

$$x_{jt,is} = \frac{a_{jt,is}p_{is}y_{is}}{p_{jt}} \qquad (2\text{-}37)$$

$$\ln\left(\frac{p_{is}}{w}\right) = \sum_{j=1}^{n}\sum_{t=1}^{m} a_{jt,is}\ln\left(\frac{p_{jt}}{w}\right) - \varepsilon_{is} \qquad (2\text{-}38)$$

$$a_{is,jt} = \frac{p_{is}x_{is,jt}}{p_{jt}y_{jt}} \quad (2\text{-}39)$$

即区域 s 行业 i 向区域 t 行业 j 的中间品投入在区域 t 行业 j 的生产技术中所占份额 $a_{is,jt}$，等于区域 s 行业 i 向区域 t 行业 j 的中间品投入价值与区域 t 行业 j 总产出的比例，也即 W^{IS} 矩阵元素 $\omega_{is,jt}^{IS}$ 与该元素所在列对应行业的总产出之间的比例，或者说网络 Ω^{IS} 中每条有向边的边权占入边节点点权重的比例。

市场出清条件式（2-10）变为

$$p_{is}y_{is} = c_{is}p_{is} + \sum_{j=1}^{n}\sum_{t=1}^{m} x_{is,jt}p_{is} = \beta_{is}w + \sum_{j=1}^{n}\sum_{t=1}^{m} a_{is,jt}p_{jt}y_{jt} \quad (2\text{-}40)$$

c. 消费、资本形成和进出口

①将进口和出口均划分为中间品进（出）口和最终品进（出）口；②将国外经济作为一个节点考虑；③将每个区域的最终消费市场作为一个节点考虑；④将每个区域的资本形成作为一个节点考虑。

3）基于产业空间关联网络的风险传播机制

用 $\mathcal{A}^{IS}$ 表示基于 $\mathcal{W}^{IS}$ 的风险传染矩阵（马尔可夫链状态转移矩阵），其矩阵元素 $a_{is,jt}^{IS} = \frac{p_{jt}x_{jt,is}}{p_{is}y_{is}} = a_{jt,is}$，表示在行业 i 的总价值投入（总产出）中，来自行业 j 的中间品价值投入的比例。在投入产出分析中，$\mathcal{A}^{IS}$ 即直接消耗系数矩阵。

由于中间品投入只是总投入的一部分，显然 $\mathcal{A}^{IS}$ 的行和小于 1，即矩阵谱半径（spectral radius，特征值的模的最大值）小于 1。

令 $\hat{p} = \left(\ln\left(\frac{p_{11}}{w}\right), \cdots, \ln\left(\frac{p_{nm}}{w}\right)\right)'$，$\varepsilon = (\varepsilon_{11}, \cdots, \varepsilon_{nm})'$，则由式（2-38）得

$$\hat{p} = \mathcal{A}^{IS}\hat{p} - \varepsilon = -(I - \mathcal{A}^{IS})^{-1}\varepsilon = -\mathcal{L}^{IS}\varepsilon \quad (2\text{-}41)$$

其中，I 为单位矩阵；$\mathcal{L}^{IS} = (I - \mathcal{A}^{IS})^{-1} = \sum_{k=0}^{\infty}(\mathcal{A}^{IS})^k$ 为里昂惕夫逆矩阵。$\mathcal{L}^{IS}$ 反映了行业之间直接和间接的投入产出关系，即完全消耗系数，同时也反映了生产冲击在产业关联网络中的传播过程。$\mathcal{L}^{IS}$ 的元素 $\ell_{is,jt} = a_{is,jt}^{IS} + \sum_{p=1}^{n}\sum_{r=1}^{m} a_{is,pr}^{IS}a_{pr,jt}^{IS} + \cdots$，分别表示了 jt 到 is 的直接投入，jt 通过 pr 到 is 的一阶间接投入……从而从需求层面刻画了行业沿着产业链对上游行业的直接和间接需求，进而形成了将各个行业紧密关联起来的产业关联网络。在复杂网络中，其代表了从节点 jt 到节点 is 的所有可能的有向通路（walk），这些通路具有不同的长度（阶数）。

设多马权重 $\lambda_{is} = \dfrac{p_{is}y_{is}}{\text{GDP}}$，表示地区行业产值与整体 GDP 的比重。那么由式（2-40）得

$$\lambda_{is} = \beta_{is} + \sum_{j=1}^{n}\sum_{t=1}^{m} a_{is,jt}\lambda_{jt} \tag{2-42}$$

那么有

$$\lambda = (I - (\mathcal{A}^{\text{IS}})')^{-1}\beta \tag{2-43}$$

由式（2-43）得 $\lambda_{is} = \sum_{j=1}^{n}\sum_{t=1}^{m}\beta_{jt}\ell_{jt,is}$，又由式（2-41）得 $\ln\left(\dfrac{p_{is}}{\text{GDP}}\right) = -\sum_{j=1}^{n}\sum_{t=1}^{m}\ell_{is,jt}\varepsilon_{jt}$，那么可得

$$\ln(y_{is}) = \sum_{j=1}^{n}\sum_{t=1}^{m}\ell_{is,jt}\varepsilon_{jt} + \delta_{is} \tag{2-44}$$

其中，δ_{is} 为独立于冲击的常量。式（2-44）表明区域 s 行业 i 的产出依赖其他区域其他行业的生产力冲击以及产业关联关系。也就是说，当地区 t 行业 j 遭受冲击时，会通过 p_{jt} 影响区域 s 行业 i 的中间品投入价格，而区域 s 行业 i 的产品价格等于其边际成本，后者又依赖其生产技术和投入品价格，从而形成从 p_{jt} 到 p_{is} 的冲击。这样的影响会沿着产业关联网络继续传播，最终造成系统性影响。

由 $\ln\left(\dfrac{p_{is}}{\text{GDP}}\right) = -\sum_{j=1}^{n}\sum_{t=1}^{m}\ell_{is,jt}\varepsilon_{jt}$ 还可得

$$\ln(\text{GDP}) = \sum_{i,j=1}^{n}\sum_{s,t=1}^{m}\beta_{is}\ell_{is,jt}\varepsilon_{jt} + \sum_{i=1}^{n}\sum_{s=1}^{m}\beta_{is}\ln(p_{is}) = \sum_{i=1}^{n}\sum_{s=1}^{m}\lambda_{is}\varepsilon_{is} \tag{2-45}$$

其中，$\sum_{i=1}^{n}\sum_{s=1}^{m}\beta_{is}\ln(p_{is}) = 0$

式（2-45）表明，（对数）总产出是行业层面生产力冲击的线性组合，其系数为行业的多马权重，而后者又依赖经济的产业关联网络，决定了微观冲击的宏观效应。

2. 实证应用

新中国成立 70 多年以来，尤其是改革开放 40 多年以来，中国逐步建立起了门类齐全的产业体系，在全球供应链体系中占有重要地位。2020 年国际形势发生了新的变化，受新冠疫情影响，全球的经济贸易大幅度下滑，许多产业受到不同程度的冲击。尤其是中美贸易摩擦的升级，使得中国乃至全球供应链的安全面临着巨大的不确定性因素。在产业链上，任何一个节点所受到的冲击都可能通过各种经济

关联关系对其他产业链节点造成影响，进而形成全局性经济波动，造成对宏观经济的风险冲击。因此，研究中国的产业空间集聚和分布，分析产业经济风险和空间经济风险的系统传染，对研究宏观经济风险的微观形成机理尤为重要。

我们认为宏观经济风险有其深刻的微观起源和产业背景。要实现对宏观经济风险的早期预警，需要找到微观数据与宏观经济风险之间的内在逻辑。由于某个区域的产业受多方面因素的影响而且这些影响相互关联，计量经济学的方法已经不能描述产业网络体系的特征；而且直观的宏观经济数据忽略了中间投入产出结构，无法描述产业冲击的传染过程。因此，我们使用复杂网络方法构建基于产业关联和空间关联的产业空间关联网络来解构宏观经济风险的微观关联基础。

基于所构建的省级区域间产业空间网络，我们对产业空间网络结构特征和网络应用的研究问题进行了深入分析。在网络结构方面，我们在中国产业空间骨干网络及网络特征、聚类分析、节点重要性分析三个方面展开研究。在网络应用方面，研究问题主要分为以下两个方面：一是区域产业的重要性评估，用于分析不同地区的不同产业受到不同冲击对其他经济节点、消费、资本形成、进出口等经济部门的影响；二是产业链系统重要性评估，用于从带动力、价值度、中心性等维度评估以核心产业为基础的45条产业链。

1）网络结构分析

基于部门间的投入产出关联和微观经济模型，我们构建了45个标准行业之间的产业关联网络，并基于空间经济模型构建了中国31个省级区域之间的空间关联网络，将两个网络融合为一个统一的基于1395个节点的中国产业空间网络，以反映不同地区不同行业之间的经济联系。由于产业空间网络过于复杂，连边过多，我们仅选取边权大于平均值三个标准差的连边来构建2012年和2017年的产业空间网络的骨干网（由于地图绘制较为复杂，这里省略了书中插图）。整体上，2017年的产业空间网络各个经济节点之间的联系更为紧密，尤其是西南地区，但西北和东北地区与中部地区的连线变得更为稀疏。两个产业空间网络均呈现出明显的中心聚集现象。为了更清晰地表现这种特征，我们对产业空间网络进行产业聚集处理，得到了空间联系网络的骨干网（由于地图绘制较为复杂，这里省略了书中插图）。

从产业的空间布局来看，我国区域经济具有较为明显的中心外围结构。按照我国十大经济区的划分，北部沿海经济区、东部沿海经济区、东南沿海经济区、长江上中游经济区、珠江上中游经济区的密集聚集现象较为明显，处于中心地带；而东北经济区、黄河上中游经济区的产业集聚现象相对较小，处于过渡地带；其他地区几乎无密集聚集现象，处于边缘地带。

网络的聚类系数是衡量网络结构的重要特征，表示节点与其邻居节点相互连接的程度。我们计算了1395个节点的聚类系数，由于数据众多，我们用热图表示区域和部门之间的聚集程度的差异（图2-1）。其中，每一个小方格颜色对应的数

(a) 2012年

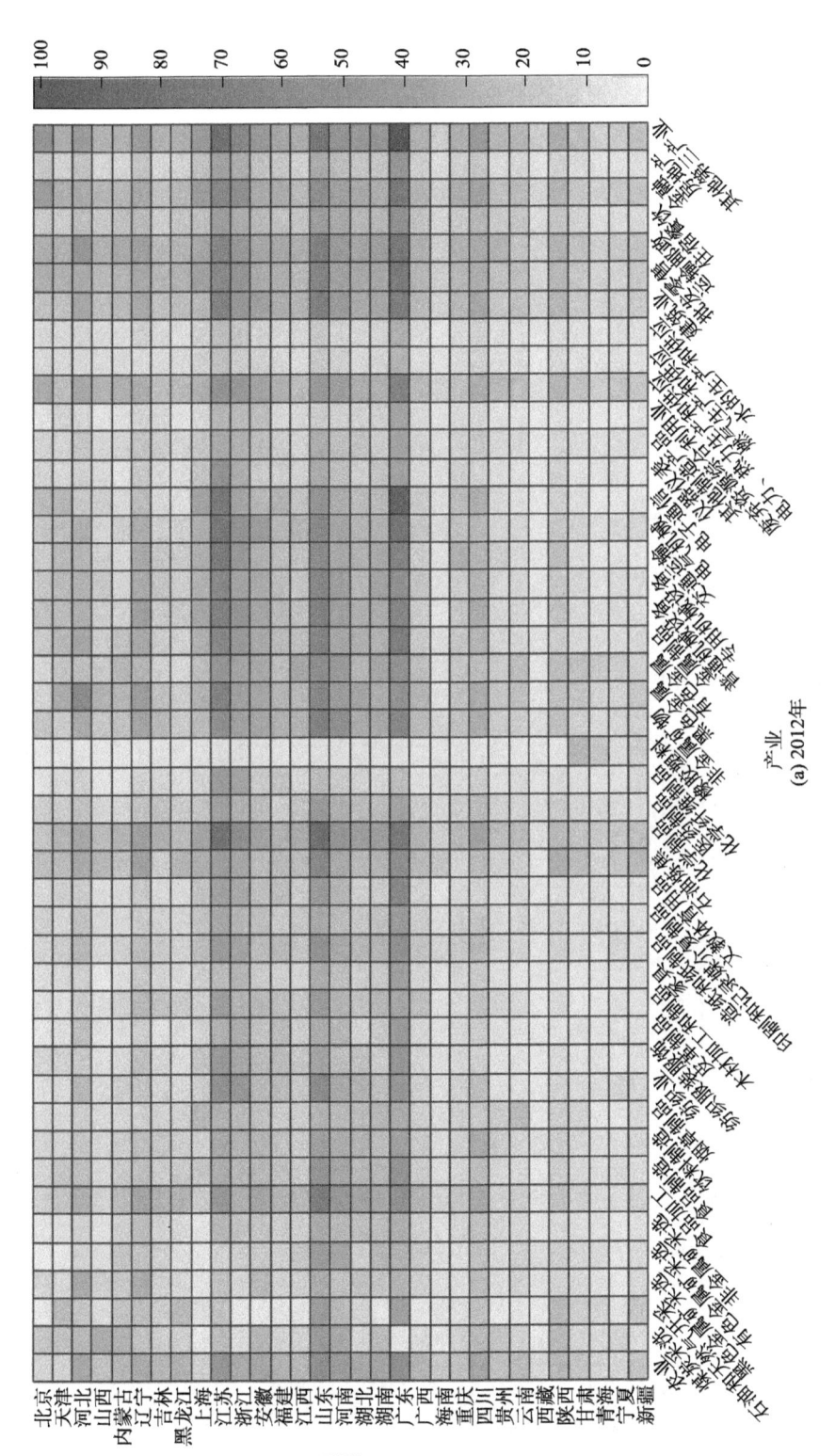

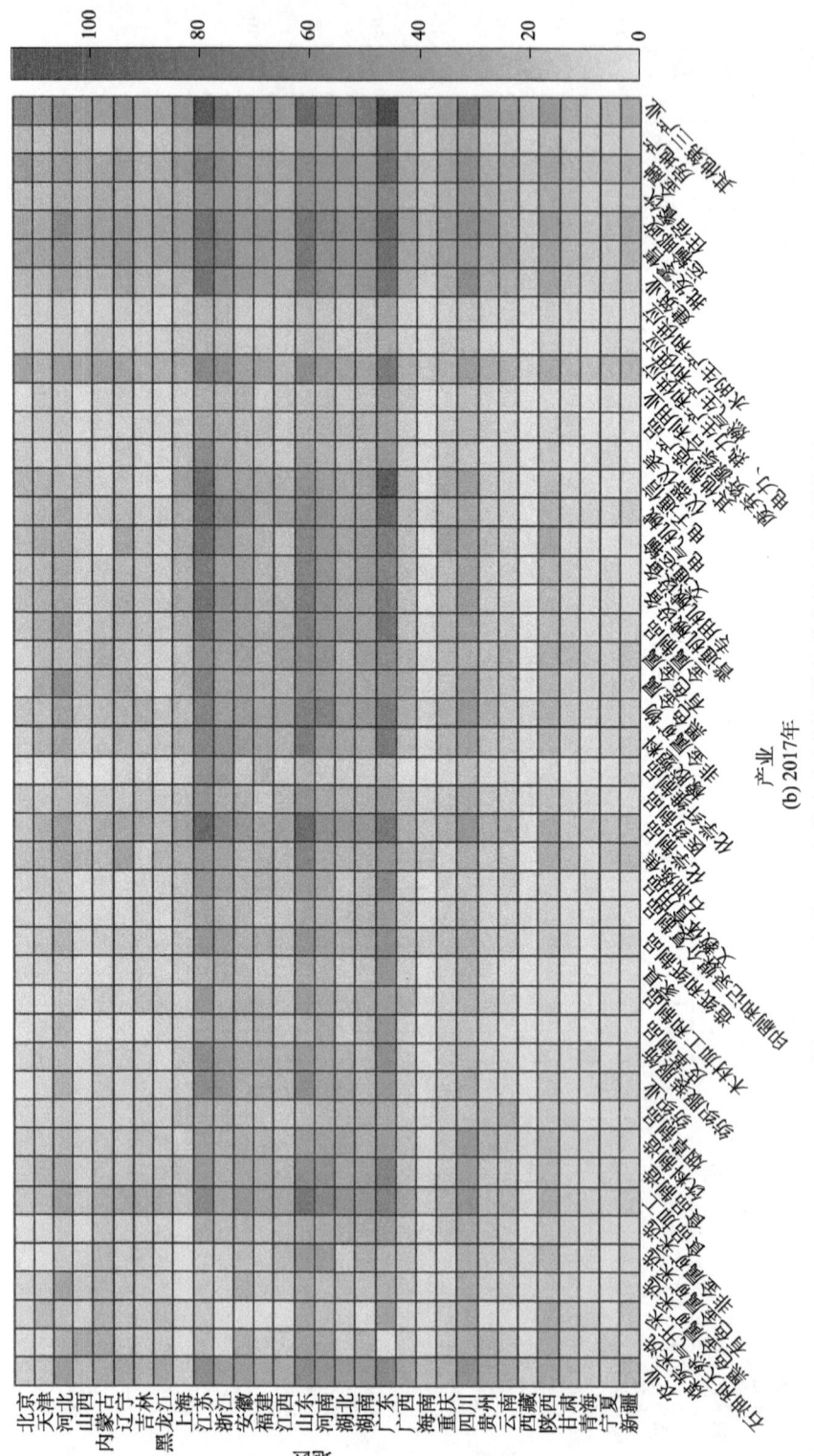

图2-1 2012年和2017年的产业空间网络的节点的聚类系数热数图

值表示某地区某部门的聚类系数。从整体上看，2012 年和 2017 年的热图色块分布总体相同，这表明 2012 年到 2017 年这五年间产业在空间上的集聚结构基本没有太大变化。从区域上来看，热图上色彩较深的区域有广东、江苏、山东，这三个区域节点的集聚系数明显高于周边节点，与其他周边区域的经济联系较为紧密，产业聚集现象更加明显，这些地区也是我国经济发展最为活跃的地区。此外，河南、浙江、四川、湖北、湖南的聚集系数也相对较高，西藏的聚集系数远低于其他区域。从产业上来看，其他第三产业、运输邮政、批发零售、化学制品、金融、电子通信与其他部门联系较为紧密，而烟草制品、废弃资源综合利用业、化学纤维制品、石油和天然气开采、燃气生产和供应、水的生产和供应与其他部门的联系较少。2012 年和 2017 年这两年的热图色块分布也有细微差别，如 2017 年的橡胶塑料行业色块颜色变深，这表明该行业与其他行业联系更为紧密，产业聚集现象更加明显。

更具体地，表 2-1 列出了 2012 年和 2017 年产业空间网络的节点的强度较大的 20 个节点。可见，这些节点大部分分布在我国经济最为发达的三个省份：广东、江苏和山东。在产业方面，这些节点主要集中在电子通信、化学制品、电气机械、批发零售等产业。出现在 2012 年而没有出现在 2017 年的 Top20 列表里的经济节点有河北的黑色金属产业、山东的食品加工和建筑业、广东的建筑业等，这些节点有相对衰退的趋势。2017 年新出现的经济节点有山东的电子通信、批发零售和有色金属产业等。相对于其他地区，山东的产业更新速度更快。

表 2-1 产业空间网络的节点的总强排序（Top 20）

排序	2012 年区域产业	2017 年区域产业
1	广东电子通信	广东电子通信
2	广东其他第三产业	江苏电子通信
3	江苏电子通信	山东化学制品
4	山东化学制品	江苏化学制品
5	广东电气机械	广东其他第三产业
6	江苏化学制品	江苏其他第三产业
7	江苏交通运输	江苏电气机械
8	江苏电气机械	广东电气机械
9	河北黑色金属	山东纺织业
10	山东石油炼焦	广东批发零售
11	山东纺织业	江苏交通运输
12	浙江其他第三产业	山东其他第三产业
13	山东食品加工	山东电子通信
14	山东建筑业	山东石油炼焦
15	江苏纺织业	广东金融
16	江苏黑色金属	山东批发零售
17	河南其他第三产业	浙江其他第三产业
18	广东批发零售	江苏纺织业
19	广东建筑业	江苏黑色金属
20	广东金融	山东有色金属

为了探究节点之间相互联系的强弱关系，表 2-2 列出了 2012 年和 2017 年产业空间网络的边权较大的 20 个流入节点和流出节点。这 20 个节点所涉及的产业主要为电子通信业，所涉及的区域主要为广东，且大多处于流入区域。电子通信业内部产业链较长，且每个地区都有特定产业的生产优势，经过最终的组装加工等程序退出产业循环，所以流出区域较为分散，流入区域较为集中。值得注意的是，除了上述常见的产业和区域，在 2012 年，青海、甘肃和新疆之间的橡胶塑料产业的联系较为紧密，但这一特征没有出现在 2017 年的列表中。

表 2-2 产业空间网络的边权排序（Top 20）

排序	2012 年 流出节点	2012 年 流入节点	2017 年 流出节点	2017 年 流入节点
1	江苏电子通信	广东电子通信	江苏电子通信	广东电子通信
2	青海橡胶塑料	甘肃橡胶塑料	四川电子通信	广东电子通信
3	山东电子通信	广东电子通信	山东电子通信	广东电子通信
4	上海电子通信	广东电子通信	河南电子通信	广东电子通信
5	福建电子通信	广东电子通信	湖南电子通信	广东电子通信
6	四川电子通信	广东电子通信	重庆电子通信	广东电子通信
7	新疆橡胶塑料	甘肃橡胶塑料	福建电子通信	广东电子通信
8	河北黑色金属矿采选	河北黑色金属	广东电子通信	广西其他第三产业
9	广东电子通信	江苏电子通信	浙江电子通信	广东电子通信
10	江苏化学制品	山东化学制品	山东化学制品	江苏化学制品
11	浙江电子通信	广东电子通信	广东电气机械	广东电子通信
12	天津电子通信	广东电子通信	安徽电子通信	广东电子通信
13	广东电子通信	广西其他第三产业	河北黑色金属矿采选	河北黑色金属
14	山东石油和天然气开采	山东石油炼焦	湖北电子通信	广东电子通信
15	山东化学制品	江苏化学制品	广西电子通信	广东电气机械
16	江苏纺织业	山东纺织业	广西电子通信	广东电子通信
17	上海电子通信	江苏电子通信	广东房地产	广西其他第三产业
18	北京电子通信	广东电子通信	山东化学制品	山东橡胶塑料
19	河南电子通信	广东电子通信	江西电子通信	广东电子通信
20	甘肃橡胶塑料	青海橡胶塑料	浙江其他第三产业	广西其他第三产业

2）区域产业的系统重要性评估

寻找网络中的关键节点是网络科学的重要研究内容之一，常用的衡量节点重要性的指标有度值、介值、接近数、k-壳值等指标。同样地，我们运用之前构建的产业空间网络研究关键的区域产业节点，但是我们没有采用上述常用的指标，而是结合产业空间网络的宏观经济含义，用某个经济节点受到冲击时对各个经济部门造成影响的程度衡量节点重要性，若经济部门受影响程度越大，则表明这个经济节点越重要。由于 2012 年缺乏各个区域的进出口数据，不适用于衡量节点重要性的产业循环模型，故没有研究 2012 年中经济节点受到冲击时对对外贸易部门的影响。

在模型中，我们给某区域产业节点一固定冲击，研究了冲击在网络中的扩散情况并最终形成新的稳定的产业空间网络。我们计算了各节点受冲击后的新产业空间网络和未受冲击的产业空间网络的产业链、消费、资本形成、对外贸易的影响指数，然后将各个经济部门的影响指数合成综合指数对各行业进行整体排序，表 2-3 和表 2-4 分别列举了 2012 年和 2017 年对某区域产业节点固定冲击对产业链、消费、资本形成、对外贸易这几大经济部门影响较大的前 15 个节点，最后一列为各行业整体排序（由于 2012 年缺少相关进出口数据，未列出对外贸易项）。比如，表 2-4 中第三列表明对消费造成较大变化的冲击来自广东电子通信、广东其他第三产业、江苏其他第三产业、广东金融等区域产业节点，即这些节点对消费部门较为重要。我们发现，无论是 2012 年还是 2017 年，广东电子通信产业受到冲击后对产业链、消费、资本形成、对外贸易和经济整体均造成较大影响，是所有区域产业节点中最重要的节点。在 2012 年和 2017 年的区域产业重要性评估整体排序中，经济节点主要分布在广东、江苏、山东三省。

表 2-3 2012 年区域产业的系统重要性评估

排序	产业链	消费	资本形成	整体排序
1	广东电子通信	广东其他第三产业	广东电子通信	广东电子通信
2	江苏电子通信	广东电子通信	江苏交通运输	广东其他第三产业
3	广东其他第三产业	江苏电子通信	广东其他第三产业	江苏电子通信
4	广东电气机械	广东电气机械	广东电子通信	广东电气机械
5	山东化学制品	江苏其他第三产业	广东电气机械	江苏交通运输
6	江苏化学制品	广东金融	江苏电子通信	山东化学制品
7	江苏电气机械	广东批发零售	山东建筑业	广东电气机械
8	山东纺织业	山东其他第三产业	山东建筑业	江苏其他第三产业
9	江苏交通运输	山东化学制品	江苏普通机械设备	江苏化学制品
10	江苏纺织业	山东食品加工	广东建筑业	广东金融
11	广东化学制品	江苏化学制品	广东交通运输	广东批发零售
12	广东电力、热力生产和供应	广东运输邮政	山东普通机械设备	江苏普通机械设备
13	山东石油炼焦	江苏电气机械	山东交通运输	广东运输邮政
14	江苏普通机械设备	江苏交通运输	广东普通机械设备	山东其他第三产业
15	河北黑色金属	广东化学制品	山东专用机械设备	山东纺织业
16	广东金融	浙江其他第三产业	江苏专用机械设备	广东交通运输
17	甘肃橡胶塑料	广东电力、热力生产和供应	河南建筑业	广东普通机械设备
18	江苏黑色金属	山东农业	广东批发零售	山东普通机械设备
19	广东金属制品	山东纺织业	山东化学制品	广东化学制品
20	青海橡胶塑料	广东文教体育用品	江苏其他第三产业	广东电力、热力生产和供应

表 2-4　2017 年区域产业的系统重要性评估

排序	产业链	消费	资本形成	对外贸易	整体排序
1	广东电子通信	广东电子通信	广东电子通信	广东电子通信	广东电子通信
2	广东其他第三产业	广东其他第三产业	广东其他第三产业	江苏电子通信	广东其他第三产业
3	广东电气机械	江苏其他第三产业	广东建筑业	广东电气机械	广东电气机械
4	江苏电子通信	广东金融	江苏交通运输	广东其他第三产业	江苏电子通信
5	江苏化学制品	广东批发零售	江苏建筑业	江苏电气机械	江苏其他第三产业
6	山东化学制品	广东电气机械	广东电气机械	江苏化学制品	广东批发零售
7	江苏电气机械	山东其他第三产业	山东建筑业	广东化学制品	广东金融
8	广东电力、热力生产和供应	广东房地产	江苏电子通信	广东运输邮政	江苏化学制品
9	广东批发零售	广东运输邮政	河南建筑业	广东批发零售	江苏交通运输
10	广东金融	浙江其他第三产业	江苏其他第三产业	江苏交通运输	山东化学制品
11	广东橡胶塑料	四川其他第三产业	广东交通运输	浙江电子通信	江苏电气机械
12	江苏交通运输	江苏电子通信	浙江建筑业	上海电子通信	广东运输邮政
13	广东金属制品	河南其他第三产业	广东批发零售	广东橡胶塑料	广东电力、热力生产和供应
14	江苏其他第三产业	湖南其他第三产业	江苏电气机械	广东金属制品	广东建筑业
15	广东运输邮政	山东食品加工	江苏专用机械设备	江苏其他第三产业	广东房地产
16	广东化学制品	广东电力、热力生产和供应	江苏普通机械设备	山东化学制品	山东其他第三产业
17	江苏纺织业	江苏化学制品	湖北建筑业	江苏普通机械设备	广东橡胶塑料
18	江苏普通机械设备	江苏交通运输	四川建筑业	江苏普通机械设备	广东金属制品
19	山东橡胶塑料	江苏金融	山东交通运输	广东电力、热力生产和供应	广东化学制品
20	山东有色金属	湖北其他第三产业	河北建筑业	广东金融	江苏普通机械设备

和研究区域产业节点的重要性的方法类似，我们将受冲击节点由某区域某产业变为某区域，受冲击范围扩大到某个区域整体，研究了 31 个区域节点受冲击后的产业链、消费、资本形成、对外贸易和经济整体的变化指数并进行排序。变化指数越大，则该区域节点越重要，区域经济的系统重要性评估如表 2-5 和表 2-6 所示。区域经济的系统重要性与各地区经济实力高度相关，故 2012 年和 2017 年的区域经济的系统重要性评估结果变不大。比如，表 2-6 中"整体排序"一列表明对整体经济造成较大变化的冲击来自广东、江苏、山东、河南、浙江、四川等，也就是说这些区域对整体经济较为重要。我们发现各区域发展相对均衡，各区域部门受到冲击的排序大致相同。较为重要的区域经济体有广东、江苏、山东、河南、浙江等，较为不重要的区域经济体有宁夏、海南、青海、西藏等。

类似地，我们将受冲击节点由某区域某产业变为某产业，受冲击范围扩大到某个产业整体，研究了 2012 年和 2017 年 45 个产业节点受冲击后的产业链、消费、

表 2-5 2012 年区域经济的系统重要性评估

排序	产业链	消费	资本形成	整体排序	排序	产业链	消费	资本形成	整体排序
1	广东	广东	广东	广东	17	江西	黑龙江	陕西	陕西
2	江苏	山东	江苏	江苏	18	内蒙古	云南	北京	广西
3	山东	江苏	山东	山东	19	陕西	陕西	山西	江西
4	浙江	浙江	浙江	浙江	20	北京	山西	吉林	山西
5	河南	河南	河南	河南	21	新疆	内蒙古	重庆	黑龙江
6	河北	四川	辽宁	河北	22	山西	吉林	黑龙江	吉林
7	辽宁	河北	河北	辽宁	23	黑龙江	重庆	江西	重庆
8	安徽	湖南	湖南	四川	24	广西	贵州	云南	云南
9	四川	安徽	四川	湖南	25	重庆	天津	新疆	甘肃
10	湖南	湖北	安徽	安徽	26	吉林	新疆	贵州	新疆
11	上海	辽宁	湖北	湖北	27	云南	甘肃	甘肃	贵州
12	湖北	福建	福建	福建	28	贵州	海南	宁夏	青海
13	福建	上海	内蒙古	上海	29	宁夏	青海	海南	海南
14	甘肃	北京	上海	内蒙古	30	海南	宁夏	青海	宁夏
15	青海	江西	天津	天津	31	西藏	西藏	西藏	西藏
16	天津	广西	广西	北京					

表 2-6 2017 年区域经济的系统重要性评估

排序	产业链	消费	资本形成	对外贸易	整体排序	排序	产业链	消费	资本形成	对外贸易	整体排序
1	广东	广东	广东	广东	广东	17	广西	上海	天津	江西	重庆
2	江苏	江苏	江苏	江苏	江苏	18	重庆	云南	江西	广西	北京
3	山东	山东	山东	山东	山东	19	天津	贵州	北京	辽宁	天津
4	河南	四川	浙江	浙江	河南	20	山西	黑龙江	吉林	山西	内蒙古
5	浙江	河南	浙江	上海	浙江	21	北京	山西	广西	内蒙古	云南
6	四川	浙江	四川	四川	四川	22	贵州	重庆	贵州	吉林	贵州
7	安徽	湖南	湖南	河南	安徽	23	吉林	内蒙古	内蒙古	黑龙江	山西
8	河北	湖北	湖北	北京	湖南	24	黑龙江	天津	新疆	贵州	黑龙江
9	湖南	安徽	河北	福建	河北	25	云南	吉林	黑龙江	云南	吉林
10	湖北	河北	安徽	安徽	湖北	26	新疆	新疆	山西	新疆	新疆
11	福建	福建	福建	天津	福建	27	甘肃	甘肃	甘肃	甘肃	甘肃
12	江西	江西	陕西	河北	陕西	28	宁夏	海南	宁夏	宁夏	宁夏
13	陕西	辽宁	云南	湖南	江西	29	海南	宁夏	青海	海南	海南
14	内蒙古	陕西	上海	湖北	上海	30	青海	青海	海南	青海	青海
15	上海	广西	重庆	重庆	辽宁	31	西藏	西藏	西藏	西藏	西藏
16	辽宁	北京	辽宁	陕西	广西						

资本形成、对外贸易和经济整体的变化指数并进行排序。变化指数越大，则该产业节点越重要，产业部门的系统重要性评估如表2-7和表2-8所示。根据2017年的整体排序，我们发现，对经济整体而言较为重要的产业部门有电子通信、其他第三产业、电气机械、化学制品、建筑业等，较为不重要的产业部门有家具、燃气生产供应、烟草制品、其他制造产品、水的生产供应等。2012年到2017年五年间，整体排序呈现下降趋势的产业有黑色金属制品以及黑色金属采选业等；整体排序呈上升趋势的产业有金融、房地产、住宿餐饮等第三产业。

表2-7　2012年产业部门的系统重要性评估

排序	产业链	消费	资本形成	整体排序
1	其他第三产业	建筑业	批发零售	电子通信
2	电子通信	交通运输	纺织业	其他第三产业
3	批发零售	电子通信	纺织服装服饰	电气机械
4	金融	普通机械设备	橡胶塑料	化学制品
5	农业	其他第三产业	皮革制品	黑色金属
6	运输邮政	电气机械	家具	建筑业
7	电气机械	专用机械设备	其他制造产品	普通机械设备
8	食品加工	批发零售	文教体育用品	运输邮政
9	化学制品	运输邮政	电子通信	交通运输
10	房地产	农业	烟草制品	纺织业
11	住宿餐饮	金属制品	水的生产和供应	金属制品
12	交通运输	房地产	木材加工和制品	有色金属
13	食品制造	化学制品	房地产	电力、热力生产和供应
14	电力、热力生产和供应	金融	饮料制造	批发零售
15	纺织服装服饰	电力、热力生产和供应	医药制品	石油炼焦
16	普通机械设备	黑色金属	食品制造	金融
17	纺织业	仪器仪表	燃气生产和供应	农业
18	金属制品	纺织业	印刷和记录媒介复制品	非金属矿物
19	建筑业	非金属矿物	非金属矿物	专用机械设备
20	非金属矿物	食品加工	非金属矿采选	纺织服装服饰
21	石油炼焦	石油炼焦	住宿餐饮	食品加工
22	饮料制造	文教体育用品	金融	石油和天然气开采
23	文教体育用品	纺织服装服饰	运输邮政	文教体育用品
24	医药制品	有色金属	化学纤维制品	造纸和纸制品
25	黑色金属	煤炭采洗	仪器仪表	化学纤维制品
26	皮革制品	食品制造	专用机械设备	煤炭采洗
27	专用机械设备	石油和天然气开采	金属制品	仪器仪表
28	有色金属	造纸和纸制品	建筑业	橡胶塑料
29	造纸和纸制品	住宿餐饮	造纸和纸制品	房地产
30	仪器仪表	家具	食品加工	住宿餐饮
31	烟草制品	其他制造产品	交通运输	黑色金属矿采选
32	木材加工和制品	医药制品	普通机械设备	木材加工和制品

续表

排序	产业链	消费	资本形成	整体排序
33	化学纤维制品	木材加工和制品	电力、热力生产和供应	食品制造
34	印刷和记录媒介复制品	化学纤维制品	其他第三产业	医药制品
35	煤炭采洗	印刷和记录媒介复制品	电气机械	印刷和记录媒介复制品
36	其他制造产品	皮革制品	煤炭采洗	皮革制品
37	家具	饮料制造	废弃资源综合利用业	有色金属矿采选
38	石油和天然气开采	有色金属矿采选	有色金属矿采选	其他制造产品
39	燃气生产和供应	非金属矿采选	农业	饮料制造
40	水的生产和供应	黑色金属矿采选	黑色金属	非金属矿采选
41	有色金属矿采选	废弃资源综合利用业	黑色金属矿采选	废弃资源综合利用业
42	非金属矿采选	烟草制品	化学制品	家具
43	废弃资源综合利用业	燃气生产和供应	石油炼焦	烟草制品
44	黑色金属矿采选	水的生产和供应	有色金属	燃气生产和供应
45	橡胶塑料	橡胶塑料	石油和天然气开采	水的生产和供应

表 2-8　2017 年产业部门的系统重要性评估

排序	产业链	消费	资本形成	对外贸易	整体排序
1	电子通信	其他第三产业	建筑业	电子通信	电子通信
2	其他第三产业	电子通信	其他第三产业	电气机械	其他第三产业
3	电气机械	金融	电子通信	其他第三产业	电气机械
4	化学制品	批发零售	交通运输	化学制品	化学制品
5	批发零售	房地产	专用机械设备	运输邮政	建筑业
6	运输邮政	运输邮政	电气机械	普通机械设备	批发零售
7	有色金属	食品加工	普通机械设备	批发零售	运输邮政
8	橡胶塑料	农业	批发零售	交通运输	金融
9	电力、热力生产和供应	住宿餐饮	运输邮政	有色金属	交通运输
10	金属制品	电气机械	房地产	橡胶塑料	电力、热力生产和供应
11	金融	化学制品	金属制品	金属制品	金属制品
12	非金属矿物	交通运输	金融	专用机械设备	橡胶塑料
13	黑色金属	电力、热力生产和供应	化学制品	黑色金属	有色金属
14	普通机械设备	食品制造	农业	石油天然气	普通机械设备
15	纺织业	建筑业	电力、热力生产和供应	石油炼焦	非金属矿物
16	交通运输	饮料制造	仪器仪表	仪器仪表	农业
17	建筑业	纺织服装服饰	非金属矿物	建筑业	黑色金属
18	农业	橡胶塑料	橡胶塑料	非金属矿物	纺织业
19	石油炼焦	医药制品	有色金属	纺织服装服饰	专用机械设备
20	专用机械设备	金属制品	食品加工	纺织业	房地产
21	纺织服装服饰	非金属矿物	黑色金属	金融	食品加工

续表

排序	产业链	消费	资本形成	对外贸易	整体排序
22	造纸和纸制品	纺织业	家具	电力、热力生产和供应	石油炼焦
23	食品加工	普通机械设备	文教体育用品	农业	纺织服装服饰
24	房地产	皮革制品	石油炼焦	黑色金属采选	造纸和纸制品
25	仪器仪表	石油炼焦	住宿餐饮	文教体育用品	住宿餐饮
26	化学纤维制品	专用机械设备	纺织业	住宿餐饮	仪器仪表
27	住宿餐饮	文教体育用品	造纸和纸制品	食品加工	文教体育用品
28	文教体育用品	造纸和纸制品	纺织服装服饰	造纸和纸制品	化学纤维制品
29	医药制品	有色金属	医药制品	医药制品	医药制品
30	煤炭开采	黑色金属	饮料制造	皮革制品	石油和天然气开采
31	石油天然气	仪器仪表	废弃资源综合利用业	有色金属采选	煤炭开采
32	木材加工	烟草制品	非金属矿采选	废弃资源综合利用业	木材加工
33	印刷复制品	木材加工	印刷复制品	房地产	印刷复制品
34	废弃资源综合利用业	家具	煤炭开采	家具	饮料制造
35	有色金属采选	燃气生产供应	食品制造	木材加工	废弃资源综合利用业
36	黑色金属采选	印刷复制品	木材加工	化学纤维制品	皮革制品
37	皮革制品	水的生产供应	石油天然气	印刷复制品	食品制造
38	非金属矿采选	化学纤维制品	皮革制品	非金属矿采选	有色金属采选
39	饮料制造	废弃资源综合利用业	有色金属采选	食品制造	黑色金属采选
40	食品制造	非金属矿采选	化学纤维制品	煤炭开采	非金属矿采选
41	家具	煤炭开采	其他制造产品	饮料制造	家具
42	其他制造产品	其他制造产品	水的生产供应	燃气生产供应	燃气生产供应
43	燃气生产供应	石油天然气	燃气生产供应	其他制造产品	烟草制品
44	烟草制品	有色金属采选	黑色金属采选	烟草制品	其他制造产品
45	水的生产供应	黑色金属采选	烟草制品	水的生产供应	水的生产供应

由于产业空间网络可以表示我国各个地区和产业之间转移关系，我们用产业空间网络来研究各个产业受到不同程度的冲击时对其他产业的影响。我们知道，风险先从首次受冲击的产业扩散而来，进而影响其他产业，其他的工业产业受到冲击后，会引发第二轮冲击。随着引发冲击次数的增多，整个网络各个节点的冲击值将趋于均衡值。冲击不仅会影响受冲击的每个地区产业的转出值和转入值，而且还会改变这一产业的价值向其他产业转化的概率。因此，我们使用转移概率矩阵的方法来分析多次的状态转移。

在中美贸易战中，我国有关行业受到技术封锁，一些出口行业也受到打击，如高新产业、机械业、钢铁业、化工业、家具业等都受到不同程度的直接冲击。

这些冲击不但在产业内部扩散，还会通过生产和再生产过程传递到其他产业。由于现实生活的经济冲击场景有限，我们用仿真模拟的方式进行冲击试验。冲击因子为对我国某一产业进行强度从 1 到 100 的产业冲击，1 表示该产业的生产能力下降 1%。冲击结果为我国经济受到的总体影响，表现为总体生产能力下降比例，即经济损失（也可以表示各个地区的各个行业的受影响程度，但结果较为繁杂，仅展示总体生产受影响程度）。2012 年和 2017 年各个产业在不同风险冲击下对经济总体的影响程度模拟结果如图 2-2 和图 2-3 所示。电子通信、其他第三产业、电气机械、化学制品、运输邮政等主要行业受到冲击，对 2012 年和 2017 年经济都造成较大影响。不同的是，2017 年经济总体受电子通信产业的影响更大。在电子通信产业受到 100% 冲击的情况下，2012 年该冲击对经济总体的影响不足 20%，在 2017 年上升至 25.17%。同时，经济受批发零售、金融产业的影响呈上升趋势。

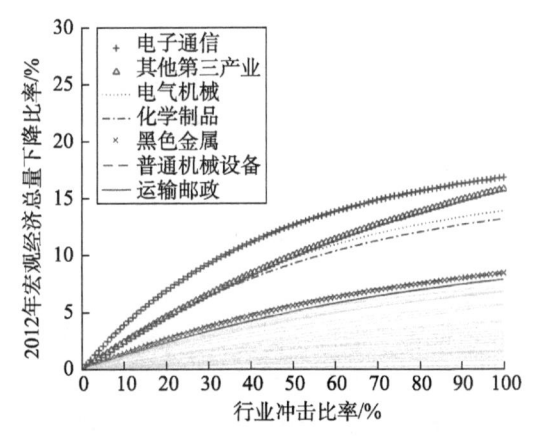

图 2-2　2012 年各个产业在不同风险冲击程度下对经济总体的影响
图中只对前七个主要产业进行了区分，其他产业不再区分

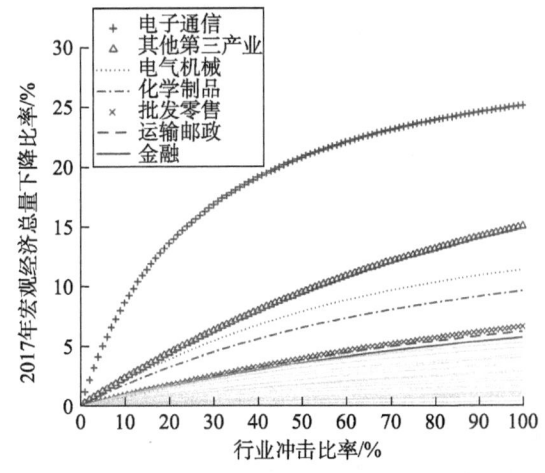

图 2-3　2017 年各个产业在不同风险冲击程度下对经济总体的影响
图中只对前七个主要产业进行了区分，其他产业不再区分

由图 2-2 和图 2-3 可知，产业受冲击程度越大，对经济造成的损失也就越大。我们定义产业在受冲击后经济总体保持不变的能力为该产业的经济稳定性。产业节点的经济稳定性越弱，发生冲击时越会对经济整体造成更大的影响，则对系统更为重要。在相同冲击强度下，经济受损程度越高，产业的经济稳定性也就越低，经济重要性越高，反之则反。随着产业受冲击强度的变大，经济的边际损失呈递减趋势，而且不同产业受冲击导致经济损失的速度不同，建筑业、其他第三产业、有色金属采选业等产业的经济损失速度较高。由图 2-3 可知，受到冲击造成经济损失较高的产业有电子通信、其他第三产业、电气机械、化学制品等，即经济重要性较高，如电子通信产业受到 100%的冲击后对经济总体的影响达到 25.17%。受到冲击经济总体损失较低的产业有食品制造、家具、皮革制品、烟草制造、文教体育用品等。总体来看，经济重要性较低的产业主要为轻工业，经济重要性较高的产业主要为部分重工业和服务业。

为了研究产业冲击对经济结构的影响，我们以 2017 年的交通运输产业为例，分析该部门受到 90%的冲击产生的影响。该影响可以分为四级，分别是对各个产业的经济影响、对各个区域的经济影响、对各个区域的各个产业的影响、对经济网络结构的影响（由于地图绘制较为复杂，这里省略了书中插图）。在对各个产业的经济影响分析中，我们发现如果交通运输产业受到 90%的冲击，冲击经产业空间网络传递后，受影响的产业排在前五位的是交通运输、有色金属、普通机械设备、有色金属采选、仪器仪表产业。其中，交通运输产业下降了 132%，其他产业为交通运输产业的上下游产业，下降均不超过 40%。受影响的区域排在前五位的为天津、重庆、江苏、辽宁、浙江。各区域经济最大下降比例为天津 29%，最小为西藏，经济下降比例为 6%。对产业区域经济的影响主要为各地区的交通运输业。运用同样的方法，我们还对电子通信、金融、房地产、石油和天然气开采这四个主要行业进行分析，得到的对产业、对区域、对区域产业的影响如表 2-9~表 2-11 所示。

表 2-9　2017 年五大主要产业受到 90%冲击时对产业的影响

电子通信		房地产		金融		石油和天然气开采		交通运输	
行业	经济下降	行业	经济下降	行业	经济下降	行业	经济下降	行业	经济下降
电子通信	4.13	房地产	1.13	金融	1.99	石油和天然气开采	3.62	交通运输	1.32
电气机械	1.35	金融	0.34	印刷和记录媒介复制品	0.57	非金属矿采选	0.50	有色金属	0.35
有色金属	1.34	印刷和记录媒介复制品	0.18	房地产	0.42	电力、热力生产和供应	0.03	普通机械设备	0.35
有色金属矿采选	1.23	燃气生产和供应	0.15	文教体育用品	0.41	专用机械设备	0.03	有色金属矿采选	0.34

续表

电子通信		房地产		金融		石油和天然气开采		交通运输	
行业	经济下降	行业	经济下降	行业	经济下降	行业	经济下降	行业	经济下降
橡胶塑料	1.05	文教体育用品	0.13	造纸和纸制品	0.31	煤炭采洗	0.03	仪器仪表	0.29
仪器仪表	0.95	其他制造产品	0.12	住宿餐饮	0.29	仪器仪表	0.02	黑色金属	0.29
电力、热力生产和供应	0.79	造纸和纸制品	0.12	其他第三产业	0.16	石油炼焦	0.02	黑色金属矿采选	0.28
烟草制品	0.76	水的生产和供应	0.11	纺织服装服饰	0.16	化学制品	0.02	橡胶塑料	0.26
金属制品	0.75	住宿餐饮	0.08	水的生产和供应	0.15	水的生产和供应	0.02	电气机械	0.20
废弃资源综合利用业	0.74	电力、热力生产和供应	0.08	化学纤维制品	0.14	黑色金属矿采选	0.02	金属制品	0.20
化学制品	0.69	其他第三产业	0.07	纺织业	0.14	金融	0.02	批发零售	0.16
专用机械设备	0.68	烟草制品	0.07	电力、热力生产和供应	0.13	黑色金属	0.01	废弃资源综合利用业	0.16
造纸和纸制品	0.64	饮料制造	0.07	饮料制造	0.12	普通机械设备	0.01	化学制品	0.15
批发零售	0.63	石油和天然气开采	0.06	运输邮政	0.12	废弃资源综合利用业	0.01	煤炭采洗	0.15
煤炭采洗	0.58	纺织服装服饰	0.06	其他制造产品	0.12	其他制造产品	0.01	电力、热力生产和供应	0.14
印刷和记录媒介复制品	0.51	化学纤维制品	0.06	废弃资源综合利用业	0.11	有色金属矿采选	0.01	家具	0.14
金融	0.50	废弃资源综合利用业	0.06	燃气生产和供应	0.11	燃气生产和供应	0.01	石油炼焦	0.13
石油和天然气开采	0.49	纺织业	0.05	烟草制品	0.11	橡胶塑料	0.01	石油和天然气开采	0.12
普通机械设备	0.49	医药制品	0.05	医药制品	0.11	金属制品	0.01	运输邮政	0.11
其他制造产品	0.48	运输邮政	0.05	石油和天然气开采	0.10	有色金属	0.01	烟草制品	0.11
水的生产和供应	0.48	煤炭采洗	0.05	石油炼焦	0.10	运输邮政	0.01	专用机械设备	0.10
非金属矿采选	0.47	石油炼焦	0.05	化学制品	0.10	家具	0.01	其他制造产品	0.09
石油炼焦	0.46	仪器仪表	0.04	橡胶塑料	0.09	电气机械	0.01	木材加工和制品	0.09
非金属矿物	0.46	化学制品	0.04	煤炭采洗	0.09	印刷和记录媒介复制品	0.01	电子通信	0.09
运输邮政	0.45	橡胶塑料	0.04	仪器仪表	0.09	烟草制品	0.01	化学纤维制品	0.09
黑色金属矿采选	0.43	批发零售	0.04	批发零售	0.08	造纸和纸制品	0.01	非金属矿物	0.08
黑色金属	0.42	有色金属	0.04	有色金属	0.08	住宿餐饮	0.01	非金属矿采选	0.08
燃气生产和供应	0.35	金属制品	0.04	有色金属矿采选	0.08	批发零售	0.01	金融	0.08
化学纤维制品	0.34	有色金属矿采选	0.03	木材加工和制品	0.07	饮料制造	0.01	造纸和纸制品	0.08
纺织服装服饰	0.29	电子通信	0.03	电子通信	0.07	纺织服装服饰	0.01	皮革制品	0.07

续表

电子通信		房地产		金融		石油和天然气开采		交通运输	
行业	经济下降	行业	经济下降	行业	经济下降	行业	经济下降	行业	经济下降
住宿餐饮	0.29	木材加工和制品	0.03	农业	0.06	化学纤维制品	0.01	纺织业	0.07
文教体育用品	0.28	家具	0.03	金属制品	0.06	纺织业	0.01	纺织服装服饰	0.07
纺织业	0.27	皮革制品	0.03	食品加工	0.06	木材加工和制品	0.01	燃气生产和供应	0.06
其他第三产业	0.27	电气机械	0.03	电气机械	0.05	其他第三产业	0.00	水的生产和供应	0.06
房地产	0.24	非金属矿采选	0.03	家具	0.05	电子通信	0.00	印刷和记录媒介复制品	0.06
饮料制造	0.23	农业	0.02	皮革制品	0.05	非金属矿物	0.00	住宿餐饮	0.05
木材加工和制品	0.22	黑色金属矿采选	0.02	专用机械设备	0.05	文教体育用品	0.00	其他第三产业	0.05
交通运输	0.14	食品加工	0.02	普通机械设备	0.04	医药制品	0.00	饮料制造	0.04
农业	0.12	普通机械设备	0.02	黑色金属矿采选	0.04	交通运输	0.00	房地产	0.03
食品加工	0.09	专用机械设备	0.02	交通运输	0.04	皮革制品	0.00	医药制品	0.03
皮革制品	0.09	交通运输	0.02	黑色金属	0.03	农业	0.00	农业	0.02
家具	0.08	非金属矿物	0.01	食品制造	0.03	食品加工	0.00	食品加工	0.02
食品制造	0.04	食品制造	0.01	非金属矿物	0.02	食品制造	0.00	食品制造	0.01
建筑业	0.01	建筑业	0.01	建筑业	0.01	建筑业	0.00	建筑业	0.00

表 2-10　2017 年五大主要产业受到 90% 冲击时对区域的影响

电子通信		房地产		金融		石油和天然气开采		交通运输	
区域	经济下降	区域	经济下降	区域	经济下降	区域	经济下降	区域	经济下降
广东	2.04	海南	0.15	北京	0.40	新疆	0.41	天津	0.29
重庆	1.35	北京	0.12	上海	0.33	黑龙江	0.34	重庆	0.28
江苏	1.17	广东	0.12	海南	0.25	青海	0.32	江苏	0.23
四川	1.05	上海	0.11	西藏	0.24	甘肃	0.30	辽宁	0.23
湖南	0.96	四川	0.10	四川	0.23	陕西	0.28	浙江	0.20
安徽	0.92	浙江	0.09	广东	0.22	内蒙古	0.28	山东	0.19
江西	0.91	福建	0.08	辽宁	0.21	天津	0.21	陕西	0.18
广西	0.86	重庆	0.08	重庆	0.21	吉林	0.08	河北	0.18
福建	0.82	辽宁	0.08	湖北	0.20	四川	0.08	安徽	0.17
河南	0.81	陕西	0.08	浙江	0.20	辽宁	0.07	河南	0.16
湖北	0.73	湖北	0.08	云南	0.20	山东	0.05	江西	0.16
浙江	0.72	广西	0.07	贵州	0.18	河北	0.04	内蒙古	0.15
贵州	0.71	江苏	0.07	陕西	0.18	山西	0.03	上海	0.15
山东	0.69	安徽	0.07	福建	0.18	重庆	0.03	湖南	0.15
陕西	0.68	湖南	0.07	山西	0.18	广东	0.03	青海	0.15
上海	0.56	贵州	0.07	青海	0.18	河南	0.02	吉林	0.15

续表

电子通信		房地产		金融		石油和天然气开采		交通运输	
区域	经济下降	区域	经济下降	区域	经济下降	区域	经济下降	区域	经济下降
山西	0.56	山西	0.06	天津	0.18	海南	0.02	湖北	0.14
青海	0.51	云南	0.06	宁夏	0.18	贵州	0.02	山西	0.14
甘肃	0.50	河南	0.06	广西	0.17	湖北	0.02	甘肃	0.14
辽宁	0.50	西藏	0.06	江苏	0.17	宁夏	0.02	宁夏	0.13
内蒙古	0.48	江西	0.06	安徽	0.17	广西	0.02	新疆	0.12
天津	0.47	甘肃	0.06	湖南	0.17	北京	0.02	福建	0.12
云南	0.46	宁夏	0.06	甘肃	0.16	湖南	0.01	广西	0.11
河北	0.44	山东	0.06	黑龙江	0.15	云南	0.01	云南	0.10
宁夏	0.43	天津	0.05	内蒙古	0.14	安徽	0.01	四川	0.10
新疆	0.41	河北	0.05	江西	0.14	江西	0.01	广东	0.10
海南	0.39	黑龙江	0.05	河南	0.14	江苏	0.01	贵州	0.10
北京	0.36	内蒙古	0.05	新疆	0.14	福建	0.01	北京	0.09
吉林	0.35	吉林	0.05	山东	0.13	浙江	0.01	黑龙江	0.09
黑龙江	0.29	青海	0.05	河北	0.13	上海	0.01	海南	0.07
西藏	0.23	新疆	0.05	吉林	0.13	西藏	0.01	西藏	0.06

表 2-11　2017 年五大主要产业受到 90%冲击时对区域产业的影响

电子通信		房地产		金融		石油和天然气开采		交通运输	
区域产业	经济下降	区域产业	经济下降	区域产业	经济下降	区域产业	经济下降	区域产业	经济下降
广东电子通信	4.57	广东房地产	1.68	广东金融	2.32	宁夏石油和天然气开采	4.05	重庆交通运输	1.76
重庆电子通信	4.40	上海房地产	1.30	上海金融	2.26	天津石油和天然气开采	3.87	江苏交通运输	1.73
四川电子通信	4.38	北京房地产	1.23	北京金融	2.21	内蒙古石油和天然气开采	3.81	天津交通运输	1.66
湖南电子通信	4.35	海南房地产	1.21	天津金融	2.10	河北石油和天然气开采	3.81	辽宁交通运输	1.55
江苏电子通信	4.20	浙江房地产	1.20	江苏金融	2.09	吉林石油和天然气开采	3.80	浙江交通运输	1.44
江西电子通信	4.10	江苏房地产	1.18	重庆金融	2.09	黑龙江石油和天然气开采	3.79	山东交通运输	1.34
安徽电子通信	4.08	福建房地产	1.08	湖北金融	2.00	新疆石油和天然气开采	3.78	陕西交通运输	1.28
河南电子通信	4.07	重庆房地产	1.04	浙江金融	1.99	山东石油和天然气开采	3.75	湖南交通运输	1.21
湖北电子通信	4.00	安徽房地产	1.01	辽宁金融	1.99	青海石油和天然气开采	3.75	上海交通运输	1.10
广西电子通信	3.86	四川房地产	1.00	四川金融	1.98	辽宁石油和天然气开采	3.67	湖北交通运输	1.07
贵州电子通信	3.80	湖北房地产	0.93	陕西金融	1.97	甘肃石油和天然气开采	3.66	吉林交通运输	1.03

续表

电子通信		房地产		金融		石油和天然气开采		交通运输	
区域产业	经济下降	区域产业	经济下降	区域产业	经济下降	区域产业	经济下降	区域产业	经济下降
福建电子通信	3.74	辽宁房地产	0.93	福建金融	1.95	山西石油和天然气开采	3.61	河南交通运输	1.01
山东电子通信	3.72	陕西房地产	0.91	安徽金融	1.90	陕西石油和天然气开采	3.53	安徽交通运输	0.91
陕西电子通信	3.40	广西房地产	0.88	广西金融	1.81	河南石油和天然气开采	3.52	河北交通运输	0.86
浙江电子通信	3.35	天津房地产	0.86	海南金融	1.76	海南石油和天然气开采	3.49	四川交通运输	0.79
山西电子通信	3.29	河南房地产	0.86	内蒙古金融	1.74	湖北石油和天然气开采	3.37	广东交通运输	0.77
辽宁电子通信	2.56	山东房地产	0.82	湖南金融	1.74	重庆石油和天然气开采	3.35	福建交通运输	0.71
天津电子通信	2.15	河北房地产	0.81	宁夏金融	1.73	四川石油和天然气开采	3.33	北京交通运输	0.65
河北电子通信	2.04	江西房地产	0.76	河南金融	1.72	广东石油和天然气开采	3.14	贵州交通运输	0.58
上海电子通信	1.94	湖南房地产	0.72	山西金融	1.72	广西石油和天然气开采	2.66	广西交通运输	0.58

3）产业链的系统重要性评估

产业链可表示各个地区的各个产业之间的技术经济联系，能够描述上下游之间的价值交换和结构特征，是研究经济网络结构的重要方面。我们通过构建产业链提取算法，提取了以关键产业节点为起点的主要的产业链，并将各个产业链聚合形成中国全产业内循环网络。中国全产业内循环网络是对中国产业空间网络的进一步简化，能清晰地体现关键产业信息在地区分布的特征。比较以关键产业间联系为起点的2012年和2017年中国全产业内循环网络图（由于地图绘制较为复杂，这里省略了书中插图），我们发现，2017年的产业链结构更加丰富，西北地区、东北地区、西南地区、京津冀地区与其他节点的经济联系比2012年更加紧密。我们还可以对某特定产业的上下游产业构成的产业链做类似的分析。

为了对我国产业网络进行安全评估，我们构建了产业链评估体系。首先计算了每条产业链的连边数、节点数、边权值之和。带动力指标由连边数和节点数构成，表示产业链的覆盖密度和覆盖范围；价值度指标由边权值之和构成，表示整个产业链上的总产值；中心性水平指标由连边数和节点数构成，可以衡量整个产业链的核心产业的重要性水平。经标准化后，2012年和2017年的产业链评估体系如表2-12和表2-13所示。

表 2-12　2012 年产业链系统重要性评分表

序号	产业	带动力 评分	带动力 排名	价值度 评分	价值度 排名	中心性 评分	中心性 排名	综合 评分	综合 排名
1	农业	66.19	39	63.84	35	75.50	25	68.51	34
2	煤炭开采和洗选	98.75	2	78.39	16	74.42	28	83.85	13
3	石油和天然气开采	67.08	38	68.98	29	75.31	26	70.46	33
4	黑色金属矿采选	86.31	10	74.49	20	68.90	39	76.57	22
5	有色金属矿采选	75.95	25	76.21	18	82.41	10	78.19	19
6	非金属矿采选	67.56	37	61.65	40	70.25	34	66.48	38
7	食品加工	63.51	41	62.43	39	76.10	23	67.35	35
8	食品制造	65.24	40	64.61	33	86.42	6	72.09	31
9	饮料制造	62.20	43	60.00	45	70.85	33	64.35	41
10	烟草制品	69.29	34	68.58	31	79.75	16	72.54	29
11	纺织业	68.51	35	64.07	34	60.66	43	64.41	40
12	纺织服装服饰	68.51	36	63.21	38	60.66	44	64.13	43
13	皮革制品	62.26	42	61.05	43	60.00	45	61.11	45
14	木材加工和制品	78.69	15	69.31	28	73.38	30	73.79	26
15	家具	78.27	16	68.96	30	69.37	38	72.20	30
16	造纸和纸制品	69.35	32	61.33	41	70.08	35	66.92	36
17	印刷和记录媒介复制品	69.35	33	61.33	42	70.08	36	66.92	37
18	文教体育用品	69.40	31	63.23	37	60.74	42	64.46	39
19	石油炼焦	75.95	26	74.16	22	82.41	12	77.51	21
20	化学制品	71.07	29	64.98	32	79.25	18	71.77	32
21	医药制品	92.02	5	78.51	15	78.62	20	83.05	14
22	化学纤维制品	60.00	45	63.50	36	65.37	41	62.96	44
23	橡胶塑料	70.65	30	72.54	24	74.62	27	72.61	28
24	非金属矿物	77.38	21	71.11	26	69.43	37	72.64	27
25	黑色金属	86.31	11	74.49	21	68.90	40	76.57	23
26	有色金属	75.95	27	76.21	19	82.41	11	78.19	20
27	金属制品	88.45	9	80.89	10	79.31	17	82.88	15
28	普通机械设备	89.82	8	78.68	14	75.56	24	81.35	16
29	专用机械设备	91.55	7	80.14	12	82.14	13	84.61	9
30	交通运输	92.02	6	81.46	9	78.62	19	84.04	11
31	电气机械	76.31	24	98.87	2	95.67	2	90.28	2
32	电子通信	75.48	28	96.79	3	87.01	5	86.43	6
33	仪器仪表	92.92	4	80.64	11	78.46	21	84.01	12
34	其他制造产品	78.15	17	92.11	7	86.01	8	85.43	8
35	废弃资源综合利用业	81.31	14	77.09	17	80.93	14	79.78	17
36	电力、热力生产和供应	100.00	1	82.80	8	83.46	9	88.75	4

续表

序号	产业	带动力 评分	带动力 排名	价值度 评分	价值度 排名	中心性 评分	中心性 排名	综合 评分	综合 排名
37	燃气生产和供应	84.88	13	73.72	23	80.07	15	79.56	18
38	水的生产和供应	96.49	3	79.34	13	77.85	22	84.56	10
39	建筑业	77.80	19	71.17	25	73.50	29	74.16	25
40	批发零售	76.73	23	100.00	1	100.00	1	92.24	1
41	运输邮政	84.94	12	71.03	27	72.62	31	76.20	24
42	住宿餐饮	61.31	44	60.19	44	70.96	32	64.15	42
43	金融	77.68	20	95.64	5	90.53	4	87.95	5
44	房地产	78.10	18	96.59	4	94.72	3	89.80	3
45	其他第三产业	77.26	22	95.38	6	86.34	7	86.33	7

表 2-13   2017 年产业链系统重要性评分表

序号	产业	带动力 评分	带动力 排名	价值度 评分	价值度 排名	中心性 评分	中心性 排名	综合 评分	综合 排名
1	农业	80.22	25	69.20	32	76.98	9	75.47	20
2	煤炭开采和洗选	60.00	45	60.00	45	69.05	33	63.02	45
3	石油和天然气开采	100.00	1	78.86	18	79.32	8	86.06	7
4	黑色金属矿采选	75.11	43	65.55	44	69.05	32	69.90	40
5	有色金属矿采选	95.11	5	76.96	19	80.31	7	84.13	10
6	非金属矿采选	81.78	15	88.82	9	69.05	18	79.88	18
7	食品加工	79.11	26	69.03	34	69.05	27	72.40	24
8	食品制造	78.67	30	70.49	26	69.05	23	72.73	22
9	饮料制造	78.22	31	69.09	33	69.05	26	72.12	25
10	烟草制品	82.00	12	87.39	13	76.60	14	82.00	15
11	纺织业	78.89	27	72.20	21	60.92	39	70.67	35
12	纺织服装服饰	78.89	28	72.20	22	60.92	40	70.67	36
13	皮革制品	80.67	24	72.20	20	61.31	38	71.39	33
14	木材加工和制品	77.12	38	65.90	42	60.48	44	67.83	43
15	家具	78.00	32	66.05	41	60.70	42	68.25	41
16	造纸和纸制品	83.34	8	69.46	29	61.83	35	71.54	30
17	印刷和记录媒介复制品	83.78	7	70.05	28	61.91	34	71.91	26
18	文教体育用品	77.34	35	69.22	31	69.05	25	71.87	28
19	石油炼焦	93.78	6	79.31	17	80.62	6	84.57	9
20	化学制品	77.78	33	71.21	25	69.05	22	72.68	23
21	医药制品	77.12	39	66.84	40	60.48	43	68.15	42
22	化学纤维制品	78.89	29	72.20	23	60.92	41	70.67	37
23	橡胶塑料	77.34	36	69.27	30	69.05	24	71.88	27

续表

序号	产业	带动力 评分	带动力 排名	价值度 评分	价值度 排名	中心性 评分	中心性 排名	综合 评分	综合 排名
24	非金属矿物	76.89	40	67.53	38	69.05	30	71.16	34
25	黑色金属	75.34	42	65.56	43	60.00	45	66.96	44
26	有色金属	97.34	4	83.24	16	69.05	20	83.21	11
27	金属制品	75.11	44	67.51	39	69.05	31	70.56	38
28	普通机械设备	98.00	2	83.55	15	74.35	17	85.30	8
29	专用机械设备	98.00	3	100.00	1	74.35	16	90.79	3
30	交通运输	82.45	10	70.45	27	61.66	36	71.52	31
31	电气机械	81.78	16	92.30	6	84.34	5	86.14	6
32	电子通信	81.11	22	90.66	7	76.78	10	82.85	12
33	仪器仪表	81.34	21	71.51	24	69.05	21	73.96	21
34	其他制造产品	77.34	37	68.62	35	69.05	28	71.67	29
35	废弃资源综合利用业	81.56	18	68.34	36	61.49	37	70.46	39
36	电力、热力生产和供应	81.11	23	87.66	11	76.78	11	81.85	17
37	燃气生产和供应	82.89	9	88.88	8	76.43	15	82.73	13
38	水的生产和供应	81.56	19	87.43	12	76.69	13	81.89	16
39	建筑业	77.78	34	67.57	37	69.05	29	71.46	32
40	批发零售	81.56	20	88.68	10	76.69	12	82.31	14
41	运输邮政	82.00	13	94.17	5	91.99	4	89.38	5
42	住宿餐饮	82.22	11	94.49	3	99.63	2	92.11	2
43	金融	82.00	14	94.45	4	91.99	3	89.48	4
44	房地产	81.77	17	95.56	2	100.00	1	92.44	1
45	其他第三产业	76.45	41	86.77	14	69.05	19	77.42	19

2012年的带动力较强的产业为电力、热力生产和供应，煤炭开采和洗选，水的生产和供应，仪器仪表，医药制品，交通运输，以这些部门为起点的产业链，对其他部门有更大的推动作用，能覆盖更多的经济节点。价值度指标较大的产业为批发零售、电气机械、电子通信、房地产、金融、其他第三产业、其他制造产品，主要为第三产业和高端制造业，其中第三产业更接近消费市场或高端制造业，能产生更大的价值，而高端制造业的价值水平也相对较高。中心性指标较高的产业部门为批发零售、电气机械、房地产、金融、电子通信、食品制造、其他第三产业，这些部门的中心性指标较高，如果关键节点发生风险影响也较大，相应地，这些部门也更为重要。

2017年的带动力较强的产业为石油和天然气开采、普通机械设备、专用机械设备、有色金属、有色金属矿采选、石油炼焦，以这些部门为起点的产业链的覆盖范围更广，对其他部门有更大的推动作用。价值度指标较大的产业为专用机械设备、房地产、住宿餐饮、金融、运输邮政、电气机械、电子通信，主要为第三产业和机械电子制造业，他们更接近消费市场或机械电子制造业，能产生更大的价值。中心性指标较高的产业部门为房地产、住宿餐饮、金融、运输邮政、电气机械、石油炼焦、有色金属矿采选，这些部门的中心性指标较高，若关键节点发生风险影响也较大，相应地，这些部门也更为重要，而且主要集中在第三产业部门。

4）政策建议

根据上述分析，我们从以下三个方面提出政策建议。

一是明确各区域产业经济体的市场定位。区域产业重要性评估反映了各个区域产业经济体对消费、资本形成、进出口等经济部门的影响。这种影响有所差异，有些区域产业经济体对消费影响较大，有些对资本形成影响较大。所以对消费重要性较高或是资本形成重要性较高的经济体进行投资，能获得更高的消费或资本形成回报。有关部门可以划分具有消费和资本形成等属性的区域产业经济体，制定相应的地区政策，通过生产最大效率地影响消费和资本形成。比如，可以通过改善消费重要性数据较高地区的生产环境，更高效率地刺激消费。短期经济刺激政策都有一定的负面性，如带来通货膨胀、财政赤字等问题，从生产端改善的政策具有一定的稳定性和长期性，这与生产的技术环境、最终产品再分配的结构、消费者偏好等有关，而这些特征都是较为稳定的。

二是鼓励关键重工业产业的发展。重工业是为国民经济各部门提供物质技术基础和主要生产资料的工业，是实现社会扩大再生产的物质基础，对我国经济发展的作用不言而喻。在上文分析中，部分重工业部门受到冲击对我国国民经济产生较大的影响，如电子通信、电子机械、化学制品等。由于重工业生产的产品是生产资料，重工业发生风险很容易传导到轻工业和农业，进而影响服务业的发展，而且重工业的不足对经济的冲击是长期的，如由于我国无法生产 7 纳米的 EUV（extreme ultraviolet，极端紫外）光刻机限制了高端手机行业的发展，而且这一技术难题在短期内无法跨越。在推动重工业的发展中，一方面，要鼓励新兴工业发展。现代制造业中关键的技术有工业物联网、机器人技术、人工智能、大数据、云端、网络安全、新材料与材料制造以及建模、仿真、可视化和浸入等，有关部门应该鼓励这些行业的龙头企业发展，鼓励其进行科技研发，进而占据国际领先地位，但也要对其发展的进程进行了解跟进，防范在新技术研发过程中的各类风险，尤其是金融风险。另一方面，要弥补不足，在落后领域快速跟进，减少"卡脖子"技术。在逆全球化盛行的背景下，更应该发展大而全的工业体系，以企业创新为动力，打造出立足强大内需的国内价值链体系和更高水平的全球价值链体系。

三是安全监管促进第三产业的发展。以第三产业节点为核心的产业链的内部相似度最高，也就是一条产业经济联系可能被几条第三产业的产业链共用，能够以较低的成本带动几条产业链的发展。第三产业的发展是生产力发展和社会进步的必然结果，已成为衡量现代经济发展程度的主要标志。所以，要发展第三产业是毋庸置疑的，关键是怎样发展。第三产业的产业链的联系紧密，产业间发展可以相互促进，这是其优点，也是其缺点。如果受到冲击，第三产业在产业链上的传染速度更快，这就是为什么新冠疫情期间第三产业的受影响程度远高于第二产业了，所以我们需要合理把控第三产业带来的风险，加强风险监管和法规保障。

2.3.2 宏观计量模型

复杂网络方法对于精准刻画行业间、区域间的关系非常有效，但其运用前提较高，要获得行业间、区域间的关联数据并不容易。在很多时候，我们仍然可以借助传统的宏观计量模型，通过探寻宏观变量间的因果关系，来实现较好的预测效果。为此，本书构建了基于明尼苏达共轭先验分布的 BVAR 预测模型和 LASSO 模型，对反映经济运行状况的三个关键指标——GDP、通货膨胀率和利率进行了预测与分析。

1. BVAR 模型

1）分析方法

时间序列向量自回归模型（vector autoregression model，VAR 模型）最初是由美国学者 Litterman（利特曼）、Sargent（萨金特）和 Sims（西姆斯）等在 20 世纪 80 年代初提出来的，主要用于替代联立方程（simultaneous equations）模型，提高经济预测的准确性。与联立方程模型不同，VAR 模型的结构相对简洁明了，更适合于经济预测，特别是中短期预测。鉴于这些优点，VAR 模型在实践中的应用十分广泛，尤其是在政府宏观经济和商业金融预测领域。然而，VAR 模型也存在不足之处，其主要缺点是模型参数太多，就一般 VAR 模型而言，其建模过程中需要估计的参数过多，对数据序列样本长度的要求过大。如果 VAR 模型中有 m 个内生变量，变量滞后阶数为 p，则该 VAR(p)模型中共计有 $m(mp+1)$ 个参数需要估计，即使对于较小的 m 和 p，参数个数仍然会相当大。例如，$m=5$、$p=4$ 的一个小型 VAR 模型也有 125 个参数，如果样本数据是 40 年的季度资料，总共有 160 个观测点，则平均每个参数不到 2 个观测点。

与传统的经济计量分析方法不同，贝叶斯推断理论为解决 VAR 模型参数过多的估计问题提供了一种便利的分析框架。1986 年，Litterman 利用贝叶斯时间序列自回归模型，对明尼苏达州的国民生产总值等七个宏观指标进行预测，取得了很好的效果；此后，贝叶斯方法在商业经济预测和政府宏观经济预测中获得了广泛应用，相关的研究成果逐年增多。在 VAR 模型的估计中，数据量不足一般会导致多重共线性的存在和自由度下降，造成参数估计较大的误差，而 BVAR 模型能通过在估计参数时施加某些先验信息约束后进行估计，可以有效地解决待估计参数过多而数据长度较短的问题，提高模型的预测精度。

2）模型设定

本书构建了一个基于明尼苏达共轭先验分布的 BVAR 预测模型，对反映经济运行状况的三个关键指标：GDP、通货膨胀率和利率进行了预测与分析。

首先建立一个由 m 个变量组成、滞后阶数为 p、含有常数项的 VAR(p) 模型，即

$$y_t = c + A_1 y_{t-1} + A_2 y_{t-2} + \cdots + A_p y_{t-p} + u_t$$

其中，c 为常数向量；y_t 为包含 GDP、通货膨胀率和利率等经济变量在内的向量。残差 $u_t \sim \text{i.i.d. } N_m(0, \Sigma)$，$\Sigma$ 为 $m \times m$ 正定矩阵；A_j 为 $m \times m$ 系数矩阵；$\alpha_{i,j,\tau}$ 为方程 i 中变量 j 的滞后 τ 期的系数。

BVAR 模型对 VAR 模型的改进主要在于 BVAR 利用了来源于经验和历史资料的先验信息来增加预测的准确性。当参数被断定在某一值（如零值）时，BVAR 模型使参数趋近于这一取向而不是锁定确定值，即把所有变量的系数都看成围绕其均值的波动，是给定系数的先验分布函数，而不是系数的精确数量关系。

目前发展出来的先验分布有很多，包括扩散先验分布和共轭先验分布，本书采用实际应用中最为普遍的明尼苏达分布。具体来说，明尼苏达先验分布假定：所有残差服从正态分布，协方差阵 Σ 的先验分布取为扩散先验分布，即 $\pi(\Sigma) \propto |\Sigma|^{-(m+1)/2}$。

BVAR 模型将众多参数的估计问题转化为对这几个超级变量 (γ, d, ω) 的估计，由于本书模型采用的明尼苏达先验分布的设定与 Litterman 的方法十分接近，故可参照其经验取默认值 $\gamma = \{0.0005, 0.0008, 0.001, 0.05, 0.1, 0.2, 0.3, 0.4\}$，$d = \{0.5, 1\}$，$\omega = \{0.5, 1\}$，通过 Theil（泰尔）混合估计方法对模型参数进行估计。

2. LASSO 模型

1）分析方法

在宏观经济遭遇类似疫情等强烈外部冲击的情况下，如何准确对宏观经济运行情况特别是未来短期内的经济走势进行预测和分析就成了研究的重点。一个精确的预测结果能够帮助政府部门快速了解冲击的强度以及破坏性，为反冲政策的制定提供可靠的依据，从而有助于经济体快速走出冲击带来的负面影响。

LASSO 方法由 1996 年罗伯特·蒂施莱尼（Robert Tibshirani）首次提出。LASSO 回归是在传统回归中使 RSS（residual sum of squares，残差平方和）最小化的计算中加入一个 l_p 范数作为惩罚约束。l_p 范数的好处是当 λ 充分大时，可以将某些待估系数精确地收缩到零。而调整参数 λ 通过交叉验证法确定，即对 λ 的给定值进行交叉验证，选取交叉验证误差最小的值。然后按照得到的 λ 值，用全部数据重新拟合模型即可。该方法是一种压缩估计，它通过构造一个惩罚函数得到一个较为精练的模型，使它压缩一些回归系数，即强制系数绝对值之和小于某个固定值，同时设定一些回归系数为零，因此保留了子集收缩的优点，是一种处理具有复共

线性数据的新估计方法。与传统的变量选择方法相比，LASSO 方法很好地克服了传统方法在选择变量时不够精练的不足，尤其是在大数据时代，基于 LASSO 方法的机器学习变量选取及预测等发展方向越来越受到广泛关注。

2）模型设定

假设我们有数据 (y_i, X_i)，$i = 1, 2, \cdots, N$，其中 $X_i = (x_{i1}, x_{i2}, \cdots, x_{ip})^\mathrm{T}$ 和 y_i 分别是第 i 个观测值对应的自变量和因变量。

考虑线性回归模型：

$$y_i = \alpha_i + \sum_{j=1}^{p} \beta_j x_{ij} + \varepsilon_i, \quad \varepsilon_i \sim N(0, \sigma^2)$$

在通常的回归结构中，假设观测值彼此独立，或者因变量 y_i 在观测值给定的情况下独立，同时假设 x_{ij} 是标准化的，即 $x_{ij} \sim N(0,1)$，则 LASSO 估计为

$$(\hat{\alpha}, \hat{\beta}) = \underset{\beta}{\operatorname{argmin}} \left\{ \sum_i \left(y_i - \alpha_i - \sum_j \beta_j x_{ij} \right)^2 \right\}, \text{s.t.} \sum_j |\beta_j| \leq \lambda$$

其中，$\lambda \geq 0$ 为调和参数，对一切的 λ，有 α 的估计为 $\hat{\alpha} = \bar{y}$。不失一般性地，我们假定 $\bar{y} = 0$，这样就省略了 α。调和参数 t 的控制使得回归系数总体变小，若令 $\lambda_0 = \sum_j |\beta_j|$，$\lambda \leq \lambda_0$，就会使一些回归系数不断缩小至 0，从而起到进一步缩小变量范围的作用。例如，当 $\lambda = \dfrac{\lambda_0}{2}$ 时，粗糙的描述产生的结果就是使不为 0 的回归系数的个数由 p 个减少到大约 $\dfrac{p}{2}$ 个，也就是说，变量集中不仅使一些不重要的变量的作用减小了，而且起作用的变量个数也会减少至原来的一半左右。

考虑到系数压缩的性质可以通过正交变换情形获得，所以令 X 为 $n \times p$ 的正交变换矩阵，使得 $X'X = I$，那么 LASSO 估计的解就可以表示为

$$\hat{\beta}_j = \operatorname{sign}\left(\hat{\beta}_j^0\right)\left(\left|\hat{\beta}_j^0\right| - \gamma\right)^+$$

其中，符号 $(\cdot)^+$ 为当括号内的值大于 0 时取原值，否则取 0；$\hat{\beta}_j^0$ 为 OLS（ordinary least squares，普通最小二乘法）解；γ 取值满足约束条件 $\sum_j |\hat{\beta}_j| = \lambda$。

同时，我们选用 Efron 和 Tibshirani（1993）提出的交叉验证法来估计预测误差。定义正则化参数 $s = \lambda / \sum |\hat{\beta}_j^0|$，通过令 s 在闭区间 [0,1] 上取值来估计预测误差，选定 $\hat{s}$ 使得 PE（prediction error，预测误差）达到最小，也就是让下列统计量达到最小：

$$CV(s) = \sum_i \left(y_i - \sum_j \beta_j(s) x_{ij} \right)^2$$

此外，我们采用 Tibshirani（1996）提出的 LASSO 回归的算法对模型进行求解，具体算法步骤如下。

步骤1：令 $\delta_i = \text{sign}(\hat{\beta}^0)$，这里的 $\hat{\beta}^0$ 表示最小二乘估计量。

步骤2：计算 $\text{argmin}_\beta \left\{ \sum_i \left(y_i - \sum_j \beta_j x_{ij} \right)^2 \right\}$，s.t. $G\beta \leq \lambda$，这里 $G = \delta_i^T$。

步骤3：验证是否满足 $\sum_j |\hat{\beta}_j| \leq \lambda$，若满足则停止，$\hat{\beta}$ 即为所求，否则继续。

步骤4：将 $\delta_j = \text{sign}(\hat{\beta})$ 加入到 G 中，即令 $G = \begin{pmatrix} \delta_i^T \\ \delta_j^T \end{pmatrix}$，返回步骤2进行。

该算法的优点在于运算简单，通过逐步加入约束条件最终找到一个可行的满足龙格–库塔条件的解。

2.3.3 机器学习模型

采用机器学习方法进行预测，一是可以充分利用当前的大数据环境，对宏观经济风险进行预测；二是不需要探寻可靠的变量间因果关系，而是通过机器自学习的方式来实现预测。当然，机器学习方法的前提是需要可得的大数据。本书寻找了合适的机器学习方法；利用分行业预测值，预测宏观经济变量，如 GDP、CPI、失业率等；最后使用 Shapley 回归框架分析各行业经济增加值和宏观变量的影响因素，对宏观经济的风险因子进行追踪溯源。

1. 理论模型

1）数据预处理

在对宏观变量以及行业变量进行预测前，本书对原始数据进行流程式预处理，建立了自动数据预处理模块，其中包括数据清洗、单特征处理以及多特征处理。

数据清洗是指对变量的缺失值和异常值的处理。对缺失值的处理可选择采用删除和使用均值、中位数、众数及固定值填充等方法。对异常值的处理可采用区间和枚举等方法。

单特征处理是指对单个变量的处理，包括对变量进行标准化、归一化、区间缩放、数值化、独热编码、二值化、正态化和数据分箱。

多特征处理是指对多个变量进行降维处理，包括多项式特征构建、降维和特征选择。特征选择的方法有相关系数、互信息、递归消除等方法。

2）采用机器学习多集成模块进行交叉验证预测行业与宏观变量

基于本书的机器学习集成模块模型配置，本书将行业及其关联行业的经济增加值、宏观经济变量进行训练与预测。其中采用各行业的历史变量预测行业及其关联行业的经济增加值，采用所有行业变量预测宏观经济变量。

本书的集成训练板块可提供线性回归、决策树、GBRT（gradient boasted regression trees，梯度提升回归树）、随机森林、SVM 和 XGBoost 等六种模型，以及各模型超参数的设置。在验证板块中可以自行设定交叉验证的参数。因此，本书选择了机器学习模型平台中所有的机器学习模型，使用 5 折交叉验证训练先验数据。

3）模型评估

本书采用 RMSE 和决定系数（R^2）两种统计指标对模型效果进行评估。其公式分别为

$$\mathrm{RMSE} = \sqrt{\frac{1}{m}\sum_{i}^{m}(y_i - \hat{y}_i)^2}$$

$$R^2 = 1 - \frac{\sum_{i=0}^{m-1}(y_i - \hat{y}_i)^2}{\sum_{i=0}^{m-1}(y_i - \overline{y}_i)^2}$$

RMSE 度量了真实值与回归值之间的差距，该值越小，表示模型的预测效果越好。R^2 是多元回归中的回归平方和占总平方和的比例，它是度量多元回归方程中拟合程度的一个统计量，反映了在因变量 y 的变差中被估计的回归方程所解释的比例。R^2 越接近 1，表明回归平方和占总平方和的比例越大，回归线与各观测点越接近，用 x 的变化来解释 y 值变差的部分就越多，回归的拟合程度就越好。本书选取的是交叉验证的 RMSE 和 R^2。

4）采用 Shapley 回归框架分析各行业经济增加值和宏观变量的影响因素

机器学习模型在预测和大数据领域都有比较好的应用，但其本身存在一个巨大的缺陷，即没有直接可理解的输入–输出关系或者统计推断分析，我们称之为机器学习的黑箱问题。解决这个问题主要有两种方法，第一种是局部归因，即通过单个预测分解得到变量归因，Shapley 值就是其中的一个典型代表；第二种就是全局归因，即将机器学习模型与计量经济学联系起来，对整个模型进行打分。Joseph（2019）提出的 Shapley 回归框架是第一个将机器学习模型与计量经济学联系起来的理论，它很好地解决了机器学习的黑箱问题。

Shapley 值最开始用于解决合作博弈中的贡献和收益分配问题，随后逐渐扩展到机器学习领域，用于解决机器学习模型的黑箱问题。单个变量贡献的计算公式如下：

$$\phi_k^S(\hat{f}, x) = \sum_{x' \subseteq C(x)/\{k\}} \frac{|x'|!(n-|x'|-1)!}{n!}\left[\hat{f}(x' \cup \{k\}) - \hat{f}(x')\right]$$

其中，ϕ_k^S 为变量 k 的边际贡献；$C(x)/\{k\}$ 为除第 k 个变量的 $m-1$ 个变量的所有可能组合的集合；$[\hat{f}(x'\cup\{k\})-\hat{f}(x')]$ 为 x_k 的边际贡献。

Shapley 分解的五大性质如下。

（1）有效性。模型的 Shapley 分解值的总和等于模型的估计值。

$$\Phi^S(x_i) \equiv \phi_0^S + \sum_{k=1}^{m}\phi_k^S(x_i) = \hat{f}(x_i)$$

（2）冗员性。如果变量在任何它参与的组合中没有贡献，那么这个变量的贡献为 0，即 $\phi_k^S = 0$。

（3）对称性。如果 j 和 k 是两个相等的变量，则

$$\hat{f}(x'\cup\{j\}) = \hat{f}(x'\cup\{k\})$$

如果其 Shapley 值相等，即 $\phi_j^S = \phi_k^S$。

（4）强单调性（归因一致性）。如果有

$$\hat{f}(x') - \hat{f}(x'/k) \geqslant \hat{f}'(x') - \hat{f}'(x'/k)$$

那么 $\phi_k^S(f,k) \geqslant \phi_k^S(f',k)$。

（5）线性。

$$\phi_k^S(a(\hat{f}+\hat{f}')) = a\phi_k^S(\hat{f}) + a\phi_k^S(\hat{f}')$$

其中，a 为倍数。

根据五大性质，Andreas Joseph（安德里斯·约瑟夫）推导出线性模型 $\hat{f}(x) = x\hat{\beta}$ 的 Shapley 分解 Φ^S 就是其本身。

Andreas Joseph 进一步提出可以扩展到所有模型的 Shapley 回归框架。首先定义一个观测值 x_i 的 Shapley 分解为

$$\Phi(\hat{f}(x_i)) \equiv \phi_0 + \sum_{k=1}^{m}\phi_k(x_i)$$

其中，m 为维度；i 为一个观测值（第几行）；Φ 为 Shapley 分解。在 Shapley 分解的数据基础上，Andreas Joseph 提出用因变量和自变量的 Shapley 分解值做线性回归，公式如下：

$$y_i = \Phi_i^S\hat{\beta}^S + \hat{\epsilon}_i = \sum_{k=0}^{m}\phi_k^S(\hat{f},x_i)\hat{\beta}_k^S + \hat{\epsilon}_i$$

系数 $\hat{\beta}_k^S$ 根据原假设进行检验为 $H_0^k(\Omega):\{\beta_k^S \leqslant 0|\Omega\}$。基于 Shapley 回归方程，Andreas Joseph 提出以下命题：$\hat{f}(x) = x\hat{\beta}$ 和 Shapley 回归问题相同，都是最小二乘问题，即 $\hat{\beta}^S = 1$，统计意义随着 $\hat{\beta}_k^S$ 趋近 0 而逐渐减小，并且 $\hat{\beta}_k^S$ 不能为负，为负

的话代表模型拟合得不好。$\hat{\beta}^S$ 偏离 1 有如下影响。$\hat{\beta}^S > 1$：$\hat{f}$ 低估了变量的影响。$\hat{\beta}^S < 1$：$\hat{f}$ 高估了变量的影响。

由于机器学习模型的潜在非线性，$\hat{\beta}^S$ 只包含部分信息，所以他提出了 Shapley 分享系数（Shapley share coefficient，SSC），其公式如下：

$$\Gamma_k^S(\hat{f},\Omega) \equiv \left[\text{sign}(\hat{\beta}_k^{\text{lin}}) \frac{\left|\phi_k^S(\hat{f})\right|}{\sum_{l=1}^{n}\left|\phi_l^S(\hat{f})\right|} \right]_{\Omega_k}^{(*)} \in [-1,1]$$

其中，sign 为相应的线性模型的符号，主要是为了保证变量与目标的对应；$\hat{\beta}_k^{\text{lin}}$ 为分配给 x_k 的变量归因的部分，它衡量了模型输出有多少可以被 x_k 解释；(*) 为 SSC 的显著性水平。

Andreas Joseph 进一步证明 Shapley 回归框架满足估计量的一致性和无偏性。而 Shapley 回归框架满足估计量的有效性需要如下两个条件。

（1）没有 Fisher（费希尔）信息的交叉项，即 $I\beta^S,\hat{\theta}=0$。通过统计推断的两个步骤和样本分割来实现。具体来说，在估计 $\hat{\beta}^S$ 时，$\phi_k^S(\hat{\theta})$ 是独立随机变量。

（2）无参数部分 Φ^S 必须与 $\sqrt{n}$ 一致。Φ^S 的收敛速度 $r_e \sim n^{-\zeta}$。机器学习模型的收敛速度很慢，我们可以通过适当的样本分割来解决这个问题。

2. 实证应用

1）采矿业经济增加值的预测及其影响因素分析

A. 数据预处理

采矿业经济增加值（M5447968）是年度数据，指标统计时间是 2004~2017 年。从数据库中查询采矿业的年度、季度、月度、周度和日度数据，共有 205 个变量[①]。所有解释变量中，年度、季度数据时间范围选择 2002~2019 年，月度和日度数据（时间范围）选择 2003~2019 年，剔除年度、季度和月度指标中有缺失值的指标，月度交易数据在周末的数据利用前后两天交易数据的平均值填充。周度数据是从 2007 年开始的，时间相差较大，且只有 3 个变量，故剔除周度数据。将采矿业经济增加值向上移动 1 年，除经济增加值向上填充外，其他变量都向下填充。

利用特征工程选择模型准确率最高的特征。选取方差选择法、相关系数法、互信息、递归消除特征法和集成法共 5 种方法对特征进行排序[②]。

首先将集成法选出的数据输入随机森林模型中，算出模型的 RMSE，随后选取其他 4 种方法每间隔 1% 比率的共同变量输入模型中，算出不同比率中共同特征

---

① 具体指标信息未在书中给出，如需要可向作者索取。
② 排序结果未在书中给出，如需要可向作者索取。

输入模型的 RMSE，最后选 RMSE 最小的特征作为预测行业增加值的输入变量。最终选出的特征变量和向上移动 1 年的采矿业经济增加值的描述性统计见表 2-14。

B. 模型选择

首先，为了提升模型的收敛速度和精度，将数据进行归一化处理，其原理如下：

$$x_i = \frac{x_i - x_{\min}}{x_{\max} - x_{\min}}$$

其中，x_i 为特征 x 的第 i 个值；$x_{\max}$ 为特征 x 的最大值；$x_{\min}$ 为特征 x 的最小值。经过归一化处理，将数据归一到[0,1]的范围。

使用的机器学习模型如下：

$$y_t = f(x_{t-1}; \theta) + \hat{\epsilon}_t$$

其中，$t-1$ 为所有自变量滞后 1 年；θ 为神经网络的网络权重、SVM 的系数和随机森林的分裂点。每个模型的系数是由最小均方误差（mean square error，MSE）决定的，它可以进一步分解为模型的偏差和方差，公式如下所示：

$$E_x[(y-\hat{y})^2] = (E_x[f(x)] - E_x[\hat{y}])^2 + (\hat{y} - E_x[\hat{y}])^2 + \sigma = \text{bias}^2 + \text{variance} + \sigma$$

其中，$\hat{y}$ 为用模型估计的输出变量；$f(x)$ 为表示真实的数据生成函数；σ 为模型的噪声；bias 为偏差；variance 为方差。

本书选取了四种模型，首先本书选做对比的基准模型是线性模型中的弹性网，其他模型分别是神经网络、SVM 和随机森林，选取模型 RMSE 最小的模型。其公式如下：

$$\text{RMSE} = \sqrt{\frac{1}{m} \sum_{i}^{m} (y_{\text{test}}^i - \hat{y}_{\text{test}}^i)^2}$$

其中，y_{test}^i 为测试集中的变量真实值，$\hat{y}_{\text{test}}^i$ 为测试集中的变量估计值。

最后模型的 RMSE、偏差和方差如表 2-15 所示。

从表 2-15 中可以看出，对比基准模型弹性网，其他三种机器学习模型的测试集的 RMSE 都更小，证明这三种模型的拟合程度比弹性网更好。而其中 RMSE 最小的模型是随机森林，表明随机森林是这四种模型中性能最好的模型，所以采用随机森林模型来预测采矿业经济增加值是误差最小的，所以本书也将采用随机森林模型进行 Shapley 回归。

C. Shapley 回归框架

机器学习模型用于预测的效果比线性回归模型要好，但由于它的输入和输出之间没有明确的关系，也不能像线性模型一样进行统计推断分析，导致机器学习

表 2-14 特征和向上移动 1 年的采矿业经济增加值的描述性统计

ID	中文名称	数量	平均值	标准差	最小值	最大值
M5447968_1	GDP：现价：第二产业：工业：采矿业（向上移动一年）	4308	19 028.67	5 472.25	7 628.26	26 296.20
600028.SHoper_rev	中国石化：主营业务收入	4308	1 708 235 685 236.77	886 974 665 353.40	324 184 000 000.00	2 880 311 000 000.00
601857.SHoper_rev	中国石油：主营业务收入	4308	1 325 449 436 861.65	738 527 923 291.62	244 264 000 000.00	2 282 962 000 000.00
601857.SHtot_assets	中国石油：资产总计	4308	1 505 061 429 201.49	721 434 078 421.56	458 856 000 000.00	2 405 376 000 000.00
600028.SHtot_assets	中国石化：资产总计	4308	935 507 382 544.10	384 144 656 003.36	368 375 000 000.00	1 498 609 000 000.00
600348.SHoper_rev	阳泉煤业：主营业务收入	4308	22 554 297 105.76	19 668 917 531.91	1 363 983 663.12	71 517 239 770.43
000983.SZtot_assets	西山煤电：资产总计	4308	27 471 981 172.03	17 406 845 580.03	4 514 110 709.51	53 882 175 835.90
000937.SZtot_assets	冀中能源：资产总计	4308	22 697 727 278.70	16 475 306 449.56	2 420 378 622.50	43 516 687 384.76
000937.SZoper_rev	冀中能源：主营业务收入	4308	15 997 168 574.82	12 284 989 520.97	1 285 911 867.59	37 569 080 704.76
600348.SHtot_assets	阳泉煤业：资产总计	4308	18 034 317 458.73	11 712 588 995.96	1 497 148 701.46	41 793 026 941.47
000983.SZoper_rev	西山煤电：主营业务收入	4308	16 175 737 765.11	10 389 058 041.08	2 097 067 772.52	31 228 777 275.21
600295.SHoper_rev	鄂尔多斯：主营业务收入	4308	9 570 992 809.37	4 878 899 106.76	2 215 020 454.00	16 591 206 640.08
G8404085	出口金额：全球	4308	14 484 706.81	4 088 862.03	6 492 000.00	18 984 675.32
G8404094	进口金额：全球	4308	14 728 502.01	4 041 113.19	6 742 000.00	19 133 003.44
S5104260	消费量：煤炭：中国	4308	3 567 936.59	951 366.08	1 692 977.30	4 678 489.58
S5104243	产量：煤炭：中国	4308	3 426 563.12	869 145.84	1 709 021.76	4 380 934.88
G8404092	出口金额：中国	4308	1 473 926.86	676 587.13	325 596.00	2 342 290.00
G8404101	进口金额：中国	4308	1 251 776.19	567 207.96	295 170.00	1 959 230.00
M0027701	营业收入：全国总计	4308	635 717.26	355 737.08	109 485.77	1 158 998.52
S0035865	煤炭消费量	4308	314 868.76	93 459.84	136 605.50	424 425.94
M0009905	出口金额	4308	14 739.03	6 765.96	3 255.96	23 422.93
M0027727	资产总计：石油和天然气开采业	4308	13 737.52	5 799.09	4 402.47	20 570.46
S0035863	煤炭出口数量	4308	3 717.14	3 181.95	534.00	9 402.89

表 2-15　模型比较

项目	弹性网	神经网络	SVM	随机森林
测试集的 RMSE	0.0588	0.0108	0.0384	0.0096
偏差	0.0013	0.0000	0.0001	0.0000
方差	0.0000	0.0003	0.0000	0.0000

模型的输入和输出之间形成一个黑箱。为了将统计推断分析用于机器学习模型，本书借鉴 Joseph（2019）的工作论文，将机器学习模型和计量经济学模型连接起来，解决了机器学习模型的可解释问题。Shapley 框架回归结果如表 2-16 所示。SSC 是变量对经济增加值的影响程度和方向，SSC_se 是 SSC 的标准差，coefficient 是回归系数，is_valid 是变量是否有效，p_value 是 SSC 的 p 值。从表 2-16 可以看出，对预测采矿业经济增加值有效且影响显著的变量有煤炭出口数量、冀中能源：主营业务收入、营业收入：全国总计、鄂尔多斯：主营业务收入、中国石油：资产总计、西山煤电：资产总计、阳泉煤业：主营业务收入、阳泉煤业：资产总计和冀中能源：资产总计，这些变量的 p 值都小于 1%，其中煤炭出口数量对经济增加值的影响程度最大。

表 2-16　Shapley 框架回归结果

ID	中文名称	SSC	SSC_se	coefficient	is_valid	p_value
S0035863	煤炭出口数量	0.5222	0.0366	0.9749	TRUE	0.0000
000937.SZoper_rev	冀中能源：主营业务收入	0.3129	0.0284	1.1039	TRUE	0.0000
M0027701	营业收入：全国总计	0.0170	0.0039	7.4442	TRUE	0.0000
600295.SHoper_rev	鄂尔多斯：主营业务收入	−0.0086	0.0010	−8.1672	TRUE	0.0000
601857.SHtot_assets	中国石油：资产总计	0.0047	0.0004	11.5061	TRUE	0.0000
000983.SZtot_assets	西山煤电：资产总计	0.0121	0.0020	−3.8522	TRUE	0.0000
600348.SHoper_rev	阳泉煤业：主营业务收入	0.0053	0.0005	8.1344	TRUE	0.0003
600348.SHtot_assets	阳泉煤业：资产总计	0.0161	0.0039	−4.5504	TRUE	0.0021
000937.SZtot_assets	冀中能源：资产总计	−0.0042	0.0004	8.1818	TRUE	0.0044
M0027727	资产总计：石油和天然气开采业	0.0158	0.0042	1.3077	TRUE	0.1305
G8404101	进口金额：中国	0.0057	0.0004	−4.6340	TRUE	0.1826
601857.SHoper_rev	中国石油：主营业务收入	0.0056	0.0004	4.7069	TRUE	0.1892
G8404085	出口金额：全球	0.0095	0.0014	3.8312	FALSE	0.0000
600028.SHtot_assets	中国石化：资产总计	0.0045	0.0004	−2.8133	FALSE	0.0000
600028.SHoper_rev	中国石化：主营业务收入	0.0064	0.0005	−1.9093	FALSE	0.0000
S5104260	消费量：煤炭：中国	0.0057	0.0004	1.5422	FALSE	0.0004
G8404092	出口金额：中国	0.0086	0.0011	−1.1456	FALSE	0.0389
G8404094	进口金额：全球	0.0092	0.0013	1.1952	FALSE	0.0902
S5104243	产量：煤炭：中国	0.0055	0.0005	1.5165	FALSE	0.1728
S0035865	煤炭消费量	0.0055	0.0005	−0.8955	FALSE	0.2552
000983.SZoper_rev	西山煤电：主营业务收入	0.0058	0.0005	−1.0437	FALSE	0.2980
M0009905	出口金额	0.0091	0.0012	−0.0014	FALSE	0.4995

2）宏观经济变量预测结果与分析

本书选取了三个宏观经济变量，具体信息如表 2-17 所示。

表 2-17 宏观经济变量信息

ID	指标名称	频率	统计开始时间	统计结束时间
M5567889	季度 GDP	季度	2007-03-31	2020-03-31
M0000562	CPI 同比	月度	1987-01-31	2020-07-31
M0024136	城镇失业率	季度	2002-12-31	2020-06-30

在数据预处理板块中，由于经济增加值和宏观经济变量需要向上移动，但是机器学习平台没有提供该功能，所以自写代码进行数据清洗。首先分别提取年度、季度、月度、周度、日度数据，按照经济增加值和宏观经济变量的时间来提取数据，将提取好的数据中有缺失值的年度、季度、月度、周度变量删掉，日度变量的缺失值用前后两天的平均值填充然后将预测变量向上移动 1 年。然后将日度、月度、季度和年度的数据合并起来，将经济增加值向上填充，将除日度变量和经济增加值之外的变量向下填充，之后删除有缺失值的行。

将清洗好的数据导入数融科技的机器学习平台，在数据预处理中的单特征板块选择归一化处理，在单特征板块中选择互信息方法处理，选取前 20 个变量。在模型配置的训练板块中选取该平台提供的所有机器学习模型，在验证板块选择 5 折、划分比例为 0.2 的交叉验证模型进行训练。以宏观经济变量为例，其训练结果如表 2-18 所示。

表 2-18 宏观经济变量训练结果

模型	季度 GDP 预测 R^2	季度 GDP 预测 RMSE	月度失业率预测 R^2	月度失业率预测 RMSE	月度同比 CPI 预测 R^2	月度同比 CPI 预测 RMSE
线性回归	0.945	12 937.02	0.891	0.054	0.808	2.907
决策树	−0.001	55 262.17	0.999	0.006	0.999	0.168
随机森林	0.767	26 657.55	0.999	0.006	0.999	0.173
SVM	−0.003	55 320.26	−0.030	0.167	−0.132	7.060
GBRT	0.925	15 083.16	0.905	0.051	0.943	1.590
XGBoost	0.998	2 326.29				

可以看出，XGBoost 对季度 GDP 的预测效果最好，其 R^2 到达了 0.998，与 1 极为接近，RMSE 在所有模型中也是最小的。决策树和随机森林在失业率的预测中效果一样好，两者的 RMSE 和 R^2 相等。决策树在 CPI 的预测中效果最好，其 R^2 到达了 0.999。这表明机器学习模型在宏观经济预测中有很好的效果。

第 3 章

宏观风险导向的审计指数体系构建

宏观经济各部门及行业风险是宏观经济风险网络中的节点，厘清部门（行业）风险指数是后续风险管控的基础。为此，本书将部门（行业）分为房地产部门、金融部门、其他经济产业部门，分别构建审计指数。最后，我们根据宏观经济风险的内涵构建宏观经济风险审计指数。

3.1 金融部门风险指数

金融部门风险指数分为金融市场压力指数与金融机构风险指数。

3.1.1 金融市场压力指数

金融市场压力表现为以下特征：①资产基本价值的不确定性，当市场不确定性增加导致投资者对新信息的反应更敏感时，市场会面临更大的波动性；②其他投资者行为的不确定性；③信息不对称性增加，如果借款人信用或资产质量波动性增加，或者贷款人质疑借款人提供的信息，那么在压力事件中，信息不对称性就会恶化；④持有风险资产意愿降低，在压力事件中，投资者会改变风险偏好，要求对持有风险资产提供更多的风险补偿，从而降低风险资产价格增加安全资产价格；⑤持有非流动资产意愿降低。FSI 正是用来衡量这一非正常状态的综合指标。FSI 是通过各个能够反映市场运行状态的指标加权计算得到，其计算公式为 $FSI = \sum_{i} \omega_i X_i$，其中，$\omega_i$ 为每个指标在 FSI 中的权重，X_i 为所选取的各个指标。较高 FSI 对应市场经济运行的较大压力，负的 FSI 并不一定表明风险水平低，在这样的时期，风险可能会由于投资者采取更多的杠杆从而追求高收益而增加。FSI 的构建主要在于指标的选取以及权重的计算，下面分别对这两个方面进行介绍。

1. 指标的选取

指标的选取要能够反映上述一个或多个特征，根据金融市场的现实情况，分别选取银行市场、债券市场、股票市场、外汇市场以及房地产市场相关指标进行分析，所选指标如表 3-1 所示。

表 3-1　构建 FSI 所用指标

市场	指标
银行市场	银行间质押式回购 7 天加权平均利率 市场利差
债券市场	期限利差 企业债利差
股票市场	上证 A 股市净率 沪深 300 市净率
外汇市场	汇率的实际波动率 k EMPI
房地产市场	70 个大中城市新建商品住宅价格指数环比变动 百城住宅价格指数环比变动

注：EMPI 即 exchange market pressure index，外汇市场压力指数

主要指标定义及计算方法如下。

（1）市场利差为银行间同业拆借率与国库券收益率之差，此处取 1 个月银行间同业拆借利率与同期中债国债到期收益率之差。

（2）期限利差指政府发行的长短期债券收益率之差，通常用中债国债 10 年期到期收益率与中债国债 1 年期到期收益率之差表示。

（3）企业债利差：用 1 年期 AAA 级企业债到期收益率与同期中债国债到期收益率之差表示。

（4）汇率波动率用历史波动率计算，即将每日的美元对人民币汇率对数差分后，以月为单位计算日增长率的标准差。

（5）EMPI 可同时衡量汇率贬值和外汇储备下降所带来的压力，计算方法如下：

$$\text{EMPI}_t = \frac{\Delta e_{it} - \mu_{\Delta ei}}{\sigma_{\Delta ei}} - \frac{\Delta \text{RES}_t - \mu_{\Delta \text{RES}}}{\sigma_{\Delta \text{RES}}}$$

其中，Δe_{it} 为汇率变动值；$\mu_{\Delta ei}$ 为汇率变动均值；$\sigma_{\Delta ei}$ 为汇率变动标准差；ΔRES_t 为外汇储备变动值；$\mu_{\Delta \text{RES}}$ 为外汇储备变动均值；$\sigma_{\Delta \text{RES}}$ 为外汇储备变动标准差。

2. 权重的确定

目前确定权重的方法有因子分析法、等方差权重法、信用加权法等。

（1）因子分析法：通过研究变量之间存在的相互依存结构，提取一些公共因子以反映这些变量所代表的主要信息，达到减少变量个数、降低分析难度的目的。利用各公共因子最大方差旋转后得到的累计方差贡献度来确定各公共因子的权重。

（2）等方差权重法：该方法在文献中使用较多，该方法假设变量服从正态分布，将每个变量减去均值并除以标准差进行标准化后，对每个标准化后的指标赋

予相同权重计算 FSI，即对上述十个指标标准化后分别赋予 0.1 的权重，则 FSI=0.1×(ZX1+ZX2+⋯+ZX10)。

（3）信用加权法：该方法是根据变量所属的金融市场信用规模赋予相应的权重，一个金融市场信用规模越大该金融市场被赋予的权重越大。如果一个金融市场中有多个代理变量，则权重在多个代理变量中平等分配。

在对不同方法进行比较后，采用等方差权重法对 2006 年 1 月~2019 年 2 月上述指标的月度数据分别构建各市场及整体市场的中国 FSI，所用数据均来源于 Wind 数据库。

3. 计算方法

首先对各个指标进行标准化，所得值用 D 表示，$D_i = \dfrac{x_i - \overline{x}}{\sqrt{\dfrac{\sum_{i=1}^{n}(x_i - \overline{x})^2}{n}}}$。

1）银行市场

$$FSI = 0.1 \times (D_1 + D_2)$$

其中，D_1 为银行间质押式回购 7 天加权平均利率标准化后所得值；D_2 为市场利差标准化后所得值。

2）债券市场

$$FSI = 0.1 \times (D_3 + D_4)$$

其中，D_3 为期限利差标准化后所得值；D_4 为企业债利差标准化后所得值。

3）股票市场

$$FSI = 0.1 \times (D_5 + D_6)$$

其中，D_5 为上证 A 股市净率标准化后所得值；D_6 为沪深 300 市净率标准化后所得值。

4）外汇市场

$$FSI = 0.1 \times (D_7 + D_8)$$

其中，D_7 为汇率波动率 k 标准化后所得值；D_8 为 EMPI 标准化后所得值。

以 x 表示汇率，$y_i = \ln x_i - \ln x_{i-1}$。

当月的汇率波动率 $k = \sqrt{\dfrac{\sum_{i=1}^{n}(y_i - \overline{y})^2}{n}} \times 1000$。

EMPI=当月平均汇率变动标准化–当月外汇储备变动标准化。

5）房地产市场

$$FSI = 0.1 \times (D_9 + D_{10})$$

其中，D_9 为 70 个大中城市新建商品住宅价格指数环比变动标准化后所得值；D_{10} 为百城住宅价格指数环比变动标准化后所得值。

6) 中国整体

$$FSI = 0.1 \times (D_1 + D_2 + D_3 + D_4 + D_5 + D_6 + D_7 + D_8 + D_9 + D_{10})$$

指标含义：由于所有数据经过标准化，每个市场所得 FSI 值表示与均值偏离程度，FSI 绝对值环比增大表示当月该市场风险增加，符号为正表示市场过热，符号为负表示市场表现较弱，市场运行压力都有增加。

3.1.2 金融机构风险指数

MES、CES、SRISK、CoVaR 和 CCA 指数模型均能够测度金融机构系统重要性和系统性风险贡献度。这五个指数模型的设定思路和基本原理具有一定共通性，模型含义均从金融机构层面出发，均需要使用金融市场公开交易数据并具有较强的时效性。

1. MES 指数的设定和原理

Acharya 等（2010）基于期望损失（expected shortfall，ES）提出 MES。MES 可以衡量机构对系统性风险的边际贡献，表示的是在系统处于危机时表现最差的 α 状况下（I_α，α 通常取 5%），单个金融机构对整个金融系统风险（或期望损失）的边际贡献，比如 $MES_{5\%}^i$ 表示未发生金融危机时的一段时间内市场日收益处于最坏的 5%（即 $\alpha=5\%$）时，单个金融机构的边际风险贡献：

$$MES_{5\%}^i = -E\left[\frac{w_1^i}{w_0^i} - 1 | I_{5\%}\right]$$

Brownlees 和 Engle（2017）结合 MES 指标和金融机构的负债和规模指标，拓展出 SRISK 指标，并采用 DCC-GARCH 模型估计 MES。本书通过 DCC-GARCH（dynamic conditional correlational-generalized auto regressive conditional heteroscedasticity，动态相关多变量广义自回归条件异方差）模型和非参数估计计算各机构的 MES。

参考 Brownlees 和 Engle（2017）的做法，我们将市场指数收益率与单个金融机构收益率定义如下：

$$r_{mt} = \sigma_{mt}\varepsilon_{mt}$$

$$r_{it} = \sigma_{it}\rho_{it}\varepsilon_{mt} + \sigma_{it}\sqrt{1-\rho_{it}^2}\zeta_{it}$$

$$(\varepsilon_{mt}, \zeta_{it}) \sim F$$

其中，r_{mt} 为市场指数收益率；r_{it} 为第 i 个金融机构的股票收益率；σ_{mt} 为市场指数收益率的条件标准差；σ_{it} 为金融机构股票收益率的条件标准差；ρ_{it} 为市场和金

融机构之间的动态条件相关系数。$(\varepsilon_{mt}, \zeta_{it})$ 表示均值为 0、方差为 1、协方差为 0 的扰动项。F 为一个未指定具体分布的二变量分布过程。则单个金融机构向前一步的 MES 可表示为：$\text{MES}_{it-1}(C) = E_{t-1}(r_{it} | r_{mt} < C)$，利用上面的市场指数收益率与单个金融机构收益率的定义，通过简单推导可得

$$\text{MES}_{it-1}(C) = -\sigma_{it} \left[\rho_{it} E_{t-1}(\varepsilon_{mt} | \varepsilon_{mt} < C/\sigma_{mt}) + \sqrt{1-\rho_{it}^2} E_{t-1}(\zeta_{it} | \varepsilon_{mt} < C/\sigma_{mt}) \right]$$

上式中，波动率 σ_{it}、σ_{mt} 和动态条件相关系数 ρ_{it} 可通过 DCC-GARCH 模型运用准极大似然估计法估计得到，两个尾部条件期望 $E_{t-1}(\varepsilon_{mt} | \varepsilon_{mt} < C/\sigma_{mt})$ 和 $E_{t-1}(\zeta_{it} | \varepsilon_{mt} < C/\sigma_{mt})$ 可以简单地通过满足 $\varepsilon_{mt} < C/\sigma_{mt}$ 条件下残差序列 $(\varepsilon_{mt}, \zeta_{it})$ 的均值计算得出。

2. CES 指数的设定和原理

CES 模型由国外学者 Banulescu 和 Dumitrescu（2015）共同正式完整提出，该方法可以在机构层面上对整个金融系统中的各个金融机构的系统重要性进行衡量，可以测度在特定时间上单个金融机构对系统性风险的贡献度。

CES 模型以 MES 方法为基础，一方面可以度量系统重要性金融机构关联度高而不能倒的特征，另一方面又引入金融机构的规模因子（规模权重），同时捕捉到金融机构太大而不能倒的特性。另外，CES 指标满足欧拉可加性，因而整个金融市场的期望损失即为单个金融机构 CES 的线性加总，同时也可将 CES 指标进行行业内部加总来衡量各个金融子行业的系统重要程度。这些优良特性帮助 CES 模型弥补了各类测度系统重要性金融机构的市场模型方法的不足，为监督管理者提供了更直接的、更为完整的政策参考依据。

CES 模型定义式和表达式为

$$\text{CES}_{it} = w_{it} \frac{\partial \text{ES}_{m,t-1}(C)}{\partial w_{it}} = -w_{it} \mathbb{E}_{t-1}(r_{it} | r_{mt} < C)$$

其中，$\text{ES}_{m,t-1}(C)$ 为金融市场在 $t-1$ 时刻的条件期望损失，衡量金融市场整体风险，其条件期望定义式如下：

$$\text{ES}_{m,t-1}(C) = -\mathbb{E}_{t-1}(r_{mt} | r_{mt} < C)$$

其中，C 为设定的分位数收益率阈值，代表金融系统遭遇系统性风险的临界值，常取为 5% 分位数的金融市场收益率；r_{it} 为单个金融机构 i 在 t 时刻的收益率；r_{mt} 为金融市场在 t 时刻的收益率，由单个金融机构收益率加权平均得到；w_{it} 为单个金融机构 i 的规模权重因子。

以条件期望为定义式，CES 指标衡量了在金融市场发生系统性风险条件下单个金融机构的贡献度，从而测定其系统重要性。其最终数学表达式与时变波动率、单个金融机构和金融市场的动态相关系数以及尾部残差期望有关。

本书中 CES 模型选取按照中国证券监督管理委员会（简称证监会）的分类标准，分为金融业（包括货币市场服务、资本市场服务）和保险业，合计有 80 家 A 股上市金融机构作为考察对象，样本期间为 2020 年 1 月至 12 月。其中，29 家货币市场服务类金融机构主要为商业银行；45 家资本市场服务类金融机构主要为证券公司；保险业金融机构共有 6 家。在度量金融机构的系统重要性时，选取公开市场数据作为样本数据，包括各上市金融机构的日度收盘价和总市值。对金融机构的日度收盘价进行向前复权处理，采用其日度收盘价的对数化公式计算其日度收益率，计算公式为 $r_{it} = \ln(P_{i,t}) - \ln(P_{i,t-1})$。其中，$P_{i,t}$ 为当日收盘价，$P_{i,t-1}$ 为上一日收盘价。金融市场收益率 r_{mt} 由 80 家单个金融机构收益率加权平均得到。

3. SRISK 指数的设定和原理

SRISK 指数由 Brownlees 和 Engle（2011）、Acharya 等（2012）提出并完善，用于实时监测金融机构系统性风险状况，通过计算一家公司在一场经济危机中的预计资本损失度来衡量一家金融机构的系统性风险大小以及其系统重要性，金融机构的 SRISK 值越大，其面临的系统性风险也就越大。SRISK 指数不仅可以反映出金融机构对系统性风险的总体贡献，同时也能反映单个金融机构抵御风险的能力。一般情况下，单一金融机构资本金不足并不会影响金融体系的正常运行，因为资本金不足的企业可以补充资本金，或者被其他金融机构收购，不会造成整个金融体系的动荡。但是当金融体系陷入系统性危机时，整体资本金不足，金融体系便会面临危机。Acharya 等（2010）的理论分析显示，系统性危机中的资本金短缺不仅在金融系统中有负面溢出效应，而且对实体经济也将造成巨大损害。因而使用 SRISK 指数衡量一家公司在金融行业出现问题的时候面临的资本缺口将能有效地说明这家公司存在的系统性风险高低。

SRISK 指数指在一个较长的期间内（6 个月），金融体系发生系统性风险（市场收益率下跌 40%）时金融机构面临的资本短缺，依据的预期资本短缺程度来识别系统重要性金融机构。其算法在概念上同金融公司普遍采用的压力测试类似，然而其更多地依赖于公开数据，在计算中考虑了规模、杠杆以及关联性等重要因素的影响，所得结果准确而快速。危机中的预计资本缺口的计算公式如下：

$$\text{SRISK}_{i,t} = \max[0; E(k(\text{debt}+\text{equity}) - \text{equity}|\text{crisis})]$$
$$= \max[0; k\text{debt}_{i,t} - (1-k)(1-\text{LRMES}_{i,t}) \times \text{equity}_{i,t}]$$

其中，k 为稳健性资本充足率，根据《巴塞尔协议Ⅲ》一般选为 8%；LRMES 为长期边际预计损失，通过构建一个二元条件异方差模型刻画机构 i 和整体市场收益率的动态性得到；equity 为该公司的股票市值；debt 为该公司负债的账面价值，即总资产账面价值与总权益账面价值的差值。

系统性风险指标（SRISK%）衡量一公司在一场经济危机中的预计资本损失占

金融行业资本损失的百分比。拥有高 SRISK%值的公司不仅是经济危机中的最大损失者，而且是产生金融危机的原因之一。SRISK%是对金融机构的系统性风险价值的排序。

$$SRISK\%_i = \frac{SRISK_i}{\sum SRISK_i}$$

SRISK%的值越大，金融机构 i 在金融系统中的重要性就越大。SRISK 可以捕捉到很多对系统性风险有重要影响的特征变量——规模、杠杆率和关联性。当整个金融部门存在普遍亏损，这些特征变量都倾向于增加一个机构的资本缺口。

本书中 SRISK 模型借鉴 Engle、Acharya 等在"Capital shortfall: a new approach to ranking and regulating systemic risks"中构建的 SRISK 指数计算方法，分别对我国 2007~2018 年金融体系中上市银行 SRISK 指数进行测算，分析各家金融机构之间的系统性风险大小以及其对整体金融体系的系统性风险贡献程度。

本书 SRISK 模型的样本区间为 2020 年 1 月至 12 月，样本包括在主板上市的中国 26 家上市银行，主要包括 4 家国有银行（中国农业银行、中国工商银行、中国建设银行、中国银行）、9 家股份制商业银行（交通银行、平安银行、浦发银行、华夏银行、民生银行、招商银行、兴业银行、光大银行、中信银行）、13 家城市商业银行（简称城商行）（宁波银行、江阴农商银行、张家港农商银行、无锡农村商业银行、江苏银行、杭州银行、南京银行、常熟农商银行、北京银行、上海银行、成都银行、贵阳银行、苏州农商银行）。根据 SRISK 计算公式，以沪深 300 每日收盘价作为市场指数衡量市场波动率，选用各金融机构每日收盘价、总负债、总权益、总市值等数据计算每日 SRISK。其中，因为金融机构资产负债表数据是季度更新，故本书采用线性插值法将总负债、总权益等季度数据调整为月度数据。同时假定每个月的金融机构总负债和总权益变化不大，故将月度数据直接填充为日度数据，由此得出银行负债权益的每日数据，并结合金融机构的每日收盘价计算得到 SRISK 值。

4. CoVaR 指数的设定和原理

1）基本原理

系统性风险一般指某个事件发生所引起的在某个市场中一系列市场机构发生损失的可能性。银行系统性风险的传导主要依赖以下三个途径：①共同诱因。银行都面临来自利率、汇率等带来的风险，因此这些共同诱因的变动会引发银行跨国、跨机构的大规模危机发生。②银行业务间联系。银行间市场和支付结算体系等业务使得银行系统性风险能够通过这些联系性业务进行传播，这也是传播最为主要的途径。③信息不对称。由于存在信息不对称，当一家银行发生危机时，存款人为了减少自己的损失，很可能发生银行挤兑现象，导致整个银行体系的流动性面临压力。

因此，任何银行的危机都可能导致整个系统受到风险的影响，这称为溢出效应。

2）VaR

VaR 是传统的金融机构风险测度方法，表示在一定时间内、给定置信水平下可能面临的最大损失。本书用 VaR_i^q 表示银行 i 在分位数 q 时的在险价值，

$$\text{Pr}(X_i \leqslant \text{VaR}_i^q) = q$$

VaR 用来测度银行的风险水平有诸多优点，比如以数字的方式将风险量化使风险管理更加直观明确；此外，管理者可以根据银行自身特点，设置不同的时间段或置信水平来得到不同的 VaR，帮助风险管理决策。同样，VaR 也有一定的缺陷。首先，VaR 在度量极端事件发生时的风险水平误差较多；其次，VaR 没有考虑银行之间的风险关联，无法衡量银行体系风险的溢出效益。

3）CoVaR

CoVaR 是用来衡量当一家银行处于危机时，其他银行所面临的风险。$\text{CoVaR}^{j|i}$ 代表 j 在机构 i 在发生事件 C 时的 VaR。

$$\text{Pr}(X^j \mid C(X^i) \leqslant \text{CoVaR}^{j|C(X^i)}) = q\%$$

$\Delta \text{CoVaR}^{j|i}$ 即可衡量机构 i 在发生事件 C 时对机构 j 的溢出风险。

$$\Delta \text{CoVaR}^{j|i} = \text{CoVaR}_q^{j|X^i=\text{VaR}_q^i} - \text{CoVaR}_q^{j|X^i=\text{VaR}_{50}^i}$$

4）数据说明

本书中的 CoVaR 指数选取我国 26 家上市商业银行（其中，国有银行 6 家，股份制银行 12 家，城商行 8 家）、6 家上市保险公司、28 家证券公司作为研究对象。关于样本区间说明如下。

（1）国有银行及股份制银行：由于国有银行中的中国农业银行于 2010 年 7 月上市，股份制银行中光大银行于 2010 年 8 月上市，考虑到风险溢出的时滞性，数据的样本区间均选取为 2011 年 1 月 7 日至 2020 年 12 月底。

（2）城商行：由于城商行中 8 家于 2016 年上市，张家港农商银行于 2017 年 1 月上市，而成都银行于 2018 年 1 月 31 日上市，上市时间短，市值较小，对系统性风险影响较小，暂不进行研究。样本区间选取为 2017 年 7 月 1 日至 2020 年 12 月底。

因为单个银行风险溢出具有一定的时滞性，单日的 VaR、CoVaR 不能很好地反映银行系统性风险的变化，故采用周数据来计算在 95%置信水平下的周在险价值，其中指数采用商业银行指数（按市值加权）。根据 IMF 的方法，取国债十年期与一年期收益率的利差作为市场收益率。

（3）保险业：选取 6 家上市保险公司，包括天茂集团、西水股份、中国平安、

新华保险、中国太保、中国人寿。由于新华保险于 2011 年 12 月上市，因此保险系统的数据区间选取为 2012 年 1 月 6 日至 2020 年 12 月底。另外，选取保险指数（886655.WI）作为市场行情指标。

（4）证券业：由于目前综合实力排名靠前几家证券公司如国泰君安、申万宏源、国信证券均在 2016 年上市，对系统的影响较大，因此选取在 2017 年以前上市的 28 家证券公司及证券公司指数。样本区间选取为 2017 年 1 月 6 日至 2020 年 12 月底。

5. CCA 指数的设定和原理

CCA 是测度和研究国民经济宏观金融风险的主要方法。该方法源于 Black 和 Scholes（1973）、Merton（1973）对期权定价理论的开拓性研究，之后于 2003 年经 Moody 进一步完善。2000 年以来，Gray 和 Jobst（2010）等成功拓展了该方法的适用范围，将 CCA 方法应用于宏观经济。本书结合我国银行业实际情况，利用 CCA 方法对我国银行业系统性风险进行了一系列指标测度。

图 3-1 展示了 CCA 基本原理：资产价值在时域上随机波动，T 时刻资产价值的不确定性体现为一个概率分布。该分布的均值即预期资产收益率为 μ_A；资产收益率的标准差为 σ_A。

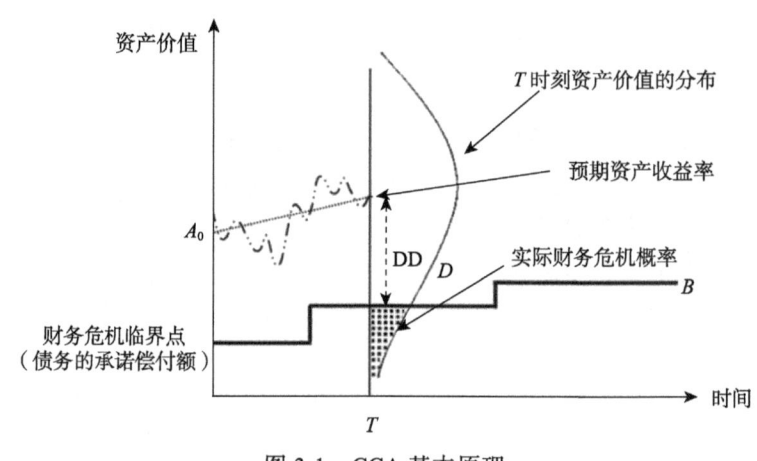

图 3-1　CCA 基本原理

令 A_t 为资产价值，资产价值的波动遵循几何布朗运动过程：$dA = \mu_t dt + \sigma_A dz$。其中，图 3-1 中阶梯状实线表示不同时期承诺的债务偿付额 B，即财务危机临界点。相对于各期明确的债务承诺偿付额，资产价值的不确定性成为引发财务危机或者违约的动因。当期末资产价值不足以偿付到期债务时，即资产收益率取值较大偏离漂移率以至低于 B 时，财务危机乃至违约状况便相应发生。图 3-1 中的阴影区域表示实际财务危机概率,即 $A_t \leq B_t$ 时的概率为 $P(A_t \leq B_t) = P(A_0 \cdot e^{(\mu_A - \frac{\sigma_A^2}{2})t + \sigma_A \varepsilon \sqrt{t}} \leq B_t)$
$= P(\varepsilon \leq -d_{2,\mu_A})$,其中,$\varepsilon \sim N(0,1)$,$d_{2,\mu_A} = \dfrac{\ln(A_0/B_0) + (\mu_A - \frac{\sigma_A^2}{2})t}{\sigma_A \sqrt{t}}$。

作为 CCA 方法派生出的风险指标之一,d_{2,μ_A} 测度了财务危机距离 DD,$N(-d_{2,\mu_A})$ 为实际财务危机概率;而 $N(-d_{2,r})$ 为风险中性违约概率,其中,
$d_{2,r} = \dfrac{\ln(A_0/B_0) + (r - \frac{\sigma_A^2}{2})t}{\sigma_A \sqrt{t}}$。Gray 等(2001)指出 CCA 模型所关注的并非实际违约概率,因此我们将风险中性违约概率作为测算财务危机距离的方法。

当 CCA 方法应用于以国民经济机构为单位的宏观金融层面时,任一部门的隐含资产市场价值 A 依然为各种优先级的索取权市场价值的总和(包括低等索取权 E 与风险债务 D),即 $A=E+D$。

其中,风险债务 D 的市场价值等于无违约风险债务价值(债务的账面价值)减去违约担保(预期损失 EL)的价值。若 B 在 $T-t$ 期后到期,则有 $D_t = Be^{-r(T-t)} - P_t$。低等索取权 E 则可模型化为一个以资产为标的的隐性看涨期权,其中,$E = A \cdot N(d_1) - Be^{-r(T-t)} \cdot N(d_2)$。

除此之外,在 Black-Scholes-Merton 期权定价理论假设下,该违约担保模型可化为一个隐性看跌期权。其中行使价格为到期的承诺偿付金额,此隐性看跌期权反映了债务投资者的预期损失,此预期损失 $EL = Be^{-r(T-t)} \cdot N(d_2) - A \cdot N(d_1)$。

在 $t=0$ 时,定义 T 为到期日有 $P = Be^{-rT} \cdot N(-d_2) - A \cdot N(-d_1)$,其中,
$d_1 = \dfrac{\ln(A_0/B_0) + (r + \frac{\sigma_A^2}{2})T}{\sigma_A \sqrt{T}}$。

最后,低等索取权波动率与资产波动率之间的关系如下:$\sigma_E = \dfrac{N(d_1) \cdot A}{E} \sigma_A$。

在已知 E、σ_E、r 和 B 的情况下,要依据 CCA 方法计算违约概率 PD、预期损失 EL、财务危机距离 DD 等风险指标,我们需首先确定两个未知数的值,即隐含资产的市场价值 A 和隐含资产波动率 σ_A。通过隐性看涨期权公式以及波动率关系,利用迭代优化算法可推算得出隐含资产的市场价值 A 和隐含资产波动率 σ_A 两个不可直接观测的值。

6. 模型对比分析

对比以上衡量系统性金融风险的模型,结果见表 3-2。

表 3-2 MES、SRISK、CES、CoVaR 和 CCA 指数模型对比表

指标	MES	SRISK	CES	CoVaR	CCA
中文名称	边际期望损失	系统性金融风险指数	成分期望损失	条件在险价值	或有权益分析
含义	系统处于危机时，单个机构对系统损失的边际贡献	测算在一个更长的期间内（6 个月），金融体系发生系统性风险（市场收益率下跌 40%）时金融机构面临的资本损失	在金融市场发生系统性风险条件下，单个金融机构的贡献度，从而测定其系统重要性	条件在险价值是利用溢出效应来衡量当一家银行处于危机时，其他机构所面临的损失	基于期权定价公式估计银行隐含资产价值，从而进一步得到违约概率
数据来源	资本市场日度交易数据	资本市场日度交易数据、规模、杠杆、机构和市场的关联性数据	资本市场日度交易数据、规模数据	资本市场日度交易数据、国债收益率数据	资本市场日度交易数据、银行资产负债表
共性	（1）五个指标都可用于衡量金融机构系统性风险大小 （2）五个指标均使用了资本市场日度交易数据 （3）SRISK 和 CES 都是基于 MES 方法提出，三者内涵接近					
区别	（1）MES 方法只能测量单个金融机构的风险，而无法评估整个金融市场的风险变化情况 （2）SRISK 可以衡量各家金融机构之间的系统性风险大小以及其对整体金融体系的系统性风险贡献程度 （3）CES 指标具备可加性，不仅用单个金融机构的 CES 值度量其系统重要性程度，还能够将单个金融机构的 CES 值进行汇总，从而反映出整个金融市场的系统性风险程度 （4）CoVaR 方法是从单个金融机构发生危机的情形出发，衡量其溢出效应 （5）CCA 方法是基于期权定价公式测度银行发生违约的概率大小					

资料来源：中国知网文章、Wind 金融终端数据库

3.2 房地产部门风险指数

依据微观房地产大数据基本实现房地产行业微观数据全覆盖、风险挖掘与关联以及基于机器学习的风险预测。首先，基于贝壳网、中国房价行情网、中国土地市场网、Wind、CEIC 等数据源的采集，实现了房地产分析数据的全覆盖。数据体系包括 31 个省区市的 366 个城市，采集约 1197 万条数据，包含每套住房、土地的成交价格与其他特征属性。系统实现全自动采集，每周全部更新一次，每日更新重点数据。其次，基于大数据特征，从城市群、城区内部区域、不同分位数等多维度，以跨主体的关联分析视角准确洞察房地产行业的风险，全景式监测房地产行业的财务风险、经营主体风险、经营主体活动、土地价格、房屋价格。

3.2.1 指标体系

房地产行业指标体系包括房价、房屋销售、土地、租赁、融资及市场风险、房企经营及拿地指标，具体指标体系和数据来源见表 3-3 ~ 表 3-8。

第3章 宏观风险导向的审计指数体系构建

表 3-3 房价指标

一级	二级	三级	定义	经济解释	数据频率	数据来源	数据范围
房价监测（右侧新房和二手房成交数据分别就住宅、商铺、写字楼进行搜集整理）	房产交易	二手房交易	每笔成交信息	包括成交时间、金额、面积、户型、区位信息（省、市、区、县、楼盘名称），抵押贷款信息（是否有贷款、贷款利率、贷款金额）	逐笔交易	链家、贝壳、中原地产等中介	逐笔交易
			二手房交易数量	二手房成交套数	日度、周度、月度	链家、贝壳、中原地产等中介	城市
			二手房交易均价	二手房成交总价/二手房成交面积	日度、周度、月度	链家、贝壳、中原地产等中介	城市
			二手房交易均价同比增长	（当期二手房成交均价-上一期二手房成交均价）/（上一期二手房成交均价）	日度、周度、月度	链家、贝壳、中原地产等中介	城市
			二手房成交面积	二手房成交套数	日度、周度、月度	链家、贝壳、中原地产等中介	城市
			二手房挂牌套数	挂牌套数	日度、周度、月度	链家、贝壳、中原地产等中介	城市
			二手房挂牌价格	挂牌价格	日度、周度、月度	链家、贝壳、中原地产等中介、Wind	城市
	房价预期类指标		网络关键词搜索	包含房地产的关键词热度，如房地产、房价上涨、买房等搜索次数	日度、周度、月度	公开网站、微博、百度指数、房地产专业网站等	全国、区域、城市
			态度	房地产关键词情绪评价，房地产（包括房企）相关"问题"讨论	日度、周度、月度	公开网站、微博、百度指数、房地产专业网站等	全国、区域、城市
			预期房价上涨比重增速	人们对房价的预期影响房价	月度	Wind	城市
	新房成交数据		施工面积/成交面积		日度、周度、月度	CRIC、Wind	城市
			一手房商品房成交套数		日度、周度、月度	CRIC、Wind	城市
			一手房商品房成交均价		日度、周度、月度	CRIC、Wind	城市
			一手房商品房成交金额		日度、周度、月度	CRIC、Wind	城市
			一手房逐笔成交信息	包括成交时间、金额、面积、户型、区位信息（省、市、区、县、楼盘名称），抵押贷款信息（是否有贷款、贷款利率、贷款金额）	逐笔交易	各地房管局、CRIC	逐笔交易

续表

一级	二级	三级	定义	经济解释	数据频率	数据来源	数据范围
房价监测辅助指标	投资与宏观环境	GDP	GDP 增速	区域宏观经济和人口变动影响房地产市场情况，进而影响房价	年度、季度	Wind	城市
		PPI	PPI 指数同比增减		年度	Wind	城市
		总人口	净人口变化、中小学生数量		年度	Wind	城市
		就业率	（就业人员：合计/总人口）同比增减		年度	Wind	城市
		人均可支配收入			年度	Wind	城市
		中央本级财政支出当月值	财政支出增速		月度	Wind	全国
		M2	M2 增速		月度	Wind	全国
		中长期贷款利率：3 年至 5 年（含）	一般贷款利率增速		月度	Wind	全国
		宏观经济景气指数：一致指数	宏观经济景气指数同比增减		月度	Wind	全国
		GDP 增速					
	房地产政策	各城市及中央发布的房地产相关政策	判断政策的松紧、形成政策库		逐条政策	Wind、政府公开网站	各城市、中央部委

注：CRIC 即 China Real Estate Information Corporatiom，中国房产信息集团

表 3-4 房屋销售指标

一级	二级	三级	定义	经济解释	数据频率	数据来源	数据来源/指标 ID	数据范围
房屋销售变化	房屋供给	供应面积（待售面积）	城市商品房供应面积		日度	中房网、CRIC	中房网-数据研究-商品住宅日交易数据	城市
		供应套数（待售套数）	城市商品房供应套数		日度	中房网、CRIC	中房网-数据研究-商品住宅日交易数据	城市
		新开工面积	房屋新开工面积	显示房地产供给端情况，以及未来可能的新增供给量	月度	Wind	Wind-行业宏观数据库-商品住宅新开工面积	全国、城市
		竣工面积	房屋竣工面积		月度	Wind	Wind-行业宏观数据库-商品住宅竣工面积	全国、城市
		施工面积	施工面积		月度	Wind	Wind-行业宏观数据库-房屋施工面积	全国、城市
		开发企业预期	新开工面积和土地购置面积增速加权求和		月度	Wind	Wind-行业宏观数据库-房屋新开工面积和土地购置面积	全国、城市
		成交面积	城市商品房成交面积	商品房成交量的多少反映房地产市场冷热情况	日度	Wind/中房网、CRIC	中房网-数据研究-商品住宅日交易数据	城市
		成交套数	城市商品房成交套数		日度	Wind/中房网、CRIC	中房网-数据研究-商品住宅日交易数据	城市
		成交金额	城市商品房成交金额		日度	中房网、CRIC	中房网-数据研究-商品住宅日交易数据	城市
	供给与销售平衡	供销比	供应面积/销售面积	反映房地产市场供给与销售是否平衡	日度	中房网、CRIC	根据已有数据测算	城市

表 3-5 土地指标

一级	二级	三级	定义	数据频率	数据来源	数据范围
土地市场	土地财政监测	工业成交土地溢价率	（土地成交价-底价）/底价	月度	Wind	城市
		商业成交土地溢价率	（土地成交价-底价）/底价	月度	Wind	城市
		住宅成交土地溢价率	（土地成交价-底价）/底价	月度	Wind	城市
		工业土地成交率	成交数量/供应数量	月度	Wind	城市
		商业土地成交率	成交数量/供应数量	月度	Wind	城市
		住宅土地成交率	成交数量/供应数量	月度	Wind	城市
		土地财政依赖度	土地出让金/本年地方政府公共预算支出	月度	Wind	城市
	房地产投入监测	供应土地规划建筑面积	供应土地规划建筑面积	月度	Wind	城市
		房屋施工面积：累计同比	累计同比	月度	Wind	城市
		房屋新开工面积：累计同比	累计同比	月度	Wind	城市
		逐笔土地供应信息	地块推出时间、宗地名称、地块位置（市、区、县、镇、村）、规划用途（住宅、商办、工业等）、用地面积、规划建筑面积	逐笔	中国土地市场网；官方土地招拍挂公告；自然资源部土地市场	城市
	土地交易市场	逐笔交易信息	宗地名称、地块位置（省、市、区、县、镇、村）、规划用途（住宅、商办、工业等）、用地面积、规划建筑面积、成交总价、楼面价格、溢价率（成交价相比起拍价）、竞得方、成交时间、容积率、绿化率、配建公共服务设施要求、配建公共租赁住房比例、其他开发附带责任	逐笔	中国土地市场网；官方土地招拍挂公告；自然资源部土地市场	城市

表 3-6 租赁指标

一级	二级	三级	定义	经济解释	数据频率	数据来源	数据范围
房屋租赁市场	住房租赁市场综合指标	城市住房租赁价格指数	住房租赁市场月度价格指数	反映住房租赁价格变动趋势的综合指标	月度	Wind	城市
		租金收益率	住宅月租金（或年租金）与售价之间的比值	测度房地产市场泡沫的重要指标	月度	中国房价行情网、Wind	城市
		租金同比增长率	各城市以及一、二、三线城市住宅平均租金（同比）		月度	中国房价行情网、Wind	城市
		租金环比增长率	各城市以及一、二、三线城市住宅平均租金（环比）		月度	中国房价行情网、Wind	城市
	房屋租赁企业指标（房屋租赁指数）	净利润增长率	（当期净利润/基期净利润）×100%	房屋租赁市场股票类指数，通过监测房屋租赁企业财务指标异常与否，判断是否存在暴雷风险	年度、季度	Wind	房屋租赁行业上市企业
		流动比率	（流动资产合计/流动负债合计）×100%		年度、季度	Wind	房屋租赁行业上市企业
		速动比率	（流动资产－存货）/流动负债		年度、季度	Wind	房屋租赁行业上市企业
		资产负债率	总负债/总资产		年度、季度	Wind	房屋租赁行业上市企业
		净资产收益率	净利润/净资产		年度、季度	Wind	房屋租赁行业上市企业
		销售毛利率	毛利/营业收入		年度、季度	Wind	房屋租赁行业上市企业
		存货周转率	营业成本（销货成本）/平均存货余额		年度、季度	Wind	房屋租赁行业上市企业
		应收账款周转率	赊销净收入/平均应收账款余额		年度、季度	Wind	房屋租赁行业上市企业

表 3-7 融资及市场风险指标

一级	二级	三级	定义	经济解释/变量含义	数据频率	数据来源	数据范围
房地产市场融资情况监测	房地产行业融资结构	资产负债率	负债总额/资产总额	衡量企业的负债水平和风险程度，也能衡量企业在清算时保护债权人利益的程度	季度、年度	Wind	全国
		流动负债率	流动负债合计/负债总额	流动负债率高表明企业需要承担比较大的资金成本，而且还有较高的偿债风险	季度、年度	Wind	全国
		改进的内源融资率	（盈余公积+未分配利润+折旧摊销）/平均净经营资产	内源融资水平	年度	国泰安数据库	全国
		改进的债务融资率	金融负债/平均净经营资产	债务融资水平	年度	国泰安数据库	全国
		改进的股权融资率	（股本+资本公积）/净经营资产	股权融资水平	年度	国泰安数据库	全国
	房地产开发投资资金来源合计	国内贷款（亿元）	累计值、累计同比	房地产行业融资过于依赖银行贷款，融资渠道单一。一方面，如果央行政策改变，银行信贷紧缩，导致房地产企业融资就困难，如果融资困难，可能出现资金链断裂；另一方面，如果房地产行业发生不景气，房地产业对银行的信贷风险、市场风险将转变为银行的金融风险，进而影响国家的金融安全	月度	Wind	全国
		利用外资（亿元）			月度	Wind	全国
		自筹资金（亿元）			月度	Wind	全国
		定金及预付款（亿元）			月度	Wind	全国
		个人按揭贷款（亿元）			月度	Wind	全国
		其他应付款			月度	Wind	全国
		各项应付款			月度	Wind	全国
	债务期限结构	短期负债率	流动负债总额/负债总额×100%	短期负债反映公司对短期债权人的依赖程度，该指标越高，该公司对短期资金的依赖性越强	季度、年度	Wind	全国
		长期负债率	非流动负债总额/负债总额×100%	长期负债反映公司的债务状况，该指标越低，表明该公司负债的资本化程度越低，长期偿债压力越小	季度、年度	Wind	全国

续表

一级	二级	三级	定义	经济解释/变量含义	数据频率	数据来源	数据范围
房地产市场融资情况监测	负债来源结构	施工企业垫款率	应付账款÷负债总额×100%	①典型房地产企业的负债来源结构;②"施工企业代垫款"降低了企业的融资成本,将给带来财务杠杆效应,提高公司的整体业绩,也可为公司治理的提高创造有利条件;③银行贷款率、施工企业垫款率与公司治理效率呈正相关关系;房屋预售款率与公司治理效率呈负相关关系	年度	新浪财经网财务数据	全国
		房屋预售款率	预收账款÷负债总额×100%		年度	新浪财经网财务数据	全国
		银行贷款率	(长期借款+短期借款)÷负债总额×100%		年度	新浪财经网财务数据	全国
		商业信用比率	商业信用额/资产总额×100%		年度	新浪财经网财务数据	全国
	房地产金融发展情况	房地产开发贷款	包括地产开发贷款、房产开发贷款		年度	中国人民银行调查统计系统数据	全国
		住房消费贷款	购房贷款余额(企业购房贷款、个人购房贷款)	若个人住房贷款(尤其是抵押贷款)占比较高则说明了"房子是用来住的"政策的必要性,目前坚持该政策目标中长期内不动摇	年度	中国人民银行调查统计系统数据	全国
	房地产企业融资约束	内部现金流	经营活动产生的现金流量净值/资产总额	对于融资约束的衡量,运用比较多的有投资-现金流敏感系数、Altman Z值、KZ指数、股利支付率等	年度、季度	Wind,国泰安数据库	全国
		股权集中度	前五大股东持股比例之和		年度、季度	Wind,国泰安数据库	全国
		股权之间衡度	第二到第五大股东持股与第一大股东持股比例之和		年度、季度	Wind,国泰安数据库	全国
		资本支出	固定资产、在建工程、工程物资增加值之和/固定资产净值		年度、季度	Wind,国泰安数据库	全国
		公司规模	公司总资产取自然对数		年度、季度	Wind,国泰安数据库	全国
		杠杆水平	负债总额/资产总额		年度、季度	Wind,国泰安数据库	全国
		净资产收益率	净利润/资产总额		年度、季度	Wind,国泰安数据库	全国
		现金持有量(cash)	货币资金/资产总额		年度、季度	Wind,国泰安数据库	全国
		托宾Q值	股票市值/资产总额		年度、季度	Wind,国泰安数据库	全国

续表

一级	二级	三级	定义	经济解释/变量含义	数据频率	数据来源	数据范围
房地产市场风险监测	房地产公司债务风险识别	流动比率	流动资产合计/流动负债合计	①流动比率越高表明企业的营运资金在偿还流动负债以后剩余的资金就会相对偏多，企业的短期偿债能力就会越强；②速动比率过低或者过低都不利于企业的发展	年度、季度	Wind	全国
		速动比率	（流动资产−存货）/流动负债		年度、季度	Wind	全国
		实际资产负债率	长期偿债能力；资产和负债在同时去除预收账款以后二者的比值	国家规定房地产行业中的资产负债率正常不应超过70%的红线。如果超过这个比率则说明该企业资产负债过高，偿债风险较大	年度、季度	Wind	全国
		已获利息保障倍数	（利润总额+利息费用）/利息费用	对于房地产企业而言，短期借款偿债风险比长期借款的财务风险大。偿债能力越弱的企业，其引发财务风险的可能性就越大	年度、季度	Wind	全国
		长期负债占负债总额比	负债结构		年度、季度	Wind	全国
		短期负债占负债总额比	负债结构		年度、季度	Wind	全国
	房地产市场金融风险分析	GDP增长率	（本期GDP−上期GDP）/上期GDP×100%	在衡量房地产风险时，要充分考虑国内经济基本面情况，宏观经济出现通缩，紧缩或者结构失衡，都将引起市场上货币供求大幅变化，导致风险发生	年度	国家统计局	全国
		通货膨胀率	消费价格指数		年度	国家统计局	全国
		失业率	失业人口/劳动人口		年度	国家统计局	全国
		房地产开发贷款余额（亿元）	金融机构财务指标	衡量房地产企业和居民家庭部门在房地产开发投资中所占用的金融机构信贷资金规模	年度	中国人民银行、中国银保监会、Wind数据库、CSMAR数据库	全国
		个人住房贷款余额（亿元）	金融机构财务指标		年度	中国人民银行、中国银保监会、Wind数据库、CSMAR数据库	全国

第3章 宏观风险导向的审计指数体系构建

续表

一级	二级	三级	定义	经济解释/变量含义	数据频率	数据来源	数据范围
房地产市场风险监测	房地产市场金融风险分析	资本充足率	金融机构财务指标	衡量金融机构的资产质量	年度	中国人民银行、中国银保监会、Wind数据库、CSMAR数据库	全国
		不良贷款率	金融机构财务指标		年度	中国人民银行、中国银保监会、Wind数据库、CSMAR数据库	全国
		贷存比	贷款额/存款额	反映金融机构贷款的流动性状况，其比例越高，金融机构面临的流动性风险越大	年度	中国人民银行、中国银保监会、Wind数据库、CSMAR数据库	全国
		中长期贷款比例	金融机构财务指标		年度	中国人民银行、中国银保监会、Wind数据库、CSMAR数据库	全国
		金融机构各项贷款余额	金融机构财务指标；商业银行房地产不良贷款总额	反映金融机构对实体经济的支持力度	年度	中国人民银行、中国银保监会、Wind数据库、CSMAR数据库	全国
		房地产不良贷款总额	金融机构财务指标；商业银行房地产不良贷款总额	衡量房地产风险在金融机构体系中的风险暴露程度，银行资产质量状况	年度	中国人民银行、中国银保监会、Wind数据库、CSMAR数据库	全国
		贷款收益率	金融机构财务指标	衡量金融机构盈利能力	年度	中国人民银行、中国银保监会、Wind数据库、CSMAR数据库	全国
		资本收益率	金融机构财务指标		年度	中国人民银行、中国银保监会、Wind数据库、CSMAR数据库	全国
		房地产行业平均资产负债率	房地产企业运营指标	房地产偿债能力与房地产金融风险高度相关，资产负债率越高，房地产企业偿债能力越差	年度	Wind数据库、CSMAR数据库	全国
		自有资本比率	房地产企业运营指标	于衡量企业自有资本比率的偿债能力。此外，房地产企业自有资本比率越高，其财务状况越好，自身抗风险能力越高	年度	Wind数据库、CSMAR数据库	全国
		房地产企业成本费用利润率	房地产企业运营指标；房地产企业成本费用利润率		年度	Wind数据库、CSMAR数据库	全国
		房价增长率	衡量商品房平均销售价格波动	房地产购买能力指标：若房价上涨偏过快，房价收入比过高，居民购房所需的周期更长，就会导致房地产市场产生更多潜在的金融风险	年度	国家统计局、住房和城乡建设部	全国
		房价收入比	衡量消费者购房能力；商品房平均销售价格/城镇居民人均可支配收入		年度	国家统计局、住房和城乡建设部	全国
		贷款利率	衡量房地产市场政策预期		年度	国家统计局、中国人民银行	全国

续表

一级	二级	三级	定义	经济解释/变量含义	数据频率	数据来源	数据范围
房地产市场风险监测	房地产企业融资风险	房地产开发投资完成额（亿元）	房地产开发投资完成额（亿元）	用其来衡量房地产企业的投资总额	年度	《中国城市统计年鉴》、《中国房地产统计年鉴》、Wind数据库	全国、各省份
		房地产投资资金来源总额（亿元）	房地产投资资金来源总额（亿元）	用其来衡量房地产企业的可用现金流	年度	《中国城市统计年鉴》、《中国房地产统计年鉴》、Wind数据库	全国、各省份
		商品房销售额（万亿元）	商品房销售额（万亿元）		年度	《中国城市统计年鉴》、《中国房地产统计年鉴》、Wind数据库	全国、各省份
		商品房待售面积（亿平方米）	商品房待售面积（亿平方米）		年度	《中国城市统计年鉴》、《中国房地产统计年鉴》、Wind数据库	全国、各省份
		城乡居民储蓄存款余额（亿元）	城乡居民储蓄存款余额（亿元）		年度	《中国城市统计年鉴》、《中国房地产统计年鉴》、Wind数据库	全国、各省份
		国内贷款与个人储蓄比值	国内贷款与个人储蓄比值		年度	《中国城市统计年鉴》、《中国房地产统计年鉴》、Wind数据库	全国、各省份
		100大中城市供应土地规划建筑面积（亿平方米）	100大中城市供应土地规划建筑面积（亿平方米）		年度	《中国城市统计年鉴》、《中国房地产统计年鉴》、Wind数据库	全国、各省份
		1~3年中长期贷款利率	1~3年中长期贷款利率		年度	《中国城市统计年鉴》、《中国房地产统计年鉴》、Wind数据库	全国、各省份
	房地产开发风险	房地产开发企业个数	房地产开发企业个数	反映的是企业的项目开发与经营风险	年度	《中国城市统计年鉴》、《中国房地产统计年鉴》、Wind数据库	全国、各省份
		房地产开发本年完成投资	房地产开发本年完成投资	反映的是企业的项目开发与经营风险	年度	《中国城市统计年鉴》、《中国房地产统计年鉴》、Wind数据库	全国、各省份
		施工面积	施工面积		年度	《中国城市统计年鉴》、《中国房地产统计年鉴》、Wind数据库	全国、各省份
		新开工面积	新开工面积		年度	《中国城市统计年鉴》、《中国房地产统计年鉴》、Wind数据库	全国、各省份
		企业土地转让收入占主营业收入的比重	企业土地转让收入占主营业收入的比重		年度	《中国城市统计年鉴》、《中国房地产统计年鉴》、Wind数据库	全国、各省份

第 3 章 宏观风险导向的审计指数体系构建

续表

一级	二级	三级	定义	经济解释变量含义	数据频率	数据来源	数据范围
房地产市场风险监测	房地产价格风险	平均销售价格、平均销售价格增速	平均销售价格、平均销售价格增速		年度	《中国城市统计年鉴》、《中国房地产统计年鉴》、Wind 数据库	全国、各省份
		房价收入比、房价增速与地价总值增速比	房价收入比、房价增速与地价生产总值增速比	反映的是房地产销售价格泡沫化的风险	年度	《中国城市统计年鉴》、《中国房地产统计年鉴》、Wind 数据库	全国、各省份
		房价增速与人均可支配收入增速比	房价增速与人均可支配收入增速比		年度	《中国城市统计年鉴》、《中国房地产统计年鉴》、Wind 数据库	全国、各省份
		个人按揭贷款	个人按揭贷款		年度	《中国城市统计年鉴》、《中国房地产统计年鉴》、Wind 数据库	全国、各省份
	房地产库存风险	商品房待售面积	商品房待售面积	反映的是库存化解的风险	年度	《中国城市统计年鉴》、《中国房地产统计年鉴》、Wind 数据库	全国、各省份
		商品房去化周期	商品房去化周期		年度	《中国城市统计年鉴》、《中国房地产统计年鉴》、Wind 数据库	全国、各省份
		住宅待售面积	住宅待售面积		年度	《中国城市统计年鉴》、《中国房地产统计年鉴》、Wind 数据库	全国、各省份
		住宅去化周期	住宅去化周期		年度	《中国城市统计年鉴》、《中国房地产统计年鉴》、Wind 数据库	全国、各省份
		商品房竣工面积	商品房竣工面积		年度	《中国城市统计年鉴》、《中国房地产统计年鉴》、Wind 数据库	全国、各省份
	商业银行房地产信贷风险	房地产不良贷款率	不良贷款额/贷款总额	反映商业银行房地产信贷风险	年度、半年度	Wind、各上市商业银行的半年报和年报	全国
	房地产公司信用风险	资产价值	期权定价公式	房地产公司资产的市场公允价值	季度	MATLAB	全国
		股权价值	股票市值	房地产公司股权的市场公允价值	季度	Wind	全国
		资产价值波动率	根据股票市值与波动率计算	用于反映房地产资产的风险水平	季度	MATLAB	全国
		股权价值波动率	根据股票股价日收益率标准差计算	用于衡量股权价值的风险水平	季度	Wind	全国
		短期债务	根据资产负债表计算	用于衡量短期偿债能力	季度	Wind	全国
		长期债务	根据资产负债表计算	用于衡量长期偿债能力	季度	Wind	全国
		无风险利率	一年期定期存款利率	作为收益率基准	季度	Wind	全国

注：CSMAR 数据库即 China Stock Market & Accounting Research Database，中国经济金融研究数据库；中国银保协会即中国银行保险监督管理委员会

表 3-8 房企经营及拿地指标

一级	二级	三级	定义	指标计算
企业经营风险	偿债能力	短期偿债能力	流动比率	流动资产/流动负债
			速动比率	流动资产/存货
		长期偿债能力	资产负债率	负债总额/资产总额
	投资风险	对内投资	存货比重	存货/总资产
			投资性房地产投资比重	投资性房地产/总资产
		对外投资	长期股权投资	
	运营风险		应收账款周转率	营业收入/平均应收账款余额
			存货周转率	销售成本/平均存货
			总资产周转率	营业收入净额/平均资产总额
			主营业务收入增长率	
	盈利风险		营业毛利率	营业利润/主营业务收入
			总资产报酬率	净利润/总资产
			加权净资产收益率	净利润/[(期初净资产+期末净资产)/2]
			营业利润率	营业利润/营业收入
	现金流风险		经营活动产生的现金流量净额占比	
			投资活动产生的现金流量净额占比	
			筹资活动产生的现金流量净额占比	
房地产企业拿地风险	供应：地块数	总计地块数		
		住宅用地地块数		
		商服用地地块数		
		商住综合用地地块数		
		其他地块数		
	供应：土地面积	总计土地面积		
		住宅用土地面积		
		商服用土地面积		
		商住综合用地土地面积		
		其他土地面积		
	成交	新增建筑面积		
		总地价		
		拿地均价		
		累计签约金额		
		累计签约面积		
		合同销售均价		
		合同销售面积		
		合同销售金额		
		楼面成交溢价率		
		平均楼面价		
		拿地额/销售额		
		拿地面积/销售面积		
		拿地均价/当月销售均价		

3.2.2 风险指数模型

1. 房价风险模型

根据房屋价格数据分析各地区新房、二手房、商铺各月变化趋势（包括环比、同比，下同），查找是否存在变化异常点，如增长过快趋势、下降趋势、突然增高或降低的异常点。同时，可以根据城市线级（一二线、三四线、五线及以下城市，下同），以及八大区（华北、华东、华南、华中、西北、西南、东北、台港澳，下同）分别测算上述变化。

方法一：经验法则。

参考已有研究的计算法则，定义二手住宅价格指数近3月累计涨幅超过设定的上限1.9%（年化涨幅约8%）为1，表示"偏热"状态；近3月累计涨幅超过设定的上限2.4%（年化涨幅约10%）为2，表示"过热"状态；近3月累计跌幅超过设定的下限−0.5%（年化跌幅约2%）为−1，表示"偏冷"状态；近3月累计跌幅超过设定的下限−1.3%（年化跌幅约5%）为−2，表示"过冷"状态；波动在−0.5%~1.9%为0，表示"合理"状态。

方法二：3σ法则。

利用历史数据分析房价增长率变化并对偏离趋势程度进行判断。偏离趋势程度可采用均值和方差来判断，见表3-9。

表3-9 测度风险的3σ法则

区间	$(-\infty,\mu-\sigma)$	$[\mu-\sigma,0)$	$[0,\mu+\sigma]$	$(\mu+\sigma,\mu+2\sigma]$	$(\mu+2\sigma,+\infty)$
状态	偏冷	较冷	正常	较热	偏热
灯色	蓝灯	浅蓝灯	绿灯	黄灯	红灯

如果数据随时间推移趋势是变化的，可用HP滤波（Hodrick-Prescott filter）获得其趋势值，再计算偏离，用来判断。

方法三：根据政策反推。

依据历史上房地产调控反推政策层如何定义房价增长的态势。搜集房地产调控政策，计算每一轮收紧调控开始前的三个月、六个月、一年内的同比、环比增长率变化情况，总结前几轮调控前房价变化的特征从而定义出一个当前的冷热判断标准。

采用70个大中城市新建住宅价格指数2015年7月~2017年12月的月度数据进行分析。当政府发布收紧类房地产调控政策时，70个大中城市新建住宅价格指数同比上涨范围为3%~15%，此为过热区间。当政府发布放松类房地产调控政策时，70个大中城市新建住宅价格指数同比下降范围为2%~13%，此为过冷区间。

根据我国历史房地产调控政策时间段与房价同比指数之间的对应关系可以发

现，2011年以后，连续六个月及以上房价同比指数高于105时，政策会收紧，而连续三个月及以上同比指数低于100时，则政策会放松，由此可观测每三个月的房价同比变化，由可能的政策导向反推市场冷热。

2. 房屋销售风险模型

根据各地房屋销售额、房屋销售面积数据、可售面积计算上述数据各时间段是否存在变化异常点，测算各地房屋面积供销比，判断各地是否存在房屋滞销情况，进行各线级城市及八大区销售情况的异同比较。

方法一：3σ法则。

我们以Wind提供的30个大中城市每日交易数据为基础，选取2010年1月1日~2020年1月1日的数据作为样本，根据靴襻抽样法等随机抽样方法可确定预警界限中的σ和μ，以此划分预警区间，具体判断标准仍见表3-9。各项指标均可一一监测实时运行状态，由于我们已经计算了各项指标的样本方差，因此可运用均方差法赋予各项指标具体权重以查看房地产市场整体销售变化状况。

考虑到样本时变的特性，可采用平滑参数λ=14 400的HP滤波分析将各组时间序列数据分离出趋势成分与周期成分，再对分离出的周期性波动按上述方法进行预警。

方法二：经验法则。

根据查阅的东方财富网的178篇房地产行业研究报告发现，销售面积同比增长率在0~10%的多用平稳、正常、温和或相近感情色彩的词汇来描述；10%~20%的大多用持续增长、维持高位等形容词；而−10%~0的大多用走低、下跌等词形容。因此，根据暂时有限的研究报告样本，可初步拟定研究报告相关的房地产销售冷热判定条件，见表3-10。

表3-10 根据经验的风险测度准则

销售同比	$(-\infty, -10\%)$	$(-10\%, 0)$	$[0, 10\%]$	$(10\%, 20\%]$	$(20\%, +\infty)$
状态	偏冷	较冷	正常	较热	偏热
形容词	大幅下降、持续降温等	走低、下跌等	平稳、正常、温和等	持续增长、维持高位	大幅增长、强劲等

方法三：供销比的经验法则。

根据参考文献，供销比有具体的判断准则，即0.9~1.1为正常，0.8~1.2为基本正常，大于1.2为滞销状态，而小于0.8则说明房地产市场过热，供不应求。

3. 土地出让风险模型

根据土地出让价格栏目下相关数据，测算各地土地出让价款占本地财政收入的比重情况，以及新开工面积、供地面积等变化趋势，判断各地是否存在房地产投入过剩、财政支出结构不合理等情况。

涉及的具体指标有两类。房地产投入过剩监测指标：供应土地规划建筑面积、房屋施工面积（累计同比）、房屋新开工面积（累计同比）。土地财政监测指标：工业、商业、住宅成交土地溢价率，工业、商业、住宅土地成交率，土地财政依赖度。

依然采用 3σ 法则进行风险识别。设置一个滚动窗口（2 年左右）估计 μ 与 σ，具体规则仍见表 3-9。

4. 房屋租赁市场价格风险模型

根据租赁市场相关数据，测算各地房屋租赁市场租赁价格变动趋势有无异常点；租售比是否在正常范围区间；长租公寓租赁企业财务指标是否异常，是否存在爆雷风险。

方法一：3σ 法则。

相比租赁价格，价格指数能够综合反映住房租赁价格变动趋势。通过定期监测全国重点城市租赁的相关成交数据和市场调研数据，采用类似房屋重复交易法，计算 35 个城市月度价格变动趋势，在此基础上形成租赁价格指数。指数的基期时间是 2016 年 1 月，基点值为 1000 点。

监测方法：利用历史数据，采用 HP 滤波法获得趋势值并计算实际值与趋势值偏离程度，分析其增长率变化及偏离趋势程度，从而判断住房租赁市场异常情况。具体判断标准仍同表 3-9。

方法二：经验值。

主要是监测租售比。房产运行状况良好的租售比一般界定为 1∶200~1∶300。如果租售比低于 1∶300，意味着房产投资价值相对变小，房产泡沫已经显现；而如果高于 1∶200，表明房产投资潜力相对较大，租金回报率较高。

方法三：监测房屋租赁企业财务指标（房屋租赁指数）。

监测方法：选取净利润增长率、流动比率、速动比率、资产负债率、净资产收益率、销售毛利率、存货周转率、应收账款周转率作为预警体系指标。利用主成分分析法计算综合功效系数，按照功效系数值大小，将预警程度划分为重警、中警、轻警、无警四类，分别说明财务风险很高、较高、较低、很低。

5. 房地产市场融资风险模型

根据房地产企业金融市场情况数据，分析上市房企整体资产负债率、企业资产负债率、融资占比、债务违约等情况，测算房地产企业金融市场整体情况，各经济指标是否在合理区间，金融市场是否存在相关风险隐患。研究对象为上市房企。

方法一：经验法则。

表 3-11 给出了一般经验上判断房地产行业债务规模是否过重的几个指标。

表 3-11　债务规模"四个比配"对应的经验预警值

项目	指标	一般企业	房地产企业
债务规模与资产匹配性指标	资产负债率	>65%	>80%
债务规模与收入的匹配性	总付息债务/销售收入	>1	>1
债务规模与利润的匹配性	EBITDA/总付息负债	<0.15	<0.15
债务规模与经营现金流的匹配性	经营活动产生的现金净流量/总付息负债	<0.05	<0.05

注：EBITDA 即 earnings before interest, taxes, depreciation and amortization, 息税折旧摊销前利润

对房地产融资结构也做类似的分析，包括房地产信贷、信托、债券、外债的绝对量和相对比例是否偏离历史均值。

方法二：3σ 法则。

和前述法则相同，利用历史数据分析相关财务指标及违约指标偏离趋势。

方法三：KMV 模型。

根据 KMV 模型计算房地产公司的违约距离，判断房地产公司的信用风险，其风险测定规则如表 3-12 所示。

表 3-12　房地产公司违约距离区间分布

违约距离区间	(−2,2]	(2,3]	(3,4]	(4,5]	(5,6]	(6,7]	>7
风险状态	低水平	低水平	中等水平	中等水平	较高水平	较高水平	高水平

6. 房企经营风险模型

根据房地产企业经营情况数据，分析企业资产负债率、现金流量比率、存货变动趋势等情况，测算房企经营情况，各经济指标是否在合理区间，存货变动是否存在异常现象，企业是否存在经营风险。

方法一：3σ 法则。

将房地产企业风险分为偿债能力、投资风险、运营风险、盈利风险、现金流风险五个方面 10 个指标（可扩充），可以对每个指标按 3σ 法则进行判定，也可以将所有指标经过因子分析计算企业得分，再按 3σ 法则进行判定。

方法二：Z-score 法测算企业破产风险。

$Z=1.2X_1+1.4X_2+3.3X_3+0.6X_4+0.999X_5$。

其中，X_1 为营运资金/资产总额；X_2 为留存收益/资产总额；X_3 为息税前利润/资产总额；X_4 为股东权益账面价值/负债总额；X_5 为销售收入/资产总额。根据行业规律总结，当 Z 值<1.23 时，企业财务风险较大，极其容易产生财务危机，导致企业走向资不抵债甚至破产的困境；而当 Z 值≥2.9 时，企业运营状况非常良好且有序。当 Z 值介于 1.23 和 2.9 中间时，企业财务情况不稳定，很难对企业状况进行预判。Z 值<1.23 为高风险，Z 值≥2.9 为低风险，Z 值介于 1.23 和 2.9 中间时为正常。

7. 房企拿地风险模型

根据房地产企业拿地情况数据，结合房企经营状况模型，分析房地产企业拿地风险。

方法：3σ 法则。

以上市房企为研究对象，监测当月拿地宗数、面积、金额、土地溢价率等指标。从拿地风险角度，监测拿地额/销售额比、拿地面积/销售面积、拿地均价/当月销售均价。对每个指标采用 3σ 法则进行判定。

8. 非房企拿地风险模型

根据非房企拿地情况数据，分析非房地产企业是否存在大规模拿地情况，根据土地用途研判合理性。

在 Wind 土地交易数据库中的逐笔交易数据里，匹配买地方的公司性质，识别出非房企的拿地行为。具体可用拿地宗数、面积、金额、土地溢价率去反映拿地的异常。对每个指标采用 3σ 法则进行判定。

9. 房地产企业破产风险监测模型

根据房地产企业破产数量、破产地域数据，测算房地产企业破产变化情况，以及是否存在短期房地产企业破产激增情况。

方法一：破产房企数量监测。

通过爬取全国、各级城市、八大区破产房企的数量（法院公告），可以制作可视化图表，实时监测房地产行业、区域房地产的破产情况。

方法二：Z-score 法测算企业破产风险。

$$Z=1.2X_1+1.4X_2+3.3X_3+0.6X_4+0.999X_5。$$

其中，X_1 为营运资金/资产总额；X_2 为留存收益/资产总额；X_3 为息税前利润/资产总额；X_4 为股东权益账面价值/负债总额；X_5 为销售收入/资产总额。根据行业规律总结，当 Z 值<1.23 时，企业财务风险较大，极其容易产生财务危机，导致企业走向资不抵债甚至破产的困境；而当 Z 值≥2.9 时，企业运营状况非常良好且有序。当 Z 值介于 1.23 和 2.9 中间时，企业财务情况不稳定，很难对企业状况进行预判。Z 值<1.23 为高风险，Z 值≥2.9 为低风险，Z 值介于 1.23 和 2.9 中间时为正常。

3.3 行业健康度指数

3.3.1 行业健康度指标体系

产业健康度是指产业在一段时期内的发展过程中，产业体系内部的自身稳定性、可持续性以及外部溢出综合效应的一种综合评价状态。产业生态系统观认为，产业在健康的状况下，能够保持产业的稳定性和可持续性，且具有维持其组织结构、自我调节、受胁迫可恢复的能力。

本书认为对于产业健康度的监测，不同产业存在通用的一些特征，但也有其差异性，因此对每一个行业的健康度监测模型，本书旨在基于产业内外部的静态与动态数据，从微观企业、中观产业以及宏观经济多层面形成一套既涵盖风险源与风险评价，又考量产业的经济效应与政治效应的综合评价体系，并将从通用指标和行业特征指标两个层面进行指标体系搭建。基于此，该指标体系的构建采纳了大量的动态观测大数据以及事后静态评价指标，同时具有动态预警与事后客观评价的特点。

采用爬虫技术采集高频数据，基于Wind、企查查、天眼查等细分数据源，关注行业特定风险源，进而建立包含通用特征与行业特征的行业健康度监测模型，实时监控行业行情与潜在风险豁口。目前，由于服务业与制造业之间差异较大，制造业内部具有共性，本书主要对制造业相关行业进行了健康度监测，主要包括国民经济二分位的制造行业。

1. 行业健康度通用指标体系

结合产业健康度的内涵，本书从外部环境评价、行业经营绩效评价、行业风险评价等通用风险指标维度，对产业健康度进行全面刻画。通用指标维度介绍如下。

1）外部环境评价

产业不可能作为封闭系统来运作，任何产业都是在一定的特定环境中从事活动。外部环境是指那些会给产业发展带来机会或威胁的外部力量，间接或直接地影响产业的健康。外部环境主要包括以下几种。

（1）政府政策。政府出台的产业政策会使得产业资源在不同的产业之间进行调配和转移，以致力于实现各个产业的均衡发展。因此，政府对于产业政策的制定和实施是一个合理分配产业资源的过程，会影响国家的产业结构、产业规模以及产业健康，如企业的经营体制改革、环保以及税收政策的变化等。

（2）宏观经济环境。市场环境是指产业运行所处的经济环境中不可控的因素。产业的健康发展需要识别市场环境的变化，同时采取相应的发展措施来适应这些变化，不断提高产业的环境适应力。市场环境中的因素会对产业的可持续发展产生外在的影响，如供求关系、融资条件和国民经济状况等。

（3）国际环境。互联互通已经成为当今世界发展的主旋律，共享经济全球化成为世界各国的共识。产业生态体系的健康发展也依赖于全球范围内的战略化布局，因此，国际环境也是产业健康度的影响因子，如国际政治环境、国际投资环境、国际货币汇率变化、国际货币利率变化、国际经营环境的变化等。

2）行业经营绩效评价

在经济高质量发展的背景下，经营绩效评价可以从经济效率、生态效率两个方面来考虑，既考量行业经济发展活力，同时也考察行业的绿色生态效率。①经济效率是指一个产业经济产出水平的高低，较高的经济产出水平说明产业充满活力。②生态效率是指产业单位能量（水、电、能源）的消耗，以及单位污染排放。生态效率追求在产出规模一定的情况下，能有较低的能量消耗和较少的污染排放。

3）行业风险评价

（1）行业财务风险。行业财务风险旨在通过行业财务信息对行业健康度进行监测，各项财务活动过程中，由于各种难以预料或控制的因素影响，财务状况具有不确定性，从而使企业有蒙受损失的可能性。因此，本书通过投资时钟模型对行业财务风险识别。

（2）行业运营风险。行业运营风险主要是从行业自身经营状况健康度出发进行衡量，主要从行业库存、资金等方面的周转率进行预警与监测。为了更好地对行业自身经营健康度监测，本书将主要采用行业高频数据进行实时监测。例如，从行业的价格波动、行业实时库存、销售量、进出口以及行业内企业信用风险等方面进行监测，其中行业内企业信用风险可通过大量司法诉讼、裁判文书、失信被执行人信息测算得来。

（3）行业盈利风险。行业盈利风险主要从行业的盈利与亏损角度对行业健康度进行监测，通过功效系数法对行业盈利风险预警系数进行风险识别。

（4）行业舆情风险。行业舆情风险主要从新闻舆情、搜索指数、企业负面新闻等方面进行风险监控。首先，爬取行业新闻与报告，形成"库存不足、价格下跌"等行业特定风险词典，对行业报告进行舆情风险测算。其次，通过百度搜索指数以及今日头条搜索指数对行业相关词库进行搜索，测算搜索关注度。最后，通过 Wind 数据库中的企业舆情监测，将企业负面舆情在行业层面加总，得到企业负面新闻的指数。总体而言，若行业网络上存在的负面舆情越多或负面舆情分值越高（严重程度越高），则行业风险越高，健康度越低。

2. 行业健康度特征指标体系

针对特定行业，如煤炭行业、石油行业、钢铁行业、电子行业、汽车行业等，模型中加入了行业特征的指标体系，与通用指标体系相结合，对行业健康度进行精准度量。每个行业的特征指标体系与该行业的业务特征相关联，因此，不同行业的特征指标差异较大。

煤炭行业：煤矿开采属于高危行业，安全事故频发，煤炭行业的特征指标体系需纳入煤矿安全事故指标。根据 Wind 企业舆情数据库，将安全事故以及行业负面事件爬取出来，进行煤炭开采安全事故的统计，实时反映煤矿安全事故信息，监测煤炭开采业健康度状况。

对钢铁行业、石油行业等行业而言，该类行业对国际市场的供给源与价格较为敏感，具有较高的对外依存度，涉及国家能源安全问题，因此需要将国际价格、国际市场供给与需求以及进出口等纳入特征体系考察。例如，从行业生产所需原材料或产品进出口对国际市场的依赖程度分析进口依存度、进口来源集中度、铁矿石进口比重等。

对电子行业、汽车行业等行业而言，该类行业则对核心技术具有较高的依赖度，特别是对核心专利的依赖性较大，因此应将行业对核心技术的依赖程度纳入行业特征体系的考量，可利用国内外专利数据网，对行业相关核心技术进行测算与识别。

3.3.2 行业健康度指数构建

1. 行业环境风险指数构建

该维度是从行业所处的宏观环境进行行业健康度的监测，宏观经济形势、行业外部政策环境等因素都会直接影响到行业健康度。本书将采用长期指标与短期高频指标结合的方式，从经济景气指数、汇率波动、金融市场环境指数以及就业水平等方面对行业外部环境进行评价，具体如下：经济景气指数可从 GDP 增长率、PPI（producer price index，生产价格指数）、采购经理人指数、工业增加值增速、货币供应量等方面衡量；汇率波动可用当日汇率衡量；金融市场环境指数可从股票市场、期货市场等方面衡量；就业水平可从当日招聘信息等方面衡量。若我国正处于宏观经济上行期，代表行业外部环境良好，利于其发展，则行业健康度会相对较高。

2. 行业经营效率指数构建

行业经营效率采用随机前沿分析，随机前沿法的基本模型可以表示为

$$y_{it} = f(x_{it}, \beta)\exp(v_{it} - u_{it})$$

其中，y_{it} 为第 i 个决策单元第 t 年的实际产出；x_{it} 为第 i 个决策单元第 t 年的投入变量；$f(x_{it}, \beta)$ 为生产边界的前沿产出；随机扰动 $v_{it} - u_{it}$ 由两部分组成，一是随机误差项 v_{it}，假设 $v_{it} \sim N(0, \sigma_v^2)$ 且独立于 u_{it}；二是非负误差项 u_{ij}，假设 $u_{it} \sim N(m_{it}, \sigma_{it}^2)$，表示无效率。

将生产单元的经营效率状态定义为 $\text{TE}_{it} = \exp(-u_{it})$，来衡量相对生产前沿面的经营效率水平。当 $u_{it} = 0$ 时，$\text{TE}_{it} = 1$，表示生产单元技术有效，即位于生产前沿面以上；当 $u_{it} > 0$ 时，$0 < \text{TE}_{it} < 1$，表示生产单元技术无效，即位于生产前沿面以下。

本书选用超越对数生产函数（translog production function）的 SFA（stochastic frontier approach，随机前沿方法）模型，其具体模型可表示为 $\ln y_{it} = \beta_0 + \beta_1 \ln K_{it} +$

$\beta_2 \ln L_{it} + \beta_3 \ln I_{it} + v_{it} - u_{it}$。其中，$y_{it}$、$v_{it}$、$u_{it}$ 的含义与随机前沿模型中含义相同；K_{it}、L_{it}、I_{it} 分别为第 i 个决策单元第 t 年的资本存量、劳动投入和资本投入；β_i 为变量系数。

3. 行业生态效率指数构建

生态效率可通过 NDDF（non-radial directional distance function，非径向距离函数）的效率分析框架，对行业的能源效率与绿色环境效率进行考量。

1）基于方向性距离函数的测算框架

效率分析一直是经济学的核心话题，从 Cobb 和 Douglas（1928）开始，学者在假定不存在无效率的情况下，通过构建不同参数形式的生产函数和成本函数研究了平均投入和产出的关系。测算中国工业行业绿色环境效率主要有参数估计法和非参数估计法。参数估计法包括索洛余值法、CD 生产函数（或超越对数生产函数）回归法、随机前沿生产函数法。作为一种相对领先的效率分析方法，数据包络分析由美国著名运筹学家 Charnes（查恩斯）、Cooper（库珀）、Rhodes（罗兹）首先提出，是一种非参数效率测度方法。由于不用预先设定具体的函数形式，且允许多种投入产出技术，已经被学者广泛用于评估决策单元的投入产出效率（Färe and Primont，1995）。数据包络分析方法的基础是构建生产技术，在此基础上，基于生产单元到生产前沿的距离来估算全要素生产效率。

本书采用方向性距离函数（directional distance function，DDF）构建的数据包络分析模型对行业全要素生产效率进行测算。相比传统的谢泼德距离函数（Shephard distance function）的建模方法，DDF 将非期望产出纳入模型。传统的数据包络分析模型认为产出是按照同比例增长的，而未考虑到非期望产出的负面性。DDF 首先是 Chambers（1996）提出的，旨在同时减少负向产出和增长正向产出的效率测度，DDF 所传达的思想正符合了我们当今经济社会发展的目标，既要同时发展经济也要考虑环境污染。利用 DDF 来衡量行业的绿色环境效率时，不仅要考虑到其生产方面的绩效，还需考虑到这家企业在治理污染方面的努力。利用 DDF 这种方法可以更加精确地估计出行业在纳入环境因素后的生产效率。

2）能源效率与绿色环境效率的测算方法

生产边界：假设有 $j=1,\cdots,N$ 个决策单元（decision making unit，DMU），每个单元投入向量 x 来联合生产期望产出向量 y 与非期望产出 b。

$$T(x) = \{(x,y,b): x \text{ can produce } (y,b)\} \quad (3\text{-}1)$$

为了纳入非期望产出，模型还需加入弱可处置性（weak disposability）和零结合假设（null-jointness）这两个额外的公理。①如果$(x,y,b) \in T(x)$且$0 \leqslant \theta \leqslant 1$，则$(x,\theta y,\theta b) \in T(x)$；②如果$(x,y,b) \in T(x)$且$b=0$，则$y=0$。

弱可处置性的假设意味着，在生产过程中减少非期望产出（如污染物）是有成本的，即在给定的投入水平下，减少非期望产出需要占用生产期望产出的投入，使得期望产出也必须减少。零结合假设是指在生产过程中无法避免非期望产出的产生，消除所有非期望产出的唯一方法是停止生产。

方向性距离函数：假设 N 个决策单元为规模收益不变。其约束函数为

$$T(x) = \{(x,y,b): \sum_{n=1}^{N} z_n x_{mn} \leqslant x_m , \quad m = 1, \cdots, M \\ \sum_{n=1}^{n} z_n y_{sn} \geqslant y_s, \quad s = 1, \cdots, S \\ \sum_{n=1}^{N} z_n b_{jn} = b_j, \quad j = 1, \cdots, J \\ z_n \geqslant 0, \quad n = 1, \cdots, N \} \tag{3-2}$$

基本的方性距离函数被定义为：寻求极大限度地增加期望产出，同时减少投入和非期望产出。

$$D(x,y,b:g) = \max\{\beta : (x - \beta g_x, y + \beta g_y, b - g_b) \in T(x)\} \tag{3-3}$$

其中，$g = (-g_x, g_y, -g_b)$ 为投入和产出应缩放的方向向量；β 为无效率项。结合式（3-2）和式（3-3），我们就可以通过求解以下数据包络分析模型计算出每个决策单元的绿色环境效率值。

$$D(x,y,b;g) = \max \beta \\ \text{s.t.} \sum_{n=1}^{N} z_n x_{mn} \leqslant x_m - \beta g_{xm}, \quad m = 1, \cdots, M \\ \sum_{n=1}^{N} z_n y_{sn} \geqslant y_s + \beta g_{ys}, \quad s = 1, \cdots, S \\ \sum_{n=1}^{N} z_n b_{jn} = b_j - \beta g_{bj}, \quad j = 1, \cdots, J \\ z_n \geqslant 0, \quad n = 1, \cdots, N \\ \beta \geqslant 0 \tag{3-4}$$

最后在同样的测算框架下，调整方向向量、资本与劳动要素的约束，对能源效率进行测算。

4. 行业财务风险指数构建

行业财务风险指数可由两个维度度量，一是行业融资环境风险监测指数；二是行业财务特征风险监测指数。通过投资时钟模型可对行业财务风险指数所在周期阶段进行识别与打分。具体见图3-2。

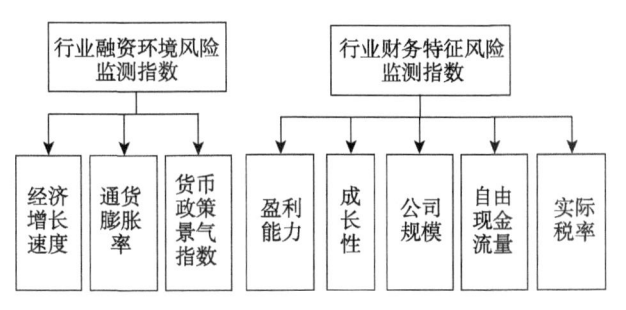

第 3 章 宏观风险导向的审计指数体系构建

图 3-2 行业财务风险指标体系

1）行业融资环境风险监测指数

行业融资环境风险监测指数包括经济增长速度、通货膨胀率、货币政策景气指数。其中，经济增长速度的测算为[(本季度 GDP−上年同季度 GDP)/上年同季度 GDP]×100%。对于通货膨胀程度的评价可选取 PPI、GDP 平减指数及 CPI 等指标，采用样本数据的第一个月数值，设定为 100，基于此调整 CPI。货币政策景气指数为

$$\mathrm{MCI} = 1.821\,504(R_t - R_0) + 0.844\,623(E_t - E_0) - 0.067\,132(M_t - M_0)$$

其中，R 为实际利率；E 为实际有效汇率指数的自然对数（采用间接标价法）；M 为货币政策供应量 M2 的自然对数。本书采用 7 天银行同业拆借市场利率和当期通货膨胀率之差计算实际利率，同时以国际清算银行（Bank for International Settlements，BIS）的实际有效汇率代表实际汇率值，用 M2 指标反映资金供给。货币供应量和利率数据来自中国人民银行网站。

2）行业财务特征风险监测指数

行业财务特征风险监测指数包括盈利能力、成长性、公司规模、自由现金流量、实际税率。①盈利能力多使用资产收益率（return on assets，ROA，净利润/总资产）或净资产收益率（return on equity，ROE，净利润/净资产）两个指标，整体、综合地对行业整体企业的盈利能力进行评价，本书采取的是 ROE 指标。②成长性用主营业务收入增长率或销售收入增长率代替。③本书选取行业总资产的对数代表公司规模。④自由现金流量 = 营业利润−税金总额+固定资产×行业平均折旧率−资本支出（固定资产增加值）−营运资本追加（存货+应收账款）。⑤实际税率为行业所得税/税前利润。

下面以两个指标为例，讲一下行业融资环境风险监测指数和行业财务特征风险监测指数计算方法。

第一步，计算行业盈利能力和公司规模的增长率，即 $\Delta X_{11} / X_{11}$ 和 $\Delta X_{21} / X_{21}$。

第二步，采用几何平均法求行业财务特征风险监测指数。若行业盈利能力和公司规模的增长率为负，采用以下公式：

$$行业财务特征风险监测指数 = -\sqrt{|\Delta X_{11}/X_{11}| \times |\Delta X_{21}/X_{21}|}$$

若行业盈利能力和公司规模的增长率同时为正，则

$$行业财务特征风险监测指数 = \sqrt{|\Delta X_{11}/X_{11}| \times |\Delta X_{21}/X_{21}|}$$

随后采用投资时钟模型（图 3-3），根据行业融资环境风险监测指数和行业财务特征风险监测指数进行阶段划分（表 3-13）。

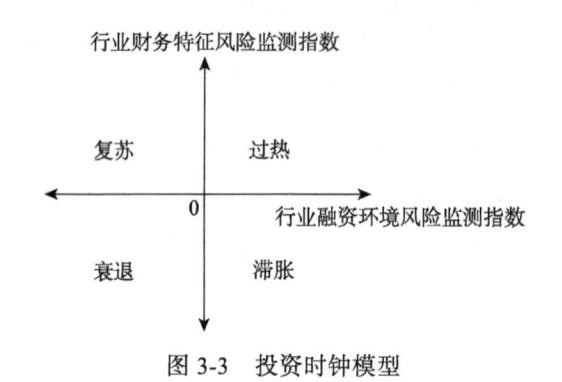

图 3-3 投资时钟模型

表 3-13 行业财务风险周期轮动的四个阶段

行业融资环境风险监测指数	行业财务特征风险监测指数	阶段
降低	降低	衰退
降低	升高	复苏
升高	升高	过热
升高	降低	滞胀

5. 行业运营风险指数构建

1）行业运营风险指标体系

应收账款周转率：逆向指标，定义为营业收入/平均应收账款余额，应收账款周转率下降表明资金流动能力下降，同时坏账风险增加。

存货周转率：逆向指标，定义为营业（销售）成本/平均存货，数值越大，说明存货周转速度越快，存货积压程度越低，存货转化为资产的速度越快，资金回笼率越高。

总资产周转率：逆向指标，定义为营业收入净额/平均资产总额，数值越大，说明资产使用效率越高，反之越低。

主营业务收入增长率：逆向指标，数值越大，说明行业整体企业业务经营情况越好，业务增长能力与潜力越强。

2）运营风险预警系数

根据功效系数法，行业风险演化具有阶段性特征，可将其分为无警、轻警、中警和重警四个阶段，每个阶段都是行业风险一次质的变换。通过计算确定预警

临界值后，借鉴功效系数法的思想将所有预警指标值无量纲化，并把预警系数 $EESMRI_j$ 界定在[0,4]的范围内，j 代表不同的指标类型。先算出样本的最大值 $EESMRI_{jmax}$ 和最小值 $EESMRI_{jmin}$、再计算错配风险预警指标的不同等级的临界值，其中，中警临界值 $n_{j1} = \overline{EESMRI_j} - (\overline{EESMRI_j} - EESMRI_{jmin})2/3$，轻警临界值 $n_{j2} = \overline{EESMRI_j} - (\overline{EESMRI_j} - EESMRI_{jmin})/3$，无警临界值 $n_{j3} = \overline{EESMRI_j}$。

测算的时间区间为 2010~2020 年，通过将四个指标无量纲化，并进行多重插补、移动平均去季节性趋势（向前 6 窗口期），最大最小归一化到[0,4]区间。计算出预警系数 $EESMRI_j$，当预警系数低于 n_{j3}，行业的运营风险为无警；预警系数处于[n_{j3},n_{j2}]时，行业的运营风险为轻警；预警系数处于[n_{j2},n_{j1}]时，行业的运营风险为中警；预警系数大于 n_{j1} 时，行业的运营风险为重警。因此预警风险指数越大，行业的运营风险越高。

6. 行业盈利风险指标体系

1）行业的盈利风险主要用四个指标来衡量

营业利润率：逆向指标，定义为营业利润/营业收入，数值越大说明行业内企业整体收入转化成利润的能力越强。

销售产值增长率：逆向指标，增长越快说明产品需求越大，市场销售能力越强，盈利潜能越大。

亏损企业数占比：正向指标，亏损企业数量越大说明行业整体盈利能力越低，总体经营水平越差。

累计同比亏损额：正向指标，累计同比亏损额越大，说明行业整体企业盈利水平越差，风险越高。

2）盈利风险预警系数

测算的时间区间为 2010~2020 年，通过将四个指标无量纲化，并进行多重插补、移动平均去季节性趋势（向前 6 窗口期），最大最小归一化到[0,4]区间。计算出预警系数 $EESMRI_j$，当预警系数低于 n_{j3}，行业的盈利风险为无警；预警系数处于[n_{j3},n_{j2}]时，行业的盈利风险为轻警；预警系数处于[n_{j2},n_{j1}]时，行业的盈利风险为中警；预警系数大于 n_{j1} 时，行业的盈利风险为重警；因此预警风险指数越大，行业的盈利风险越高。

7. 行业舆情风险指数构建

1）行业舆情风险指数构建思路

建立自动化爬取行业日报新闻、月报新闻的舆情采集系统，并将进一步进行舆情的文本分析。文本分析拟从以下三个层次展开。①行业舆情情绪分析：对一篇新闻整体进行正负情绪判断，最终得到该行业当日正负面情绪文本的数量，以衡量行业舆情情绪得分。②识别行业存在的风险点：建立风险相关词库，提取行业风险的关键词，对行业风险关键词进行统计。③衡量行业风险指数：需要构建指数指标体系，建立不同风险源的风险词库，收集相关风险词频指标，综合各个指标，加权输出行业风险指数。

2）行业舆情文本分析方法论

对行业舆情文本进行采集后，进一步从以下几个步骤对行业舆情进行文本分析。①对文本进行预处理：对爬取的新闻进行预处理，PDF 格式转化为纯文本。②对文本进行分词：由于文本数据是典型的非结构化数据，难以直接用常规统计方法进行信息提取，对此需要首先将文本向量化处理为高度结构化的数据，对句子按照语义、语法结构进行有意义的切分，也就是对文本进行分词处理。相比英文文本，中文汉字的表达具有多样性与丰富性，其为连续序列组成词频才能表示适当的意思，其分词工作更为复杂。为此，本书采用 Jieba 分词系统对年报进行分词处理。③构建专用名词词典：由于新闻中含有一系列专用词汇，一般的分析系统无法准确识别，构建与行业风险相关的专用词典，并将其载入分词系统，可提高与金融科技相关的词语的识别准确率，分词后将停用词标点删去。④将分词文本转化为词向量：为了降低文本向量的维度，把高维度空间的向量向维度空间映射，采用词嵌入的方法用 Word2Vec 进行词向量转换（王靖一和黄益平，2018）。⑤对词频进行统计排序，获得新闻中与行业风险相关的词频数量。

3.4 宏观经济风险审计指数

在前述理论分析的基础上，梳理各部门风险指数，研究各部门风险及资产负债波动对宏观经济产出指标的影响。基于前面对宏观经济风险的定义，本书设计一套可直接衡量宏观经济风险的指标体系，主要从经济增长、经济结构、经济稳定、资源配置效率、生态可持续等方面进行衡量。

3.4.1 宏观经济风险指标体系构建框架

1. 经济增长

经济增长是衡量宏观经济风险大小的直接体现。相较于宏观经济风险的潜在性、隐藏性和累积性的特点，经济增长是不可或缺的度量宏观经济风险大小的指标。本书从三个方面对经济增长可能带来的宏观经济风险进行衡量。首先，用增长活力衡量我国宏观经济增长的现状，在经历多年的经济飞速发展，我国经济仍没有疲软态势，在保持中高速增长的同时，实现经济发展质量的不断提升，本书用 GDP 增速、固定资产投资额增速和社会消费品零售总额增速来衡量宏观经济增长活力。其次，用创新活力衡量宏观经济增长的潜力，经济增长的驱动型方式主要有要素驱动型、投资驱动型和创新驱动型，高质量发展意味着过去由要素驱动型和投资驱动型占主导的增长方式逐渐转变为由创新驱动型占主导的增长方式，以创新作为推动经济增长的主要源泉，本书用创新投入和创新产出来衡量宏观经济增长的潜力。最后，用开放活力衡量宏观经济增长的动力，我国坚持对外开放，走对外开放的发展之路，实行对外开放发展战略，与国外友邦建立长久的经济合作关系，各自发挥自身优势，互利共赢，共同促进全球经济的高质量增长，本书用外商投资增速和对外贸易增速来衡量宏观经济增长的动力。

2. 经济结构

经济结构是我国经济增长的动力源泉之一，合理的经济结构是宏观经济健康发展的前提与必要因素，合理的经济结构也是高质量发展的表现之一。因此，经济结构是衡量宏观经济风险的重要指标之一，经济结构维度评价由产业结构、投资消费结构、经济开放结构以及城乡二元结构等维度构成。首先，产业结构是否协调是增长质量高低的表现，产业结构可由产业结构高级度与产业结构合理度两个维度来度量。其次，投资消费结构衡量了消费、生产、政府等部门之间的结构，资本更多地流向高附加值的产业部门，推进居民消费结构的多元化和高级化有利于宏观经济的高质量增长，该指标可通过居民消费贡献率、政府投资比重、政府消费比重来度量。再次，经济开放结构衡量了一国的对外开放程度，高度开放的贸易与投资是宏观经济高速增长的源泉，该指标由外资开放度与外贸开放度来衡量。最后，我国经济发展中有较为明显的二元经济结构现象，城乡差距较大。相关研究表明，二元经济结构转变对于宏观经济风险具有促进作用，因此，将城乡二元结构同样纳入经济结构考察范围，通过城乡对比系数、城乡反差指数以及城乡收入比加以衡量。

3. 经济稳定

经济稳定是衡量宏观经济风险的关键指标，同时经济稳定发展也是经济增长质量提升的前提，没有稳定的经济增长，经济增长质量的提升将难以保障。经济的剧烈波动会对经济增长产生很大危害，一方面会对产业内部门间生产协调产生负面影响，造成要素利用效率及生产效率的降低，甚至可能影响到持续发展；另一方面，剧烈波动还常常带来过高的失业率与恶性通货膨胀问题，为进一步发展埋下了隐患。而经济平稳增长则有利于生产要素配置利用，并有助于熨平经济周期波动，防止生产要素利用的无效率，降低经济运行的不确定性，减少了潜在的经济运行风险，从而提高经济增长质量。本书将主要从宏观层面、部门层面以及行业层面进行综合考量，度量了宏观经济波动、金融安全以及行业健康度。其中，宏观经济波动由价格波动、就业波动、产出波动等方面进行刻画；金融安全则从金融机构风险、金融市场风险、房地产市场风险以及金融风险传染等方面进行度量；行业健康度则从行业经营效率、行业财务风险、行业盈利风险、行业运营风险等角度加以衡量。

4. 资源配置效率

资源配置效率分别从劳动力市场与资本市场衡量了资源要素的投入产出效率。在旧有模式下中国经济增长主要依赖大规模的资源要素投入，通过资源要素量的积累实现经济数量增高，但却忽略了经济高质量发展的要素合理配置问题，导致的后果就是中国经济发展过程中资源要素投入产出效率低下，大量的资源要素得不到充分利用。新时代经济高质量发展要求提质增效，以高效率要素利用水平推进经济建设，不断推进效率变革，提升资源要素的投入产出效率。实现优质高效配置资源要素，不断提高资本、劳动等生产要素的经济效益，充分实现集约式发展。根据现有研究，劳动效率可通过劳动生产率、劳动要素市场化程度刻画。资本效率则可通过资本生产率、资本要素市场化程度衡量。

5. 生态可持续

生态可持续由能源利用与污染减排两个维度构成。能源约束与环境约束成为中国经济建设的硬性制约条件。一方面，当前愈演愈烈的生态环境恶化已成为世界各国在发展中无法避开的问题，要实现社会的可持续发展必须先治理环境污染、生态平衡破坏等问题；另一方面，能源安全也是国家的重大安全命题，消耗的资源往往无法再生，即便能恢复代价也极大，使得依靠高资源投入换取的经济发展常常并不合意，得不偿失。高投入、高能耗的发展模式不再具备可持续性。为了刻画能源利用情况，本书采用能源消耗与能源效率加以衡量。污染减排情况则由单位 GDP 废水排放、单位 GDP 废气排放、单位 GDP 固体废物排放等指标体现。

3.4.2 宏观经济风险指标释义

1. 经济增长

（1）增长活力：由 GDP 增速、固定资产投资额增速和社会消费品零售总额增速三个维度进行度量。首先，GDP 增速反映了某一经济主体经济总量的发展变化情况，具体测算方法：报告期 GDP/基期 GDP–1。其次，固定资产投资额增速反映了某一经济主体的生产部门扩大再生产规模的活力，具体测算方法：报告期固定资产投资额/基期固定资产投资额–1。最后，社会消费品零售总额增速能够较为直观地反映某一经济主体国内消费总需求的变化情况，具体测算方法：报告期社会消费品零售总额/基期社会消费品零售总额–1。

（2）创新活力：由创新投入和创新产出两个维度进行度量。创新投入由 R&D（research and development，研究与开发）经费投入强度和 R&D 人员投入力度两个指标衡量，创新产出由人均专利占有量和技术市场成交额占比来度量。具体测度方法：R&D 经费投入强度=R&D 经费支出/GDP；R&D 人员投入力度=R&D 人员数/全部从业人员数；人均专利占有量=国内三种专利授权数/总人口；技术市场成交额占比=技术市场成交额/GDP。

（3）开放活力：由外商投资增速和对外贸易增速两个维度进行度量。外商投资增速这一指标可以反映某一经济主体在经济发展中的开放性以及吸引外资的程度变化，具体测度方法：外商投资增速=报告期外商投资额/基期外商投资额–1。对外贸易增速反映了该地区的外贸规模或面向国际市场的活跃程度，具体测度方法：对外贸易增速=报告期货物出口贸易总额/基期货物出口贸易总额–1。

2. 经济结构

（1）产业结构：由产业结构高级度和产业结构合理度两个维度进行度量。产业结构高级度是指某一经济主体的产业现代化程度，其通过某一经济主体的第三产业增加值与其第二产业增加指的比值计算，该指标反映了某一经济主体产业结构的现代化程度；产业结构合理度是指某一经济主体的三次产业增加值占总增加值的比重与相应的三次产业的就业人数占总就业人数的比重的偏离程度，该指标值越接近零，表示该经济主体的产业结构与就业结构两者之间就越协调。产业结构合理度的计算公式为

$$V = \sqrt{\sum_{i=1}^{3}\left(\frac{p_i}{l_i} - 1\right)^2}$$

其中，V 为产业结构合理度；$p_i = \dfrac{y_i}{\sum y_i}$ 为第 i 次产业增加值占三次产业总增加值的比重；$l_i = \dfrac{L_i}{\sum L_i}$ 为第 i 次产业的就业人数占三次产业总就业人数的比重。

（2）投资消费结构：由居民消费贡献率、政府投资比重和政府消费比重三个维度进行度量。具体测算方法：居民消费贡献率=居民最终消费/GDP；政府投资比重=国家预算内资金/全社会固定资产投资额；政府消费比重=政府消费支出/最终消费支出。

（3）经济开放结构：由外资开放度和外贸开放度两个维度衡量。具体的度量方法：外资开放度=实际利用外商直接投资/GDP；外贸开放度=进出口总额/GDP。

（4）城乡二元结构反映了经济主体城乡的发展水平差距，城乡发展水平差距越大，表明该经济主体的社会经济发展越不协调，经济发展成果的人民共享性程度越低。该指标主要由城乡对比系数、城乡反差指数、城乡收入比等指标衡量。具体的度量方法：城乡对比系数=农业部门比较生产率/非农部门比较生产率；城乡反差指数=非农与农业产值之比–非农与农业劳动力之比。城乡收入比是指一段时期内某一经济体的城镇居民人均可支配收入与农村居民的人均纯收入的比值。

3. 经济稳定

（1）宏观经济波动：从价格波动、就业波动、产出波动等三个维度进行刻画，具体以经济波动率、PPI、CPI和失业率四个指标揭示。

（2）金融安全：主要反映了金融部门风险，主要包含金融机构风险、金融市场风险、房地产市场风险以及金融风险传染等方面内容。具体的测算方法与本书3.1节和3.2节中相同，直接采用高频的金融市场数据与爬取的贝壳网房地产微观数据进行测算。

（3）行业健康度：主要反映了行业层面的风险，具体的测算方法与本书3.3节中相同，直接采用高频的行业健康度指数。

4. 资源配置效率

（1）资本效率：主要由资本生产率与资本要素市场化程度两个维度进行衡量。前者衡量了资本要素与产出之比，后者衡量了资本要素市场发育程度。具体的度量方法：资本生产率=GDP/全社会固定资产投资额；资本要素市场化程度=金融业增加值/GDP。

（2）劳动效率主要由劳动生产率与劳动要素市场化程度两个维度进行衡量。前者衡量了劳动要素与产出之比，后者衡量了劳动要素市场发育程度。具体的度量方法：劳动生产率=GDP/全部从业人员数量；劳动要素市场化程度=个体就业人数/全部从业人员数量。

5. 生态可持续

（1）能源利用：主要从能源消耗与能源效率维度进行衡量。能源消耗为一国一时期内总煤炭与石油的消耗量，而能源效率则为单位GDP中的煤炭、石油等能源资源的含量。具体的度量方法：能源效率=煤炭与石油消耗/GDP。

（2）污染减排：主要从单位GDP废水排放、单位GDP废气排放和单位GDP固体废物排放等三个维度进行度量，具体的度量方法：单位GDP废水排放=废水排放总量/GDP；单位GDP废气排放=二氧化硫排放量/GDP；单位GDP固体废物排放=一般工业固体废物产生量/GDP。

3.4.3 宏观经济风险评价指标体系

基于宏观经济风险评价的测度逻辑，同时兼顾测度指标层次性与数据可得性，构建包括经济增长、经济结构、经济稳定、资源配置效率和生态可持续 5 个子系统、14 个准则层和 37 个测度指标的宏观经济风险评价指标体系，如表 3-14 所示。

表 3-14 宏观经济风险评价指标体系

目标	子系统	准则层	具体测度指标
宏观经济风险指标体系	经济增长	增长活力	GDP 增速 固定资产投资额增速 社会消费品零售总额增速
		创新活力	创新投入 创新产出
		开放活力	外商投资增速 对外贸易增速
	经济结构	产业结构	产业结构高级度 产业结构合理度
		投资消费结构	居民消费贡献率 政府投资比重 政府消费比重
		经济开放结构	外资开放度 外贸开放度
		城乡二元结构	城乡对比系数 城乡反差指数 城乡收入比
	经济稳定	宏观经济波动	价格波动 就业波动 产出波动
		金融安全	金融机构风险 金融市场风险 房地产市场风险 金融风险传染
		行业健康度	行业经营效率 行业财务风险 行业盈利风险 行业运营风险
	资源配置效率	资本效率	资本生产率 资本要素市场化程度
		劳动效率	劳动生产率 劳动要素市场化程度
	生态可持续	能源利用	能源消耗 能源效率
		污染减排	单位 GDP 废水排放 单位 GDP 废气排放 单位 GDP 固体废物排放

3.4.4 宏观经济风险评价指标体系测度方法

本书采用熵权法测度评价宏观经济风险水平，其核心思想为在对各测度指标进行标准化处理的基础上，采用熵权法赋予各测度指标权重值，然后对各省份宏观经济风险水平进行量化排序。熵权法的指标权重值基于各测度指标数据变异程度所反映的信息量得到，降低了指标赋权时主观人为因素的干扰。TOPSIS 法（technique for order preference by similarity to an ideal solution，优劣距离法）通过比较各测度对象与最优方案及最劣方案的相对距离进行量化排序，具有计算简单、结果合理的优势。熵权 TOPSIS 法将熵权法和 TOPSIS 法两种方法的优点相结合，使得宏观经济风险水平测度结果更具客观性和合理性，其具体实施步骤如下。

第一步，为消除不同测度指标在数量级和量纲方面的不一致性，首先运用极差法对宏观经济风险水平测度体系中各测度指标 X_{ij} 进行标准化处理：

$$Y_{ij} = \begin{cases} \dfrac{X_{ij} - \min(X_{ij})}{\max(X_{ij}) - \min(X_{ij})}, & X_{ij} \text{为正向指标} \\ \dfrac{\max(X_{ij}) - X_{ij}}{\max(X_{ij}) - \min(X_{ij})}, & X_{ij} \text{为负向指标} \end{cases}$$

其中，i 为省份；j 为测度指标；X_{ij} 和 Y_{ij} 分别为原始的和标准化后的宏观经济风险水平测度指标值；$\max(X_{ij})$ 和 $\min(X_{ij})$ 分别为 X_{ij} 的最大值与最小值。

第二步，计算宏观经济风险水平测度体系中各测度指标 Y_{ij} 的信息熵 E_j：

$$E_j = \ln\frac{1}{n} \sum_{i=1}^{n} \left[\left(Y_{ij} \Big/ \sum_{i=1}^{n} Y_{ij} \right) \ln\left(Y_{ij} \Big/ \sum_{i=1}^{n} Y_{ij} \right) \right]$$

第三步，计算宏观经济风险水平测度体系中各测度指标 Y_{ij} 的权重 W_j：

$$W_j = (1 - E_j) \Big/ \sum_{j=1}^{m} (1 - E_j)$$

第四步，构建宏观经济风险水平测度指标的加权矩阵 R：

$$R = (r_{ij})_{n \times m}$$

其中，$r_{ij} = W_j \times Y_{ij}$。

第五步，根据加权矩阵 R 确定最优方案 Q_j^+ 与最劣方案 Q_j^-：

$$Q_j^+ = (\max r_{i1}, \max r_{i2}, \cdots, \max r_{im})$$

$$Q_j^- = (\min r_{i1}, \min r_{i2}, \cdots, \min r_{in})$$

第六步，计算各测度方案与最优方案 Q_j^+ 和最劣方案 Q_j^- 的欧氏距离 d_i^+ 及 d_i^-：

$$d_i^+ = \sqrt{\sum_{j=1}^{m}(Q_j^+ - r_{ij})^2}$$

$$d_i^- = \sqrt{\sum_{j=1}^{m}(Q_j^- - r_{ij})^2}$$

第七步,计算各测度方案与理想方案的相对接近度 C_i:

$$C_i = \frac{d_i^-}{d_i^+ + d_i^-}$$

其中,相对接近度 C_i 介于 0~1, C_i 值越大表明省份 i 的宏观经济风险越高;反之,省份 i 的宏观经济风险越低。

第 4 章

基于多源异构大数据的审计数据体系构建

在本章中，我们采用业界标准的数据采集处理分析流程，建立起一套标准的审计数据框架体系。本书研究的核心是基于机器学习和人工智能的宏观经济分析模型的研究。模型是基于历史的表现数据，预测未知数据的可能表现。模型本身体现的是数据在历史样本中呈现的统计学特性，能够准确客观地描述数据中存在的规律，而且大多数模型具备较好的业务解释性，在数据资源较为丰富的情况下，结合机器学习模型和规则的决策逻辑可以取代传统的人工统计分析机制。

4.1 数据处理框架

整个审计数据体系包含了以下数据处理核心流程。

（1）数据采集（提供实时、准实时、定时、按需等多种采集策略，对结构化、非结构化、半结构化等多源异构数据的采集）。

（2）数据处理（对多源异构数据的清洗、转换等处理）。

（3）数据存储（提供数据仓库、分布式数据库和分布式文件存储模式，并依据 Hadoop 技术生态体系实现数据的并行计算）。

（4）数据分析（抽取数据，按照应用场景进行多维分析、挖掘分析、实时分析和数据共享服务等数据智能分析）。

（5）数据展示（实现垂直应用的部署能力，并实现多维分析和挖掘分析等可视化分析展示形式）。

4.2 数据处理关键技术

1. 智能数据分析技术

数据具有来源多源、差异性大的特征，包含了结构化、非结构化、半结构化数据。这要求系统能够处理非结构化数据，能够整合图像、文本、网页、JSON（JavaScript Object Notation，JS 对象简谱）、XML（extensible markup language，可扩展标记语言）等非结构化数据，转化成结构化字段等，并能实现与结构化数据的关联性分析。通过大数据分析与流式处理技术，能够对历史数据、多源异构数据、一段时间窗口的信息流和触发计算的事件进行快速关联性分析，并且与分析模型精准匹配，在毫秒级别内进行响应做出可视化展现。

数据智能分析技术融合了人工智能、统计学、随机过程等多门学科，并涉及神经网络、小波分析等多种模型方法，并且内置通用智能计算软件库，包括文本处理引擎、图片处理引擎、关联分析引擎、智能搜索引擎、精准推荐引擎、数据挖掘引擎、深度学习引擎、知识发现引擎等，支持大数据场景下的多源异构数据的分析、舆情监测、网络搜索等各种不同类型的应用。

本书从聚类算法着手，对审计时序数据进行挖掘并形成模型进行预测；通过分析当前常见同类算法在聚类过程中存在的对参数敏感以及参数全局性的缺点，结合 SVM、参数优化等技术，能够对非稳态、非线性、有噪声数据进行有效的回归预测，进而建立基于机器学习模型的推送策略与精准推送等关键技术。同时，本书拟将该研究予以系统实现，将后台智能数据分析以可视化的形式展现出来。

2. 分布式集群存储技术

本书研究中会存储大量的结构化和非结构化数据，而传统的关系数据无法支持，因此必须采用分布式集群存储技术。我们采用为海量数据存储应用而设计的大规模通用集群存储技术。该技术对外支持标准文件访问接口，可构建于通用服务器之上。作为分布式文件存储池，适合对大数据场景中非结构化数据进行存储，如图像、音视频、文档等文件。同时，其可单独应用于存储虚拟化、云存储以及传统高性能计算领域。

3. 非结构化 NoSQL 分布式数据库

NoSQL[①]并没有一个统一的架构，两种 NoSQL 之间的不同，甚至远远超过两种关系型数据库之间的不同。可以说，NoSQL 各有所长，成功的 NoSQL 必然特别适用于某些场合或者某些应用，在这些场合中会远远胜过关系型数据库和其他的 NoSQL。

HBase 基于 Hadoop 分布式文件系统（Hadoop distributed file system, HDFS），保证数据安全的列式存储，可节省存储空间并为用户提供大数据量的高速读写操作。

---

① 泛指非关系型数据库。

4. 分布式关系型数据库技术

分布式关系型数据库是指利用高速计算机网络将物理上分散的多个数据存储单元连接起来组成一个逻辑上统一的数据库。分布式数据库的基本思想是将原来集中式数据库中的数据分散存储到多个通过网络连接的数据存储节点上，以获取更大的存储容量和更高的并发访问量。近年来，随着数据量的高速增长，分布式数据库技术也得到了快速的发展，传统的关系型数据库开始从集中式模型向分布式架构发展，基于关系型的分布式数据库在保留了传统数据库的数据模型和基本特征下，从集中式存储走向分布式存储，从集中式计算走向分布式计算，可提供海量的数据存储，提供大数据的统计和分析操作，适合海量数据的批处理和通过MapReduce（大规模并行计算引擎）实现大规划并行计算等。

5. MapReduce

并行计算是指同时使用多种计算资源解决计算问题的过程。为执行并行计算，计算资源应包括一台配有多处理机（并行处理）的计算机、一个与网络相连的计算机专有编号，或者两者结合使用。并行计算的主要目的是快速解决大型且复杂的计算问题，此外还包括利用非本地资源、节约成本。

并行计算中，通常计算问题表现为以下特征：①将工作分离成离散部分，有助于同时解决；②随时并及时地执行多个程序指令；③多计算资源下解决问题的耗时要少于单个计算资源下的耗时。MapReduce 就是一种应用非常广泛的并行计算引擎，它可将任务分布并行运行在一个集群服务器中。

4.3 多源异构数据处理框架

多源异构是审计数据的基本特征，为适应此类数据导入、存储、处理和交互分析的需求，本节设计了如图 4-1 所示的多源异构数据处理框架，主要包括三个层面的内容：基础平台层、数据处理层、应用展示层。其中，基础平台层由 Hadoop 生态系统组件以及其他数据处理工具构成，除了提供基本的存储、计算和网络资源外，还提供分布式流计算、离线批处理以及图计算等计算引擎；数据处理层由多个数据处理单元组成，除了提供基础的数据抽取与统计分析算法外，还提供半结构化和非结构化数据转结构化数据处理算法、数据内容深度理解算法等，涉及自然语言处理、视频图像内容理解、文本挖掘与分析等，是与人工智能联系最紧密的层，该层数据处理效果的好坏直接决定了数据统计分析的准确性和客户体验；应用展示层由 SSH（Struts+Spring+Hibernate）框架及多类前端可视化工具组成，对应用展示层的约束是比较宽松的，主要是对数据处理层结果的进一步归纳和总结，以满足具体业务的需要。系统框架使用开源生态系统及其组件，系统存储主

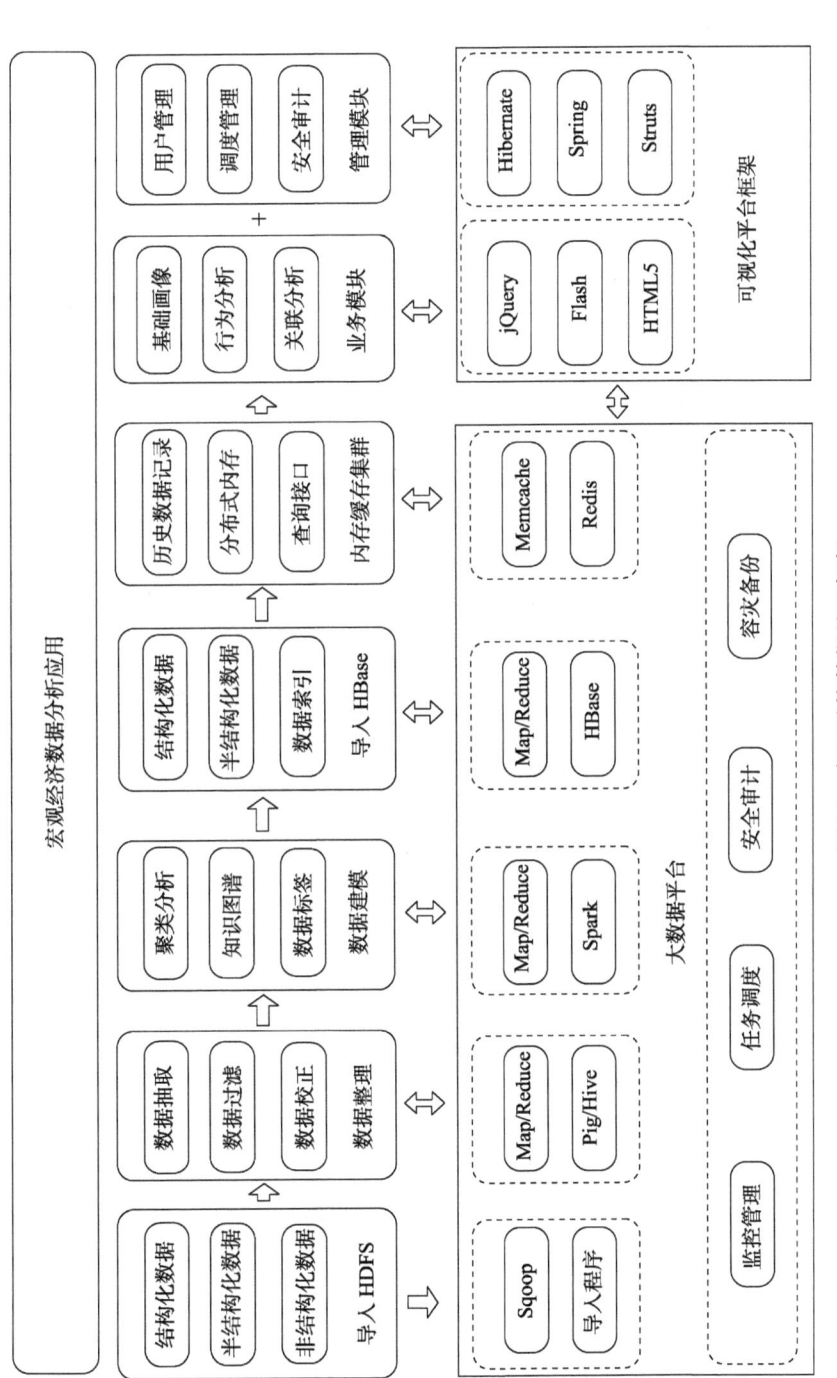

图4-1 多源异构数据处理框架

要依托 HDFS、HBase，同时支持 Oracle、MySQL 等结构化数据存储系统，计算框架涵盖 MapReduce、Storm、Spark 等，可视化系统基于 SSH 框架设计，可根据实际需求灵活配置。

4.4 数据采集

对互联网数据的获取主要依赖网络爬虫技术来实现。我们采用分布式爬虫系统，可以实现将互联网上各类课题相关的多元异构数据等资源下载到大数据平台上。数据采集后，直接保存在原始的各类数据库中，以后可以根据不同的条件来对数据进行选择等操作，也可对数据进行筛选、排序，以便后续进行数据分析、数据建模等操作。

4.4.1 数据源

1. 房地产数据

（1）中国土地市场网（https://www.landchina.com/#/）。

（2）全国新房价格、二手房价格、商铺价格、写字楼价格（精确到小区）。这部分数据主要来自贝壳网（https://www.ke.com/）、房天下（https://www.fang.com/）、搜房网（https://www.sofang.com/）、链家（https://www.lianjia.com/）、安居客（https://www.anjuke.com/）、我爱我家(https://www.5i5j.com/)、中房网(https://www.fangchan.com/)、中国房价行情网（https://www.creprice.cn/）、城市房网（https://ms.cityhouse.cn/）。

2. 行业数据

（1）房地产企业数据库（Wind）。

（2）中小企业数据（国家企业信用信息公示系统、Wind、企查查、天眼查等）。

（3）舆情数据。

（4）宏观经济、地方政府财政、人口等数据（Wind、CEIC、世界银行等）。

（5）经济类数据（各城市生产总值、生产总值增速、各地城市排名、发展潜力、城市化率、CPI、PPI、M1/M2 等）。

（6）供求关系类数据（各城市人口规模、吸纳量、空置率等）。

（7）政策预期类数据（悲观–乐观等级等）。

（8）各地城市发展数据（人口、规划发展等）。

（9）国家统计局相关数据和国务院发展研究中心相关数据。

（10）高校财经数据库（China InfoBank）。

（11）塔塔统计数据库。

3. 金融市场数据

（1）金融市场数据库（Wind）。

（2）CCER（China Center for Economic Research，中国经济金融数据库）资本市场数据库。

（3）CCER 货币市场数据库。

（4）CCER 特供数据库服务。

（5）CCER 宏观经济数据库。

（6）RESSET（锐思）金融研究数据库。

4. 政策数据

政策数据为国家和各地政策调控数据。

4.4.2 采集指标

1. 房屋信息数据

房屋信息数据具体见表 4-1。

表 4-1 房屋信息数据表

信息类别	描述	字段名
房屋基本信息	房屋户型	house_shape
	所在楼层	floor_number
	建筑面积	floor_area
	户型结构	house_structure
	套内面积	house_area
	建筑类型	build_type
	房屋朝向	house_orientation
	建筑年代	build_time
	装修情况	decorate
	建筑结构	build_structure
	供暖方式	heating_type
	梯户比例	elevator_house_ratio
	配备电梯	have_electrical
	经度	longitude
	纬度	latitude
	URL 链接	href

续表

信息类别	描述	字段名
交易信息	交易权属	deal_ownership
	挂牌时间	listing_time
	房屋用途	house_use
	房屋年限	house_life
	房权所属	ownership
	挂牌价格	listing_price
	成交价格	transaction_price
	成交周期	transaction_time
	调价次数	change_price_count
	带看次数	watch_count
	关注人数	attention_count
	成交时间	deal_time
	成交总价	deal_total
	浏览次数	browse_count
小区信息	小区名称	name
	建筑年代	build_time
	建筑类型	build_type
	小区均价	price
	户型总数	house_shape_count
	开发商	build_company
	物业公司	service_company
	物业费	service_price
	楼栋总数	build_count
	房屋总户	house_count
	所在城市	city
	区域地点	area_place
	区域	area
	详细地址	position
	经度	longitude
	纬度	latitude
	在售二手房数	totalSelling
	出租二手房数	totalRenting
	小区 URL 链接	house_href
房源特色	核心卖点	core_selling_points
	小区介绍	descript
	装修描述	decorate_descript
	交通出行	subway

注：URL 即 uniform resource locator，统一资源定位符。

2. 土地信息数据

土地信息数据包括：土地编号、区域、经纬度位置、地块编号、用地性质、容积率、建设用地面积、规划建筑面积、开发程度、建筑密度、绿化率、商业比例、限制高度、出让年限、保障房类型、成交保障房面积、推出保障房面积、配建保障房情况、推出特殊政策、成交特殊政策、公告时间、起始时间、截止时间、成交时间、交易状况、起始价、成交价、溢价率、保证金、加价幅度等信息。

4.4.3 采集方式

我们采用网络爬虫的方式采集数据。项目的分布式爬虫系统是基于 Java 开发的具有灵活自定义的爬虫系统，可以实现将互联网上网页中的某块文字或者图片等资源下载到指定的地方，整个爬虫系统具体工作流程如图 4-2 所示，包括下载网页配置、解析网页配置、修正结果配置、数据输出配置。如果数据符合自己要求，修正结果配置这步可省略。配置完毕后，把配置形成任务（任务以 XML 格式描述），采集系统按照任务的描述开始工作，最终把采集到的结果存储到指定的服务器上。

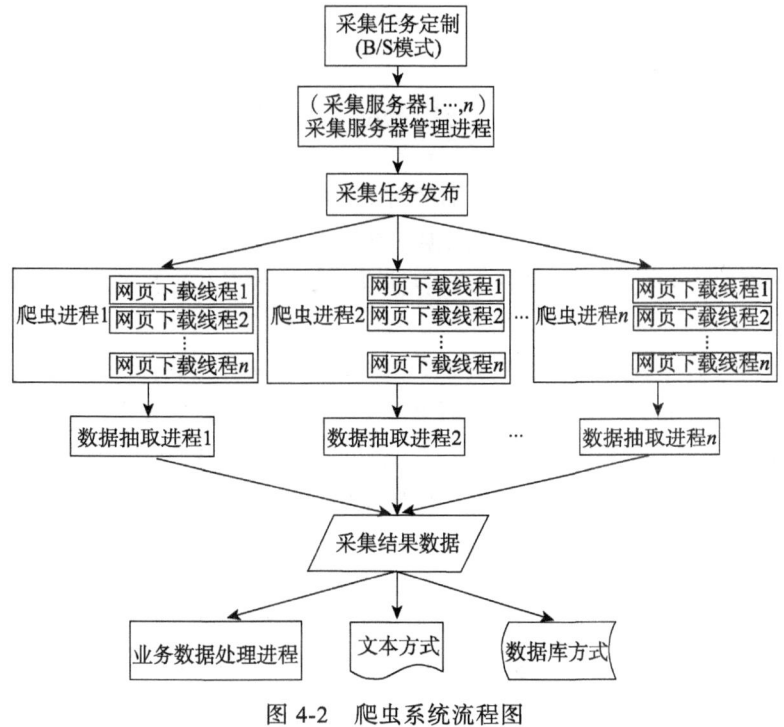

图 4-2 爬虫系统流程图

B/S 即 browser/server，浏览器/服务器

该爬虫系统具有以下特点。

（1）通用性：可以实现抓取互联网上几乎 100%的数据。其支持或模拟多种用

户登录；支持 Cookie 缓存技术；采用深度学习技术，支持验证码识别和极验破解；支持 HTTPS（hypertext transfer protocol secure，超文本传输安全协议）；支持 JS（即 Java Script）动态生成页面采集；支持 IP（internet protocol，互联网协议）代理采集；支持图片采集；内置面向对象的脚本语言系统，配置脚本可以采集几乎 100%的互联网信息。

（2）专业性：精准采集所需数据。其具有独立的采集引擎，可以实现数据的精准采集；采用先进算法自动过滤无关信息；通过模板配置链接抽取和数据抽取，智能过滤无关信息；支持正则表达式，精准处理数据；支持脚本配置，精确处理字段的数据。

（3）高性能：并行计算处理。其采用并行分布式采集技术，具备绝佳采集性能；支持多线程采集。

（4）简易高效：友好的配置界面。其具有完全可视化的配置界面，操作流程顺畅简易；过滤采集入库一步到位；数据智能排队。

（5）智能灵活：智能模拟用户和采用深度学习技术。其智能模拟浏览器和用户行为，突破反爬虫限制；自动抓取网页的各类参数和下载过程的各类参数；支持动态调整数据抓取策略，数据采集更智能。

4.5 数据处理

从各种数据源接入数据之后，需要首先由数据清洗及转换子系统对数据进行必要的清洗和抽取处理，从而提高数据的整体质量和数据压缩率，节约系统资源。其主要包括以下功能：①基础核心内容抽取；②脏数据及废数据清洗；③数据脱敏和脱密。

数据清洗是指发现并纠正采集数据中可识别的错误的最后一道程序，包括检查数据一致性，处理无效值和缺失值等。首先要做的是数据去重，在数据采集过程中，难免会有重复数据的录入；其次是数据去噪，根据需求中的数据样本格式，对有缺失数据或异常数据进行处理；最后是格式化转化，对非结构化数据进行结构化处理，直到满足格式化数据存储的要求。

在数据爬取过程中，难免会有重复数据的录入，当数据量达到千万量级的时候，使用数据库自带的 distinct[①]方法来去重是不行的。千万级的数据去重若使用数据库自带的去重方法，执行效率会非常低，而且往往方法没有执行完就会报错，无法达到去重效果。这里必须自己写代码来对数据进行去重操作，主要利用 Java 中的 Set[②]特性来去重，或先写入到文件后分步去重。

[①] 表示去掉重复的行。
[②] 是 Java 中的集合类，提供了一种无顺序、不重复的集合。

在数据清洗完后，我们会进行部分数据的人工核查，来确保数据的准确性。项目的数据具有多源异构性，数据类型详细见表 4-2。

表 4-2 项目数据的类型特征

数据源	数据类型
中国土地市场网（已有）	结构化数据
互联网房产网数据	结构化数据、非结构化数据、半结构化数据
房地产企业数据库（Wind）	结构化数据
中小企业数据（国家企业信用信息公示系统、Wind、企查查、天眼查等）	结构化数据
舆情数据	非结构化数据、半结构化数据
宏观经济、地方政府财政、人口等数据（Wind、CEIC、世界银行等）	结构化数据
经济类数据（各城市生产总值、生产总值增速、各地城市排名、发展潜力、城市化率、CPI、PPI、M1/M2 等）	结构化数据
供求关系类数据（各城市人口规模、吸纳量、空置率等）	结构化数据
各地城市发展数据（人口、规划发展等）	结构化数据
国家统计局相关数据和国务院发展研究中心相关数据	结构化数据
高校财经数据库(China InfoBank)	结构化数据
塔塔统计数据库	结构化数据
金融市场数据库（Wind）	结构化数据
CCER 资本市场数据库	结构化数据
CCER 货币市场数据库	结构化数据
CCER 特供数据库服务	结构化数据
CCER 宏观经济数据库	结构化数据
RESSET 金融研究数据库	结构化数据
国家和各地政策调控数据	非结构化数据、半结构化数据
政策预期类数据（悲观–乐观等级等）	非结构化数据

对于结构化数据的处理主要包括内容清洗、统计分析、关联分析等；对于半结构化数据的处理涉及模板分类、字段检索、关键字段提取等；对于非结构化数据的处理涉及音视频内容的结构转化、文本内容的挖掘与分析、语义理解与情感分析等。随着数据结构多样性和内容不确定性的增加，数据处理的复杂度和难度呈现指数型非线性增长，诸多数据处理问题在这个阶段转变为人工智能算法问题。

多源异构的数据（结构化数据、非结构化数据、半结构化数据）经过数据处理后再应用于项目的各类应用中。

4.6 数 据 存 储

数据存储区是整个环境的核心，整个数据存储区包括两部分，一部分是支持 NoSQL 数据计算和存储的集群（如 ElasticSearch、HBase、Spark 等），另一部分是支持传统计算模式的存储系统（如 MySQL 等）。

平台将存储海量的各种数据，不仅包括结构化数据，也包括非结构化和半结构化数据，数据格式和内容都非常复杂，为了满足所有数据的存储、管理以及对外共享的要求，平台针对结构化数据采用分布式数据局、针对非结构化数据采用分布式文件数据库的方案来进行数据的高效存储。

1. 非结构化数据存储

非结构化数据主要指文件、图像、视频、地理空间、气象以及各种其他数据，其特点是数量巨大、保存时间长、使用频率低。平台采用 Hadoop 分布式文件系统以及 HBase 等主流文档数据库来保存大量的非结构化及半结构化数据。

2. 结构化数据存储

结构化数据是指具有固定字段格式和类型定义并可用二维表结构逻辑表达的规整数据，其特点是价值密度高、使用频繁。平台采用分布式数据库集群的架构来存储大量的结构化数据，充分满足不同业务的需求。

通过提供标准的数据统一接入机制，将采集回来的各类结构化和非结构化数据进行统一的汇聚接入；并提供对接入的数据进行统一的清洗、转换、去重和编目等功能，包括对数据定义、数据结构、数据标识、数据编码、数据编目、负责人、来源、转换关系、目标、质量等级、依赖关系、安全权限等相关内容进行管理，最终形成符合统一存储要求的数据模型；同时，利用分布式数据库和分布式文件系统对结构化数据与非结构化数据进行高效存储，建立信息资源的高可用性、高性能和可扩展性机制，利用大数据平台的弹性扩展和动态伸缩机制，实现对各类数据的灵活存储。

建立的数据库为各类科研和教学提供原始数据支撑。数据保存到数据库或者文件之后，可以根据不同的条件来对数据进行选择等操作，也可对数据进行筛选、排序，以便后续进行数据分析、数据建模等操作。

4.7 数据分析

数据分析系统作为本书对外提供数据的深度挖掘和分析服务的核心系统，分布式数据处理子系统提供了对分布式存储数据进行并行处理的能力。数据分析系统利用多种分布式计算引擎，结合分布式数据存储模型对各类结构化及非结构化的信息资源进行快速的分布式分析处理，并将分析处理后的中间结果数据提供给示范应用层，并提供给其他业务系统进行二次利用；此外，模型管理子系统提供各类业务分析模型的新建、修改等管理功能。

4.8 数据展示

可视化展示采用统一的数据分析引擎，提供丰富的可视化数据展示组件，将数据转换为各种格式报表、多种图形在 Web 上显示出来，并进行交互处理。用户可以更直观、更便捷地实现报表浏览、数据分析、KPI（key performance indicator，关键绩效指标）监控等功能。

可视化展示系统提供完整的报表样式定制、数据关系映射、数据项平衡校验规则定制等功能；提供管理驾驶舱与个性化信息门户平台。个性化仪表盘给每个人配置自己专属的数据分析系统；通过多信息源整合与个性化展示，让管理层拥有更综合的管理视角。

可视化展示系统采用仪表盘式对各类数据或者业务指标进行多维跨域展示，同时通过饼图、柱状图、趋势变化图等可视化工具，按照指标类型的不同分类进行直观展示。

第 5 章

智能化审计风险监测预警平台搭建

5.1 宏观审计风险监测预警平台搭建

5.1.1 项目概述

1. 项目背景

当前国内外形势发生着复杂深刻的变化,在宏观经济遭遇类似新冠疫情等强烈外部冲击的情况下,如何准确对宏观经济运行情况特别是未来短期内的经济走势进行预测和分析就成了研究的重点。一个精确的预测结果能够帮助政府部门快速了解冲击的强度以及破坏性,为反冲政策的制定提供可靠的依据,从而有助于经济体快速走出冲击带来的负面影响。因此,建立宏观经济风险监测及预警系统非常有必要。

2. 项目目标

宏观经济风险监测与预警系统以基础理论为引领,建设一个以大数据和人工智能技术为核心的宏观经济风险决策辅助平台,辅助支持政府职能部门的宏观经济风险决策,利用大数据和人工智能技术与工具对各类宏观经济风险进行深度挖掘,通过数据关联分析和机器学习的新技术能力,创新地挖掘和发现宏观经济中的风险,并且提供实时监测和预警,从而对宏观经济中的风险进行预警,防止宏观经济风险发生,从而辅助经济健康发展。

3. 建设内容

宏观经济风险监测与预警系统是通过大数据和人工智能技术,建立实时聚合海量数据资源和服务资源的分布式宏观经济风险服务框架和模型,建立客观、量化的宏观经济风险指标体系,通过量化风险模型和智能预测技术,实现对宏观经济中的风险识别和量化,通过智能预警机制,实现对宏观经济中风险的预警,防止宏观经济风险发生,从而辅助经济健康发展。

从内容上来看,宏观经济风险监测与预警系统可包括数据整合处理系统、宏观经济风险指标分析系统、风险模型及预警系统、可视化展示系统共四大部分。

1）数据整合处理系统

数据整合处理系统利用专业的 ETL 工具提供统一的数据交换、清洗、比对、关联、整合等加工处理功能，将离散的宏观经济风险数据原料加工生产成跨域可共享的信息服务产品。此系统的作用在于实现宏观经济风险资源的统一交换，通过交换实现数据的同步更新，并提供按需求进行不同信息主题整合的功能。信息资源交换整合能够通过使用统一的技术手段与标准，提高交换的效率，降低维护复杂度。系统也采用松散耦合的方式，确保数据与应用适当隔离，保证数据的安全，同时，要使数据交换始终处于被有序管理的状态，避免乱交换、重复交换等问题的出现。

2）宏观经济风险指标分析系统

宏观经济风险指标分析系统依据本书建立的理论分析框架，从微观大数据出发，在对金融部门、房地产部门和其他行业进行风险分析的基础上，基于复杂网络、机器学习和传统宏观计量模型等方法研究宏观经济风险的微观形成机理，构建微观数据与宏观风险之间的内在逻辑，并且将这一内在逻辑形成分析指标。

3）风险模型及预警系统

此系统利用大数据和深度学习技术，实现模型中变量和权重的动态调整，实现对宏观经济风险模型的动态变化展示，依据每次宏观经济数据的输入，实现风险模型的实时迭代。各个风险指标及确定的指标合理量值并不是固定不变的，而是可以根据决策要求与效果的变化和周期运行态势的变化等做出相应调整，使得对宏观经济风险画像越来越精准，从而实现更精准的预测效果。

宏观经济风险的及时预警无论对社会还是对国家来说都至关重要。宏观经济风险一旦发生需要及时预警，或者需要对未来发生的宏观经济风险进行提前预警，便于采取措施，减少损失。我们提出一套具有强警戒功能的智能化预警机制，在各项指标预警界限基础上将宏观经济风险预警分类定级，分别为低级风险、中级风险、高级风险，然后建立基于深度学习模型的宏观经济风险预警模型，并对历史风险数据进行模型的训练、检验和预测，从而实现智能化预警机制。

4）可视化展示系统

为了展现宏观经济风险数据的多样性、多角度、多层次，我们采用先进的数据可视化相关技术。通过图形化的可视化系统将宏观经济风险中的相关指标以及预警机制实时展示出来，实现实时监测、实时预警。

4. 项目原则

标准化与开放性原则：系统设计符合标准化建设和开放的原则。

实用性原则：以实用为第一准则，切实满足管理和业务需求。

安全性原则：设计采用有效的软件安全保护、防止非法入侵等措施，保证应用系统、数据的保密性、完整性和抗抵赖性。

先进性原则：设计采用先进软件技术，并考虑适度超前，为今后需求变化留有余地。

可靠性原则：技术成熟，保证系统稳定、可靠地长期运行。

完备性原则：设计功能全面、完整。

可扩充性原则：采用先进开发手段和组件化的开发模式，以保证可扩充性。

5.1.2 总体设计方案

1. 总体思路

宏观经济风险监测与预警系统将在本书的宏观经济理论分析框架的基础上，充分利用大数据和人工智能技术，实现对金融部门进行风险分析、对房地产部门进行风险分析、对其他行业健康度进行分析，建设和完善宏观经济风险大数据中心平台通信网络条件，满足风险数据传输、辅助决策、风险监测、风险预警等功能要求。通过大数据和人工智能技术，建立实时聚合海量数据资源和服务资源的分布式宏观经济风险服务框架和模型，建立客观、量化的宏观经济风险指标体系，通过量化风险模型和智能预测技术，实现宏观经济中的风险识别、量化，通过智能预警机制，实现对宏观经济中风险的预警，防止宏观经济风险发生，从而辅助经济健康发展。

2. 技术路线

本书按照以下技术路线实施研发工作。

1）基于开源的 Hadoop 大数据技术，搭建数据存储、计算等环境

数据存储由 Apache 生态系统中的 HDFS 提供底层文件服务，由 HBase 提供列式数据存储，选取 Apache 生态系统中的 Kafka 作为数据总线，用 Spark Streaming 完成对流数据的实时分析。交互安全解析的引擎选取 ElasticSearch，它支持丰富的 DSL（domain specific language，领域特定语言）检索。通过 Kibana 提供给用户交互界面，调用 ElasticSearch，完成数据分析处理的交互过程。数据存储、计算环境如图 5-1 所示。

2）建立宏观经济风险分析模型

通过历史数据的训练，实现对宏观经济风险指标的度量，在实现风险模型稳定性和准确性的基础上，建立起量化的风险模型。其中稳定性指标应该包括模型目标变量和独立变量的稳定性监控。模型设计考虑了参考客群、样本的变化、因子的变化、权重的变化、变量有效的跟踪、模型的重新评估或重新建模等因素。明确定义这些情况下主要表现指标的临界值。通过度量技术，尽可能地实现风险和风控要求的度量。

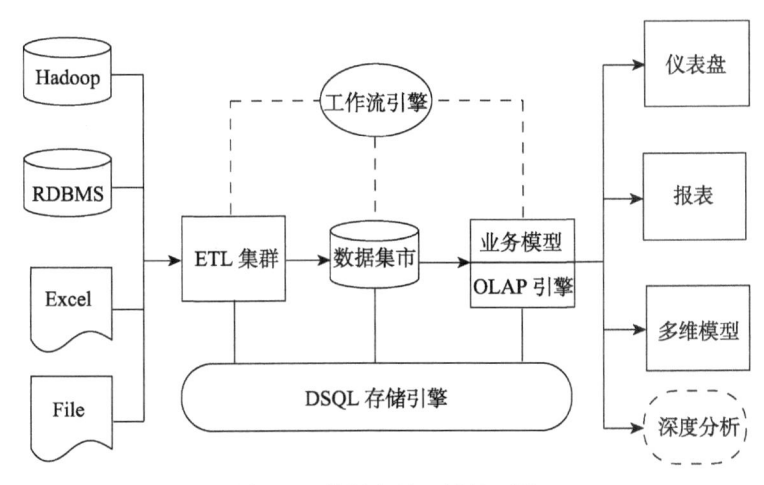

图 5-1　数据存储、计算环境

RDBMS 即 relational database management system，关系数据库管理系统；File 即文件；
OLAP 即 on-line analytic processing，联机分析处理；DSQL 即 dynamic structured query language，
动态结构化查询语言

3）基于大数据的宏观经济风险关联性分析

通过风险度量和大数据的数据清洗，实现多源异构数据的标准化。通过通用关联分析引擎，实现对度量后的数据的有机关联性分析，实现异构数据的交叉分析。

关联性分析丰富了宏观经济风险评估的数据纬度。很多信息是规律性信息，需要大数据关联分析才有可能得到，并且这些信息在信用评估中的权重，也需要不断地优化和完善。

4）风险的智能预警

优秀的风险模型需要具有自我学习能力，可以依据输入数据来修正模型。另外，模型的抗干扰能力也需要较强，避免大量噪声数据干扰计算结果。具有自我学习能力的模型可以适应外部多种因素的变化，同时也可以自身迭代提高，抵抗外界噪声干扰。

另外结合风险模型，对各类宏观经济风险进行深度学习，结合智能预警模型，实现对宏观经济风险的智能预警。

3. 关键技术

1）建立宏观经济风险分析服务框架和模型

本系统拟基于 Hadoop 技术，主要使用 HDFS 和 MapReduce 并行计算框架，建立宏观经济风险分析服务框架和模型。Hadoop 是目前流行的用于大数据存储、处理的分布式系统基础框架。该框架中的数据存储采用的是 HDFS；将分布式计算抽象为 MapReduce 结构。MapReduce 作为分布式并行计算模型，是 Hadoop 框架的核心之一。YARN（yet another resource negotiator，另一种资源协调者）是进

行资源管理和调度的框架。对于日志等内容的摄取由 Flume 来完成，Sqoop 完成对结构化数据的摄取，Spark Streaming 完成对流数据的实时分析。交互安全解析的引擎选取 ElasticSearch，它支持丰富的 DSL 检索与解析语言。通过 Kibana 提供给用户交互界面，调用 ElasticSearch，完成数据分析处理的交互过程。针对特定行为的数据批计算使用建立在 Spark 基础上的 MLiB 完成；对于大量数据的批计算过程，通过 Mahout 完成数据处理过程。

2）非结构化多源异构宏观经济风险数据智能挖掘技术

重点研究基于数据挖掘的多源异构宏观经济风险数据跨实体汇聚和智能挖掘技术。宏观经济中的风险管理数据具有来源多源、差异性很大的特征，有结构化数据、非结构化数据、半结构化数据。这要求系统能够处理非结构化数据，能够整合图像、语音、文本、网页、JSON、XML 等非结构化数据，转化成结构化字段等，并能实现与结构化数据的关联性分析；通过大数据分析与流式处理技术，能够对历史数据、多源异构数据、一段时间窗口的信息流和触发计算的事件进行快速关联性分析，并且与风险模型精准匹配，在毫秒级别内进行响应做出风控决策；实现系统内置通用智能计算软件库，包括文本处理引擎、图片处理引擎、关联分析引擎、智能搜索引擎、精准推荐引擎、数据挖掘引擎、深度学习引擎、知识发现引擎等，支持大数据场景下的金融风控、舆情检测、网络搜索等各种不同类型的应用。该引擎可以面向 OLAP、BI（business intelligence，商业智能）或者风控，具有去锁化架构扩展、异构数据源融合、执行框架融合、分布式内存引擎加速、大表 JOIN 优化、并行 ETL 等特性。本书从聚类算法着手，对宏观经济时序数据进行挖掘并形成模型进行预测；通过分析当前常见同类算法在聚类过程中存在的对参数敏感以及参数全局性的缺点，结合 SVM、参数优化等技术，能够对非稳态、非线性、有噪声数据进行有效的回归预测，进而建立基于机器学习模型的精准推送等关键技术。同时，本书拟将该研究予以系统实现，将宏观经济风险的预测以可视化的形式展现出来，具体可视化系统搭建框架见图 5-2。

3）基于机器学习的宏观经济风险模型

采用机器学习的方式，使用多层隐含层，使风险模型不断动态优化和修正，从而使得风控结果更加精准，风险损失更低。分别采用决策树、随机森林、SVM 和神经网等模型进行监督学习与训练，并与传统回归模型进行对比，采用 ROC 曲线（receiver operator characteristic curve，受试者操作特征曲线）和 AUC（area under the curve，曲线下面积）值等对模型的精确度进行衡量，最终识别能够影响宏观经济风险成功与否的主要因素。接着是纳入机器学习模型的可解释理论，提升模型的可解释力度。本书通过全局解释模型帮助人们从整体上理解模型背后的复杂逻辑以及内部的工作机制，包括解释模型、规则提取、模型蒸馏、激活最大化解释等。Shapley 回归方法通过计算变量的边际贡献，对模型进行解释。

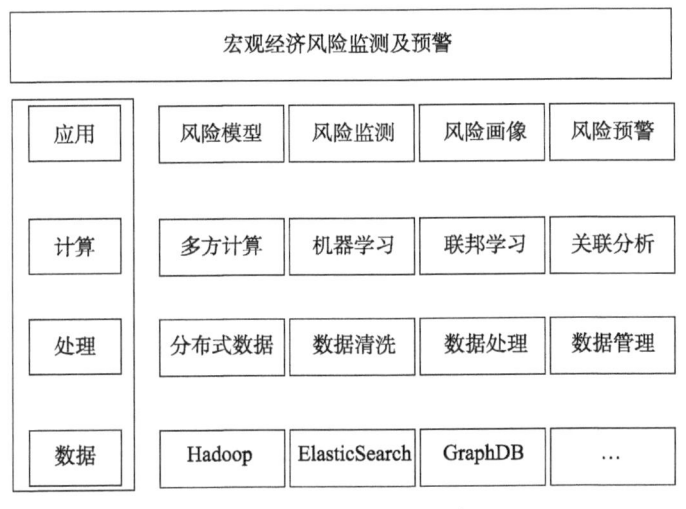

第 5 章　智能化审计风险监测预警平台搭建　　135

图 5-2　可视化系统搭建

4）宏观经济风险智能预警机制

宏观经济风险的及时预警无论对社会还是国家来说都至关重要。宏观经济风险一旦发生需要及时预警，或者需要对未来发生的宏观经济风险进行提前预警，便于采取措施，减少损失。我们提出一套具有强警戒功能的智能化预警机制，在各项指标预警界限基础上将宏观经济风险预警分类定级，分别为低级风险、中级风险、高级风险，然后建立基于深度学习模型的宏观经济风险预警模型，并对历史风险数据进行模型的训练、检验和预测，从而实现智能化预警机制（图 5-3）。

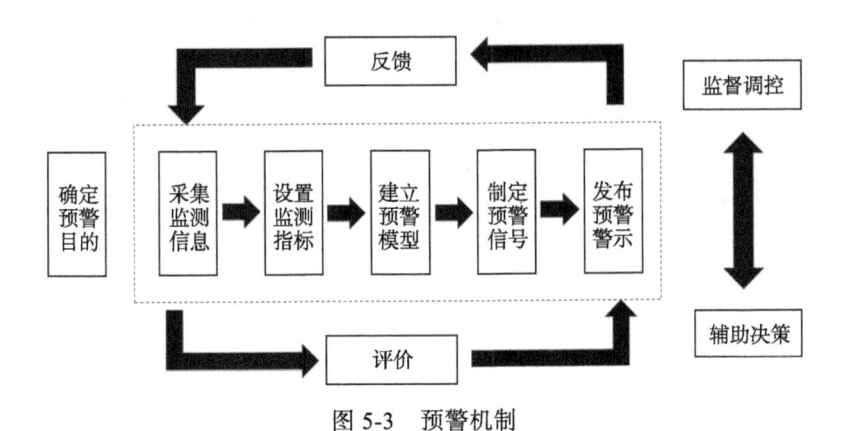

图 5-3　预警机制

5.1.3　数据架构设计

系统架构源于系统逻辑架构，是功能实现的技术逻辑，也是具体技术采用的指南和基础。宏观经济风险监测与预警系统的数据系统架构通过分析系统的功能和逻辑架构各自不同的计算及管理要求，将计算环境划分为五个计算区域，这样可降低计算环境结构的复杂性，提高计算环境支持不同的计算要求和管理要求的灵活性。设计思路如图 5-4 所示。

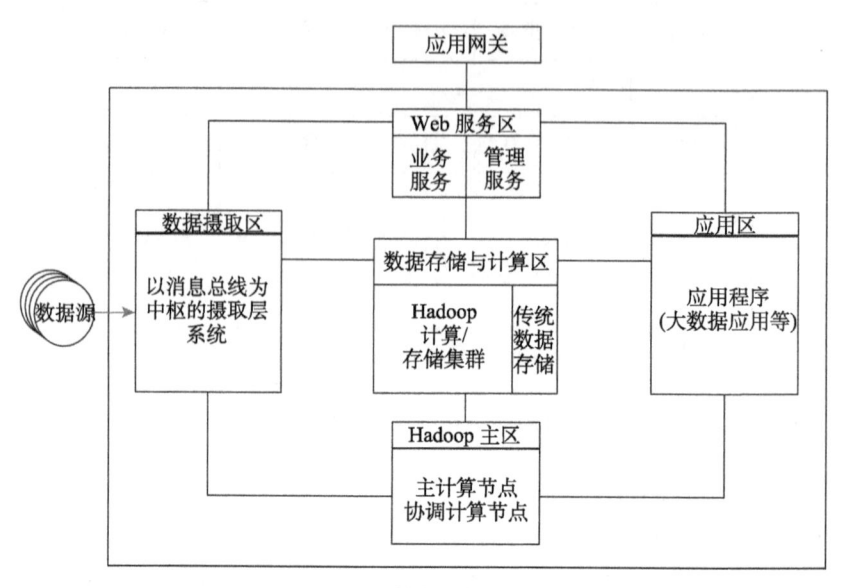

图 5-4 数据架构设计

应用网关为外部访问宏观经济风险监测与预警系统提供了统一的接入接口，所有对宏观经济风险监测与预警系统的访问，无论是大数据应用还是非大数据应用，均需通过该网关。该网关支持与用户身份目录服务器连接，因此可支持统一身份认证。Web 服务区通过部署 Web 服务来支撑宏观经济风险监测与预警系统的 B/S 应用架构，Web 服务区包括两类服务，一类是支撑安全运行管理业务的服务（如安全解析、工作流等）；另一类是支撑系统管理的服务（如计算集群管理、应用系统管理等）。数据摄取（data ingestion）区是平台所有数据的获取和加工的区域，该区域通过消息总线来协同管理各个数据源的数据供应和读取与加工。应用区是宏观经济风险监测与预警系统应用程序存储区，其中包括各类大数据应用和其他各类非大数据应用程序。Hadoop 主区是控制数据存储与计算区以及数据摄取区 Hadoop 技术生态的区域，其中包括主从计算模式的主节点（如 NameNode、Resource Manager、HBase Master 等）和协调机制（如 ZooKeeper）。数据存储与计算区包括两部分，一部分是支持 NoSQL 数据计算和存储的集群（如 ElasticSearch、HBase、Spark 等）；另一部分是支持传统计算模式的存储系统（如 MySQL 等）。

1. 应用网关

应用网关采用 Apache Knox。Knox 是基于 REST（representational state transfer，描述性状态迁移）API 与 Hadoop 集群交互的网关系统，Knox 提供单点认证与授

权，可以和中国统一身份认证系统集成。

Knox 网关是具有强制执行策略插装功能的反向代理，策略部署可通过代理请求的提供者和后端服务。策略包括身份认证、授权、审计、请求分发、主机匹配和内容重写规则。具体见图 5-5。

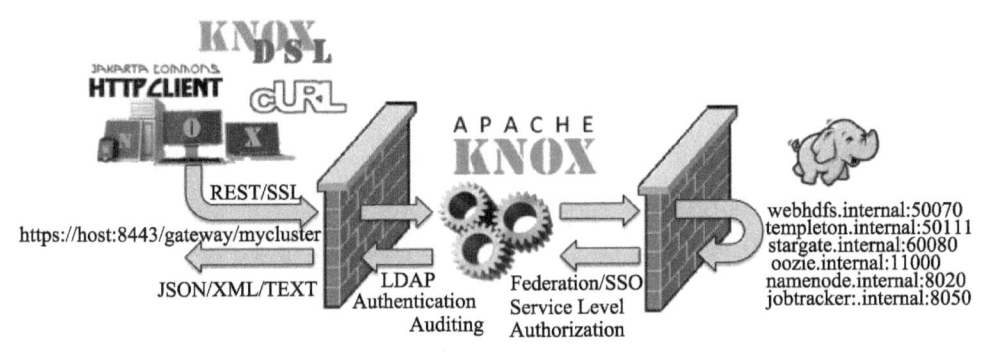

图 5-5　应用网关

SSL 即 secure socket layer，安全套接字层；TEXT 即 text file，文本文件；LDAP 即 lightweight directory access protocol，轻量目录访问协议；SSO 即 single sign on，单点登录；Federation 即联邦协议；Authentication 即身份验证；Auditing 即审计；Service Level 即服务级别；Authorization 即授权

2. Web 服务区

Web 服务区是基于大数据应用（如安全解析）或非大数据应用（如工作流管理）的服务提供区，所有宏观经济风险监测与预警系统的应用均经由应用网关通过 Web 服务区提供。Web 技术实现方案采取典型 Web 三层架构，即表达层、业务层和数据层，但与一般 Web 应用不同的是数据层仅为传统数据访问接口，对大数据访问的则通过应用区中的大数据应用进行。Web 服务区技术实现方案如图 5-6 所示。

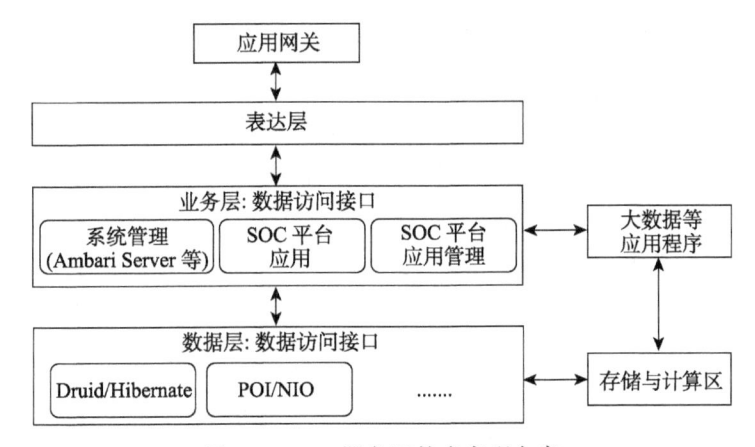

图 5-6　Web 服务区技术实现方案

SOC 即 security operations center，安全运营中心；POI 即 point of interest，兴趣点；NIO 即 network interface object，网络接口对象

Web服务区实现方案的进一步说明如下。

（1）所有访问宏观经济风险监测与预警系统计算环境服务的用户均需经由应用网关通过Web服务区实现，即Web服务区是宏观经济风险监测与预警系统的单一服务访问入口。对宏观经济风险监测与预警系统的访问控制由应用网关负责。

（2）表达层基于响应式布局等技术，依据登录的系统、用户角色和设备进行相应的功能选择，给出对应的界面响应。宏观经济风险监测与预警系统应用界面将支持HTML5，支持应用所需要的交互式图形访问和动态页面显示。

（3）业务层包含以下三类应用。一是系统管理。系统管理为宏观经济风险监测与预警系统的系统管理，负责技术支撑环境的资源配置、参数配置、运行监控和系统调优等。宏观经济风险监测与预警系统系统管理采用了Apache的大数据计算环境开源管理系统Ambari，因此在Web服务区系统中需要部署Ambari Server服务，该服务将与部署在其他区的Ambari Agent进行通信。此外，根据需要定制的系统管理服务也与Ambari部署在一起。二是宏观经济风险监测与预警系统应用。宏观经济风险监测与预警系统应用包括所有支持宏观经济风险分析的应用，如监控、安全解析、事件响应、工作流管理等。业务层中宏观经济风险监测与预警系统应用包括独立的服务实现（即仅基于Web服务），也包括需要进一步请求应用区的大数据等应用程序来完成服务（即需要大数据支撑）。三是宏观经济风险监测与预警系统应用管理。宏观经济风险监测与预警系统应用管理负责应用系统相关的设置或配置，如参数设置或规则配置等。宏观经济风险监测与预警系统应用管理会针对不同的应用提供各自的管理服务。

（4）宏观经济风险监测与预警系统Web服务对外提供的应用接口均需符合REST API风格，并以JSON格式封装数据。

3. 数据摄取区

数据摄取区提供宏观经济风险监测与预警系统所需数据的摄取机制，其中包括多源和多类型数据获取功能（如流数据和日志数据）、数据加工处理功能（如数据丰富化）、数据汇总功能（如按报警日志汇总）、数据订阅功能（如订阅汇总的报警日志）以及数据多目的地提交功能（如提交到Spark或存储到HBase中等）。数据摄取区技术实现方案采用了Apache生态系统中的Kafka作为数据总线，Kafka是一个开源、分布、支持消息实时发布-订阅的中间件，通过该中间件进行数据交互协同，可大大减少数据供需之间的复杂关联。数据摄取根据项目需要，可以使用相关的网络设备，对数据包重新组包，还原数据。基于Kafka的数据摄取区结构如图5-7所示。

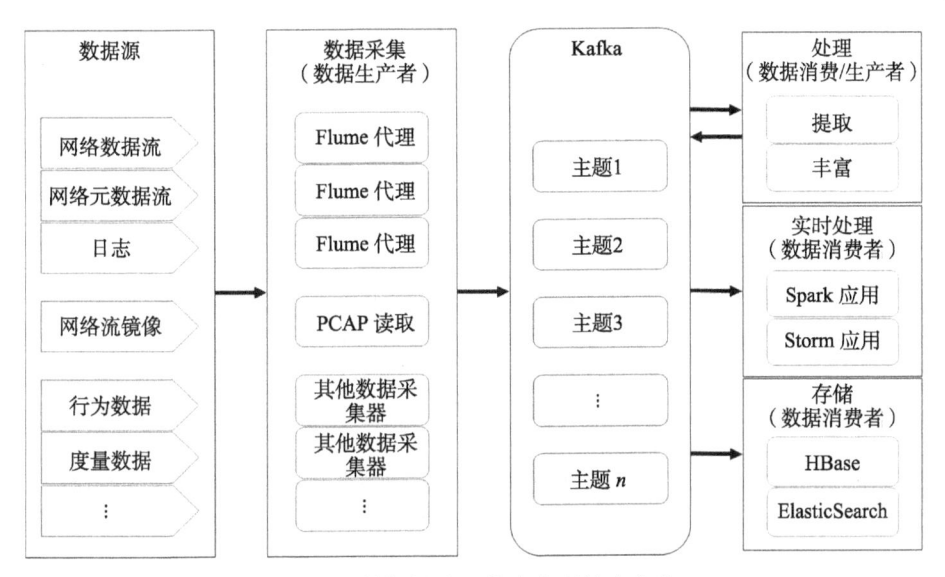

第 5 章 智能化审计风险监测预警平台搭建

图 5-7 数据摄取区技术实现基本方案

PCAP 即 Packet Capture，是网络数据包捕获格式

数据摄取区技术实现基本方案进一步说明如下。

（1）数据摄取区通过数据采集器（如 Flume 代理）可采集不同源和不同类型的数据，其中包括：①日志。Flume 代理有两种方式采集日志数据，一种是配置数据源将数据发送给 Flume 的源，如 log4j appender、syslog daemon；另一种是通过 Flume 客户端将数据发送给 Flume 的源。Flume 自带了一些客户端，也可根据需要开发相应的客户端。开发客户端很简单，仅需将读取的相关数据通过 Flume 源可接受的形式传送给 Flume 即可，如通过 Avro RPC 发送到 Flume Avro Source。图 5-7 基本方案提出列举日志类型数据的均可通过这两种方式之一实现。此外通过与源链接的 Flume 代理磁盘存储可作为本地的缓冲。②流数据。流数据可通过 Spark Streaming foreach RDD（resilient distributed datasets，弹性分布式数据集）输出到 Kafka，具体可采用重用 Kafka 生产者实例来实现，目前已有开源软件可直接使用，不限定任何流的形式。③包导入。对于抓包文件的摄取同样可通过建立一个基于读包文件的 Kafka 生产者，将包文件写入 Kafka 相应主题。因为诸如 pcap 等数据包的格式均是已知的，所以数据包的导入均不受限定。

（2）Kafka 可设置不同的主题，数据可按主题向 Kafka 提供（数据生产者），应用可按主题订阅（数据消费者，包括各类的数据加工，如数据预处理），具体的主题将在项目中根据安全解析需要进行设定。

（3）数据消费者可以支持批计算的存储（如 HBase），可以支持交互解析的应用（如 ElasticSearch），也可以是实时的流计算（如 Spark 或 Storm），因此满足了项目的相关要求。

（4）一个应用既可以作为数据消费者，同时又作为数据生产者，如数据"丰富"机制可在订阅的数据后附加标签或上下文知识后再返回给 Kafka 供其他数据消费者使用。

（5）数据采集能力取决于数据区采集链路，其中包括采集器和 Kafka。基于 Flume 的采集器均可横向扩展，单点的采集器可采用内存通道，Kafka 同样也支持集群横向扩展，即若交付流量太大，可简单地通过增加计算节点来提高性能，确保满足数据采集的实时性要求，目前这种计算架构可容易地实现每秒 1000 万级数据项收集和处理能力，并不丢包。

4. 实时处理区

实时处理区由建立在 Spark 基础上的 Spark Streaming 完成实时的流数据处理过程。实时处理实现方案如图 5-8 所示。

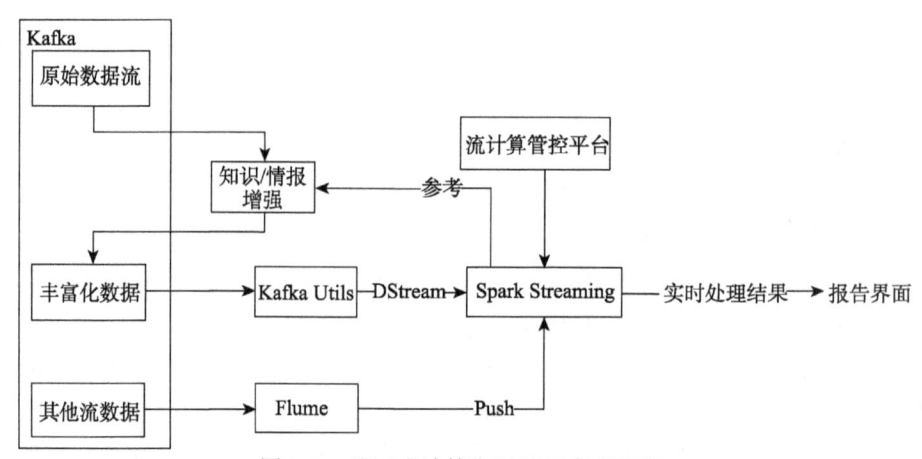

图 5-8 基于流计算实时处理实现框架

实时处理包括两个环节，一个环节是在 Kafka 消息总线进行各类丰富的数据分析操作，另一个环节是利用 Spark Streaming 的流计算能力进行实时数据解析。

基于知识和情报的增强处理是对目标对象进行信息增强或丰富，例如基于声誉信息向数据流添加标签，然后将添加标签的数据流返回给数据总线，以支持进一步的安全解析。

数据流解析引擎采用 Spark 系统的 Streaming，Spark Streaming 可对基于 RDD 的数据进行流计算，包括 Map 和 Reduce。计算可通过 Java 或 Scala 根据分析算法和需要进行编程。

向 Spark Streaming 提供数据可利用 Kafka Utils 将 Kafka 中的数据转换为 Spark 的 DStream。在利用 Flume 的情况下，也可直接采取推送方式向 Spark Streaming 提供数据。

5. 批处理区

基于机器学习的宏观经济风险分析是通过数据样本的机器学习来识别宏观经济中的异常经济风险。基于机器学习宏观经济风险分析实现技术框架如图 5-9 所示。

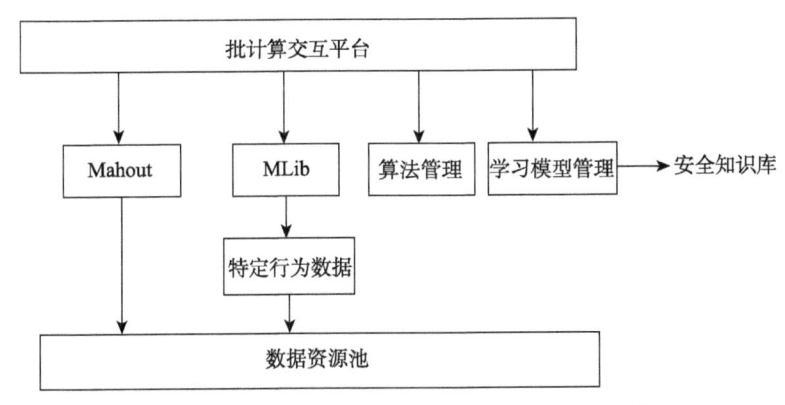

图 5-9　基于机器学习宏观经济风险分析技术实现框架

批计算交互平台采用 Web 界面管理，实现调用机器学习计算和学习框架的管理功能。

基于机器学习安全解析实现框架实际上包括了两个计算框架，一个是基于 Hadoop MR 的计算框架，另一个是基于 Spark MLib 的计算框架。前者较成熟（特别是对较大规模数据进行学习时），但速度要远远慢于后者。

基于 Hadoop MR 的机器学习目前考虑用于具有大量历史数据并从中进行分类或者聚类的场合，如对全部用户按行为进行分类；基于 Spark MLib 的机器学习目前考虑用于特性行为的学习，如确定特定人员群体的上网行为模式等。

目前大数据技术环境存在许多现成的机器学习算法，通过算法管理可进行调用。

学习模型管理使用通过机器学习得到的模型，也负责将模式提交给安全知识库（通过 Kafka 的安全知识主题库）供交互解析和实时解析使用。

6. 应用区

应用区提供大数据资源池的目录服务和数据访问服务，二者作为数据服务总线的支撑，为所有应用访问大数据资源池提供统一的入口和通道。

应用区大数据应用通过 Web 服务区的业务层进行调用，这些应用包含两类，一类是对大数据访问的计算，如 HBase 客户端、Mahout 机器学习程序；另一类需要将程序复制到数据存储与计算区的节点上进行执行（如 Spark、ElasticSearch 等），因此，应用区还包括这些程序相应的配置文件。

若不考虑权限而仅从计算角度出发，应用区可访问数据存储与计算区的所有数据，因此可以基于所有数据进行挖掘，具体的执行取决于相应的应用和程序。

由于应用区的目的是管理大数据应用等程序，因此计算压力不会很大。但由于应用本质上承担了 Web 服务与大数据服务的桥接，因此需要满足交互性能和高可用性。为此，应用区将采取与 Web 服务类似的性能与高可用性保证措施，如负载均衡和热备。具体的方案将在项目过程中根据需求分析的结果来加以确定。

7. Hadoop 主区

Hadoop 生态环境的分布式计算管理包括两种类型，一种是主从方式，如 HDFS、MR 计算等；另一种是对称方式，如 ElasticSearch 等。对于前者需要少量但重要的主节点（如 NameNode），对于后者需要协调机制（如 ZooKeeper）。这些主节点和协调机制需要特别的高可用性保障和更高性能的计算，因此专门划出一个区域来进行部署和管理。

Hadoop 主区至少包括的系统有 ZooKeeper、NameNode、ResourceManager、HBase Master、Spark Master、Hive Server、MySQL（为 Hive 使用）、ElasticSearch Master 等。

Hadoop 主区具体的配置方式需要根据项目过程中的需求结果进行确定，典型的逻辑结构见图 5-10。

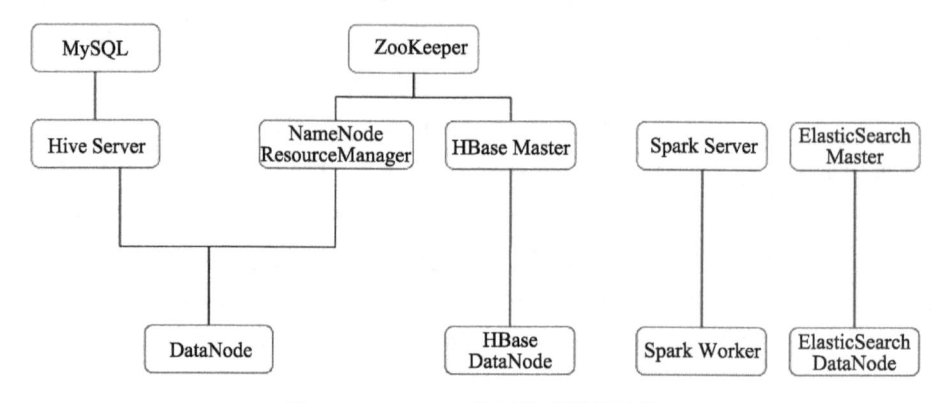

图 5-10 Hadoop 主区典型逻辑结构

Hadoop 主区节点说明如下。

Hive 在 Hadoop 主区部署 Hive Server 作为主服务，同时，Hive Server 需要的 MySQL 服务同样部署在 Hadoop 主区。Hive 服务连接数据区的 DataNode，完成计算任务。

作为 MapReduce 服务，NameNode 与 ResourceManager 部署在一起，同时部署在 Hadoop 主区，与 Hadoop 主区的 ZooKeeper 服务连接，完成 MapReduce 的主

服务任务。同时，MapReduce 的数据存在数据存储与计算区的 DataNode 中。

HBase 将它的主服务 HBase Master 部署在 Hadoop 主区。通过连接 Hadoop 主区的 ZooKeeper 服务，提供稳定可靠的 HBase 服务。而实际的数据由数据存储与计算区中的 HBase DataNode 完成。

Spark Server 部署在 Hadoop 主区，负责对外提供 Spark 服务，与数据摄取区的 Spark Streaming 有所区别，这里，Spark 主要提供基于内存计算的大数据计算服务。

ElasticSearch 的主服务 ElasticSearch Master 部署在 Hadoop 主区，连接部署在数据存储与计算区的 ElasticSearch DataNode，提供检索服务。

8. 数据存储与计算区

数据存储与计算区是宏观经济风险监测与预警系统的计算基础，传统的数据存储根据需要配置相应的数据库和文件系统，大数据的存储与计算需要考虑流计算、交互计算和批计算，在 Hadoop 中这三种计算典型模式为 Spark 流计算、ElasticSearch 交互计算和 MR 批计算。在三种模式下有两种方式来进行大数据的存储计算，具体见图 5-11。

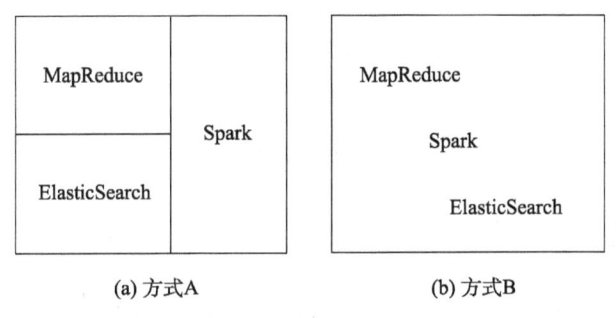

图 5-11 大数据存储与计算区构建方式

方式 A 意味着对大数据计算集群节点按计算模式进行了划分，即不同的区域仅安装与该区域相关的计算，例如，Spark 区域中仅安装 Spark Executor，而不安装 TaskTracker 和 ElasticSearch 节点计算，这样可以使 Spark 的计算资源在进行流计算时保证实时性。

方式 B 意味着每个计算节点都安装了各种计算模式的系统，这样就有可能在一个节点同时运行着 Spark 计算和 MapReduce 计算以及 ElasticSearch 计算，这样会大大影响实时性或交互性。即使系统完全不采用 MapReduce 计算模式（如通过 Spark 计算替代），在相同计算节点上，进行两种类型以上的运算（如 Spark 流和 MLib）仍然会影响实时性，因此仍需考虑上述问题。

方式 A 和方式 B 可以做些折中，或在 Yarn 的环境下，节点均支持 A 和 B，而在应用时可以通过资源分配参数和运行监控来进行调优。

9. 交互式数据处理规划

交互计算区完成数据交互分析过程，提供对全局大数据的检索、分析、归纳能力。通过 Kibana 提供给用户交互界面，通过调用 ElasticSearch 完成数据分析处理的交互过程。其中 Kibana 同时提供表现层的数据表现能力。交互计算区实现方案如图 5-12 所示。

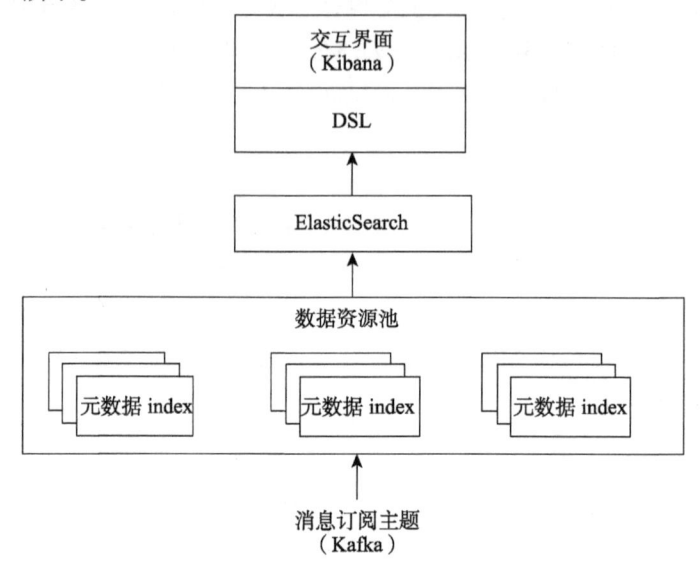

图 5-12 交互计算区实现方案

交互安全解析的引擎为 ElasticSearch，该引擎支持功能丰富的 DSL 检索与解析语言。ElasticSearch 可通过集群构建方式，支持即时的解析交互。

数据资源池数据可根据类别和时间性能基于 Lucene 的索引文件进行检索，除非特别定义，所有索引文件（index）中的所有索引表（type）也可按域（field）进行全文检索。

检索可利用已经建立好的威胁检索规则，威胁规则参数数据可参考情报库或者知识库内容（如功绩特征在日志或者在数据流中的显示）自动生成，通过这种工作方式可提高解析威胁的效率和效果。

10. 数据存储规划

数据全部存储在数据存储与计算区内部，数据存储与计算区由 HDFS 提供底层文件服务，由 YARN 提供资源调度与控制，由 HBase 提供列式数据存储能力。技术数据存储与计算包括两部分，一部分是支持 NoSQL 数据计算和存储的集群（如 ElaticSearch、HBase、Spark 等），另一部分是支持传统计算模式的存储系统（如 MySQL 等）。

5.1.4 系统功能设计

1. 数据整合处理系统

1) 数据采集模块

数据采集系统通过提供标准的数据接入机制，将各来源以及互联网的结构化和非结构化数据进行统一的汇聚接入；并提供对接入的数据进行统一的清洗、转换、去重和编目等功能，包括对数据定义、数据结构、数据标识、数据编码、数据编目、负责人、来源、转换关系、目标、质量等级、依赖关系、安全权限等相关内容进行管理，最终形成符合统一存储要求的数据模型；同时，利用分布式数据库和分布式文件系统对结构化数据和非结构化数据进行高效存储。

数据采集系统通过对外部数据资源、互联网数据资源进行统一接入，为宏观经济风险监测与预警系统提供原始数据支撑。

2) 数据清洗模块

宏观经济风险监测与预警系统在各种数据源接入数据之后，需要首先由数据清洗及转换子系统对数据进行必要的清洗和抽取处理，从而提高数据的整体质量和数据压缩率，节约系统资源。该子系统主要包括以下功能：基础核心内容抽取、脏数据及废数据清洗、数据脱敏和脱密、数据格式处理。

3) 数据分析模块

数据分析系统是宏观经济风险监测与预警系统对外提供数据的深度挖掘和分析服务的核心系统，分布式数据处理子系统提供了对分布式数据处理的能力。数据分析系统利用多种分布式计算引擎，结合分布式数据存储模型对各类结构化及非结构化的信息资源进行快速的分布式分析处理，并将分析处理后的中间结果数据提供给示范应用层，并提供给其他部门业务系统中进行二次利用；此外，模型管理子系统还提供各类业务分析模型的新建、修改等管理功能。

宏观经济风险监测与预警系统的数据分析系统可分为三个主要部分：分布式计算引擎、算法及模型管理、可视化数据分析挖掘。

4) 数据分析挖掘

数据分析挖掘的目标是实现跨系统数据共享，解决信息孤岛问题，提升数据质量，辅助决策分析，提供统一的数据服务。同时，数据分析挖掘也面临着各种挑战，如信息整合在技术上的复杂度、信息整合的管理成本、数据资源的获取、信息整合的实施周期以及整合项目的风险等。

如图 5-13 所示，系统架构分为四层，最底层实现信息整合服务，采用联邦计算、复制技术使得多方的数据整合起来，为上层提供数据基础；倒数第二层实现数据清洗、转换和加载服务；倒数第三层由 ODS（operational data store，操作型数据仓储）、数据仓库、数据集市、共享数据视图组成；最上面一层提供了离线报表、多维分析、即席查询、报表统计、数据挖掘、决策管理、预测分析等应用功能。

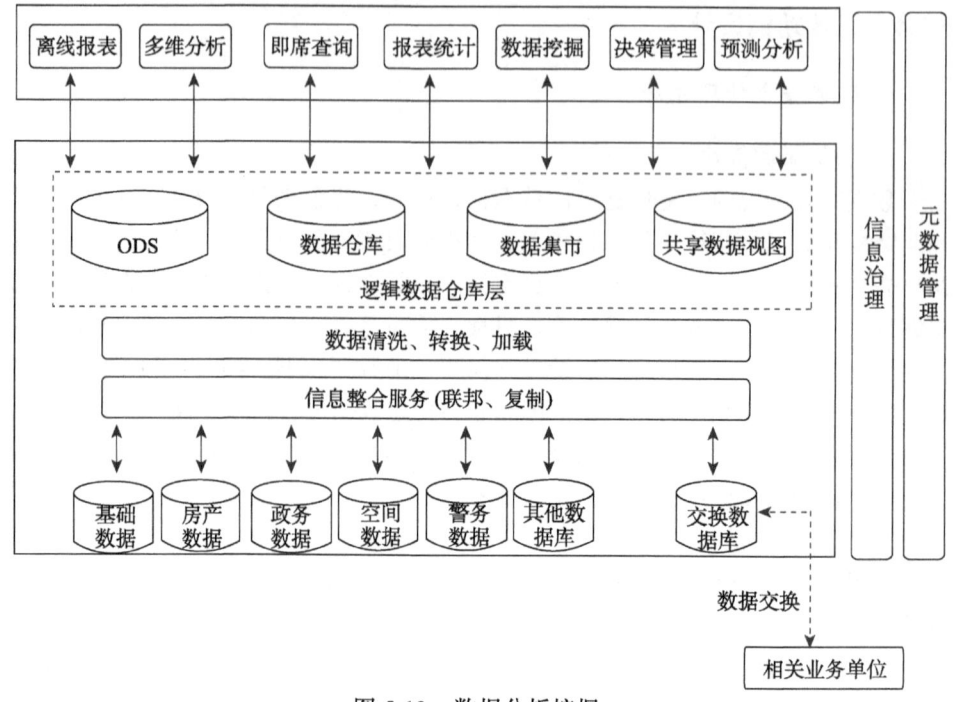

图 5-13 数据分析挖掘

2. 风险指标分析系统

采用多源异构数据，利用大数据平台，实现通用关联分析，并且辅助以深度学习模型，实现对各类宏观经济风险的有效识别、量化，实现客观指标和主观指标的度量，并且建立基于机器学习模型的推送策略与精准推送等关键技术。

风险指标分析系统主要分为三大类指标。

1）金融部门风险指标

金融部门风险指标又分为金融市场压力指标和金融机构风险。

金融市场压力表现为以下特征：①资产基本价值的不确定性，当市场不确定性增加导致投资者对新信息的反应更敏感时，市场会面临更大的波动性；②其他投资者行为的不确定性；③信息不对称性增加，如果借款人信用或资产质量波动性增加，或者贷款人质疑借款人提供的信息，那么在压力事件中，信息不对称性就会恶化；④持有风险资产意愿降低，在压力事件中，投资者会改变风险偏好，要求对持有风险资产提供更多的风险补偿，从而降低风险资产价格增加安全资产价格；⑤持有非流动资产意愿降低。FSI 正是用来衡量这一非正常状态的综合指标。FSI 是通过各个能够反映市场运行状态的指标加权计算得到，其计算公式为 $FSI = \sum_i \omega_i X_i$，其中，$\omega_i$ 为每个指标在 FSI 中的权重，X_i 为所选取的各个指标。较高的 FSI 对应市场经济运行的较大压力，负的 FSI 并不一定表明风险水平低，在这样的时期，风险可能会由于投资者采取更多的杠杆从而追求高收益而增加。FSI 的构建主要在于指标的选取以及权重的计算，下面分别对以上两方面进行介绍。

MES、CES、SRISK、CoVaR 和 CCA 指数模型均能够测度金融机构系统重要性和系统性风险贡献度。这五个指数模型的设定思路和基本原理具有一定共通性，模型含义均从金融机构层面出发，均需要使用金融市场公开交易数据并具有较强的时效性。

2）房地产部门风险指标

依据微观房地产大数据基本实现房地产行业微观数据全覆盖、风险挖掘与关联以及基于机器学习的风险预测。首先，基于贝壳网、中国房价行情网、中国土地市场网、Wind、CEIC 等数据源的采集，实现了房地产分析数据的全覆盖。数据体系包括 31 个省区市共 366 个城市，采集约 1197 万条数据，包含每套住房、土地的成交价格与其他特征属性。系统实现全自动采集，每周全部更新一次，每日重点增量数据。其次，基于大数据特征，从城市群、城区内部区域、不同分位数等多维度，以跨主体的关联分析视角准确洞察房地产行业的风险。全景式监测房地产行业的财务风险、经营主体风险、经营主体活动、土地价格、房屋价格。

分析模型包括以下几个方面。

A. 房价变化模型

根据房屋价格数据分析各地区新房、二手房、商铺各月变化趋势（包括环比、同比，下同），查找是否存在变化异常点，如增长过快趋势、下降趋势、突然增高或降低的异常点。同时可以根据城市线级（一二线、三四线、五线及以下城市，下同），以及八大区（华北、华东、华南、华中、西北、西南、东北、台港澳，下同）分别测算上述变化。

B. 房屋销售变化模型

根据各地房屋销售额、房屋销售面积数据、可售面积计算上述数据各时间段是否存在变化异常点，测算各地房屋面积供销比，判断各地是否存在房屋滞销情况，对各线级城市及八大区销售情况进行异同比较。

C. 土地出让价款变化模型

根据土地出让价格栏目下相关数据，测算各地土地出让价款占比本地财政收入情况，新开工面积、供地面积等变化趋势，判断各地是否存在房地产投入过剩，财政支出结构不合理等情况。

D. 房屋租赁市场变化模型

根据租赁市场相关数据，测算各地房屋租赁市场租赁价格变动趋势有无异常点；租售比是否在正常范围区间；长租公寓租赁企业财务指标是否异常，是否存在爆雷风险。

E. 房地产市场融资情况分析模型

根据房地产企业金融市场情况数据，分析上市房企整体资产负债率、企业资产负债率、融资占比、债务违约等情况，测算房地产企业金融市场整体情况，各经济指标是否在合理区间，金融市场是否存在相关风险隐患。

F. 房企经营状况分析模型

根据房地产企业经营情况数据，分析企业资产负债率、现金流量比率、存货变动趋势等情况，测算房企经营情况，各经济指标是否在合理区间，存货变动是否存在异常现象，企业是否存在经营风险。

G. 房企拿地情况分析模型

根据房地产企业拿地情况数据，结合房企经营状况模型，分析房地产企业拿地风险。

H. 房地产企业破产情况监测模型

根据房地产企业破产数量、破产地域数据，测算房地产企业破产变化情况，是否存在短期房地产企业破产激增情况。

3）其他部门风险指标

本书用产业健康度来评价行业风险。产业健康度是指产业在一段时期内发展过程中，产业体系内部的自身稳定性、可持续性以及外部溢出综合效应的一种综合评价状态。在对产业生态系统观的论述中，本书认为产业在健康的状况下能够保持产业的稳定性和可持续性，且具有维持其组织结构、自我调节、受胁迫可恢复的能力。

本书认为对于产业健康度的监测，不同产业存在通用的一些特征，但也有其差异性。因此对每一个行业的健康度监测模型，本书旨在基于产业内外部的静态与动态数据，从微观企业、中观产业以及宏观经济多层面形成一套既涵盖风险源与风险评价，又考量产业的经济效应与政治效应的综合评价体系，并从通用指标和行业特征指标两个层面进行指标体系搭建。基于此，该指标体系的构建采纳了大量的动态观测大数据以及事后静态评价指标，同时具有动态预警与事后客观评价的功能。

采用爬虫技术采集高频数据，基于 Wind、BBD、企查查、天眼查等细分数据源，关注行业特定风险源，进而建立基于通用特征与行业特征的行业健康度监测模型，实时监控行业行情与潜在风险豁口。目前，由于服务业与制造业之间差异较大，制造业内部具有共性，本书主要对制造业相关行业进行了健康度监测，主要包括国民经济二分位的制造行业。

结合产业健康度的内涵，本书从外部环境评价、行业经营绩效、行业风险评价等通用风险指标维度，对产业健康度进行全面刻画。行业风险评价包括行业运营风险、行业盈利风险、行业舆情风险等。

针对特定行业，如煤炭、石油、钢铁、电子、汽车等行业，模型中加入了行业特征的指标体系，与通用指标体系相结合，对行业健康度进行精准度量。每个行业的特征指标体系与该行业的业务特征相关联，因此，不同行业的特征指标差异较大。

3. 风险模型及预警系统

建立宏观经济风险预警模型管理平台，提供数据分析、模型配置、模型探索以及模型专题功能，建立灵活的风险指标维护体系，为各类宏观经济风险提供评价分析参考，并根据实际需求配置风险预警模型，完成模型的配置、验证、发布及模型生命周期的全程管理，提供模型探索与模型专题分析。

1）数据分析

系统建立灵活的风险指标维护体系，实现各类评价指标的指标配置、指标监测以及指标分析等业务功能，为各类宏观经济风险的评价分析提供参考。

系统可以查询系统所配置的指标模型，查询某指标结果，提供按机构进行查询检索功能；提供指标所有计算元素的数据明细查询功能。系统提供某一指标按多种指标分析方法进行分析，指标分析包括趋势分析、基期分析、环比分析、同比分析、占比分析、排名分析等分析方法。

2）模型配置

根据宏观经济风险监控要求形成风险监测目标，结合业务知识、风险监管经验、风险预警经验和相关的数据逻辑关系，在模型配置平台上配置风险预警模型（包括风险监测模型、指标模型、风险查证模型），完成模型的配置、验证、发布及模型生命周期的全程管理，供风险监测预警、查询查证使用。

系统提供界面化配置方式，配置人员无须掌握计算机编程技术，通过鼠标拖拽方式即可配置模型。

业务人员或管理人员可灵活配置模型的各项业务监控规则，包括模型的生命周期、模型运行频率、模型风险级别、指标公式、报警方式及其他特殊参数。

3）模型探索

根据宏观经济的发展以及风险预警发现的风险隐患，风险预警人员可利用系统提供的界面化的模型探索平台，结合自己的风险预警经验和思路，进行模型探索创新，在探索过程中系统提供查询查证功能，方便风险预警人员进行探索模型的验证；探索成功后，可对该探索模型进行发布共享。

风险预警人员根据风险预警系统的风险统计分析报告和其他工作经验提炼风险点形成风险预警思路，将风险预警思路转化为风险预警模型的过程。

通过模型探索功能，风险预警人员可根据自己的风险预警思路、结合对业务系统的了解，实现对宏观经济风险的探索和模型的创新，为持续监测宏观经济风险提供有力保障。模型探索过程如图 5-14 所示。

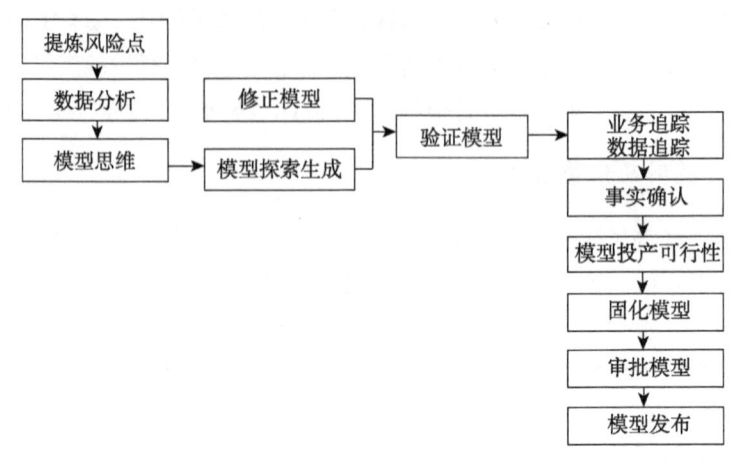

图 5-14　模型探索

4）模型专题

系统提供对某一类风险预警专题（如金融部门、房地产部门和其他部门风险预警等）组合不同的风险预警模型，提供对该风险预警专题多维度、多层次的风险查证；模型专题提供增加模型专题、修改模型专题、删除模型专题、模型专题发布等功能。

宏观经济风险监测与预警系统提供国内外各种宏观经济风险的数学模型，利用数学模型在每日的数据分析中发现潜在的风险，实现对这些风险的预警，并对预警进行分析、调查和处理。系统主要包括实时在线监测和事后批量监测两种模式，自动对宏观经济风险进行预警提示。

5）预警界限设定

预警界限指宏观经济风险指标的数据变化达到可预兆发生金融危机的这一水平。从金融危机预警研究的成果看，有的宏观经济风险指标在国际上已经有公认的预警界限标准。对于没有明确的国际公认的预警界限指标，可以参照同一国家在金融稳健时期各项指标的数值，也可参照经济、金融背景相似国家在金融稳健时期各项指标的数值，并根据历史上发生金融危机过程中有关指标数据变化情况来分析测定。

6）预警信息亮灯显示

为了直观地预报不同类型的警情，采取蓝灯、绿灯、黄灯、红灯信号来分别表示正常状态、低度风险警戒、中度风险警戒、高度风险警戒不同等级的警度。其中，蓝灯代表正常状态（无警），表示比较保守，风险小；绿灯代表低度风险警戒（轻警），表示风险小，在可以接受的范围内，此时静态监控即可；黄灯代表中度风险警戒（中警），表示已经出现一定的金融风险，政府职能部门需要提高监控力度，采取动态监控，及时反馈信息，并采取一定措施，尽可能地化解风险；红灯代表高度风险警戒（重警），表示风险已经很大，此时应采取一级警戒监控，提防随时可能出现的可能严重影响国民经济的事件。

7）预警信息处理

预警任务按处理状态分为未处理、处理中和已处理。

风险预警人员可在线索处理的预警模型下查看预警模型未处理、处理中的条数，点击条数显示预警线索的明细，并可对未处理的预警模型线索进行处理，可采用任务下发、分配的方式进行。任务下发后，该预警线索状态从未处理变为处理中，同时该预警模型的处理状态也可在预警监测处理中查看。

8）统计分析平台

统计分析平台提供各类业务信息、风险监测结果信息、风险监测管理信息等信息的综合查询与分析功能。系统在完成风险监测预警、查证识别、跟踪处理及确认之后，可对风险类型和分布进行归类分析，并提供丰富的图表展示功能。

4. 可视化展示系统

为了展现宏观经济风险数据的多样性、多角度、多层次，我们采用先进的数据可视化相关技术。通过图形化的可视化系统将宏观经济风险中的相关指标以及预警机制实时展示出来，实现实时监测、实时预警。

1）风险数据库

风险数据库包括以下几个方面。原始数据资源库：从宏观经济风险数据库抽取。可视化标准数据资源库：对原始数据资源库进行清洗、转换与标准化。应用服务资源库（专题数据资源库）：针对各类可视化应用场景、目标，存储各类专题、档案数据，形成面向各类专题应用的数据资源。配置管理资源库：对接宏观经济风险数据库，对可视化数据资源库进行管理。

2）监测数据展示

按照系统建设要求和展示需求，监测数据主要包含多种宏观经济风险数据，其中重要的几类数据可作为大屏常态显示的监测数据，剩余的数据可以作为选择性显示数据。

3）预警信息展示

根据风险处置需要，平台可预制多个宏观经济风险处置可视化展示场景，每个场景应由多个可视化组件构成，各类预案要能够满足多种政府职能部门的决策会商室及 PC 端、移动端的展示需求，同时满足各类重大宏观经济场景的预案展示需要。

4）可视化展示功能

可视化展示系统要能够实现展示预案页面设计、组件研发、数据管理，并实现超高分辨率快速显示及操作，实现对海量信息的可视化综合呈现；对各类业务系统的海量信息进行有效融合与梳理，基于超高分辨率电子地图综合呈现，实现信息的共享与工作协同；实现人机交互的灵活操作以多屏信息联动方式控制平台，同时不能影响大屏控制速度与灵活性。具体功能应包括以下几个方面。

（1）定制化集成展示。根据需要，将全部的宏观经济风险数据资源、业务应用通过可视化组件实现一致性呈现，一般业务系统的桌面图像、网页通过边框渲染实现一致性呈现，嵌入可视化展示平台；可部署在大屏工作站的已有业务系统的软件程序，通过额外边框渲染实现一致性呈现嵌入可视化展示平台。

（2）业务数据管理。平台应具备成熟且强大的数据集成软件工具，支持对各种数据库和消息总线的对接，支持标准 SQL（structure query language，结构查询语言）和存储过程访问能力，要具备强大的数据处理功能，除了选择、过滤、分组、连接、排序这些常用的功能外，也支持通过 Java 等常用开发语言进行功能扩展。平台可以将这些语句创建为通用统计分析方法，并进行良好的管理，同时能存储已创建的业务统计分析数据并进行处理。管理平台可由操作人员根据实际需要，通过简便的操作步骤对数据源进行增、删、改等管理，对所关注的信息进行快速统计查询和精准调用。同时，在平台上要能够监控各数据汇聚是否正常，发生问题时准确定位故障点。

（3）超高分辨率快速显示。平台应真实利用大屏整个物理超高分辨率，点对点等比显示充分利用整屏物理分辨率，采用先进的图像处理技术、智能缓存；显示、刷新快，画面平滑、实时同步。大屏超高分辨率渲染功能具体如下：①具备现有业务数据图表渲染能力，并可综合接入和集中显示；②具备现有业务系统图像的直接接入能力，支持通过信号处理器调用 RGB（red，green，blue，三原色）、video、远程桌面和 IP 视频的信号窗口，可控制其在高分展示平台的叠加位置，并能通过边框渲染实现融合一致的平滑画面效果；③具备现有业务系统应用窗口的直接运行和融合应用能力，可直接在高分展示平台硬件系统运行现有业务系统应用程序或调用 Web 页面，支持以桌面程序窗口模式叠加在高分展示平台画面上，并能通过边框渲染实现融合一致的平滑画面效果；④支持超高分辨率和高速显示刷新功能，真实利用大屏整个物理分辨率，采用高速图像处理技术整屏显示，全屏典型刷新时间小于 5 秒，并且不随拼接规模增加而下降，保证业务信息高效显示；⑤具备全屏画面同步显示功能，全屏超高分辨率画面显示具有极高的同步性和平滑性，充分发挥大屏幕拼接墙超高分辨率海量信息显示的优势。

（4）可视化组件管理。背景、图表、控件、模板、仪表、地图等可视化元素均按照组件式管理、应用，根据场景、环境、终端的差异可以自主选择、自动适应，满足各种条件下的可视化展示需求。

5.1.5 运行环境设计

本节从系统运行所依赖的网络、计算资源、操作系统、基础软件、中间件、用户运行环境等方面描述宏观经济风险监测与预警系统的运行环境。

宏观经济风险监测与预警系统按照集中式部署方案，采取低成本、高稳定性的配置思路。根据初期（预计 2~3 年内）44 TB 的数据规模存储预估，软硬件的配置要求如表 5-1 所示。后期根据所需资源按需进行扩充。

表 5-1 初期的软硬件配置要求

项目	节点	单位	数量	存储预质/TB	CPU/个	内存/GB
1	采集节点	台	2	12	2	32
2	存储节点	台	4	12	2	64
3	计算节点 1	台	3	12	2	64
4	计算节点 2	台	1	8	2	64
5	核心交换机	台	2			
6	局域网交换机	台	2			
7	UPS	台	1			
8	服务器机柜	个	2			
9	PDU、网线等耗材	套	1			

注：CPU 即 central processing unit，中央处理器；UPS 即 uninterruptible power supply，不间断电源；PDU 即 power distribution unit，电源分配单元

1. 服务器环境

1）采集节点运行环境

大数据平台需要接入风险数据、社会数据以及其他数据。其接入方式主要包含系统对接与爬虫采集两种方式。系统对接方式运行需要依赖数据采集前置机与数据接口服务器；爬虫采集方式需要部署分布式爬虫服务器。

数据采集前置机：解决前置数据抽取问题，并将数据从抽取处发向中心接口服务器。

数据接口服务器：为数据采集前置机提供数据接收服务器，解决数据集中化处理问题。

分布式爬虫服务器：用于部署分布式爬虫系统，解决采集互联网资源的问题。

2）存储节点运行环境

用于解决大规模数据存储问题，将数据进行分片存储，保证可靠与可用性。数据存储采用大数据平台来实现，可以实现对结构化数据、半结构化数据、非结构化数据的大规模存储。初期提供可存储 44 TB 数据的磁盘，后期根据业务的发展可考虑提供 PB 级存储磁盘。

3）计算节点运行环境

此环境是对宏观经济风险指标的计算，解决大规模数据的分析、挖掘、计算问题。

2. Web 服务器（展现、应用、运营）

Web 服务器用于部署可视化系统、运营、监控等系统。解决宏观经济风险监测与预警系统对外服务问题。

1）网络资源

内部网络：满足内部服务间交换数据，千兆或以上网络连接内部集群服务器。
对外服务网络：满足平台对外服务需求，100MB 或以上的 Internet 网络。
数据接口服务网络：满足数据接口传输需求，100MB 或以上的 Internet 网络。
爬虫专用网络：满足爬虫采集互联网资源，100MB 或以上的 Internet 网络。

2）操作系统

前置机操作系统：数据前置机操作系统采用 Red Hat Linux（64 位）或 CentOS（64 位）或 Windows Server 2008（64 位）或 Windows Server 2012（64 位），推荐使用 Windows Server 2012（64 位）。

核心平台操作系统：核心平台的操作系统采用 Red Hat Enterprise Linux（64 位）或 CentOS（64 位），推荐使用 CentOS（64 位）。

5.1.6 系统安全设计

1. 安全体系

宏观经济风险监测与预警系统下的数据融合了政府职能部门及互联网上的数据，这些数据通常需要在传输和存储等过程中加以保护，以防止数据信息的泄露。因此有必要在宏观经济风险监测与预警系统下实现对数据的安全管理。

本书将从信息安全体系角度出发，从技术和管理两个方面深化信息化安全体系建设，建成符合国家信息安全要求的安全体系，提升信息安全综合治理水平，实现信息安全风险可控制。具体目标为以业务信息安全保障为核心，确保系统服务安全，保证网络及基础设施稳定正常，有效防范和控制信息安全风险，增强信息系统安全预警和应急处置能力；健全信息安全培训机制，具备全方位的、主动的、纵深的安全防护能力，保证宏观经济风险监测与预警系统安全可靠。具体见图 5-15。

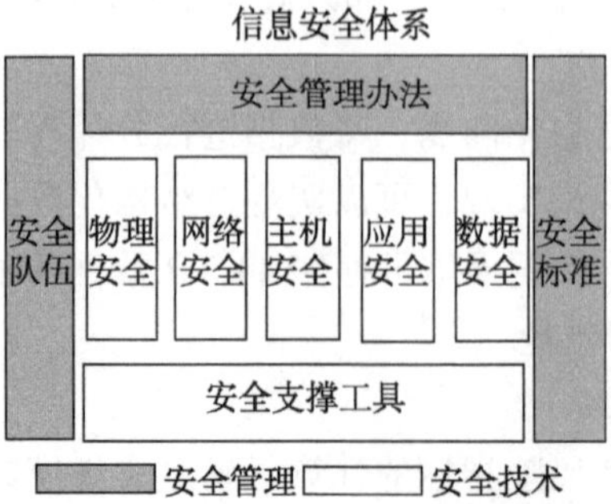

图 5-15 信息安全体系建设

2. 安全管理体系

1）安全管理办法

在管理层面制定通用信息安全管理办法，以满足人员管理、系统建设、系统运维等各个阶段行为规范和操作规程，通过制度化、规范化的流程和行为，保证各项管理工作的一致性。安全管理办法包括工作机制、制度规范、安全检查、安全考核、应急机制、事故调查、安全通报和安全培训。工作机制是指梳理完善各级管理人员及部门信息安全职责，进一步提升工作效率和工作效果。制度规范是指制定安全制度规范、加强落实安全管理制度，将安全管理制度进一步落到实处。安全检查是指建立日常安全检查和专项安全检查制度，便于开展信息安全协作互查。安全考核包括梳理安全评价的力度和内容，形成安全评价的方法和机制，加强考核的力度，建立统一考核机制，促进安全工作开展。应急机制是指建立各种信息安全应急预案，提升各级单位信息安全应急保障能力。事故调查是指制定事故报送、事故调查、事故统计、事件管理、安全取证等方面的制度和流程，完备事故调查机制。安全通报是指建立信息安全通报机制，通报安全检查结果，推广信息安全典型经验。安全培训是指制定安全管理和安全技术培训机制，提升员工安全意识。具体见图5-16。

图 5-16　安全管理办法内容

2）主要安全管理方面

A. 数据接入安全管理

宏观经济风险监测与预警系统的数据具有很高的敏感度和安全要求，需要确保数据在接入平台的过程中是安全可靠的。本书中针对 API[SDK(software development kit，软件开发工具包)] 方式进行数据接入的情况进行了如下的安全管理定义：在确保数据安全传递的同时，也要求 SDK 工具本身的安全性得到有效的管理。

B. 数据备份管理

宏观经济风险监测与预警系统建立在已规划的大数据平台物理资源之上，整体的备份分为以下两级备份。

（1）大数据平台自身的整体备份。

（2）系统内部的数据冗余备份（HDFS架构的自动冗余备份、数据库的定期备份等机制）。

C. 数据安全保护管理

宏观经济风险监测与预警系统下的数据安全有如下三个方面的含义。

一是数据本身的安全，主要是指采用现代密码算法对系统下的各数据源进行主动保护，如数据加密等，防止数据在传输和存储等过程中泄密。

二是数据产权保护，保护各单位的数据产权不被侵犯。在数据被非正常渠道泄露给第三方时，如果私有数据被泄露在互联网上，可以采用数据指纹、数字水印等技术从数据中获取到合法的拥有方，从而实现数据产权的自我保护。

三是数据防护的安全，主要是采用现代信息存储手段对所存储的各种数据以及公众数据等进行主动防护，如通过磁盘阵列、数据备份、异地容灾等手段保证数据的安全。

3）数据保密保护

为了保护宏观经济风险监测与预警系统下各来源的敏感数据不被非法获取，需要以一种主动的方式提前对数据进行安全保护处理。数据加密技术是一种较为有效的保护措施。数据本身的安全必须基于可靠的加密算法与安全体系，主要有对称算法与公开密钥密码体系两种。数据保密主要分为数据加密和数据解密两部分。

宏观经济风险监测与预警系统的一个目标是在不改变数据的所属权的基础上进行合理的共享，实现部门间对信息的互通有无。为了有效保护数据的所属权，防止数据被非法盗用，可引入数据产权保护系统，该分系统基于数字水印技术对宏观经济风险监测与预警系统所提供的服务数据进行签名保护，有效防止第三方获取到受保护的数据以后再次分发给其他方使用。

5.2 房地产热点跟踪及分析系统搭建

5.2.1 房地产热点跟踪及分析系统搭建概述

1. 系统目的

房地产热点跟踪及分析系统的建立旨在从不同数据源定期自动爬取存储的数据获取体系；根据不同主题构建自动化数据模型，自动生成分析报告；基于自动化数据模型和时事热点，建立风险自动监测预警体系。

2. 方法论

在本系统中，我们所采用的方法论是业界著名的 SEMMA 方法论，即 sample（取样）、explore（探查）、modify（调整）、model（模型）、assess（评估），又分为数据集成、数据探查、特征工程、模型开发及模型集成。其中，数据探查和特征工程以及模型开发整个流程是个大的反复迭代优化的过程。和 SEMMA 方法论略有不同是，我们认为在大数据技术日益完善的当下，在传统的取样环节应更依赖一些并行计算技术或算法，不宜以采样方式使数据失真。另外需要强调的是，因为数据源的复杂性、多样性，探查和调整阶段往往需要比传统数据挖掘建模需要更多的时间，可能在整个生命期中占用大部分的时间。

我们的核心是基于机器学习和人工智能的模型的开发。模型是基于历史的表现数据从而预测未知数据的可能表现。对于常见的场景，我们常涉及的模型通常为分类和回归两类模型。模型本身体现的是数据在历史样本中体现的统计学特性，能够准确客观地描述数据中存在的规律，而且大多数模型具备较好的业务解释性，在数据资源较为丰富的情况下，结合机器学习模型和规则的决策逻辑可以取代传统的人工的评估机制，这将成为行业的发展方向。

3. 系统架构

整个系统由四层组成，最下面一层为数据层，系统会通过采集系统采集房产价格数据、土地数据、房企数据、舆情数据、行业数据等。倒数第二层为计算层，在海量数据的基础上，实现数据融合、数据清洗、数据缓存和数据管理等功能。再上面一层为模型层，为上层应用提供各类模型和深度学习的基础。最上面一层为应用层，实现整个系统的智能分析、风险预警、风险追踪、智能报告以及整个系统的可视化展示等（图 5-17）。

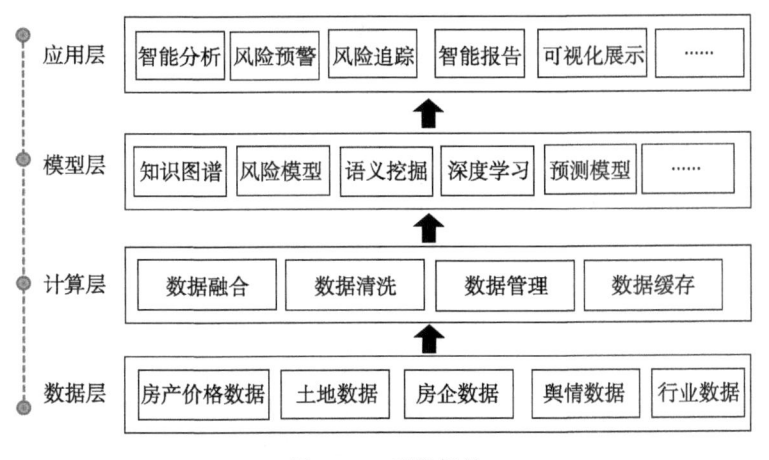

图 5-17　系统架构

4. 网络拓扑

整个系统的网络拓扑结构如图 5-18 所示。

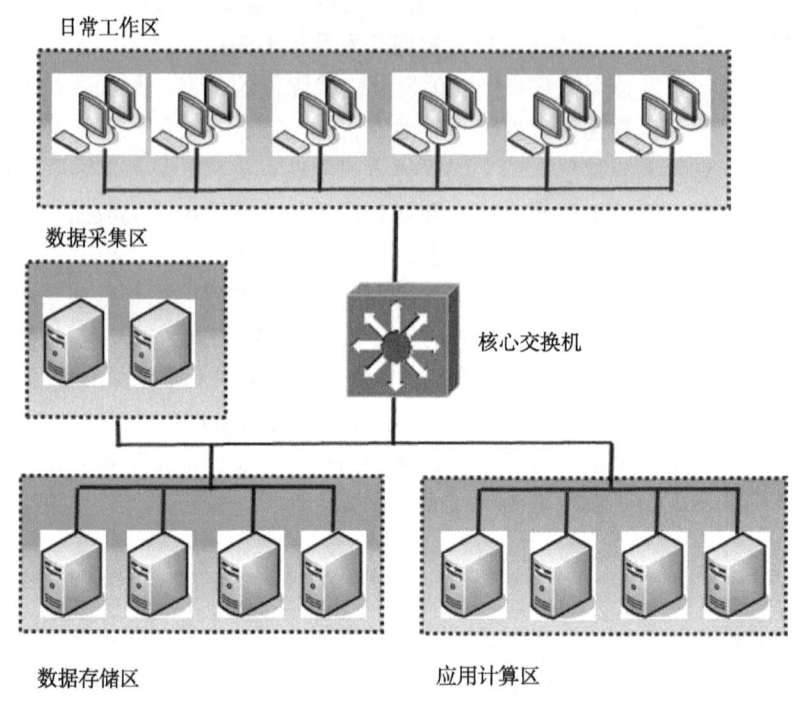

图 5-18　网络拓扑

5. 系统硬件

整个系统的硬件配置如表 5-2 所示。

表 5-2　系统硬件配置

节点名称	数量	品牌型号	规格、配置技术参数
采集节点	2	戴尔（DELL）PowerEdge R740 机架式服务器	1. 1*银牌 4210 10 核 20 线程，内存为 DDR4 2400 32G，硬盘为 3*4T SAS 企业级 2. DVD-RW 光驱，H330 磁盘阵列卡，Broadcom 5720 千兆（四口） 3. 2U 机架式，750W 冗余电源，导轨 4. 强大可扩展性，8 个 3.5in/16 个 2.5in
存储节点	4	戴尔（DELL）PowerEdge R740 机架式服务器	1. 2*银牌 4210 20 核 40 线程，内存为 DDR4 2400 64G，硬盘为 3*4T SAS 企业级 2. DVD-RW 光驱，H330 磁盘阵列卡，Broadcom 5720 千兆（四口） 3. 2U 机架式，750W 冗余电源，导轨 4. 强大可扩展性，8 个 3.5in/16 个 2.5in

续表

节点名称	数量	品牌型号	规格、配置技术参数
计算节点1	3	戴尔（DELL）PowerEdge R740 机架式服务器	1. 2*银牌4210 20核40线程，内存为DDR4 2400 64G，硬盘为3*4T SAS 企业级 2. DVD-RW 光驱，H330 磁盘阵列卡，Broadcom 5720 千兆（四口） 3. 2U机架式，750W 冗余电源，导轨 4. 强大可扩展性，8个3.5in/16个2.5in
计算节点2	1	戴尔（DELL）T640 深度学习GPU 运算塔式服务器主机	1. 2*银牌4310（12核/24线程2.1GHz 频率）内存为DDR4 2400 64G，硬盘为8T SAS 企业级 2. GPU 采用1块T6-16G 显卡 3. DVD-RW 光驱，H330 磁盘阵列卡，Broadcom 5720 千兆（双口） 4. 5U塔式，750W 冗余电源，导轨
网络环境	1	千兆网络交换机	华为（HUAWEI）企业级交换机48口千兆以太网+4口千兆光网络交换机-S5720S-52P-LI-AC

注：GPU 即 graphics processing unit，图形处理器；DDR 即 double data rate，双倍数据速率；DVD-RW 即 digital versatile disc-rewritable，可重写 DVD 光盘；SAS 即 serial attached SCSI，串行连接 SCSI（SCSI 即 small computer system interface，小型计算机系统接口）；1 in = 2.54 cm

5.2.2 数据采集模块

数据采集模块包括数据源、采集指标、采集方式等内容，具体见第4章数据采集部分。

5.2.3 数据处理模块

1. 数据清洗

数据清洗是发现并纠正采集数据中可识别错误的最后一道程序，包括检查数据一致性、处理无效值和缺失值等。首先要做的是数据去重，在数据采集过程中，难免会有重复数据的录入；然后是数据去噪，根据需求中的数据样本格式，对有缺失数据或异常数据进行处理；最后是格式化转化，对非结构化数据进行结构化处理，直到满足格式化数据存储的要求。

在数据爬取过程中，难免会有重复数据的录入，当数据量达到千万量级的时候，使用数据库自带的 distinct 方法来去重是不行的。千万量级的数据去重若使用数据库自带的去重方法，执行效率会非常低，而且往往方法没有执行完就会报错，无法达到去重效果。这里必须自己写代码来对数据进行去重操作，主要利用 Java 中的 set 特性来去重，或先写入到文件后再分步去重。

2. 数据存储

通过提供标准的数据统一接入机制，将采集回来的各类结构化和非结构化数据进行统一的汇聚接入；并提供对接入的数据进行统一的清洗、转换、去重和编目等功能，包括对数据定义、数据结构、数据标识、数据编码、数据编目、负责人、来源、转换关系、目标、质量等级、依赖关系、安全权限等相关内容进行管理，最终形成符合统一存储要求的数据模型；同时，利用分布式数据库和分布式文件系统对结构化数据与非结构化数据进行高效存储，建立信息资源的高可用性、高性能和可扩展性机制，利用大数据平台的弹性扩展和动态伸缩机制，实现对各类数据的灵活存储。

建立的数据库为各类科研和教学提供原始数据支撑。数据保存到数据库或者文件之后，可以根据不同的条件来对数据进行选择等操作，也可对数据进行筛选、排序，以便后续进行数据分析、数据建模等操作。

5.2.4 数据库设计

该可视化系统的数据来源主要是贝壳网、中国土地市场网和中国房价行情网这三个网站的实时数据。首先将三个网站的数据进行分布式排序，然后将三个网站的所有数据都整合到一个 ElasticSearch 数据库。为了满足后续的数据清洗、数据分析、数据建模等工作的需要，将建立中间数据仓库，本书计划使用关系型数据库 MySQL 来做数据存储。

首先根据 ElasticSearch 数据库的数据进行数据清洗（清洗基本准则就是将爬取内容不全的、爬取内容存在明显错误的数据，以及内容重复的数据进行去除），然后再将清洗后的数据存入数据库中。下面针对三个网站爬取到的数据分别进行数据表设计。

1. 贝壳网 MySQL 的数据库表结构

1）小区基础信息表

小区基础信息（area_info）见表 5-3。

表 5-3 小区基础信息

字段名	描述	数据类型	是否主键	备注
id	主键	bigint	Y	
name	小区名称	varchar(255)		
build_time	建筑年代	datetime		
build_type	建筑类型	bigint		
price	小区均价	int		

续表

字段名	描述	数据类型	是否主键	备注
price_unit	小区均价单位	varchar(255)		
build_company	开发商	varchar(255)		
service_company	物业公司	varchar(255)		
service_price_min	最低物业费	float		
service_price_max	最高物业费	float		
service_price_unit	物业费单位	varchar(255)		
build_count	楼栋总数	int		
house_count	房屋总户数	int		
city	所在城市	varchar(255)		
area	行政区县	varchar(255)		
position	具体位置	varchar(255)		
longitude	经度	float		
latitude	纬度	float		
totalSelling	在售二手房数	int		
href	数据源地址	varchar(255)		
subway	地铁交通情况	text		
crawl_date	数据抓取时间	datetime		

2）二手房成交房价数据表

在 ElasticSearch 数据迁移到 MySQL 数据时，用小区 URL 做关联；在 MySQL 中，用 area_info_id 做关联。

数据迁移过程中，记录未抓取的小区 URL，后续补抓取小区数据以提高数据全面性。二手房成交信息（deal_info）见表 5-4。

表 5-4　二手房成交信息

字段名	描述	数据类型	是否主键	备注
id	主键	bigint	Y	
area_info_id	小区基础信息 id	bigint		用于关联小区
title	标题	varchar(255)		
name	小区名称	varchar(255)		
city	所在城市	varchar(255)		
area	行政区县	varchar(255)		
area_place	具体位置	varchar(255)		
house_shape	房屋户型	varchar(255)		
floor_number	所在楼层	varchar(255)		
floor_area	建筑面积	float		
house_structure	户型结构	varchar(255)		
house_area	套内面积	float		

续表

字段名	描述	数据类型	是否主键	备注
build_type	建筑类型	varchar(255)		
house_orientation	房屋朝向	varchar(255)		
build_time	建筑年代	datetime		
decorate	装修情况	varchar(255)		
build_structure	建筑结构	varchar(255)		
heating_type	供暖方式	varchar(255)		
elevator_house_ratio	梯户比例	varchar(255)		
have_electrical	配备电梯	varchar(255)		
longitude	经度	float		
latitude	纬度	float		
href	成交详情源地址	varchar(255)		
house_href	小区详情源地址	varchar(255)		
deal_ownership	交易权属	varchar(255)		
house_use	房屋用途	varchar(255)		
house_life	房屋年限	varchar(255)		
ownership	房权所属	varchar(255)		
listing_time	挂牌时间	datetime		
listing_price	挂牌价格	float		
listing_price_unit	挂牌价格单位	varchar(255)		
transaction_price	成交价格	float		
transaction_price_unit	成交价格单位	varchar(255)		
transaction_time	成交周期	float		
transaction_time_unit	成交周期单位	varchar(255)		
change_price_count	调价次数	int		
watch_count	带看次数	int		
attention_count	关注人数	int		
deal_time	成交时间	datetime		
deal_total	成交总价	float		
deal_total_unit	成交总价单位	varchar(255)		
browse_count	浏览次数	int		
core_selling_points	核心卖点	text		
descript	小区介绍	text		
subway	交通出行	text		
crawl_date	数据抓取时间	datetime		

3）在售二手房房价数据表

在 ElasticSearch 数据迁移到 MySQL 数据时，用小区 URL 做关联；在 MySQL 中，用 area_info_id 做关联。

数据迁移过程中，记录未抓取的小区 URL，后续补抓取小区数据以提高数据全面性。在售二手房信息（sale_info）见表 5-5。

表 5-5 在售二手房信息

字段名	描述	数据类型	是否主键	备注
id	主键	bigint	Y	
area_info_id	小区基础信息 id	bigint		用于关联小区
city	所在城市	varchar(255)		
title	标题	varchar(255)		
name	小区名称	varchar(255)		
area	区域	varchar(255)		
position	具体位置	varchar(255)		
href	在售详情地址	varchar(255)		
house_href	小区详情地址	varchar(255)		
selling_price	销售单价	int		
selling_price_unit	销售单价单位	varchar(255)		
selling_total_price	销售总价	int		
selling_total_price_unit	销售总价单位	varchar(255)		
heating_type	供暖方式	varchar(255)		
build_time	建成年代	datetime		
house_area	套内面积	float		
house_shape	房屋户型	varchar(255)		
floor_number	所在楼层	varchar(255)		
floor_area	建筑面积	float		
house_structure	户型结构	varchar(255)		
build_type	建筑类型	varchar(255)		
house_orientation	房屋朝向	varchar(255)		
decorate	装修情况	varchar(255)		
build_structure	建筑结构	varchar(255)		
elevator_house_ratio	梯户比例	varchar(255)		
longitude	经度	float		
latitude	纬度	float		
attention_count	关注人数	varchar(255)		
last_transaction	最近一次交易	datetime		
mortgage	有无抵押	varchar(255)		
price	小区价格	float		
price_unit	小区价格单位	varchar(255)		
area_build_time	小区建筑年代	datetime		
build_count	小区楼栋数	int		
deal_ownership	交易权属	varchar(255)		
listing_time	挂牌时间	datetime		
house_use	房屋用途	varchar(255)		
house_life	房屋年限	varchar(255)		
ownership	房权所属	varchar(255)		
core_selling_points	核心卖点	text		
subway	交通地铁	text		
around	周边	text		
crawl_date	数据抓取时间	datetime		

4）租房数据表

在 ElasticSearch 数据迁移到 MySQL 数据时，通过小区经纬度以及小区名称来做关联；在 MySQL 中，用 area_info_id 做关联。租房信息（rent_info）见表 5-6。

表 5-6　租房信息

字段名	描述	数据类型	是否主键	备注
id	主键	bigint	Y	
area_info_id	小区基础信息 id	bigint		用于关联小区
city	城市	varchar(255)		
district	区域	varchar(255)		
place	地点	varchar(255)		
title	租房标题	varchar(255)		
href	数据源地址	varchar(255)		
rent_source	租房来源	varchar(255)		
name	小区名称	varchar(255)		
decorate	装修情况	varchar(255)		
toilet	卫生间个数	int		
house_shape	房屋户型	varchar(255)		
tenancy_mode	租赁方式（整租/合租）	varchar(255)		
tenancy_area	租房面积	float		
towards	朝向	varchar(255)		
maintain	维护情况（几天前）	int		
maintain_date	维护时间	datetime		
move_into	入住情况	varchar(255)		
floor	楼层	varchar(255)		
elevator	电梯情况	varchar(255)		
parking_lot	车位情况	varchar(255)		
use_electricity	用电情况	varchar(255)		
use_water	用水情况	varchar(255)		
use_gas	燃气情况	varchar(255)		
use_heating	采暖情况	varchar(255)		
lease_term	租期（1年）	int		
lease_term_unit	租期单位	varchar(255)		
house_watching_mode	看房方式	varchar(255)		
supporting_settings	配套设置	text		
house_description	房源描述	text		
latitude	经度	float		
longitude	纬度	float		
payment_method	付款方式	varchar(255)		
rent	租金（元/月）	int		
deposit	押金（元）	int		
service_charge	服务费（元）	int		
agency_fee	中介费（元）	int		
crawl_date	数据抓取时间	date_time		

5）新房数据表

在 ElasticSearch 数据迁移到 MySQL 数据时，可以尝试通过小区经纬度以及小区名称来做关联，此情况可能只限于楼盘二次开发数据；在 MySQL 中，用 area_info_id 做关联。新房信息（new_base_info）见表 5-7。

表 5-7 新房信息

字段名	描述	数据类型	是否主键	备注
id	主键	bigint	Y	
area_info_id	小区基础信息 id	bigint		
name	小区名称	varchar(255)		
city	城市	varchar(255)		
area	行政区县	varchar(255)		
total_price	参考价格（总价）	float		
total_price_unit	参考价格（总价）单位	varchar(255)		
property_type	物业类型	varchar(255)		
single_price	参考价格（单价）	int		
single_price	参考价格（单价）单位	varchar(255)		
project_features	项目特色	text		
address	楼盘地址	varchar(255)		
sale_office	售楼处地址	varchar(255)		
developer	开发商	varchar(255)		
longitude	经度	float		
latitude	纬度	float		
build_type	建筑类型	varchar(255)		
green_rate	绿化率	varchar(255)		
area_covered	占地面积	float		
area_covered_unit	占地面积单位	varchar(255)		
plot_ratio	容积率	float		
built_area	建筑面积	float		
built_area_unit	建筑面积单位	varchar(255)		
house_count	规划户数	int		
ownership	产权年限	int		
delivery_time	最近交房	datetime		
property_company	物业公司	varchar(255)		
park_space_rate	车位配比	varchar(255)		
property_fee_min	最低物业费	float		
property_fee_max	最高物业费	float		
property_fee_unit	物业费单位	varchar(255)		
water_mode	供水方式	varchar(255)		
heat_mode	供暖方式	varchar(255)		
electric_mode	供电方式	varchar(255)		
park_lot	车位	int		
peripheral_plan	周边规划	text		
real_saw	实看用户数	int		

续表

字段名	描述	数据类型	是否主键	备注
customer_comment	购买用户	int		
positive_comment	好评	int		
negative_comment	差评	int		
count_all	全部评论	int		
href	数据源地址	varchar(255)		
crawl_date	数据抓取时间	datetime		

6）楼盘户型表

此表通过 new_base_info_id 关联 new_base_info 表，new_base_info 与此表的关系为一对多关系。楼盘户型信息（new_house_shape）见表 5-8。

表 5-8　楼盘户型信息

字段名	描述	数据类型	是否主键	备注
id	主键	bigint	Y	
new_base_info_id	新房信息 id	bigint		
house_type_name	户型名称	varchar(255)		
room_count	居室	varchar(255)		
build_area	建面	float		
house_type	物业类型	varchar(255)		
orientation	朝向	varchar(255)		
frame_structure	户型结构	varchar(255)		
bind_build	户型分布	varchar(255)		
show_price	总价	float		
show_price_unit	总价单位	varchar(255)		
frame_desc	空间信息	varchar(255)		
advantage	优势	text		
disadvantage	不足	text		
sell_status_txt	在售情况	varchar(255)		

7）楼栋信息表

此表通过 new_base_info_id 关联 new_base_info 表，new_base_info 与此表的关系为一对多关系。楼栋信息（new_build_info）见表 5-9。

表 5-9　楼栋信息

字段名	描述	数据类型	是否主键	备注
id	主键	bigint	Y	
new_base_info_id	新房信息 id	bigint		
buildCode	楼栋号	varchar(255)		
unitNum	单元数	int		
floorNum	楼层数	int		
houseNum	总户数	int		

8）楼盘纪事表

此表通过 new_base_info_id 关联 new_base_info 表，new_base_info 与此表的关系为一对多关系。楼盘纪事信息（new_build_stroy）见表 5-10。

表 5-10　楼盘纪事信息

字段名	描述	数据类型	是否主键	备注
id	主键	bigint	Y	
new_base_info_id	新房信息 id	bigint		
time	时间	datetime		
openingOrDelivery	开盘/交房	varchar(255)		
buildsNum	楼栋	text		

9）售卖资格表

此表通过 new_base_info_id 关联 new_base_info 表，new_base_info 与此表的关系为一对多关系。售卖资格信息（new_sale_qualified）见表 5-11。

表 5-11　售卖资格信息

字段名	描述	数据类型	是否主键	备注
id	主键	bigint	Y	
new_base_info_id	新房信息 id	bigint		
sale_permission	售卖资格	text		
issuing_date	发证时间	datetime		
build_num	绑定楼栋	text		

10）楼盘动态表

此表通过 new_base_info_id 关联 new_base_info 表，new_base_info 与此表的关系为一对多关系。楼盘动态信息（new_sale_buid_trentds）见表 5-12。

表 5-12　楼盘动态信息

字段名	描述	数据类型	是否主键	备注
id	主键	bigint	Y	
new_base_info_id	新房信息 id	bigint		
title	标题	varchar(255)		
content	内容	text		
time	时间	datetime		

11）写字楼租赁表

写字楼租赁信息（business_office_rent）见表 5-13。

表 5-13　写字楼租赁信息

字段名	描述	数据类型	是否主键	备注
id	主键	bigint	Y	
city	城市	varchar(255)		
area	区域	varchar(255)		
name	写字楼名称	varchar(255)		
business_district	所属商圈	varchar(255)		
total_floor	总楼栋数	int		
room_count	在租套数	int		
area_min	租赁面积最小值	float		
area_max	租赁面积最大值	float		
area_unit	租赁面积单位	varchar(255)		
rent_price_min	租赁单价最小值	float		
rent_price_max	租赁单价最大值	float		
rent_price_unit	租赁单价单位	varchar(255)		
href	租赁详情源地址	varchar(255)		
longitude	经度	float		
latitude	纬度	float		
crawl_date	抓取时间	datetime		

12）写字楼售卖表

写字楼售卖信息（business_office_deal）见表 5-14。

表 5-14　写字楼售卖信息

字段名	描述	数据类型	是否主键	备注
id	主键	bigint	Y	
city	城市	varchar(255)		
area	区域	varchar(255)		
name	写字楼名称	varchar(255)		
business_district	所属商圈	varchar(255)		
total_floor	总楼栋数	int		
room_count	售卖套数	int		
area_min	租赁面积最小值	float		
area_max	租赁面积最大值	float		
area_unit	租赁面积单位	varchar(255)		
price	售卖单价	int		
price_unit	售卖单价单位	varchar(255)		
href	售卖详情源地址	varchar(255)		
longitude	经度	float		
latitude	纬度	float		
crawl_date	抓取时间	datetime		

13）商铺租赁表

商铺租赁信息（business_shop_rent）见表 5-15。

表 5-15　商铺租赁信息

字段名	描述	数据类型	是否主键	备注
id	主键	bigint	Y	
city	城市	varchar(255)		
area	区域	varchar(255)		
address	位置	varchar(255)		
name	商铺名称	varchar(255)		
business_district	所属商圈	varchar(255)		
floor_type	楼层类型	varchar(255)		
shop_area	商铺面积	float		
is_street	是否临街	varchar(255)		
decorated	装修情况	varchar(255)		
publish_time	发布时间	varchar(255)		
industry	行业	varchar(255)		
rent_total	租赁总价	float		
rent_total_unit	租赁总价单位	varchar(255)		
rent_price	租赁单价	float		
rent_price_unit	租赁单价单位	varchar(255)		
href	租赁详情源地址	varchar(255)		
longitude	经度	float		
latitude	纬度	float		
crawl_date	抓取时间	datetime		

14）商铺售卖表

商铺售卖信息（business_shop_deal）见表5-16。

表 5-16　商铺售卖信息

字段名	描述	数据类型	是否主键	备注
id	主键	bigint	Y	
city	城市	varchar(255)		
area	区域	varchar(255)		
address	位置	varchar(255)		
name	商铺名称	varchar(255)		
business_district	所属商圈	varchar(255)		
floor_type	楼层类型	varchar(255)		
shop_area	商铺面积	float		
is_street	是否临街	varchar(255)		
decorated	装修情况	varchar(255)		
publish_time	发布时间	varchar(255)		
industry	行业	varchar(255)		
sale_total	在售总价	float		
sale_total_unit	在售总价单位	varchar(255)		
sale_price	在售单价	float		
sale_price_unit	在售单价单位	varchar(255)		
href	在售详情源地址	varchar(255)		
longitude	经度	float		
latitude	纬度	float		
crawl_date	抓取时间	datetime		

2. 中国土地市场网 MySQL 的数据库表结构

1) 土地结果公告数据表

土地结果公告信息 (land_result) 见表 5-17。

表 5-17 土地结果公告信息

字段名	描述	数据类型	是否主键	备注
id	主键	bigint	Y	
province	省份	varchar(255)		
city	所在城市	varchar(255)		
region	行政区	varchar(255)		
sign_date	签订日期	varchar(255)		
result_href	结果链接	varchar(255)		
regulatory_number	电子监管号	varchar(255)		
project_name	项目名称	varchar(255)		
project_location	项目位置	varchar(255)		
area_detail	面积	float		
land_source	土地来源	varchar(255)		
purpose_detail	土地用途	varchar(255)		
supply_detail	供应方式	varchar(255)		
use_year	土地使用年限	int		
industry_type	行业分类	varchar(255)		
land_level	土地级别	varchar(255)		
deal_price	成交价格（万元）	float		
payment	约定支付信息	varchar(255)		
use_people	土地使用权人	varchar(255)		
plot_ratio_down	约定容积率下限	float		
plot_ratio_up	约定容积率上限	float		
agreed_delivery_date	约定交地时间	varchar(255)		
agreed_work_date	约定开工时间	varchar(255)		
agreed_finish_date	约定竣工时间	varchar(255)		
actual_work_date	实际开工时间	varchar(255)		
actual_finish_date	实际竣工时间	varchar(255)		
approved_by	批准单位	varchar(255)		
crawl_date	抓取时间	datetime		

2) 土地出让公告数据表

土地出让公告信息 (land_sell_notice) 见表 5-18。

表 5-18　土地出让公告信息

字段名	描述	数据类型	是否主键	备注
id	主键	bigint	Y	
province	省份	varchar(255)		
city	城市	varchar(255)		
area	区县	varchar(255)		
title	公告标题	varchar(255)		
notice_type	公告类型	varchar(255)		
publish	发布时间	datetime		
create	创建时间	datetime		
url	页面链接	datetime		
land_number	宗地编号	varchar(255)		
land_name	宗地名称	varchar(255)		
land_area	宗地面积	float		
land_area_unit	宗地面积单位	varchar(255)		
land_address	宗地坐落	varchar(255)		
transfer_period	出让年限	varchar(255)		
plot_ratio	容积率	varchar(255)		
building_density	建筑密度（%）	varchar(255)		
greening_rate	绿化率（%）	varchar(255)		
height_limit	建筑限高（m）	varchar(255)		
land_use	土地用途	varchar(255)		
investment_intensity	投资强度	varchar(255)		
bond	保证金	float		
bond_unit	保证金单位	varchar(255)		
starting_price	起始价	float		
starting_price_unit	起始价单位	varchar(255)		
listing_start_time	挂牌开始时间	varchar(255)		
listing_end_time	挂牌截止时间	varchar(255)		
remarks	备注	varchar(255)		
land_status	现状土地条件	varchar(255)		
industry_category	产业类别	varchar(255)		
appraisal_filing	估价报告备案号	varchar(255)		
building_coefficient	建筑系数	varchar(255)		
building_height	建筑高度	varchar(255)		
state_land_number	国有土地证证号	varchar(255)		
land_use_conditions	土地使用条件	varchar(255)		
transfer_mode	出让方式	varchar(255)		
transfer_price	出让价格	varchar(255)		采用 land_fees 或 transfer_price 这两个字段的数据
land_source	土地来源	varchar(255)		
land_grade	土地级别	varchar(255)		
land_development	土地开发程度	varchar(255)		
land_use_people	意向用地者	varchar(255)		
original_land_user	原用地者	varchar(255)		

3. 中国房价行情网 MySQL 的数据库表结构

1）住宅二手房房价走势数据表

住宅二手房房价走势信息（residence_esf_info）见表5-19。

表 5-19　住宅二手房房价走势信息

字段名	描述	数据类型	是否主键	备注
id	主键	bigint	Y	
city	所在城市	varchar(255)		
area	行政区县	varchar(255)		
house_use	房屋用途	varchar(255)		住宅
type	类型	varchar(255)		二手房
follow_price	关注价格	float		
follow_price_unit	关注价格单位	varchar(255)		
follow_count	关注套数	int		
value_price	价值	float		
value_price_unit	价值单位	varchar(255)		
supply_price	供给价格	float		
supply_price_unit	供给价格单位	varchar(255)		
supply_count	供给套数	int		
count_date	统计时间	datetime		表示数据统计的月份，如202007
crawl_date	抓取时间	datetime		

2）住宅新楼盘房价走势表

住宅新楼盘房价走势信息（residence_new_house_info）见表5-20。

表 5-20　住宅新楼盘房价走势信息

字段名	描述	数据类型	是否主键	备注
id	主键	bigint	Y	
city	所在城市	varchar(255)		
area	行政区县	varchar(255)		
house_use	房屋用途	varchar(255)		住宅
type	类型	varchar(255)		新楼盘
price	价格	float		
price_unit	价格单位	varchar(255)		
count	套数	int		
count_date	统计时间	datetime		表示数据统计的月份，如202007
crawl_date	抓取时间	datetime		

3）住宅-出租价格走势数据表

住宅-出租价格走势信息（residence_whole_info）见表5-21。

表 5-21　住宅–出租价格走势信息

字段名	描述	数据类型	是否主键	备注
id	主键	bigint	Y	
city	所在城市	varchar(255)		
area	行政区县	varchar(255)		
house_use	房屋用途	varchar(255)		住宅
type	类型	varchar(255)		出租
follow_price	关注价格	float		
follow_price_unit	关注价格单位	varchar(255)		
follow_count	关注套数	int		
value_price	价值	float		
value_price_unit	价值单位	varchar(255)		
supply_price	供给价格	float		
supply_price_unit	供给价格单位	varchar(255)		
supply_count	供给套数	int		
count_date	统计时间	datetime		表示数据统计的月份，如 202007
crawl_date	抓取时间	datetime		

4）二手房–商铺房价走势数据表

二手房–商铺房价走势信息（shops_esf）见表 5-22。

表 5-22　二手房–商铺房价走势信息

字段名	描述	数据类型	是否主键	备注
id	主键	bigint	Y	
city	所在城市	varchar(255)		
area	行政区县	varchar(255)		
house_use	房屋用途	varchar(255)		商铺
type	类型	varchar(255)		二手房
follow_price	关注价格	float		
follow_price_unit	关注价格单位	varchar(255)		
follow_count	关注套数	int		
value_price	价值	float		
value_price_unit	价值单位	varchar(255)		
supply_price	供给价格	float		
supply_price_unit	供给价格单位	varchar(255)		
supply_count	供给套数	int		
count_date	统计时间	datetime		表示数据统计的月份，如 202007
crawl_date	抓取时间	datetime		

5）商铺–出租价格走势数据表

商铺–出租价格走势信息（shops_rent）见表 5-23。

表 5-23　商铺–出租价格走势信息

字段名	描述	数据类型	是否主键	备注
id	主键	bigint	Y	
city	所在城市	varchar(255)		
area	行政区县	varchar(255)		
house_use	房屋用途	varchar(255)		商铺
type	类型	varchar(255)		出租
follow_price	关注价格	float		
follow_price_unit	关注价格单位	varchar(255)		
follow_count	关注套数	int		
value_price	价值	float		
value_price_unit	价值单位	varchar(255)		
supply_price	供给价格	float		
supply_price_unit	供给价格单位	varchar(255)		
supply_count	供给套数	int		
count_date	统计时间	datetime		表示数据统计的月份，如 202007
crawl_date	抓取时间	datetime		

6）二手房–办公楼房价走势数据表

二手房–办公楼房价走势信息（office_esf）见表 5-24。

表 5-24　二手房–办公楼房价走势信息

字段名	描述	数据类型	是否主键	备注
id	主键	bigint	Y	
city	所在城市	varchar(255)		
area	行政区县	varchar(255)		
house_use	房屋用途	varchar(255)		办公
type	类型	varchar(255)		二手房
follow_price	关注价格	float		
follow_price_unit	关注价格单位	varchar(255)		
follow_count	关注套数	int		
value_price	价值	float		
value_price_unit	价值单位	varchar(255)		
supply_price	供给价格	float		
supply_price_unit	供给价格单位	varchar(255)		
supply_count	供给套数	int		
count_date	统计时间	datetime		表示数据统计的月份，如 202007
crawl_date	抓取时间	datetime		

7）办公楼出租价格走势数据表

办公楼出租价格走势信息（office_rent）见表 5-25。

表 5-25 办公楼出租价格走势信息

字段名	描述	数据类型	是否主键	备注
id	主键	bigint	Y	
city	所在城市	varchar(255)		
area	行政区县	varchar(255)		
house_use	房屋用途	varchar(255)		办公
type	类型	varchar(255)		出租
follow_price	关注价格	float		
follow_price_unit	关注价格单位	varchar(255)		
follow_count	关注套数	int		
value_price	价值	float		
value_price_unit	价值单位	varchar(255)		
supply_price	供给价格	float		
supply_price_unit	供给价格单位	varchar(255)		
supply_count	供给套数	int		
count_date	统计时间	datetime		表示数据统计的月份，如 202007
crawl_date	抓取时间	datetime		

8）季度房价表

季度房价信息（quarter_price_info）见表 5-26。

表 5-26 季度房价信息

字段名	描述	数据类型	是否主键	备注
id	主键	bigint	Y	
city	所在城市	varchar(255)		
area	行政区县	varchar(255)		
house_use	房屋用途	varchar(255)		枚举值为住宅、普通公寓、酒店式公寓、商铺、办公楼
district_type	区域类型	varchar(255)		对应索引 type_code 为 1、2、3
type	类型	varchar(255)		枚举值为二手房、新楼盘、出租、整租、合租（住宅）；二手房、出租（普通公寓、酒店式公寓、商铺、办公楼）
quarter_price	季度房价	float		
quarter_price_unit	季度房价单位	varchar(255)		
on_quarter	季度房价环比	varchar(255)		对应 quarter_price_on_year
average_total_price	季度平均总价	int		
average_total_price_unit	季度平均总价单位	varchar(255)		
sale_rent_ratio	季度租售比	varchar(255)		
number_of_listing	季度挂牌数量	int		
listing_unit	季度挂牌数量单位	varchar(255)		
price_on_quarter	新房上季度价格环比	varchar(255)		仅住宅新楼盘的数据才有
statistics_real_estate	新楼盘统计	int		仅住宅新楼盘的数据才有
statistics_real_estate_unit	新楼盘统计单位	varchar(255)		仅住宅新楼盘的数据才有
statistics_time	季度统计时间	varchar(255)		
href	页面链接	varchar(255)		
crawl_date	抓取时间	datetime		

9）年度房价表

年度房价信息（year_price_info）见表 5-27。

表 5-27　年度房价信息

字段名	描述	数据类型	是否主键	备注
id	主键	bigint	Y	
city	所在城市	varchar(255)		
area	行政区县	varchar(255)		
house_use	房屋用途	varchar(255)		枚举值为住宅、普通公寓、酒店式公寓、商铺、办公楼
district_type	区域类型	varchar(255)		对应索引 type_code 为 1、2、3
type	类型	varchar(255)		枚举值为二手房、新楼盘、出租、整租、合租（住宅）；二手房、出租（普通公寓、酒店式公寓、商铺、办公楼）
year_price	年房价	float		
year_price_unit	年房价单位	varchar(255)		
on_year	年房价环比	varchar(255)		对应 year_price_on_year
average_total_price	年平均总价	int		
average_total_price_unit	年平均总价单位	varchar(255)		
sale_rent_ratio	年租售比	varchar(255)		
number_of_listing	年挂牌数量	int		
listing_unit	年挂牌数量单位	varchar(255)		
price_on_year	新房年价格环比	varchar(255)		仅住宅新楼盘的数据才有
statistics_real_estate	新楼盘统计	int		仅住宅新楼盘的数据才有
statistics_real_estate_unit	新楼盘统计单位	varchar(255)		仅住宅新楼盘的数据才有
statistics_time	年统计时间	varchar(255)		
href	页面链接	varchar(255)		
crawl_date	抓取时间	datetime		

5.2.5　自动分析模块

1. 基于机器学习的预测模型

机器学习是目前使用广泛的新技术。机器学习算法可以从大量历史数据中挖掘出其中隐含的规律，并用于预测或者分类，更具体地说，机器学习可以看作要寻找一个函数，该函数的输入是样本数据，输出是期望的结果，只是这个函数过于复杂，以至于不太方便形式化表达。需要注意的是，机器学习的目标是使学到的函数很好地适用于新样本，而不仅仅是在训练样本上表现得很好。学到的函数适用于新样本的能力称为泛化（generalization）能力。

在本书中，我们基于采集的海量数据，采用机器学习算法，实现对房价、土地价格等价格要素未来走势的预测。

价格预测模型主要分模型设计、训练和评估三个阶段,是一个逐步迭代优化的过程(有时也会包含数据探查和特征工程过程)。我们会采用业界流行的交叉验证方式,通过多次拆分数据为训练集和测试集,并采用对模型效果评估求平均值的方式,有效地减少过拟合和欠拟合状态的发生。在评估阶段,我们也是通过计算业界最常用且有效的指标,如分类器的 F1、ROC-AUC、Pr、Recall、回归的 MSE 等可量化的指标,形成一个可迭代的闭环。

我们通常对同一个问题设计多个模型,并在模型训练中依据工程经验设置各类超参数,形成参数网格,充分利用现代计算机运算能力,通过遍历模型和超参数空间,进行多次设计、训练、评估后,选择符合设计要求的最佳模型和参数。

我们采用的机器学习平台内置多种常见模型和预处理流程,基于前述的方法论,可快速设计训练、评估模型,支持自动迭代更新。

2. 分析模型

这一部分内容已在 3.2.2 节中介绍了,这里不再重复介绍。

5.2.6　可视化展示

1. 可视化设计

可视化展示采用统一的数据分析引擎,提供丰富的可视化数据展示组件,将数据转换为各种格式报表、多种图形在 Web 上显示出来,并进行交互处理。用户可以更直观、更便捷地实现报表浏览、数据分析、KPI 监控等功能。

可视化展示系统提供完整的报表样式定制、数据关系映射、数据项平衡校验规则定制等功能;提供管理驾驶舱与个性化信息门户平台。个性化仪表盘给每个人配置自己专属的数据分析系统,通过多信息源整合与个性化展示,让管理层拥有更综合的管理视角。

可视化展示系统采用仪表盘对各类数据或者业务指标进行多维跨域展示,同时通过饼图、柱状图、趋势变化图等可视化工具,按照指标类型的不同分类进行直观展示。

2. 展示指标

可视化系统共分为五个页面,分别是房价、土地、房企、房地产金融市场四个分项页面,以及汇集所有分项内容的综合页面。分项页面的展示指标如下。

1)房价

主要功能版块包括:新房交易、二手房交易、租赁交易。

每个功能版块下按房屋类别分为住宅、商品房、写字楼。

具体信息包括：①交易信息，如成交时间、套数、金额、单价、户型、面积、楼层、区位信息、楼盘名称、开发商名称等。②供应信息，如待售面积（批准上市面积）、待售套数（批准上市套数）、新开工面积、施工面积、竣工面积等。

2）土地

主要功能版块包括：土地供应、土地交易、房企拿地、非房企拿地。

每个功能版块下包括：住宅用地、商业用地、工业用地。

土地供应信息：占地面积、规划建筑面积、幅数、楼面均价、土地均价等。

土地成交信息：占地面积、规划建筑面积、幅数、土地出让总价、平均溢价率、成交楼面均价、成交土地均价、买家名称等。

房企拿地信息：合同销售均价、合同销售面积、合同销售金额、累计签约面积、累计签约金额、平均楼面价、楼面成交溢价率、土地储备、土地抵押情况等。

非房企拿地信息：合同销售均价、合同销售面积、合同销售金额、累计签约面积、累计签约金额、平均楼面价、楼面成交溢价率、土地储备、土地抵押情况等。

3）房企

主要功能版块包括：房地产开发企业、房屋租赁企业、拿地非房地产企业。

每个功能版块下包括：股权状况、财务指标。

股权状况包括：股东名称、股东性质、持股数量、持股占比。

财务状况包括：偿债能力、投资状况、运营风险、盈利状况、现金流风险、破产风险。

偿债能力：流动比率、速动比率、资产负债率、内债（外债）负债率。

投资状况：存货占比、投资性房地产占比、长期股权投资。

运营风险：应收账款周转率、存货周转率、总资产周转率。

盈利状况：营业收入增长率、ROA、ROE、营业利润率。

现金流风险：经营活动产生的现金流量净额占比、筹资活动产生的现金流量净额占比、投资活动产生的现金流量净额占比。

破产风险：破产企业数量（人民法院公告，爬虫）。

4）房地产金融市场

主要功能版块包括：房地产股票、房地产债券、房地产信托、房地产开发贷款、个人按揭、房地产 ABS（asset-backed securities，资产支持证券）、REITs（real estate investment trusts，房地产投资信托基金）。

房地产股票：规模、增速、占比、房地产指数、上证综指（即上海证券综合指数）、深证成指（即深圳证券交易所成份股价指数）。

房地产债券：规模、增速、占比、房地产指数、债券综合指数、房地产债券利差、违约率。

房地产信托、房地产开发贷款、个人按揭、房地产 ABS、REITs：规模、增速、占比、违约率。

页面展示总体要求：指标本身、图表走势、各城市地图展示等。还要预留计算功能，有很多指标要在基础指标上来计算合成新的指标并进行分析。

3. 预警等级

整个预警等级采用百分制，用红、黄、绿三种颜色来区分不同等级的风险。

其中，绿色代表状态正常，表示风险小，在可以接受的范围内；黄色代表中度风险预警，表示已经出现一定的风险，需采取动态监控，及时反馈信息，并采取一定措施，尽可能地化解风险；红色代表高度预警，表示风险已经很大，此时应采取必要措施，提防随时可能出现的可能严重影响房地产市场的事件。

4. 预警反馈

整个系统的预警反馈机制见图 5-19。

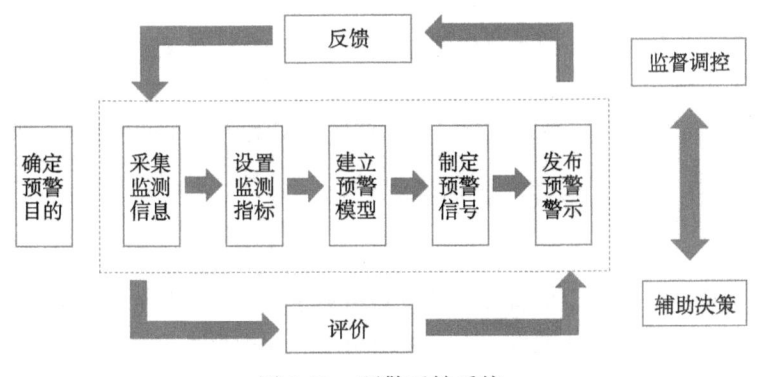

图 5-19 预警反馈系统

5. 实现效果

（1）建立全国性（全口径、全覆盖）最全的房价、土地、房企信息数据库，为政府的各类决策提供辅助支持，该数据颗粒度能实现小区价格的走势变化分析。

（2）基于建立的全国性信息数据库，可以基于不同主题进行各种数据分析和数据挖掘，并且对房价、地价未来的走势进行机器学习的价格预测，并对各类风险进行自动监测与预警。

（3）基于自动化数据模型和时事热点，可以对房地产市场的各类风险进行实时的风险预警和成因分析（风险路径等）。

（4）自动化撰写各类房地产风险分析报告。

第 6 章

数字化审计工作模式优化研究

6.1 引　　言

当今世界处于新一轮科技革命和产业变革的兴起时期，以大数据、互联网、物联网、人工智能为代表的新一轮信息技术不断创新突破，深刻影响着人类的生产生活及思维方式，也为国家治理带来深刻的变革。2015年国务院颁布《促进大数据发展行动纲要》，将大数据发展确立为国家战略。2017年，习近平总书记在党的十九大报告中提出要"增强改革创新本领，保持锐意进取的精神风貌，善于结合实际创造性推动工作，善于运用互联网技术和信息化手段开展工作"[①]。国家审计作为党和国家监督体系的重要组成部分，要适应科技革命的需要，实践和创新大数据环境下的审计工作模式，更好地履行新时期党和国家赋予审计工作的新职责。

6.1.1 数字化审计工作模式优化的必要性

优化数字化审计工作模式是发挥审计在党和国家监督体系中重要作用的需要。国家审计是党和国家监督体系的重要组成部分，要发挥好审计在党和国家监督体系中的重要作用，达到中央审计委员会第一次会议提出的加大对党中央重大政策措施贯彻落实情况跟踪审计力度、加大对经济社会运行中各类风险隐患揭示力度、加大对重点民生资金和项目审计力度的"三个加大"要求。审计工作不仅要查违纪违法问题，还要发现体制机制性障碍，防范国民经济运行风险。这要求审计工作必须站位要高、视野要宽，要求审计人员具有从宏观、总量、面上分析问题的思维和方法。传统的依靠单一的数据源、简单的统计分析的审计工作模式在审计广度上和深度上都达不到要求，因此必须创新优化数字化审计工作模式，以适应审计工作的新要求、新发展。

优化数字化审计工作模式是适应审计全覆盖的需要。审计工作任务重与审计人员不足的矛盾长期存在，审计全覆盖的要求又进一步加剧了这一矛盾。在审计人员编制相对固定的情况下，借助大数据等技术手段提高审计工作效率是必由之

---

① 习近平：决胜全面建成小康社会 夺取新时代中国特色社会主义伟大胜利——在中国共产党第十九次全国代表大会上的报告，http://www.gov.cn/zhuanti/2017-10/27/content_5234876.htm[2022-12-20]。

路。这需要审计工作进一步向信息化要效率,向大数据要资源,树立大数据思维,用大数据技术方法分析审计对象,查找问题根源,提高审计工作效率和质量。

优化数字化审计工作模式是适应审计对象发展变化的需要。随着经济社会的发展,被审计单位的经济活动越发呈现出跨市场、跨地域、广阔性特征,各种决策流、业务流、资金流、信息流、关系流纵横交错,很多违纪违法手段会越来越隐蔽高端。审计如果继续沿用简单的查账手段,继续分析有限的数据就难以发现新形势下的新问题。为此,审计工作必须具备大数据思维和能力,优化数字化审计工作机制,全面采用数据分析技术,对多来源、多类型的数据进行碰撞分析、相互印证从而去发现隐蔽的问题线索。

6.1.2 国内外研究综述

国内外理论和实务界对数字化审计工作模式的研究主要集中在数字化审计工作方式变革、技术方法变革、组织模式和人员队伍变革等方面,形成了诸多各具特色的理论体系和实践研究路径。

在数字化审计工作方式变革研究方面,袁野(2020)认为,大数据审计不仅是战术层面的技术创新,更是涉及组织流程、思维理念的战略性变革。刘杰等(2019)提出了数据取证模式、整体流程、技术方法、作业模式、规范体系、人才需求等变革路径。章轲等(2018)提出了从理论、法规、管理、技术和安全等方面进行创新的路径。刘星等(2016)提出了大数据审计面临数据采集、数据处理、数据中心建设、数据分析方法创新、组织模式和风险管理等六个方面的关键问题。秦荣生(2014)提出了大数据、云计算技术促进持续审计方式的发展、总体审计模式应用、审计成果综合应用、相关关系证据应用、高效数据审计发展和大数据审计师发展等。

在数字化审计技术方法变革研究方面,房巧玲等(2020)提出了区块链驱动下基于双链架构的混合审计模式。徐超等(2020)提出了区块链技术在审计中的逻辑运用方法。牛艳芳等(2018)提出了审计大数据网络分析的理论框架,概括了"点、线、面、块"的网络分析方法体系。陈伟等(2016)提出了大数据环境下的电子数据审计方法原理。裴文华和成维一(2017)阐述了财政大数据审计关联分析的思路和方法。吕劲松等(2017)等阐述了商业银行非结构化数据应用分类、采集存储、处理分析和文本分析问题。*Accounting Horizons* 于 2015 年 6 月出版大数据技术特刊,阐述了大数据对审计判断与决策、审计技术与方法以及审计功能与效率等的影响。

在数字化审计组织模式和人员队伍变革研究方面,郑石桥(2020)提出了电子数据环境对审计流程影响的理论框架。李成艾和何小宝(2019)提出了大数据审计组织方式的创新路径、运行机制与保障机制。乔雅婷和时现(2017)基于共享机制构建了数字化审计资源组织模式,将审计机关工作分为审计分析、审计实施和审计研究三大板块。李美羲(2017)认为,大数据审计的项目组织管理应增强柔性、敏捷性和自适应性。郑伟等(2016)提出了大数据环境下数据式审计模式的路径设计,包括逻辑流程、网络架构和应用架构等。Rose(2017)以两家事务所的高级审计师为实验研究对象,以大数据可视化对审计师判断的及时性影响为主题,研究新兴技术对审计人员证据评估和专业判断的影响。Dilla 和 Raschke(2015)根据任务特征、任务复杂度和审计人员特点提出数据可视化对审计判断影响的理论框架。

总体上看,国内外学者对大数据驱动国家审计工作模式变革的实践路径进行的全面的实践调研分析相对较少,从当前国家审计实践前沿探索的角度形成的系统性的大数据审计工作模式框架较少。本书力求在全面调研全国各级审计机关大数据审计实践的基础上,提出数字化审计工作模式变革的实践路径框架,对新时代推动大数据审计实践创新提出政策建议。

6.2 数字化审计工作模式优化的理论框架

6.2.1 数字化审计工作模式界定

模式是主体行为的一般方式,是理论和实践之间的中介环节,具有一般性、简单性、重复性、结构性、稳定性和可操作性等特征。从 6.1 节可见,理论界关于数字化审计工作模式的内涵和外延并没有统一的界定。从实践中理解,数字化审计工作模式是指审计机关在全面掌握被审计单位微观数据、经济社会运行宏观数据的基础上,进行"总体分析、发现疑点、分散核查、系统研究"的一种审计项目组织模式。

审计环境的变迁必将影响并促进审计要素体系的变革。以大数据为代表的信息技术等外部审计环境的变革,对国家审计的理念、制度、方法、组织、人员和成果等审计要素体系都产生了重大影响,造成审计要素体系的解构和重构。因此,本书从系统组织理论的角度,定义数字化审计工作模式:在数字化审计环境下,审计机关以充分发挥审计职能、提升审计监督效能为目的,利用审计职责范围内的数量巨大、来源分散、格式多样的大数据资源,遵循大数据理念,运用大数据技术、方法和工具开展审计工作的模式,包括一系列制度规范、组织方式、技术方法和人员配置等要素集成的复杂的系统模式。

6.2.2 数字化审计工作模式变革框架

与传统审计模式相比,数字化审计理念和技术方法的创新将直接推动审计能力的提升。审计能力的提升必然要求与之相适应的审计制度和审计组织模式等审计要素关系的变革，反过来审计要素关系的变革又会反作用于审计能力的提升。数据审计推动审计能力提升的关键是审计人员创新能力的增强。

（1）审计理念方面。大数据审计不仅是信息、数字、网络、智能相关技术在审计中的应用，更重要的是一种审计理念（袁野，2020）。大数据推动审计理念由抽样审计向全面审计转变，由关注因果关系向关注相关关系转变，由事后审计向持续审计转变。大数据审计不是审计的辅助工具，也不仅是审计手段和方法的创新，而是驱动审计整体流程创新的重要推动力；不是助力审计工作开展的可选项，而是推动审计事业发展的必选项，是审计事实过程的必经程序；不是部分审计项目、审计人员的专属特征，而是未来审计事业发展的重要方向。

（2）审计制度方面。审计制度是审计理念固化和贯彻的保障，是审计理念具体化落实的重要依据。与手工审计、计算机审计和数据审计相比，大数据审计具有采集数据量大、采集频率高、大量数据汇集、结构复杂、数据标准不一、相关关系取证困难等特征，需要从制度层面明确数据采集的依据、管理办法、数据治理标准、数据分析规范、数据取证程序等基本规范，建立包括审计法律法规、审计准则、审计数据标准、审计数据分析规范、审计数据管理办法等在内的大数据审计制度体系。

（3）审计方法方面。大数据环境下审计工作利用采集的社会经济运行的多来源大数据，运用大数据、云计算、人工智能等技术手段开展数据的挖掘分析，突破数据审计阶段财务和业务等结构化数据的关联分析限制，实现了各类结构化和非结构化数据的智能化分析利用，有效提升审计发现问题、评价判断和宏观分析的能力。

（4）审计组织方面。传统的以审计业务领域划分的审计组织架构和审计项目组织方式得以突破和创新，跨业务板块的综合数据分析组织模式和灵活多样的审计项目组织模式更适应审计大数据数量巨大、集中管理、技术更新频繁等要求。审计组织方式实现了审计从静态审计向静态与动态结合审计的转变，从现场审计向现场与非现场结合审计的转变，从分层级、分业务板块审计向跨层级、跨地域、跨系统、跨部门和跨业务的审计一体化转变。

（5）审计人员方面。大数据审计人员是实施大数据审计的主体。大数据来源和类型的多样性以及分析技术方法的复杂性决定了以往审计模式下数据分析人员和审计业务人员简单结合的人力资源配置模式已不能满足大数据审计工作需要，既懂大数据技术又懂审计业务的复合型审计人才培养是推进大数据审计的关键因素。

（6）审计成果方面。从审计成果类型看，大数据审计可以突破审计项目计划和审计现场环境等的限制，依据高质量的审计大数据形成非现场大数据综合分析报告，充分发挥审计的综合分析职能。从审计成果质量看，大数据作为一种基础性战略资源，对于提高审计质量和效率有着巨大价值，有利于突破资源限制，扩大审计监督覆盖面；有利于突破时空局限，提升国家审计对经济社会风险预警的能力；有利于突破局部视野，充分发挥国家审计宏观管理职能（袁野，2020）。

表 6-1 总结了传统审计与大数据审计的比较结果。

表 6-1 手工审计、计算机审计、数据审计与大数据审计的比较

比较要素	手工审计	计算机审计	数据审计	大数据审计
审计理念	手工查账审计	计算机辅助审计	数据助力审计	大数据驱动审计
审计制度	手工查账审计制度	计算机辅助审计制度	数据审计制度	大数据审计制度
审计方法	纸质财务账本凭证手工查询分析	计算机存储财务数据查询分析	信息系统管理财务业务数据多维关联分析	多来源大数据挖掘分析
审计组织	以业务部门划分的审计项目组织方式	以业务部门划分的计算机辅助审计项目组织方式	以业务板块划分为主的分散式数据分析审计项目组织方式	跨业务板块的综合数据分析+灵活多样的审计项目组织方式
审计人员	审计业务人员	计算机人员+审计业务人员	数据分析人员+审计业务人员	复合型审计人员
审计成果	审计报告	计算机辅助分析报告+审计报告	数据分析报告+审计报告	非现场大数据综合分析报告+审计报告

从大数据驱动国家审计工作模式创新的实践路径框架来看，大数据审计理念是指导大数据审计实践的思想先导。大数据审计制度是大数据审计理念的固化，是推动大数据审计理念落实的制度保障。大数据审计方法体系是大数据审计实践能力提升的核心要素，是大数据审计实践创新的主要表现形式。大数据审计组织和大数据审计人员的创新是大数据审计实践创新的保障与支撑，其中，组织创新的核心是人员配置方式和使用方式的创新，人员创新的核心是理念、技术、意愿的提升。通过大数据审计理念创新、制度创新和实践创新，最终的成果形式是大数据审计的成效创新。大数据驱动审计工作模式创新的路径框架如图 6-1 所示。

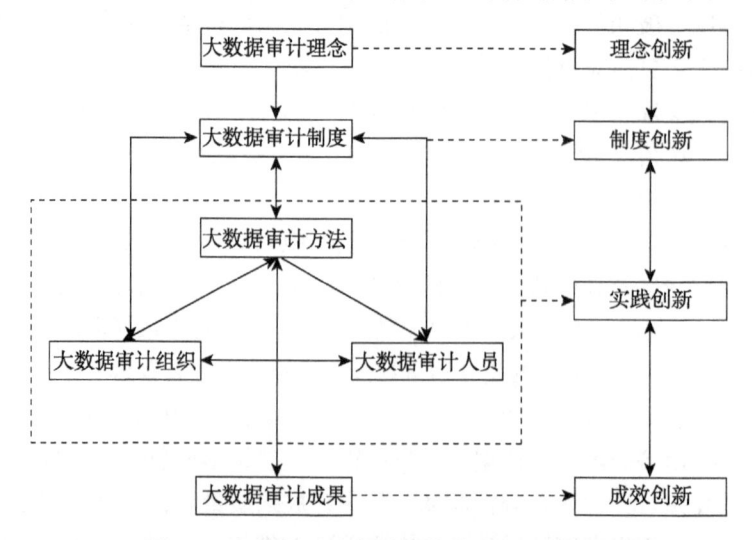

图 6-1 大数据驱动审计工作模式创新的路径框架

6.3 数字化审计工作模式的现状

6.3.1 数字化审计工作模式的理念演进

我国国家审计对电子数据的应用经历了手工审计、计算机辅助审计、数据审计和大数据审计等发展阶段,科技强审理念也在这一过程中逐步确立。1996年,审计署发布《审计机关计算机辅助审计办法》确定了计算机辅助审计的理念。在这一时期,审计人员从手工翻阅账本发展到电子账套审查与手工查账相结合,以财务报表数据分析为主的计算机辅助审计模式逐步在各级审计机关兴起。2001年,国务院办公厅印发《关于利用计算机信息系统开展审计工作有关问题的通知》,确定了电子数据审计的依据,标志着数据审计时代的到来。在这一时期,依托金审工程一期、二期项目的建设和实施,以各审计业务领域条线的数据分割应用为龙头,各级审计机关实现了分散格局基础上的数据化审计工作模式。2015年,中共中央办公厅、国务院办公厅印发《关于完善审计制度若干重大问题的框架意见》及相关配套文件,明确要求构建大数据审计工作模式;2018年5月,习近平总书记在中央审计委员会第一次会议上指出,"要坚持科技强审,加强审计信息化建设"[①],标志着以科技强审为核心的大数据审计理念正式确立,逐步探索并形成了"总体分析、发现疑点、分散核查、系统研究"的数字化审计模式。

6.3.2 数字化审计工作模式的制度体系

经过十余年的发展,大数据审计工作的制度基础逐步夯实,构建了包括顶层制度、审计署制度、地方审计机关制度和地方政府支持配合制度在内的框架体系,初步形成涵盖审计法律法规、审计准则、审计规范性文件、审计数据标准、审计数据分析规范、审计数据管理办法的大数据审计制度体系,为各级审计机关单位开展大数据审计提供了基本规范。具体制度体系见图6-2。

(1)大数据审计顶层制度设计进一步完善。2018年5月,习近平总书记在中央审计委员会第一次会议上指出,"各地区各部门特别是各级领导干部要及时、准确、完整地提供同本单位本系统履行职责相关的资料和电子数据,不得制定限制向审计机关提供资料和电子数据的规定,已经制定的要坚决废止"[①]。习近平总书记的这一要求,为各级审计机关采集电子数据提供了最坚实有力的支撑和保障。从体制机制上来说,审计数据采集的障碍已经基本解决。表6-2总结了大数据审计的相关顶层制度。

---

① 习近平主持召开中央审计委员会第一次会议,http://www.gov.cn/xinwen/2018-05/23/content_5293054.htm[2022-04-29]。

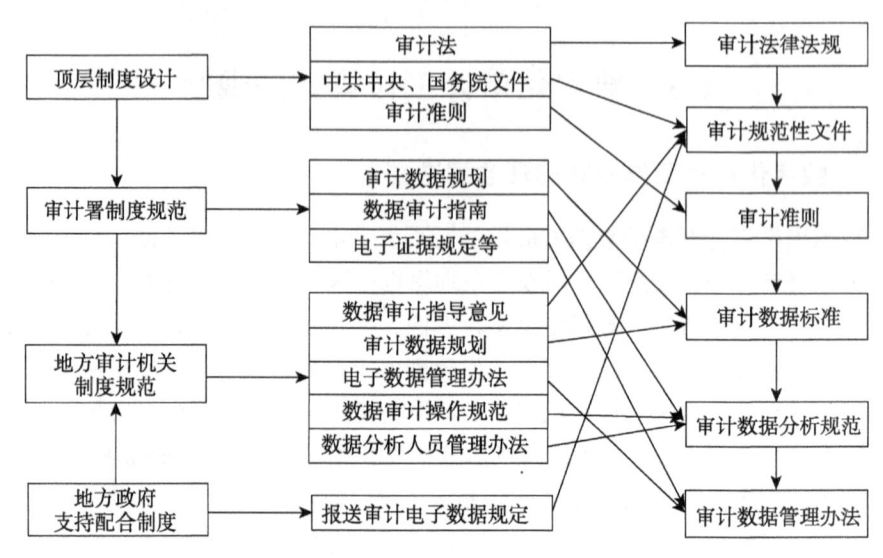

图 6-2　大数据审计制度体系

表 6-2　大数据审计相关顶层制度设计

发布/施行时间	发布机构	名称	相关规定
2001 年 11 月	国务院办公厅	《关于利用计算机信息系统开展审计工作有关问题的通知》	审计机关有权检查被审计单位运用计算机管理财政收支、财务收支的信息系统。被审计单位应当按照审计机关的要求，提供与财政收支、财务收支有关的电子数据和必要的计算机技术文档等资料
2011 年 1 月	审计署	《中华人民共和国国家审计准则》	第六十条　审计人员可以从下列方面调查了解被审计单位及其相关情况：……（七）相关信息系统及其电子数据情况…… 第八十七条　审计人员获取的电子审计证据包括与信息系统控制相关的配置参数、反映交易记录的电子数据等
2014 年 10 月	国务院	《关于加强审计工作的意见》	探索在审计实践中运用大数据技术的途径，加大数据综合利用力度，提高运用信息化技术查核问题、评价判断、宏观分析的能力
2015 年 12 月	中共中央办公厅、国务院办公厅	《关于完善审计制度若干重大问题的框架意见》及《关于实际审计全覆盖的实施意见》等相关配套文件	构建大数据审计工作模式，提高审计能力、质量和效率，扩大审计监督的广度和深度
2019 年 7 月	中共中央办公厅、国务院办公厅	《党政主要领导干部和国有企事业单位主要领导人员经济责任审计规定》	创新审计组织管理，推动大数据等新技术应用，建立健全审计工作信息和结果共享机制，提高审计监督整体效能
2021 年 10 月	全国人民代表大会常务委员会	《中华人民共和国审计法》（2021 年修正）	第三十四条　审计机关有权要求被审计单位按照审计机关的规定提供财务、会计资料以及与财政收支、财务收支有关的业务、管理等资料，包括电子数据和有关文档。被审计单位不得拒绝、拖延、谎报……

（2）大数据审计的制度规范逐步健全。数据审计管理办法在总结以往数据式审计工作经验的基础上，建立和完善统筹规划、数据采集、数据管理、数据使用和人员管理等一整套长效运行机制。审计数据规划制定了各业务领域审计数据规划体系，在财政、金融、企业等审计领域建立起一整套标准化和规范化的审计数据结构。数据审计指南包括电子数据分析利用实务指引和各业务领域数据审计指南，对信息系统调查、数据分析利用方案制订，以及数据采集、处理、分析利用、质量管理及安全保密等方面内容进行指引。电子证据规定明确了数据采集、管理、使用、安全等各环节要求。表 6-3 总结了审计署大数据审计的相关制度规范。

表 6-3　审计署大数据审计相关制度规范

文件大类	文件小类	相关规定
审计数据管理办法	数据审计管理办法、电子数据管理办法、电子数据安全保密管理办法等	数据审计统筹规划与管理；电子数据采集、数据管理、数据使用和人员管理等的总体性要求；电子数据安全保密管理的要求
审计数据规划	审计数据总体规划、各业务领域审计数据规划、审计管理数据规划等	对审计数据的类型、结构、元素和数据表等进行规划；在财政、金融、企业等审计业务领域建立标准化和规范化的审计数据结构；对审计管理数据信息进行规范
数据审计指南	电子数据审计指南、各业务领域数据审计指南等	对信息系统调查、数据分析利用方案制订以及数据采集、处理、分析利用、质量管理及安全保密等方面内容进行指引；财政、金融、企业等审计业务指南单设章节规范各业务领域大数据审计操作规范
电子证据规定	电子数据审计证据规定等	明确了电子数据审计证据在数据采集、应用、认定等各环节的要求

6.3.3　数字化审计工作模式的技术方法

审计常用数据分析技术按技术手段类型可以分为数据分析和大数据分析两类。数据分析是当前采用的主要分析技术，是指利用 SQL、Oracle、Excel 等结构化分析工具，对被审计单位内部的财务和业务数据以及外部的相关结构化数据，进行查询分析、对比分析、关联分析、趋势分析、统计分析等，从而揭示问题疑点的过程。大数据分析主要是利用数据挖掘分析、文本分析、社交网络分析和可视化分析等大数据技术手段和分析工具，对跨层级、跨地域、跨系统、跨部门和跨业务的各类结构化、半结构化和非结构化数据进行挖掘和分析的过程。

审计常用数据分析技术按数据结构类型可以分为结构化数据分析、半结构化数据分析和非结构化数据分析三类。其中，结构化数据分析包括传统数据分析、数据挖掘分析、数据可视化分析等；半结构化数据分析包括社交网络数据分析和空间数据分析等；非结构化数据分析包括文本数据分析、网页数据分析和多媒体数据分析等。表 6-4 总结了审计常用的数据分析技术方法。

表 6-4 审计常用数据分析技术方法体系

技术类型	数据类型	分析方法	分析技术	分析工具	分析示例
数据分析	结构化数据	传统数据分析	查询分析、趋势分析、对比分析、关联分析等	SQL、Oracle、Excel等	查询并关联各类财务数据、业务数据、外部数据，分析数据之间的相关关系，查找问题疑点
大数据分析	结构化数据	数据挖掘分析	分类、聚类、回归分析等	SPSS、Python等	利用分类、聚类、回归等挖掘分析方法，对审计数据进行智能化的挖掘分析，揭示隐藏关系
		数据可视化分析	图表展现、地图展现	Tableau、Neo4j等	将数据之间的相关关系通过可视化的方式展现，方便审计人员快速、准确判断审计问题疑点
	半结构化数据	社交网络数据分析	基于联系的结构分析、基于内容的结构分析	SPSS、Python、R语言等	构建关系网络分析，将审计对象多个主体的关系抽象为关系网络图，将更多的审计主体纳入分析对象，挖掘出了背后潜藏的复杂关系
		空间数据分析	图层分析、图纸解读分析	GIS、BIM等	利用GIS、BIM等专业领域分析工具，将审计关注的各类地理信息数据、建筑工程信息数据纳入分析对象，揭示问题疑点
	非结构化数据	文本数据分析	文本分词、文本分类、文本聚类	Python等	利用自然语言处理技术对审计所需的文本信息内容进行批量分词，转化成计算机可以识别和处理的信息，进而利用文本聚类、文本分类等算法，对文本进行分析处理，提升审计效率和质量
		网页数据分析	内容挖掘、结构挖掘、用法挖掘	Python、网络爬虫工具等	对被审计对象在互联网上的海量相关信息进行精准采集，对信息内容进行结构化和非结构化挖掘分析，扩充审计信息来源
		多媒体数据分析	图像、音频、视频数据解读分析	Python等	利用人工智能等技术对审计过程中获取的多媒体数据进行处理、分析和理解，以识别审计所需相关信息

注：GIS 即 geographic information system，地理信息系统；BIM 即 building information model，建筑信息模型

6.3.4 数字化审计工作模式的组织体系

各级审计机关结合自身业务特点、人员结构、技术储备、数据积累等情况，因地制宜地探索灵活多样的审计组织模式。

1. 大数据审计领导小组模式

领导重视是推动大数据审计工作开展的重要保障。大多数审计机关成立了大数据审计等相关工作的领导小组，由审计机关主要负责同志担任组长，下设办公室及若干数据分析组和现场核查组。在组织机构设置上，审计署于2014年增设了电子数据审计司。随后，各省级审计机关纷纷设立了电子数据审计处或计算机审

计中心,统筹推进开展大数据审计和信息化工作。

2. 分级分类大数据审计模式

在审计项目计划安排阶段,实行分级分类大数据审计模式。

一是数据先行模式(表6-5)。审前数据集中分析作为必要程序。一般性项目由审计业务处室自主完成;跨行业、跨地域项目由数据管理部门根据审计组提出的数据分析需求组织开展并出具数据分析报告;数据依赖度较强的项目由数据管理部门与审计业务处室共同组成审计组全过程合作。采用此模式的典例有辽宁省审计厅。

表 6-5　数据先行模式

全部审计项目	数据分析类别	数据管理部门	审计业务处室
审前数据集中分析作为必要程序	一般性项目		√
	跨行业、跨地区项目	√	
	数据依赖度较强的项目	√	√

二是分级管理模式(表6-6)。对审计项目按照项目需要、规模、复杂程度、人力资源及行业信息化管理情况分成一级、二级、三级电子数据审计项目。不同级别的电子数据审计项目实施中组建不同人员数量的数据分析团队。采用此模式的典例有海南省审计厅。

表 6-6　分级管理模式

电子数据审计项目级次	核心分析团队	日常工作团队	预备队
	省厅电子数据审计处人员	省厅各业务处室数据分析骨干	全省计算机审计人员
一级项目	√		√
二级项目	√	√	
三级项目		√	

三是研究型项目模式。研究型项目可结合一个或多个项目组织实施,也可先不立项,针对某些风险领域、民生问题、社会关注点等开展数据分析研究,挖掘隐藏在数据背后的问题线索后再立项。采用此模式的典例有上海市审计局。

3. "大兵团作战"、扁平化管理大数据审计模式

在重大审计项目组织方面,为统筹调动多方资源,压缩审计项目管理层级,部分审计机关在审计项目的统一组织上,推行"大兵团作战"模式,在机关内部打破处室界限,各类人员混合编组;在审计项目实施上,推行扁平化管理,多部门高效协同,将大数据分析团队作为审计组的后援部队,将重点延伸方向和疑点线索推送给现场核查组,现场核查组将现场审计取得的下游数据和疑点核实结果

及时反馈回大数据分析团队进行二次分析验证。采用此模式的典例有北京市审计局、天津市审计局。图 6-3 展示了该模式示意图。

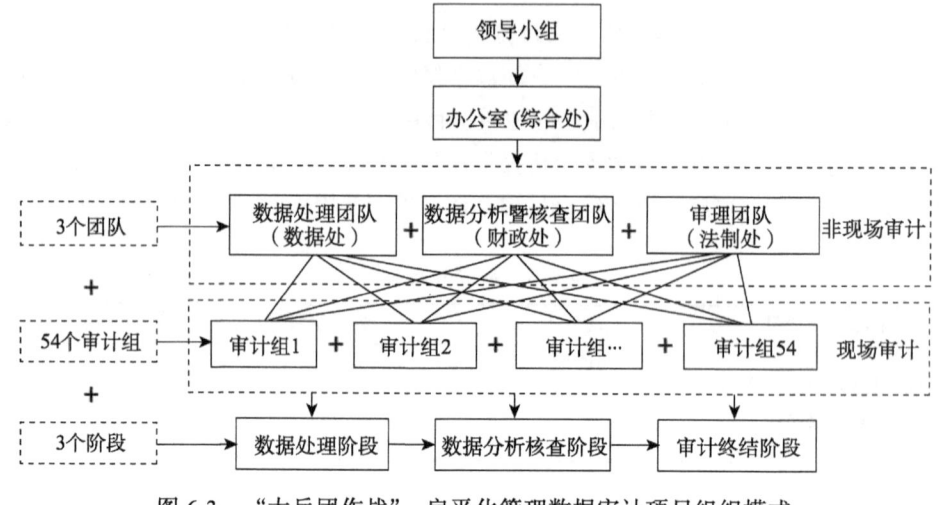

图 6-3 "大兵团作战"、扁平化管理数据审计项目组织模式

4. 双主审制大数据审计模式

双主审制就是在数据条件好的审计项目中设置项目主审和数据分析主审;每个审计项目不仅要制订项目实施方案,也要编制大数据审计方案。两项清单包括审计工作量清单、审计发现问题清单。双汇报、双点评是指项目结束后,项目主审和数据分析主审都要汇报工作进展情况、分析思路、核查发现的问题和情况以及下一步工作打算,并由领导对双汇报材料进行双点评。采用此模式的典例有审计署驻南京特派员办事处(简称审计署南京特派办)。图 6-4 展示了该模式示意图。

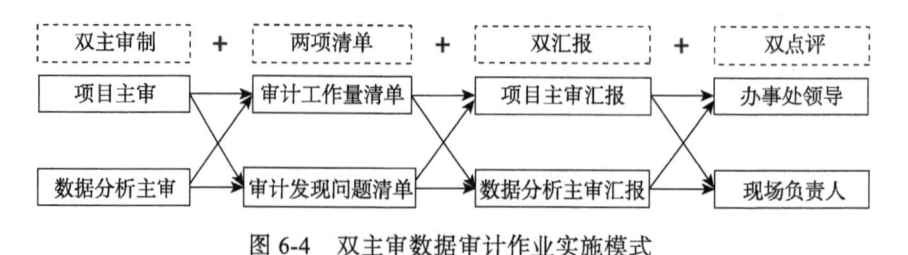

图 6-4 双主审数据审计作业实施模式

5. 常态化大数据审计模式

少数审计机关突破审计项目的限制,依托联网审计系统开展实时数据采集和归集管理,专门组织常态化数据分析团队,利用跨部门、跨业务的数据开展大数

据日常监测和总体分析，分析发现的被审计单位疑点线索，根据审计项目开展情况分类进行现场延伸核查。对于正在开展审计项目的被审计单位疑点线索，请审计项目组延伸核查；对于无审计项目的被审计单位疑点线索，以审计提示函等形式，要求被审计单位逐项核查并反馈。

6.3.5 数字化审计工作模式的人才队伍

大数据审计人才队伍的建设是个相对长期的过程，各级审计机关主要采取精英人才引领、以审代训实战、考核评比激励和合作创新引进等多种措施加强人才队伍建设。一是精英人才引领计划。例如，青岛市审计局分层级建立创新科研团队、数据分析团队和培训师资团队，分别发挥科研创新、实践应用、培训提升等作用；北京市审计局建立数据分析人才数据库和数据分析人才档案；审计署南京特派办建立实务导师制度等。二是以审代训实战计划。例如，湖北省审计厅以实际数据为依托，采取项目带动、以审代训、实操演练相结合的方式开展多个专题的实操培训；审计署驻长沙特派员办事处以模拟实战培训为基础，建立以计算机中级培训为核心，以计算机审计高级研讨班、专项培训和计算机中级后续培训为拓展的培训体系。三是考核评比激励计划。部分审计机关将大数据审计情况纳入部门年度考核，明确量化考核指标和加分项，如上海市审计局、海南省审计厅；部分审计机关制定优秀大数据审计项目评选办法、审计信息化先进集体和个人评选表彰办法，开展数据审计优秀思路展评活动，如江苏省审计厅、审计署驻沈阳特派员办事处等。四是合作创新引进计划。部分审计机关加强与大数据管理部门人员合作，畅通大数据共享交换平台的使用；通过与地理测绘、规划设计部门人员合作，利用地理信息、遥感监测等技术开展自然资源资产审计；通过与高校科研院所研究人员合作，开发数据分析利用的方式和手段。

6.3.6 数字化审计工作模式取得初步成效

数据分析技术的应用提高了审计监督、过程控制、决策支撑能力，提升了审计的效能。一是扩大了审计范围，促进实现审计全覆盖。通过采集审计范围内的全辖数据开展数据分析，促进实现审计对象"横向到边、纵向到底"全覆盖和审计事项全覆盖，如湖北省审计厅建立了一套预算执行数字化审计方法，连续多年实现了省直一、二、三级预算单位的审计全覆盖。二是提高了审计效率，促进审计资源优化配置。依据先进的计算机技术和数据库软件进行审计可以有效节约审计力量和提高审计实效，如近年来，山东省审计厅部门预算执行审计动用的人力资源仅为以往年度的1/3，却完成了3倍数量的部门单位审计；上海市审计局基本实现大项目3个月、中项目2个月、小项目1个月的"321"审计现场时间控制。三是提升了审计质量，促进审计风险防控。大数据审计利用多维数据，从多角度分析问题，明显提高了审计的精准性，如山东省审计厅在 2019 年统一组织的 10 个自然资源资产审计项目中，成功应用山东省审计地理信息"一张图"系统查处违规问题，疑点准确率达 60%以上；杭州市审计局 2017 年实施大数据审计项目查出的问题金额、非金额计量问题和审计移送处理事项分别占全年审计项目的 97%、69%、81%。四是深化了审计职能，促进审计发挥常态化"经济体检"作用，"治已病，防未病"。大数据审计促进揭示和预警经济运行中的风险隐患，促进从总体上评估审计对象并发表审计，促进更大程度地发挥审计的建设性作用，促进审计发现问题整改。例如，山西省审计厅通过建设政府投资审计平台，远程监控掌握项目的形象进度、隐蔽工程施工等情况，起到了及时预警的作用；北京市审计局设定资金投向类、行政成本类、财务核算类共三大类、十组评价数据分析，从总体上全面客观地评价了部门预算执行和管理取得的成效。

6.4 数字化审计工作模式面临的困难和问题

6.4.1 理念认识不清仍是数字化审计模式推广障碍

受思维观念、数据资源、技术手段、成果应用等因素限制，个别审计机关和审计人员还存在大数据审计"万能论"或大数据审计"无用论"的思想误区；部分审计机关领导对大数据审计工作"不愿抓"、"不敢抓"或"不会抓"；部分审计人员缺乏大数据审计创新发展的观念思路，没有把大数据理念贯穿到审计全过程，"等靠要"的依赖心理严重，创新的积极性和主动性不够；部分审计数据采集、管理人员数据治理意识不强，数据采集不完整、标准不清晰、质量控制不到位、共享不充分，制约了数字化审计工作模式的推广应用。

6.4.2 现行国家审计制度体系难以匹配大数据环境

大数据审计自身的制度体系还不够完善，制度之间关联和协同效应未充分发挥；相关法规、标准和指南仍呈现碎片化分布，缺乏系统性规划和安排；对于电子数据取证等大数据审计核心规范，其法律适用性问题有待研究。

6.4.3 大数据背景下业务与数据"两张皮"现象普遍

数据分析平台构建总体滞后于审计业务需求的增长，数据分析方法模型的总结提炼难、积累少、推广不足。审计人员常用的数据分析工具仍是 AO2011（现场审计实施系统）、SQL Server、Oracle、Excel 等结构化数据分析工具，对数据进行挖掘分析、可视化分析和较为复杂的统计分析的大数据工具，如 SPSS、R 语言、Python 等的运用较少，运用数据挖掘、机器学习、语义分析等前沿技术的创新应用明显不足。

6.4.4 适应大数据分析的常态化审计模式探索较少

目前审计组织方式还是以沿用传统模式为主,突出强调审计工作的计划性,主要依靠审计项目开展审计工作,有严格的审计目的、对象、内容和时间的限制,适应大数据分析的常态化审计模式探索较少;审计项目的分配以审计单位内部的层级划分和部门分工为主,与被审计单位的层级划分和行业领域相对应,协作配合意愿不强,难以充分协调审计资源开展"一盘棋、全贯通"的综合数据分析;数据分析与现场核实配合度力度不够,易出现多次反复分析与核实、耗时耗力的问题,审计人力资源整体配置不足与局部资源浪费问题并存。

6.4.5 大数据审计人才缺口大,基层人员恐慌现象普遍

整体上看,在以审计项目为考核对象的考评模式下,推进大数据审计的内在动力在各级审计机关之间呈现逐级递减趋势,大数据审计的普及率总体不高,地区间、行业间应用呈明显的"冷热不均"局面。审计署审计科研所调研显示,省、市、县三级审计人员参与过大数据审计工作的占比分别为76%、65%和53%。某省审计机关调研显示,该省审计数据分析基本以省厅的使用为主,市、县使用较少,21.3%的市、县审计机关尚未在审计项目中使用过数据分析技术或参与数据分析疑点的核查等工作;即使利用过数据分析技术的市、县审计机关,其数据分析项目占全年实施审计项目的比例也仅有24.6%。

6.4.6 大数据审计应用成效尚未充分显现

当前,数据分析多数是对以往审计经验和现场计算机审计方法在数据量和涉及面上的扩大化,以满足审计项目的事后审计需求为主,而非充分运用大数据技术实现更高层面、更深层次、更具预见性的综合分析。大数据分析成果多以审计线索的方式发放给现场审计人员核实,成效隐含在审计取证环节,数据分析投入资源与审计报告质量效率产出比难以量化统计。审计反映问题的整改落实情况难以量化跟踪。

6.5 数字化审计工作模式优化的路径选择

6.5.1 大数据审计全覆盖,推进理念创新

大数据审计是实现审计全覆盖的必由之路。在审计全覆盖的进程中,随着信息技术的深度嵌入应用,大数据审计全覆盖也将是大势所趋。按照以审促采的原则,逐步拓宽数据采集渠道,扩大数据采集范围,全面实施数据标准化,集中数据资源整合和共享,从源头上解决审计数据采集、整理和贯通的难题,推动实现

审计数据治理全覆盖。按照数据先行的理念，在所有审计项目中开展数据分析，在把握总体的基础上，发现疑点，精准核查；对于部分数据基础较好的审计项目，可在开展审计项目前进行大数据试审，通过试审拿出审计方案和数据资料清单等，推动实现审计项目数据分析全覆盖。按照激励相容的原则，在审计准备、审计实施、审计报告和审计整改跟踪等全流程设置数字化、信息化的激励与约束机制，推动实现大数据审计流程全覆盖。

6.5.2 大数据审计规范化，推进制度创新

审计法律法规与审计准则的完善是大数据审计应用与发展的重要基础。建立健全科学、系统、规范的大数据审计法律法规等规范体系，将近年来大数据审计的实践成果以制度的形式固化下来，大数据审计理念和技术才能在审计工作实践中得以全面推广和深入应用。把握审计法修订的契机，进一步从立法层面明确建立相关行政主管部门以及被审计单位定期报送审计所需电子数据的工作机制；明确审计机关保障数据采集、存储、分析、使用等安全性、保密性的规定；明确按照相关法律规范采集、存储、使用分析电子数据得出的结论依法合规作为审计证据等相关规定。研究制定大数据审计指南，明确大数据审计的概念基础、审计目标、实施主体、操作程序、作业标准等框架体系，实现大数据审计实施过程的一致性和标准化。研究制定大数据审计具体规范，明确数字化审计专职机构和人员、业务部门与数字化审计部门的融合方式，数字化审计分析成果的体现形式，以及规范电子数据取证行为的规定等，保障数字化审计工作模式健康有序发展。研究制定大数据审计工作发展"十四五"规划和审计信息化专项规划等，加强顶层设计，把握大数据审计发展方向，制订相关年度规划并加强实施监督、对照整改和落实保障。

6.5.3 大数据审计智能化，推进方法创新

数据分析技术方法的开发应用是大数据审计技术应用的核心。数据审计以用为本，数据分析思路和模型是数据审计应用的灵魂。健全大数据审计智能化分析方法体系，建立长效化的数据分析技术创新应用研发机制和分享机制，可以有效促进大数据审计能力的提升。可创新总结各审计业务领域相对成熟的审计数据分析方法，进行模型化、模块化开发，研究简化数据分析模型的操作流程，依托金审工程三期平台，开发通用数据采集工具、深度总体分析工具和行业专项分析工具等，降低数据分析技术的应用门槛。可开展机器学习、深度挖掘、智能预测、决策辅助、可视化交互等人工智能领域关键技术工具在审计中的开发与应用，不断提升审计数据分析的一致性和精准度，降低审计人员主观判断导致的分析差错风险，提升审计的智能化水平。可探索应用区块链技术实现审计数据和方法的确

权与共享，利用区块链不可篡改、数字签名、共识机制、智能合约等技术，建立审计数据与审计方法共享链，对数据的产生、收集、传输、使用与收益进行全生命周期的记录与监控，促进审计数据和方法资源的认证、流通和共享，实现审计数据生态圈的合作共赢。

6.5.4 大数据审计常态化，推进模式创新

审计技术手段的变革驱动审计组织方式的变革。进一步创新大数据审计组织方式，需遵循最小阻力原则，逐步破除数据分析依托审计项目和审计业务领域的局限，全面推广"总体分析、发现疑点、分散核查、系统研究"的常态化数据审计模式，提升大数据审计的组织匹配能力。可以建立常态化"经济体检"数据分析与审计项目数据分析协同机制，一方面，开展日常性和经常性的"经济体检"数据分析，为审计项目计划制订和审计决策提供依据，为明确审计思路提供参考；另一方面，通过审计项目数据分析确定的重点风险领域或环节，反馈完善常态化分析策略。可以建立审计项目数据分析多元协同机制，推广运用统一领导、分组核查、上下联动、纵横交错的扁平化矩阵式大数据审计组织模式，整合审计机关横向各部门和纵向各层级之间多元的数据、人员、技术和方法等资源，形成合力，使数据审计实施更加快捷高效。

6.5.5 大数据审计普及化，推进主体创新

审计人员是审计技术应用的主体，也是审计技术创新最关键的因素。大数据审计普及化关键在人，要建立与大数据审计发展相匹配的人员队伍结构，既需要熟悉财务知识、审计业务知识、大数据技术的复合型研究类审计人员，又需要能熟练应用基本数据分析技术方法、操作智能化数据分析平台的技术型操作类审计人员，还需要能够将大数据审计发现的问题线索深入核实并反馈模型修改意见的业务型应用类审计人员。可以持续加大数据分析人才培养力度，科学谋划审计数据分析人才的培训体系，采取集中培训、网络培训、专家授课、案例教学和以审代训等相结合的方式，组织开展分层次、分地域、分类型、分业务的数据审计培训，逐步形成基础培训、骨干培训、高级研讨和后续提高培训为一体的培训体系。可以加强数据分析团队建设，组建专司综合分析的数据分析团队，构建和优化大数据分析模型，开展日常化的宏观分析和监测监控，提出审计项目计划建议和审计关注重点领域风险预警；组建大数据技术攻关研究团队，组织各领域数据分析骨干对前沿技术的审计应用开展专题技术攻关，开发数据分析模型。可以研究建立数据分析技术创新应用的考核评价体系，从数据采集报送、数据分析疑点线索提供、数据分析组工作开展、数据分析成果利用等方面进行考核评价，在制度、经费、考核、晋升等方面予以适当倾斜，营造人人参与大数据审计的良性循环。

6.5.6 大数据审计实效化，推进成果创新

大数据驱动审计创新的最终成效体现在审计成果及其运用上。可以推动大数据审计成果的显现化，建立事前、事中和事后一体化大数据"经济体检"审计报告体系，发挥审计"治已病，防未病"的作用。事前开展大数据预警分析，将审计关口前移，通过数据分析模型建立审计预警机制，提交大数据审计预警报告，揭示苗头性、倾向性风险隐患，发挥审计宏观管理部门的作用；事中开展大数据监测分析，对重点事件实时跟踪监控，对异常信息进行关联分析、整体分析、趋势推理等，及时发现问题疑点，及时核实取证，提交大数据审计监测报告，同时以审计询问函等形式向被审计单位反馈问题，要求对方及时整改，提高审计的及时性和效率；事后开展大数据综合分析，结合审计项目进行现场核查取证，提交大数据审计分析报告，纳入审计结果报告体系，向被审计单位反馈，促进体制机制完善。此外，关注审计整改成效是中国审计的一大特色，可在审计完成后开展审计整改成效的大数据分析，重点跟踪资金类整改措施，包括资金节约或挽回损失、收回或上交、盘活资金等情况，落实整改责任，确保审计发现的问题能够及时有效整改，解决屡查屡犯的问题。

6.6 数字化审计工作模式优化的流程设置

6.6.1 资源配置：数据分析资源嵌入审计计划

数据分析所需的资源包括数据资源、人力资源、时间资源以及审计项目（计划）资源等。可以根据审计目标的不同，以审计项目（计划）制定为起点，将数据审计模式分为审计项目数据分析模式、常态化数据分析模式和宏观数据分析模式，分类配置数据审计资源，实现非现场数据分析与现场审计资源一体化。表 6-7 列出了不同数据分析模式及资源配置策略。一是审计项目数据分析模式，即以提升审计疑点发现能力、服务审计项目实施为主要出发点的审计数据分析模式，分为现场为主和非现场为主两种具体模式。根据审前数据采集的情况，在审计组进驻审计现场前或进驻现场之后为主开展数据分析工作，数据分析发现的疑点线索提供给现场审计组进行核查取证，分析结果为审计项目组撰写审计报告服务。二是常态化数据分析模式，即以推动实现审计全覆盖和常态化"经济体检"为主要出发点的审计数据分析模式。业务部门围绕本领域的全部或部分审计对象，利用审计机关日常采集的本领域数据开展常态化数据分析，通过数据分析发现重点审计对象或重点审计业务，为制订审计计划、确定重点审计对象服务。三是宏观数据分析模式，即以履行审计机关经济安全的守护职能、加强宏观经济监督为主要出发点的审计数据分析模式。数据分析部门围绕宏观经济运行风险或国家重大宏

观政策措施落实情况，利用审计机关日常采集的国民经济运行相关的跨领域数据开展宏观层面的分析，分析结果为宏观经济管理提供决策支撑。

表 6-7　数据分析模式划分及资源配置策略

要素	审计项目数据分析模式 现场为主	审计项目数据分析模式 非现场为主	常态化数据分析模式	宏观数据分析模式
分析目的	以提升审计疑点发现能力、服务审计项目为主要出发点		以推动实现审计全覆盖和常态化"经济体检"为主要出发点	以履行审计机关经济安全的守护职能、加强宏观经济监督为主要出发点
分析对象	围绕特定审计项目确定的审计对象、审计范围、审计重点领域等		围绕本领域的全部或部分审计对象	围绕宏观经济运行风险或国家重大宏观政策措施落实情况
分析数据	主要利用现场数据，根据分析需要与审计机关日常采集数据进行关联	利用审计机关日常采集的数据和围绕该审计项目最新采集的数据	利用审计机关日常采集的本领域数据	利用审计机关日常采集的国民经济运行相关的跨领域数据
分析人员	现场数据分析组为主	非现场数据分析组为主	业务部门	数据分析部门
分析时点	审计组进驻现场后为主开展数据分析	审计组进驻现场前为主开展数据分析	开展常态化数据分析	从审计客观公正的立场出发不定期开展宏观层面数据分析
分析核查	数据分析发现的疑点线索提供给现场审计组进行核查取证		新设审计项目或通过现有审计项目核查，或反馈给审计对象自我核查并报告	分析疑点通过现有审计项目进行核查取证
分析结果	为撰写审计报告服务		为制订审计计划、确定重点审计对象服务	为宏观经济管理提供决策支撑

6.6.2　流程管控：数据分析过程嵌入审计程序

审计程序主要包括审计计划、审计实施和审计报告三个阶段。可以将数据分析过程嵌入审计业务程序，对信息化、数字化条件下的审计业务程序进行优化，实现非现场数据分析与现场审计的流程一体化。具体实施步骤上可以选择数字基础较好的审计项目先行试点。一是审计计划阶段。充分考虑常态化和宏观数据分析结果，研究确定重点审计领域和重点审计对象，为审计计划制订提供科学依据；开展数据分析可行性评估，确定每一项审计项目（计划）的数据分析模式，据此统筹配置数据资源、人员力量和组织资源等；对于审计对象信息化基础较薄弱、不适合开展数据分析的审计项目，鼓励开展基础性数据采集等工作。二是审计实施阶段。以信息系统调查和数据采集为主开展充分的审前调查，据此编制审计实施方案，进点开展现场审计；充分论证信息系统审计的必要性，对信息系统依赖性较强的审计项目,组织专业人员开展信息系统审计;在充分挖掘分析已有数据信息的基础上构建数据分析模型,发现的疑点线索经审计组内部充分论证后,再与被审计单位进行沟通核实;建立数据分析问题核实记录制度,在审计工作底稿专门记录通过数据分析发现疑点的核实情况。三是审计报告阶段。形成专门的数据分析报告,为审计报告撰写提供依据;审计报告中单独陈述采用的数据分析方法及使用的电子数据情况;对审计发现问题的整改情况开展数据分析,确保问题整改取得实效;建立数据分析后评价机制,总结数据分析工作经验和不足,积累数据分析模型,为持续改善数据分析工作提供依据。具体工作流程见图6-5。

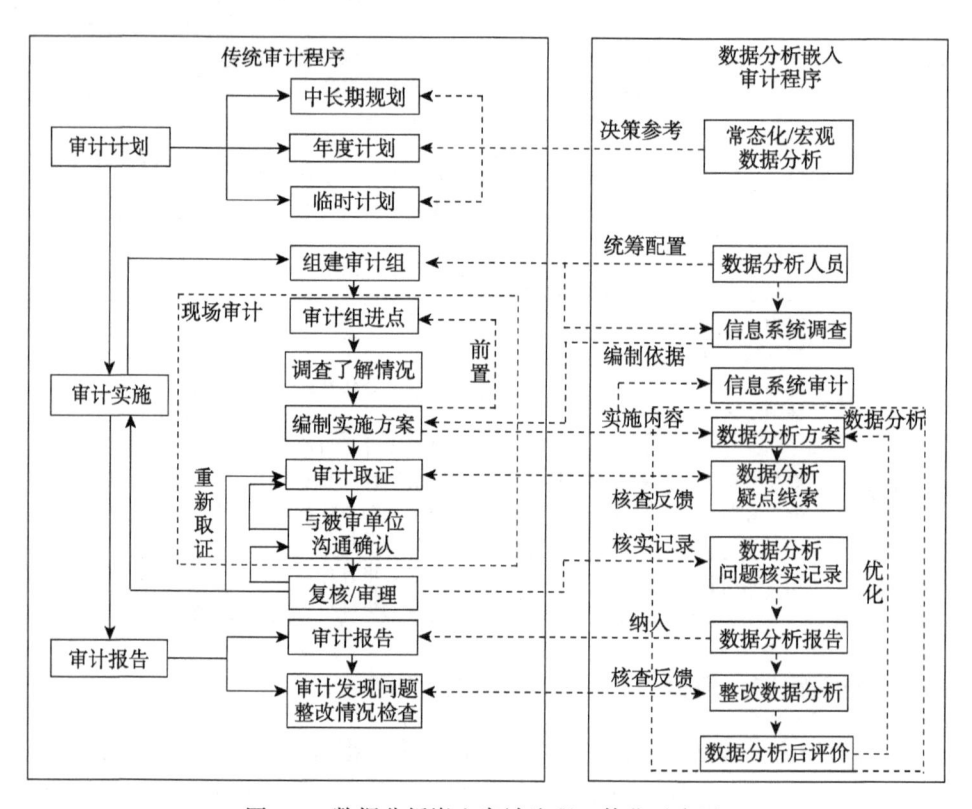

图 6-5 数据分析嵌入审计流程一体化示意图

6.6.3 制度保障:数据质量控制嵌入审计规范

可以在现有电子数据分析利用实务指引、电子数据审计证据规定等制度措施的基础上,进一步强化数据分析及其质量控制措施,实现非现场数据分析与现场审计的制度一体化。一是从制度层面出台常态化与宏观数据分析等分析模式的核查取证规定,以及与现场审计项目的结合方式和审计发现问题整改督促机制等制度措施;研究制定数据分析相关疑点核查文书和核查业务流程等规范,进一步明确数据分析结果复核、疑点线索延伸核查的反馈机制；制定数据审计风险评估策略，对重点项目开展数据分析风险评估。二是建立非现场数据分析与现场核查实时沟通信息机制，在金审工程三期项目现场审计作业云等平台的基础上，打通数据信息流转渠道，强化数据分析与现场核查质量的记录追踪机制；对异常问题线索及时组织现场人员有针对性地开展核查，现场核查情况及时反馈给非现场人员，使其对分析模型进行修正完善；在安全保密的前提下提高数据共享程度，将审计现场采集的数据及时进行标准化处理并传回审计数据中心，同时根据审计现场需求及时申请调用审计机关掌握的历史数据和外部数据；探索通过电子签名、可信时间戳、哈希值校验、区块链等技术手段固定电子数据审计证据。三是建立数据分析与现场核查人员的激励相容机制，在审计项目实施上，推行扁平化管理，业务部门和数据分析部门高效协同，业务人员与数据分析人员混合编组；强化数据分析的成果意识，对数据分析疑点及其核实情况进行量化考核激励等。

第 7 章

宏观经济风险监测分析报告

运用前面的宏观经济风险分析框架以及宏观经济风险监测预警系统,我们对我国宏观经济风险进行了详细研究,得到以下分析报告,共分为两个层次:一是对行业风险和健康度的监测评价报告,具体又分为金融行业、房地产行业和其他行业的评价报告;二是对宏观经济风险的监测预警报告,具体从复杂网络、机器学习、宏观计量模型三种视角进行了分析。

7.1 金融行业风险监测分析报告

7.1.1 金融市场风险分析

近年来,随着经济全球化、金融创新以及金融自由化的不断发展,金融风险在全球市场中的传递速度不断加快。经济危机事件的频繁发生也暴露出全球金融市场的剧烈动荡,人们逐渐开始重视对金融风险的度量,越来越多的学者和相关金融部门开始关注金融系统的压力情况。

金融压力的概念最早由加拿大银行学者 Illing 和 Liu(2003)在 2003 年发表的文章中提出,他们将金融压力定义为金融市场和金融机构预期损失的变动与不确定性对金融体系所造成的影响和冲击,同时首次构建金融压力的指标——FSI。较高的 FSI 对应市场经济运行的较大压力;负的 FSI 并不一定表明风险水平低,在这样的时期,风险可能会因为投资者采取更多的杠杆、追求高收益而增加。根据 Illing 和 Liu(2003)的方法,基于偏离均值的程度对不同时期的压力水平进行比较。

1. 金融市场风险评估结果

图 7-1 展示了中国 2006 年 1 月至 2020 年 12 月金融市场风险的评估结果。2020 年 12 月整体 FSI 绝对值为 0.30,环比下降 0.05,反映当月整体市场运行压力有所缓解。当月风险点主要在房地产市场,12 月房地产投资完成额、新开工面积、竣工面积等多项数据欠佳,且市场整体的下行压力犹存、去化率承压,市场运行压

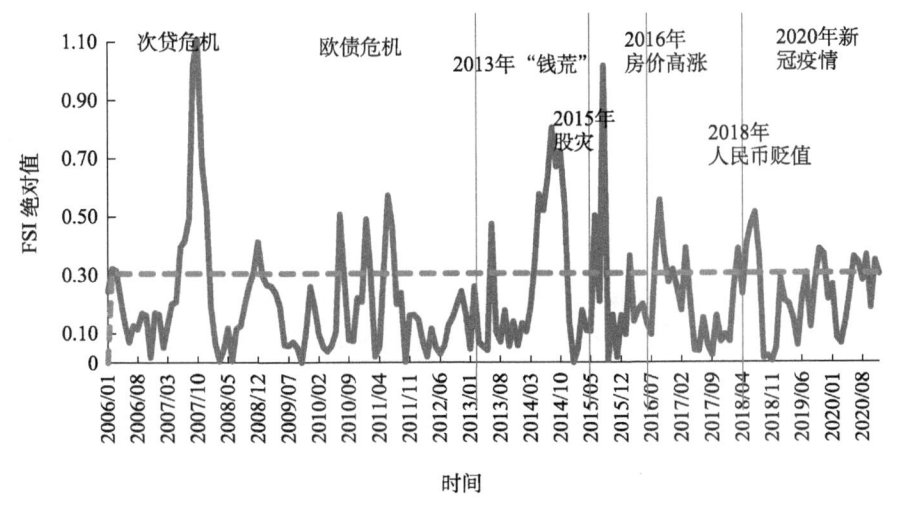

图 7-1 中国 FSI 绝对值对压力事件的识别

力有所上升。

图 7-2 展示了 2020 年 12 月银行市场的风险，其 FSI 绝对值为 0.023，环比下降 0.01，偏离均值程度有所减小，银行市场运行压力下降。2020 年 12 月末，广义货币（M2）余额 218.68 万亿元，同比增长 10.1%，增速环比下降 0.6 个百分点，同比增加 1.4 个百分点；狭义货币（M1）余额 62.56 万亿元，同比增长 8.6%，增速环比下降 1.4 个百分点，同比增加 4.2 个百分点。截至 2020 年，我国银行业不良贷款余额 3.5 万亿元，较年初增加 2816 亿元；不良贷款率 1.92%，较年初下降 0.06 个百分点。我国银行业稳妥应对各种风险挑战，继续保持稳健运行良好态势，主要经营和风险指标处于合理区间，银行市场整体运行压力有所下降。

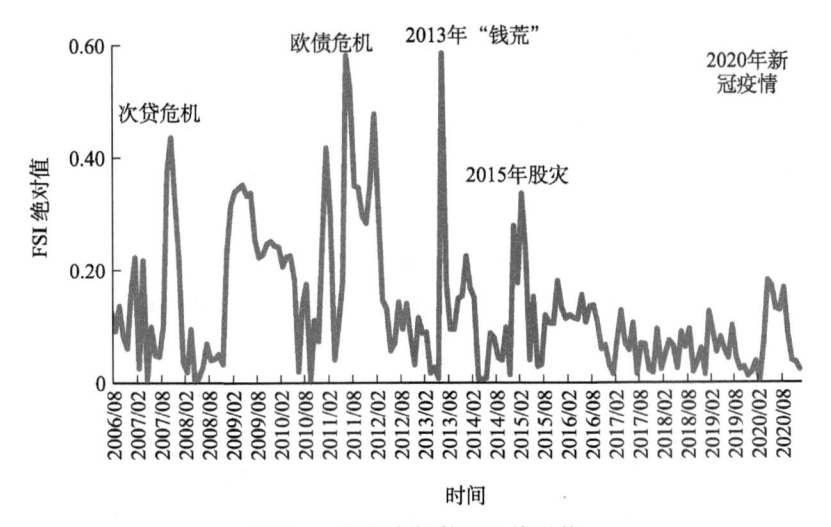

图 7-2 银行市场的 FSI 绝对值

图 7-3 展示了 2020 年 12 月债券市场的风险，其 FSI 绝对值为 0.15，环比下降 0.03，偏离均值程度减小，表明债券市场的运行压力有所缓解。截至 2020 年，中央国债登记结算有限责任公司、上海清算所债券总托管量 101.7 万亿元，较 2020 年 11 月增加 9053 亿元（11 月增加 8359 亿元）。受到永煤控股违约的影响，市场对国企违约的担忧上行，12 月信用债一级发行与净融资遇冷，发行量环比、同比均明显下降。国债托管量较 11 月增加 6563 亿元（11 月环比增加 5533 亿元）。12 月以来，地方债供给明显减少，而农村商业银行、保险及年金开门红效应明显，且外资持续流入，供需矛盾使得债券市场整体运行压力有所下降。

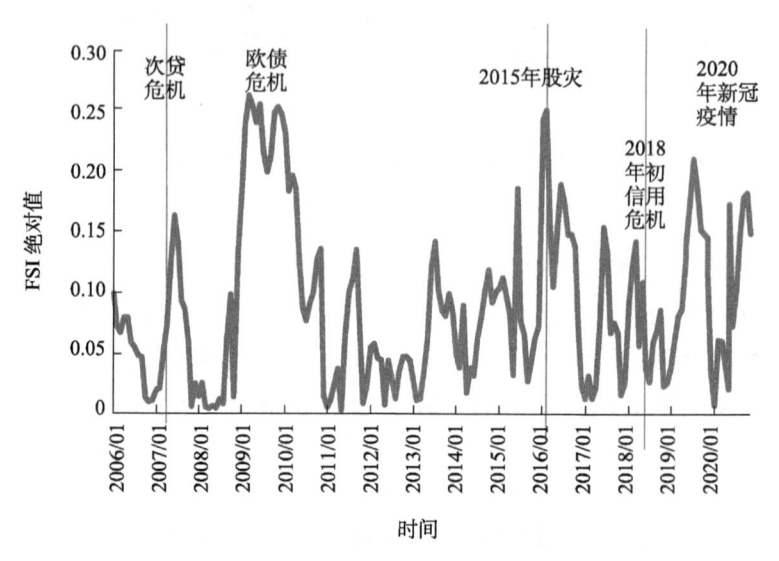

图 7-3 债券市场的 FSI 绝对值

图 7-4 展示了 2020 年 12 月股票市场的风险，其 FSI 绝对值为 0.07，环比下降 0.02，市场运行压力有所缓解。截至 2020 年 12 月 31 日，上证综指收于 3473.07 点，全年涨幅 13.87%；深证成指收于 14 470.68 点，全年涨幅 38.73%；创业板指收于 2966.26 点，全年涨幅 64.96%；科创 50 指数报 1393.03 点，全年涨幅 39.30%。2020 年 12 月后流动性的边际改善提前开启股市的"春季行情"，市场对于全球经济复苏预期较高，全球新冠疫情的出现导致一些不确定性，流动性宽松环境有望持续，美国民主党掌控参议院后，全球通胀预期提升，市场风险偏好上升，情绪整体偏向乐观，股票市场运行压力整体有所减小。

图 7-5 展示了 2020 年 12 月外汇市场的风险，其 FSI 为 0.01，环比下降 0.02，整体更加回归均值，外汇市场运行压力有所减小。截至 2020 年 12 月末，我国外汇储备规模为 32 165 亿美元，环比上升 380 亿美元，升幅为 1.2%。2020 年 12 月，我国外汇市场运行总体稳定，市场交易理性有序。货币方面，美元指数（DXY）

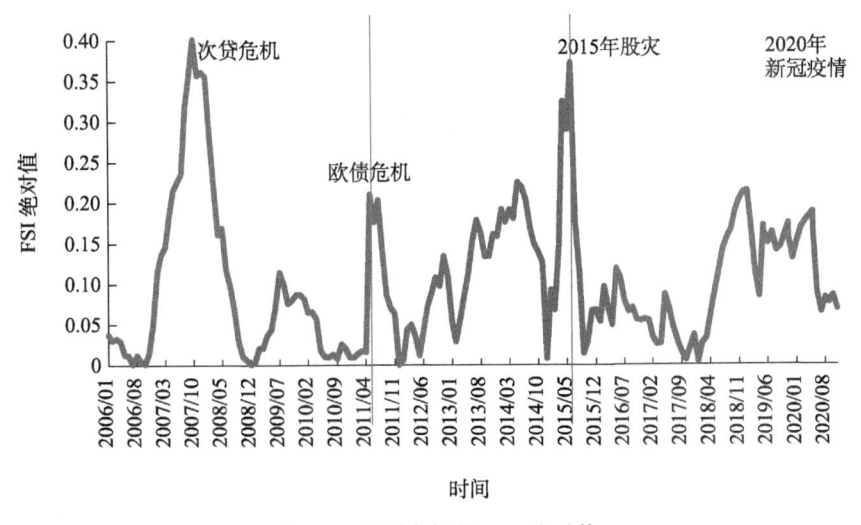

第 7 章 宏观经济风险监测分析报告

图 7-4 股票市场的 FSI 绝对值

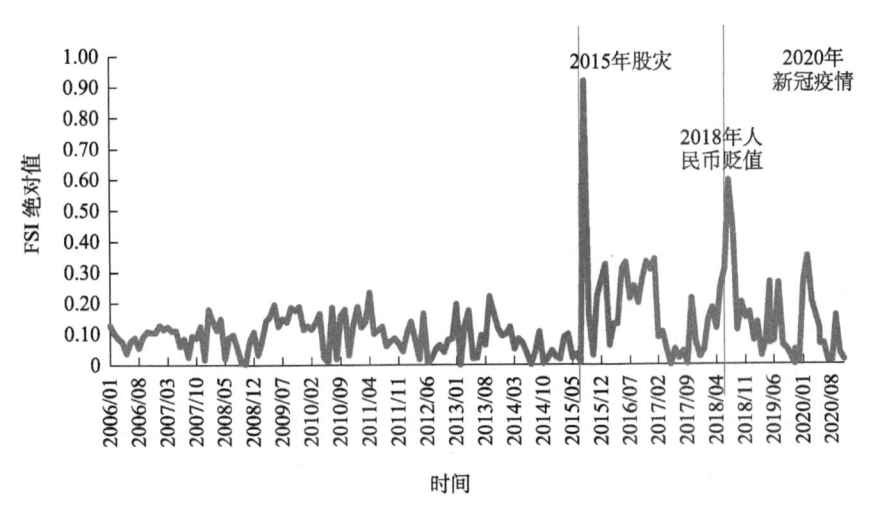

图 7-5 外汇市场的 FSI 绝对值

下跌 2.1%收于 89.9，非美元货币相对美元总体上涨，主要国家资产价格有所上涨，在汇率折算和资产价格变化等因素综合作用下，当月外汇储备规模有所上升，外汇市场整体运行压力有所下降。

图 7-6 展示了 2020 年 12 月房地产市场的风险，其 FSI 绝对值为 0.10，较上月绝对值上升 0.02，偏离均值程度更大，市场运行压力有所增加。2020 年 12 月土地成交均价处于下半年来的最低水平，数据短期波动及分化较大，一二线城市土地价格继续升高。2020 年 12 月全国房地产开发投资完成额为 1.2 万亿元，环比下降 7.6%；全国房屋新开工面积为 22.4 亿平方米，累计同比下降 1.2%。市场整体的下行压力犹存、去化率承压，房地产市场整体运行压力有所增加。

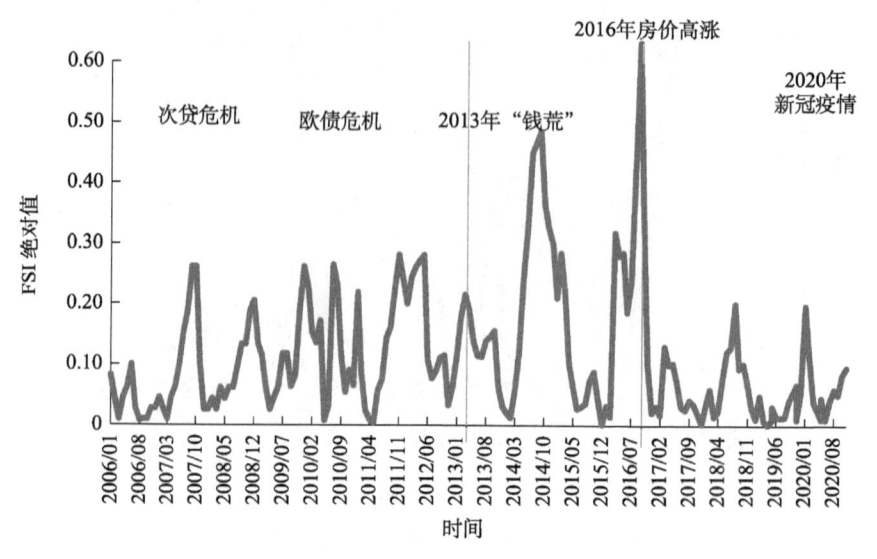

图 7-6 房地产市场的 FSI 绝对值

2. 金融市场风险隐患结论与展望

总体来看，2020 年 12 月整体 FSI 绝对值下降，市场运行压力有所缓解。分市场来看，银行市场、债券市场、股票市场、外汇市场 FSI 绝对值有所下降，市场运行压力有所缓解。房地产市场 FSI 绝对值有所上升，市场运行压力有所增加，需要持续关注。

展望未来，我国整体市场运行压力预计环比有所下降。在银行方面，货币政策收紧预期的效果已经充分反映，流动性充裕合理，预计运行压力有所缓解；在债券市场方面，随着中国金融市场对外开放与人民币跨境支付结算的持续推进，以及中国债券纳入富时世界国债指数，增量资金仍有较大空间，运行压力预计减少；在股市方面，全球经济修复预期增加带动市场风险偏好上升，股票市场运行压力预计有所下降；在外汇市场方面，我国经济复苏形势持续向好，在全球范围内保持领先，人民币在中长期内可能都会维持强势，市场运行压力预计减小；房地产市场在三条红线等政策背景下，运行压力预计有所上升。整体而言，FSI 绝对值有减小趋势。

7.1.2 金融机构风险分析

1. 金融机构风险评估结果

本节内容基于 2020 年 1 月至 2020 年 12 月 MES、CES、SRISK、CoVaR 和 CCA 指数的走势图，对 2020 年 12 月金融机构系统性风险状况进行整体评估。

1）金融业整体风险状况

2020年12月，金融行业整体风险水平呈盘整下降之势，截至月底更加靠近于1/4分位警戒线，在当月内呈现出低位波动状态，但风险水平依然值得警惕。相比上月，2020年12月金融业CES指数均值环比上升5.57%，风险水平与上月相比有较小的升幅。

图7-7显示，金融行业CES指数显示2020年内金融行业整体风险在保持了几个月的稳定低位水平后，于2020年7月初达到了峰值，随后逐渐下降到历史1/4分位警戒线和3/4分位警戒线之间。

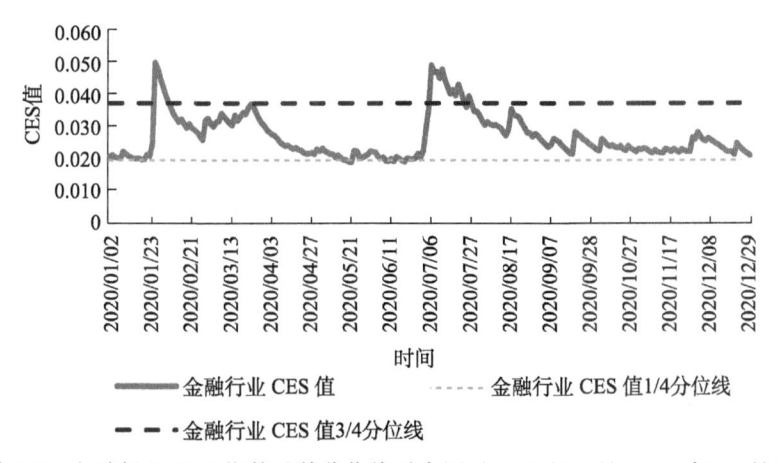

图7-7　金融行业CES指数及其分位线时序图（2020年1月~2020年12月）

2020年12月，全国疫情控制出现冬季反弹趋势，截至12月底，国内已有黑龙江、四川、辽宁等近20个省区市陆续出现本土新增病例，但在迅速的卫生防疫反应和严格的管控管制下，区域性病例数量增长态势得到了快速遏制和缓解。2020年12月，疫情防控和经济复工复产并行推进，国内经济逐步复苏。

截至2020年12月底，金融机构中长期贷款余额占比环比上升9BP[①]（前值11BP），环比呈上升趋势保持不变但边际减弱，表明商业银行等金融机构的资产结构长期化风险继续企稳，金融机构资产端流动性保持稳定，这与2020年12月的风险水平走势基本相符。

根据央行公布的月度金融数据，2020年12月M2余额218.68万亿元，同比增长10.10%，增速与前值（10.70%）相比基本持平，货币投放基本稳定，边际增速逐步提升；M1余额62.56万亿元，同比上升8.6%，与前值（10.0%）相比，增速边际有所下降；流通中货币（M0）余额8.43万亿元，同比增长9.20%，与前值（9.30%）相比基本持平；M1余额同比数据依旧明显低于M2余额同比数据，这

---

① 即base point，基点。

一状况已连续保持 35 个月，但两者剪刀差仍有逐步缩小的趋势，说明企业活期存款同比增速相对较低，导致企业流动性压力加大，但实体经济资金收缩困难已在边际改善，这与当月金融机构风险走势基本吻合。

2）金融子行业风险状况

银行业系统性风险水平有所上升，且依然高于保险业与证券业，但绝对风险水平差距已经有所减小。图 7-8 显示，从 2020 年 1 月~2020 年 12 月，证券业 SRISK 值显著低于银行业和保险业。具体分子行业来看，2020 年 12 月银行业、证券业和保险业系统性风险水平同比数据增减情况不一。值得注意的是，仅有银行业的 SRISK 指标在月底超过了 3/4 分位警戒线，且 SRISK 绝对值最高。截至 2020 年 12 月底，银行业 SRISK 指数环比上升 12.92%，升幅最大；证券业环比上升 5.35%，升幅居中；保险业环比下降 10.94%，降幅最大。

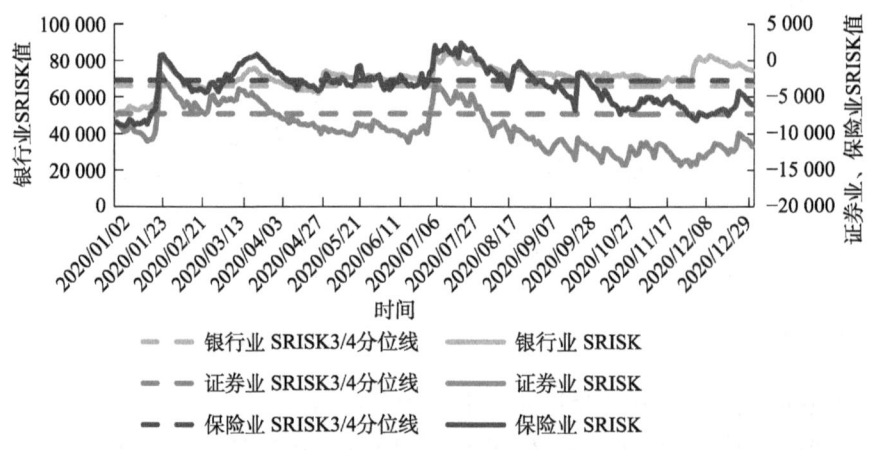

图 7-8　各金融子行业 SUM_SRISK 时序图（2020 年 1 月~2020 年 12 月）

为保证对 2020 年 12 月金融行业风险水平的测度稳健性，本书继续使用 CES 指数进一步对金融子行业——银行业、证券业、保险业的系统性风险进行测算。结果显示：截至 12 月底，银行业系统性风险绝对水平依然最高，证券业相对风险水平较高（处于 3/4 分位警戒线）。

图 7-9 显示了金融子行业 CES 加总值的走势。2020 年 12 月银行业 CES 指数环比上升 20.99%，增幅最高；证券业环比下降 2.58%，降幅居中；保险业环比下降 11.65%，降幅最大。总体来看，CES 指数显示银行业的风险水平在金融子行业中相对最为稳定；与之相反的是，证券业的风险水平已接近历史 3/4 分位警戒线，相对风险最高。

2020 年 11 月底至 2020 年 12 月底，由于新冠疫情在美国出现爆发式增长的趋势尚且没有逐步缓解，全球最大经济体暂停前进步伐，全球新冠疫情依然没有出现完全放缓增速的迹象，世界经济中短期很难走出下行通道；与此同时，有消

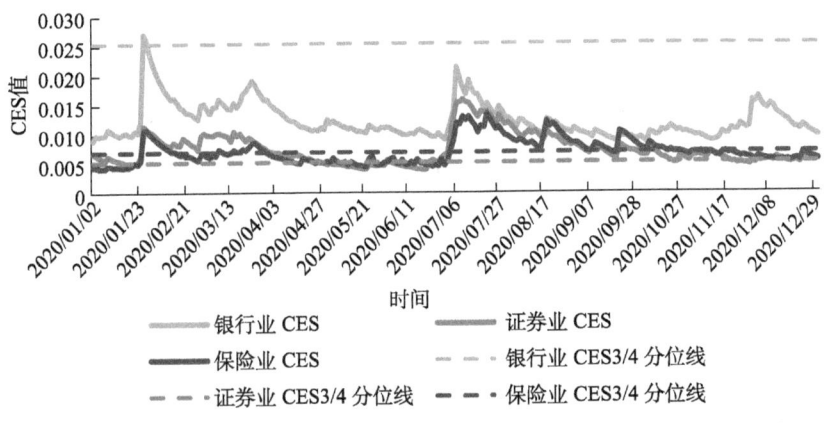

图 7-9 各金融子行业 CES 加总值时序图（2020 年 1 月~2020 年 12 月）

息称我国已有多种灭活新冠疫苗进入临床三期试验，未来一年有望供给 10 亿支疫苗剂量。从各国公布的疫苗研发试验进程来看，疫苗研发之路已经取得重大进展，对提升未来中长期经济增长预期产生了明显的正面影响，这与 2020 年 12 月风险水平快速上升的现象基本吻合。

3）各类型银行系统性风险状况

2020 年，银行业的总体业绩在国内外新冠疫情的助推下进入下行期，经济全球化的脚步突然停滞冲击银行业资产质量，尤其是外贸型企业的债券资产会经受巨大考验，潜在信用风险较大；同时，降息通道之下，净息差转向下行趋势，银行持续盈利能力同样面临考验。从图 7-10 来看，2020 年 12 月三类银行机构的 SRISK 指数环比数据均为正值，均出现了不同幅度的下降，与银行业基本面形势基本吻合。2020 年 12 月，国有商业银行（简称国有行）SRISK 指数环比上升 15.86%，升幅最高，且截至月底依然超过 3/4 分位警戒线；全国性股份制商业银行（简称股份行）SRISK 指数环比上升 7.55%，升幅居中；相比之下城市商业银行（简称城商行）的绝对风险水平较低，2020 年 12 月环比上升 5.99%，升幅最小。

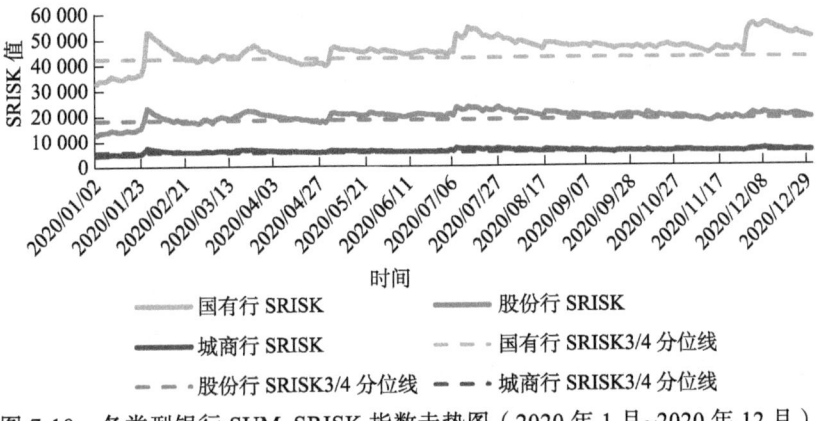

图 7-10 各类型银行 SUM_SRISK 指数走势图（2020 年 1 月~2020 年 12 月）

从图 7-10 银行业分样本平均 SRISK 指数走势来看，国有行和股份行的平均 SRISK 值从 2020 年中开始低位企稳后，于 2020 年 7 月上旬开始迅速攀升，随后逐步企稳，从 12 月走势来看，月初波动明显增加，但又在 12 月中旬逐步企稳，从相对增速来看，股份行的风险外溢波动程度略低于国有行；而城商行的 SRISK 因规模体量和波动率等因素最小，相较国有行和股份行的系统性风险更低。

图 7-11 给出了 CoVaR 模型测度结果。由图 7-11 可见，2020 年 12 月国有行的 ΔCoVaR 均值先升后降，而股份行的 ΔCoVaR 均值也出现类似走势。城商行的 ΔCoVaR 均值在各类型银行中最低，且在月底低于历史 3/4 分位线。股份行的 ΔCoVaR 均值在 12 月一直处于三个子类别中最高位置，说明其发生危机时溢出效应最大，对系统性风险的贡献度最大，也应予以重点关注。

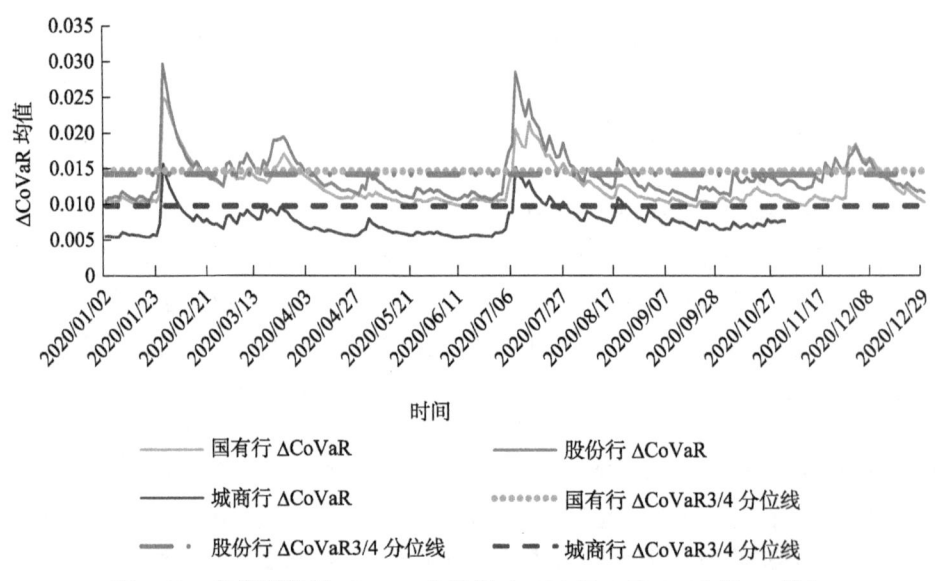

图 7-11　各类型银行 ΔCoVaR 走势图（2020 年 1 月~2020 年 12 月）

如图 7-12 所示，截至 2020 年 12 月底，仅有体量和绝对风险最小的城商行 CES 指数接近历史 3/4 分位警戒线水平，国有行和股份行均远远低于历史 3/4 分位警戒线水平，并且 2020 年 12 月相比于上月都出现十分明显的风险上升。模型测度结果显示，2020 年 12 月国有行 CES 指数风险水平环比上升 38.76%，升幅最高；股份行环比上升 6.10%，升幅居中；城商行环比上升 0.58%，升幅最小。

值得注意的是，观察表 7-1 2020 年 12 月金融子行业和各类型银行 MES 环比增幅，可以发现：从金融业子行业 MES 环比变化来看，各金融子行业 MES 均值走势有所分化，其中银行业总体 MES 均值环比小幅上升。从各类型银行 MES 环比变动来看，国有行环比升幅最高，股份行及城商行环比均小幅下降，应重点关注当月国有行可能带来的风险隐患。

图 7-12　各类型银行 CES 加总值时序图（2020 年 1 月~2020 年 12 月）

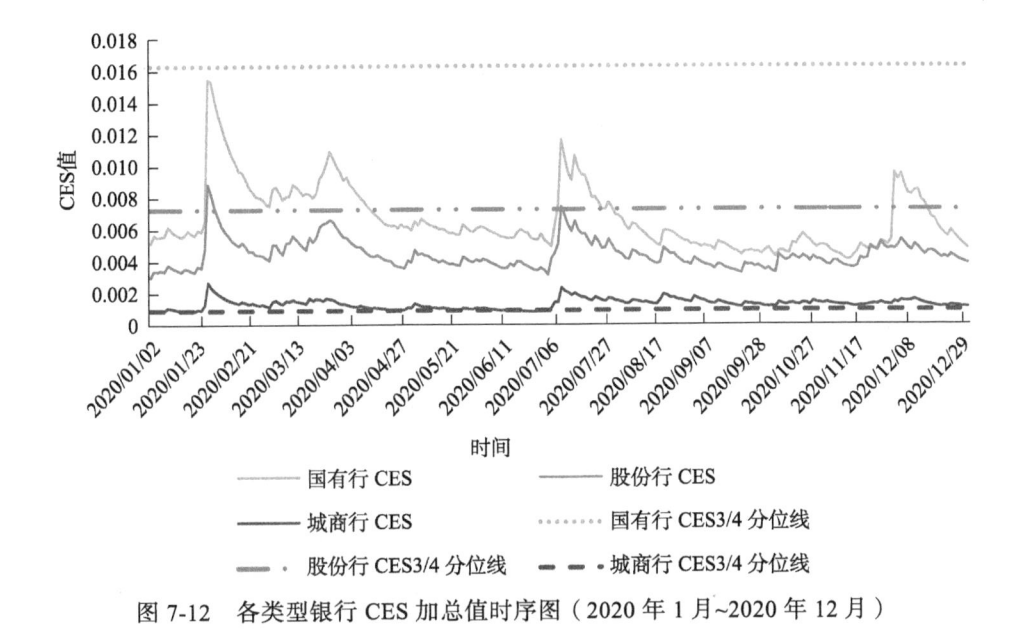

表 7-1　MES、SRISK 和 CES 指数月度环比数据汇总表（2020 年 12 月）

指数	金融业子行业			各类型银行		
	银行业	证券业	保险业	国有行	股份行	城商行
MES	0.59%	−8.09%	−7.38%	62.01%	−2.59%	−4.47%
CES	20.99%	−2.58%	−11.65%	38.76%	6.10%	0.58%
SRISK	12.92%	5.35%	−10.94%	15.86%	7.55%	5.99%

资料来源：Wind 数据库

从指数模型的构建原理上看，MES 指数、CES 指数和 SRISK 指数均是从市场收益率指标出发，"自上而下"测度单个金融机构的系统性风险贡献度或者资本损失度，所用数据类型也大多为资本市场日度交易数据和机构市场价值规模等数据，其建模逻辑具有一致性。

通过对比 2020 年 12 月环比数据（表 7-1），发现 MES 指数、CES 指数和 SRISK 指数的 2020 年 12 月走势在金融子行业中的银行业以及商业银行中的国有行等细分类别中得到了相互印证。

4）单个银行金融风险状况

图 7-13 给出了 2020 年 12 月末 ΔCoVaR 均值排名居前十的银行，分别为平安银行、郑州银行、浦发银行、民生银行、招商银行、兴业银行、北京银行、上海银行、中国建设银行和贵阳银行，股份行独占 5 席。其中，平安银行的 ΔCoVaR 均值排名最前，在 12 月上升最为明显。在普遍信贷缩表压力增大的趋势下，股份

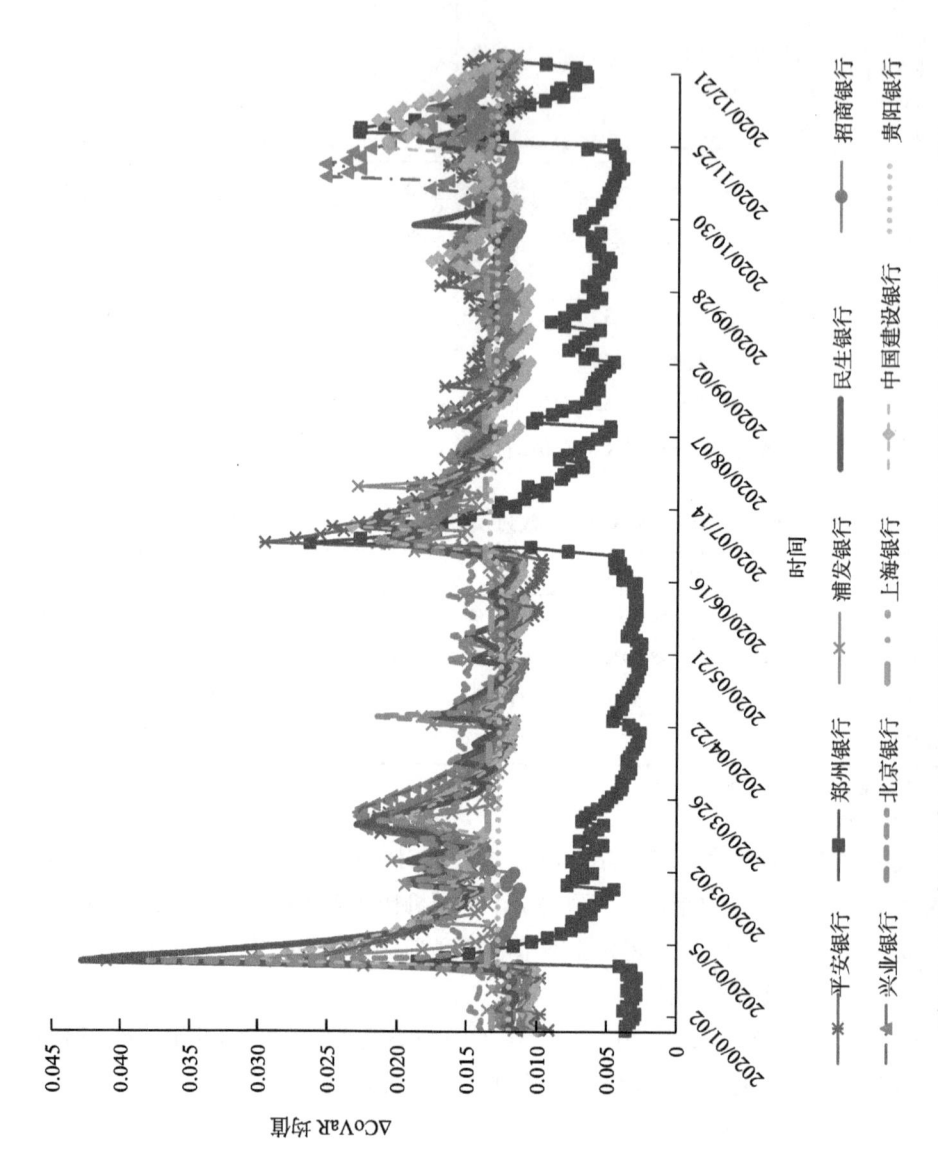

图7-13 2020年12月末ΔCoVaR指数值排名前十的银行时序图（2020年1月~2020年12月）

银行中浦发银行、民生银行、兴业银行、平安银行和招商银行排名靠前。从ΔCoVaR均值的结果来看，这五家股份行整体系统性溢出性风险较高，说明其发生危机时的影响较大。

具体考察各银行MES值时序图（图7-14），在2020年MES均值排名前十的银行中，7家为股份行，3家为城商行，股份行和城商行具备较高的风险隐患，应予以重点关注。图7-14中筛选了2020年MES均值排名前十的银行。也就是说，股份行和城商行的总体系统性风险水平要高于国有行，反映在政策层面，相较于股份行和城商行，国有行受政策影响波动更小。2020年12月国民经济延续恢复态势，中国经济第四季度超预期增长，但仍需关注疫情反弹的潜在影响。2020年12月银行业系统性风险水平总体保持平稳，其中，宁波银行、平安银行、南京银行的MES值明显较高，具备较高的风险隐患，应予重点关注。

2. 金融机构风险隐患分析与展望

本部分重点分析2020年12月金融机构系统性风险的隐患和内在影响因素。

1）2020年全球新冠疫情严重，美国总统权力交接增加全球经济不确定性

据世界卫生组织，截至2020年12月底，全球累计新冠确诊病例超8000万例，美国、印度、巴西、俄罗斯、法国等主要经济体累计感染人数居前，且新增感染人数高企。彼时美国和欧元区等经济体正处于早期的经济恢复阶段，谈论复苏还为时尚早。IMF预测2020年全球GDP下降4.9%，其中发达经济体下降8.0%（美国-8.0%，欧元区-10.2%，日本-5.8%），新兴市场经济体下降3.0%（中国1.0%，印度-4.5%，东盟五国-2.0%，俄罗斯-6.6%，巴西-9.1%）。

2020年底是美国大选的关键时间点，无论是特朗普连任还是拜登上台，对中国的政策都不会改变，中美关系依然摩擦重重，这也增加了全球经济的不确定性。

2）流动性释放加快，金融机构贷款结构长期化趋势不变

2020年12月社会融资规模增速13.3%，环比回落0.3个百分点，社会融资规模加速回落，信用扩张拐点进一步确认。2020年12月新增社会融资规模1.72万亿元，同比大幅少增4821亿元。存量社会融资规模284.83万亿元，同比增速13.3%，环比超预期回落0.3个百分点。

从社会融资规模结构看，随着监管持续强化，表外压降规模创历史新高，信用违约风险冲击仍存，企业债券融资大幅减少构成主要拖累。政府债券、信贷延续多增。2020年12月新增政府债券融资7156亿元，同比多增3418亿元，国债发行力度仍较强，构成社会融资规模主要支撑；新增人民币贷款1.1万亿元，同比多增679亿元；表外融资大幅减少7376亿元，同比大幅多减5920亿元，单月压降规模创历史新高；新增企业债券融资442亿元，同比大幅少增2183亿元，创

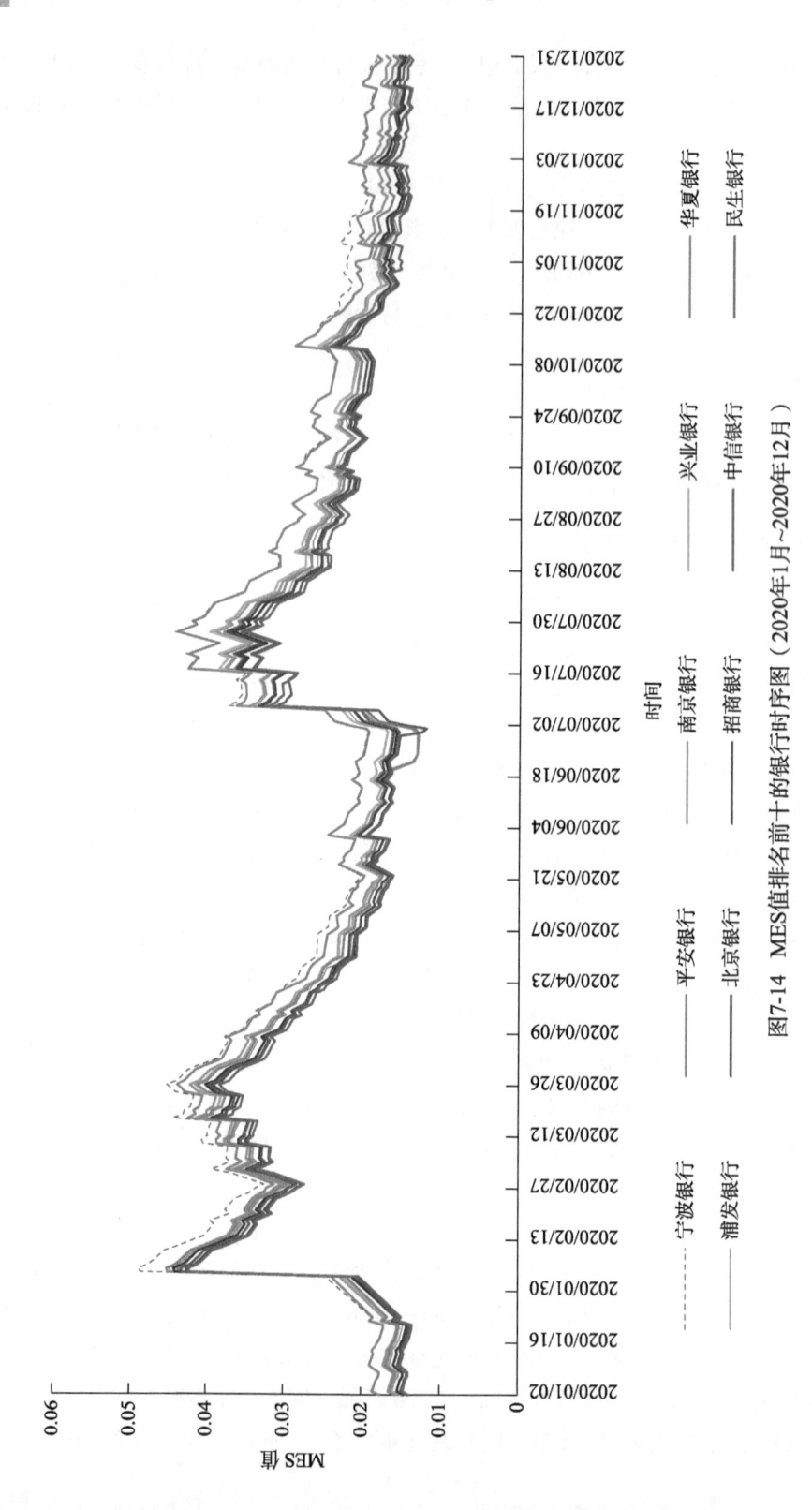

图7-14 MES值排名前十的银行时序图（2020年1月~2020年12月）

2018年10月以来新低；新增股票融资1125亿元，同比多增693亿元，股市交易热度提升，带动股票融资继续维持高位。

从信贷结构看，企业中长期贷款仍是主要支撑，居民中长期贷款同比少增，这或许与地产融资趋严、房贷集中度管理制度出台有关。2020年12月新增企业贷款5953亿元，同比多增1709亿元；短期贷款、中长期贷款、票据融资分别少增3132亿元、多增1522亿元、多增3079亿元；新增居民贷款5635亿元，同比少增824亿元。

从金融机构总体贷款结构的角度看（图7-15），截至2020年12月底金融机构中长期贷款占比与上月基本持平，但仍然基本处于年内相对高位即65.42%（前值为65.33%），且较2019年12月底的62.97%上升2.45个百分点，表明商业银行等金融机构的资产结构长期化水平有所上升，中长期贷款占比上升趋势基本得到延续，其预期现金流升高会增加贷款减值风险，商业银行资产不良率等指标也将经受更大的考验。

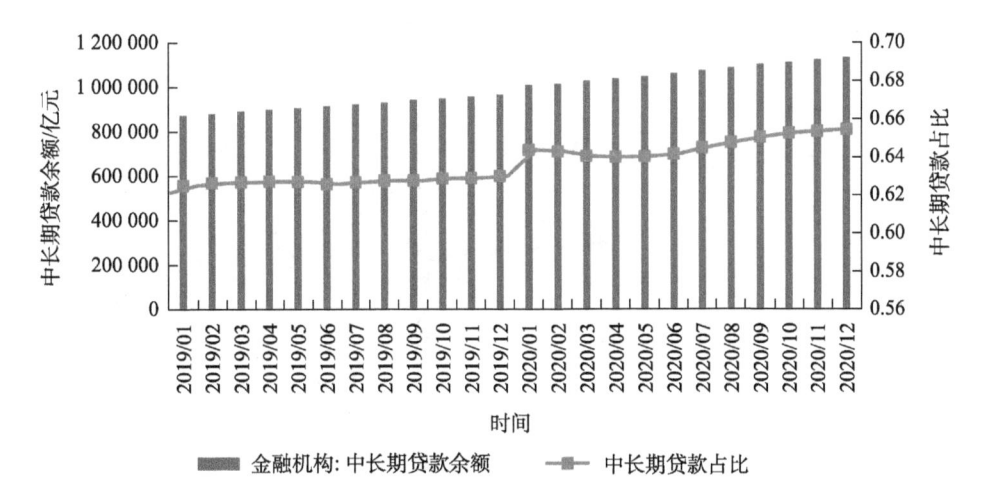

图7-15 金融机构贷款结构时序图（2019年1月~2020年12月）

3）个别银行违约概率和隐含资产波动率较高

图7-16与图7-17分别给出了单个银行违约概率和隐含资产波动率走势，其中波幅较大的为青岛银行、青岛农商银行（简称青农商行）、郑州银行。

进一步探究各银行实体经营发展过程中所显露出的风险，考察2020年第二、第三季度主要的财务及监管指标，得到结果如下（表7-2）。

就存贷比而言，青农商行存贷比显著高于行业平均水平，存贷比过高意味着放贷资金不足，未来信贷增长乏力，抗风险能力较弱，2020年第三季度青农商行存贷比有所下降；青岛银行与郑州银行存贷比较低，其中，青岛银行存贷比与行业平均水平接近，郑州银行2020年第三季度存贷比显著上升，应重点关注。存贷

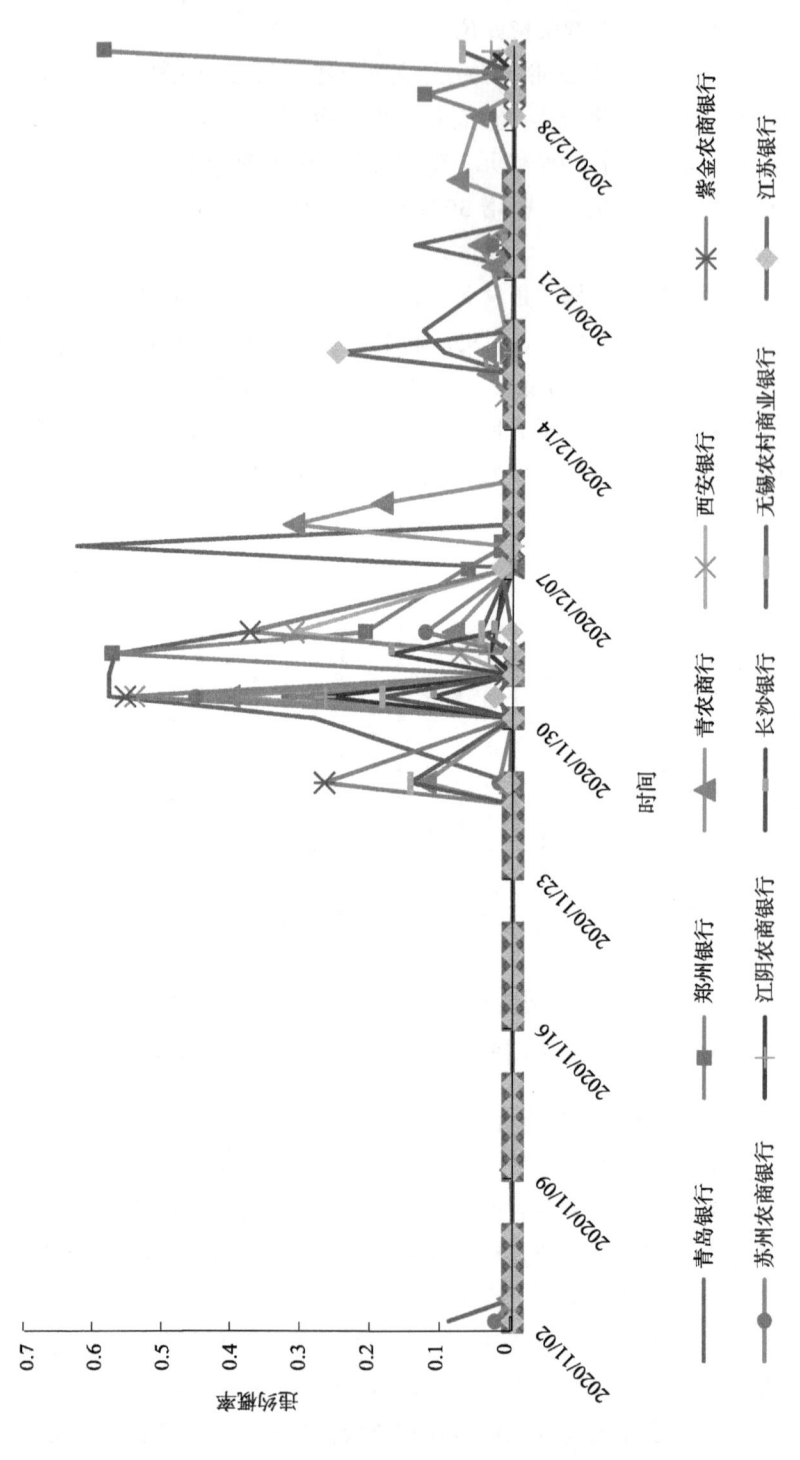

图7-16 2020年12月单个银行违约概率变化图

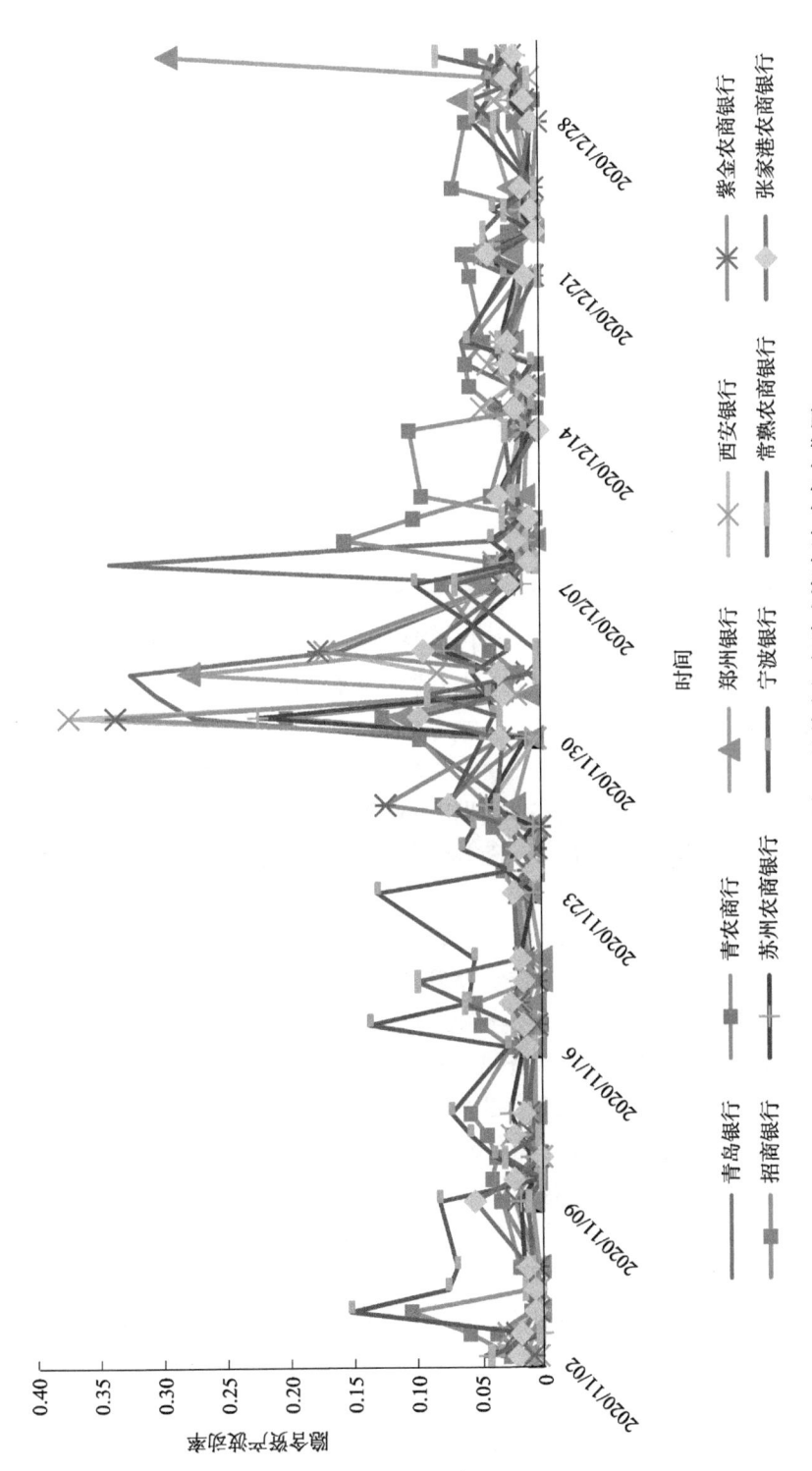

图7-17 2020年12月单个银行隐含资产波动率变化图

表 7-2　样本内银行主要财务及监管指标分析表

指标	银行	2020/06/30	2020/09/30
存贷比	青岛银行	76.89%	76.96%
	青农商行	85.47%	82.76%
	郑州银行	73.76%	80.36%
	行业平均	74.60%	75.46%
不良贷款率	青岛银行	1.63%	1.62%
	青农商行	1.49%	1.46%
	郑州银行	2.16%	2.10%
	行业平均	2.30%	2.28%
资本充足率	青岛银行	13.68%	14.17%
	青农商行	12.16%	11.73%
	郑州银行	11.83%	11.84%
	行业平均	12.56%	12.44%

比是一把双刃剑，贷款过低不利于银行主营业务的发展，贷款过高则面临流动性风险。就不良贷款率而言，三家银行不良贷款率控制良好，均低于行业平均水平，其中，郑州银行不良贷款率较高，这与其 2020 年 12 月违约概率和隐含资产波动率较高的特点相匹配，应予重点关注。就资本充足率而言，青岛银行资本充足率高于行业平均水平，而青农商行和郑州银行资本充足率偏低，且青农商行 2020 年第三季度资本充足率进一步下滑。资本充足率反映银行抵御风险冲击的能力，应重点关注。

此段时期仍属于"稳信用"而非"紧信用"阶段，"稳货币""稳信用"的政策基调有望延续。2020 年 12 月信贷表现强于历史同期。社会融资规模增速受非标和企业债收缩影响继续回落，社会融资规模增速在 2020 年 10 月见顶后步入下行周期。2021 年第一季度社会融资规模增速下行速度偏缓，呼应"不转急弯"的政策思路。M2 增速受财政投放偏缓影响有所下降。其中，企业中长贷的强势表现延续，居民短贷和中长贷尚处在稳定区间，票据融资继续修复。

前瞻地看，一方面，社会融资规模与 M2 剪刀差在 2020 年 12 月重新小幅走阔，反映出广义流动性的供需缺口扩大，银行负债端压力边际上升，指向后续利率上行压力仍存。另一方面，随着经济向常态化复苏，逆周期调节政策回归中性，2021 年货币信贷增速保持在与名义 GDP 增速相匹配的水平上，这意味着广义流动性将有所收敛。

展望未来，虽然 2020 年 12 月金融机构整体风险水平环比数据与 2020 年 11 月相比有一定程度的下降，但月末金融机构整体风险水平有所上扬，因此本书认为国内金融行业的金融风险整体水平上升导致"太大而不能倒"的潜在系统性风险依然存在，需要倍加警惕。从调控政策效应上看，在"宽信用""宽财政"的政策组合下，经济持续恢复向好，对金融机构的系统性风险有明显的平抑稳定作用，但是在金融行业整体让利的背景下，国内相关逆周期宏观政策调节应当继续保持力度和广度，以缓解国内就业和经济转型压力，从而继续降低系统性风险水平。

分行业来看，对于银行业，中央经济工作会议强调坚持稳健货币政策并多渠道补充银行资本金。保持宏观杠杆率基本稳定，多渠道补充银行资本金，有助于缓解银行资本压力，提升风险抵补能力。截至2020年底，经济数据持续向好，复苏趋势延续利好银行业经营环境改善。银行业金融机构系统性风险水平有望继续保持低位运行。

对于证券业，2020年以来资本市场全面深化改革体现了监管改革的决心，目前注册制已在创业板中落地，运行成果良好。注册制在全市场中的推行进程大概率超预期，资本市场改革加速有助于证券行业在投融资两端进一步打开成长空间，驱动证券公司高质量发展；也有助于提升上市公司质量，降低证券行业整体风险，证券业金融机构系统性风险水平有望进一步降低。

对于保险业，"偿二代"二期在2022年正式实施，整体上对偿付能力的界定更加严格，对部分投资及负债业务激进公司产生明显制约，有助于降低保险机构的整体杠杆水平，保持稳健经营，降低风险水平。

2020年9月国务院常务会议提出坚持稳健的货币政策灵活适度，保持政策力度和可持续性，不搞大水漫灌，引导资金更多地流向实体经济，以促进经济金融平稳运行。

7.2　房地产行业风险监测分析报告

7.2.1　房地产热点跟踪及预警系统数据质量验证

本书房地产风险监测分析报告数据均来自房地产热点跟踪及预警系统，后者的数据主要来自贝壳网、中国土地市场网、中国房价行情网、CEIC数据库、Wind数据库及国家统计局等。以下主要讨论房地产热点跟踪及预警系统二手房成交数据的数据质量。

1. 国家统计局公布的房价数据系统性地低估了房价

房地产热点跟踪及预警系统二手房成交价数据来自贝壳网，国家统计局公布的商品房销售价格数据来自住房和城乡建设部网签价。除了统计口径不同，房地产热点跟踪及预警系统的二手房成交价比国家统计局公布的商品房销售价高的原因可能有以下两点。

（1）国家统计局数据来自住房和城乡建设部的网签价，但大多数网签价都大幅低于实际成交价。

（2）逐利导致贝壳网二手房成交数据存在系统性的高估，因为逐利可能导致房屋中介更愿意推销单价更高的房子。

因此，中国房价真实走势可能介于国家统计局数据及贝壳网数据计算的房价之间，结合两者的数据才能更好地反映中国房价的真实走势（图7-18）。

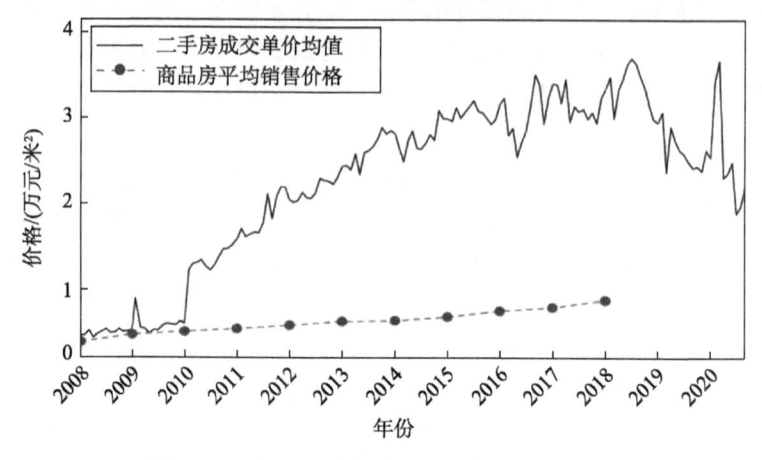

图 7-18　全国二手房成交价、商品房销售价

2. 房地产热点跟踪及预警系统数据与权威数据基本上具有一致的趋势

以四川和北京为例，贝壳网二手房成交均价与国家统计局公布的商品房平均销售价格基本上具有一致的趋势（图7-19）。

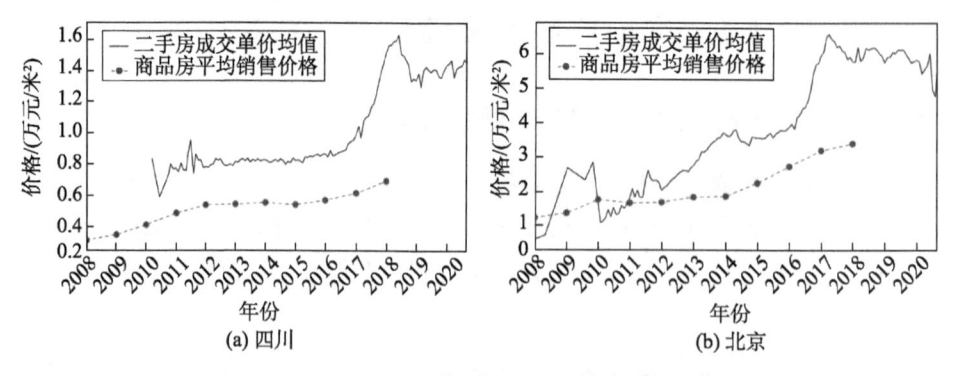

(a) 四川

(b) 北京

图 7-19　四川、北京二手房成交价、商品房销售价

3. 房地产热点跟踪及预警系统数据频率更高，能够及时反映突发事件对中国房地产市场的影响

国家统计局公布的房价数据为年度数据，截至2020年10月中旬，国家统计

局公布的房价数据更新到 2018 年。房地产热点跟踪及预警系统的数据频率最高为日度,且每五日更新一次,因此更能够及时反映中国的房价走势,可以及时反映突发事件对房地产行业的影响。例如,2020 年新冠疫情期间疫情最严重的湖北房价跌幅最大,二手房成交价一度跌至五年内最低水平(图 7-20),而与湖北邻近的重庆二手房成交价受疫情影响就不大(图 7-21)。

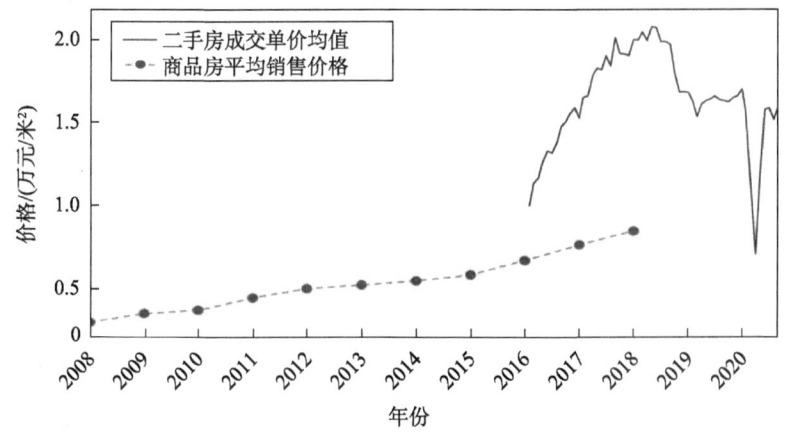

图 7-20 湖北二手房成交价、商品房销售价

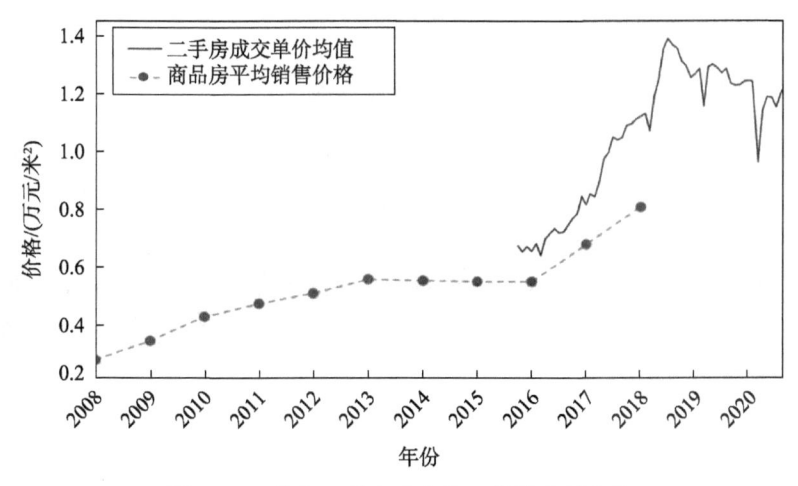

图 7-21 重庆二手房成交价、商品房销售价

4. 房地产热点跟踪及预警系统数据有更细致的数据颗粒度

国家统计局数据只能精确到省级,而房地产热点跟踪及预警系统的数据能够精确到市级,甚至精确到市内下辖各区。图 7-22 显示了四川成都及其下辖的温江区的房价走势。

(a) 四川成都

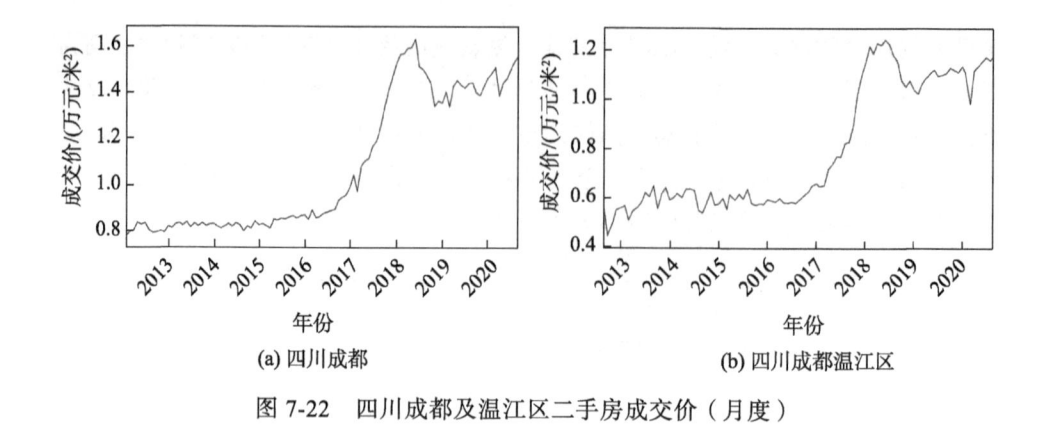

(b) 四川成都温江区

图 7-22 四川成都及温江区二手房成交价（月度）

7.2.2 新冠疫情对中国二手房市场的影响[①]

新冠疫情后房地产市场有所复苏但仍低迷。新冠疫情期间，房价泡沫较为严重的地区房价下降幅度较大，可见房价泡沫是威胁金融安全的隐患。2020 年 12 月，惠州、嘉兴、厦门、廊坊、深圳、苏州、南通、绍兴、保定、青岛的房价泡沫最为严重，需要加强监管。房地产泡沫是威胁金融安全的最大"灰犀牛"，房价泡沫严重的地区在新冠疫情这种极端风险冲击下显示出脆弱性，建议对房价泡沫较为严重的地区的房地产市场加强监管。

1. 疫情后房地产市场有所复苏，但仍低迷

二手房交易不直接受到政府限价措施的影响，更能反映房地产市场的变化。2020 年 1 月 23 日至 2020 年 2 月中旬，中国二手房交易市场几乎消失（图 7-23）。这一方面是受到春节假期的影响[②]，另一方面是受到新冠疫情影响。2020 年 1 月 26 日中国房地产业协会向会员单位并全行业发出号召，暂时停止售楼处销售活动，待疫情过后再行恢复。然而，二手房市场在春节假期后将近半个月仍然有价无市，成交量跌至近十年来的最低水平。2020 年 4 月后，我国逐步恢复正常的生产生活，二手房成交量激增至每月七万多套，但是二手房成交价仍低于上年同期水平，2020 年 8 月，我国二手房成交价环比增速为 –8.58%（图 7-24）。

为反映疫情对中国房地产市场的影响，我们绘制了 2020 年 1 月~2020 年 8 月逐月的房价波动地图，其显示了 31 个省区市的房价波动情况（由于地图绘制较为复杂，这里省略了书中插图）。2020 年 1 月，中国大部分地区的房价波动处于"正

[①] 本节写作完成于 2020 年 12 月。

[②] 2020 年 1 月 24 日至 2020 年 2 月 2 日是 2020 年春节假期，2019 年 2 月 1 日至 2 月 11 日春节假期前后二手房交易市场也没有成交量。

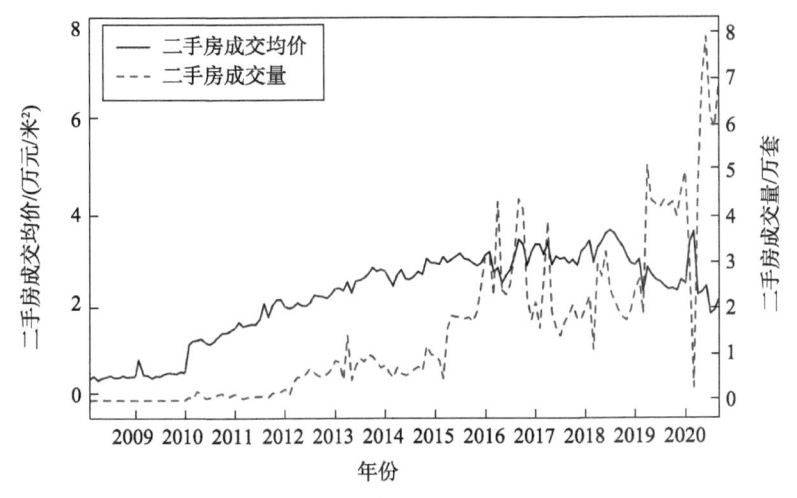

图 7-23 全国二手房成交均价及成交量

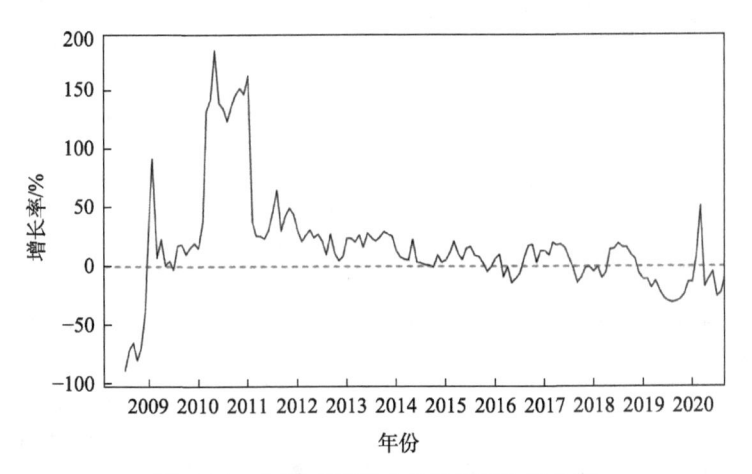

图 7-24 全国二手房成交均价环比增长率

常"范围内,湖北的房价波动则处在"较冷"的下降状态中;2月,疫情全面暴发,全国大部分地区的房价波动都处于"较冷"或"偏冷"的下降和快速下降状态中,尤其是受疫情影响最严重的湖北及其周边地区;3月疫情得到了初步的控制,除湖北及其邻近的湖南和广西外,全国大多数地区的房价波动幅度回归至"正常"甚至"较热""偏热"的上涨状态;4月,全面恢复生产生活秩序,武汉"解封",各地房价回归"正常",武汉房价迅速回弹至"偏热"状态;此后直至8月,中国各地房价大部分处于"正常"的温和上涨状态。

2. 新冠疫情期间,二手房市场异常波动主要受长江三角洲城市群、华北地区、华东地区的影响

2020年新冠疫情期间,我国二手房市场的异常波动主要受到长江三角洲城市

群、华北地区和华东地区的影响。在已获批的九个城市群中，长江三角洲城市群二手房成交均价远远高于其他城市群且波幅最为剧烈（图7-25）；在华北、东北、西北、华东、中南、西南六大行政区中，华北和华东地区二手房成交价跌幅最大（图7-26）；在东部、中部、西部和东北四大经济分区中，东部地区二手房成交价跌幅最大（图7-27）；不同面积二手房成交价均有不同幅度的下降（图7-28）；尽管东部沿海地区二手房成交价有所回落，但一线城市（包括北京、上海、广州、深圳）的二手房成交价表现总体稳健，这主要是因为深圳的房价在疫情期间非常稳健，甚至有小幅上升（图7-29）。

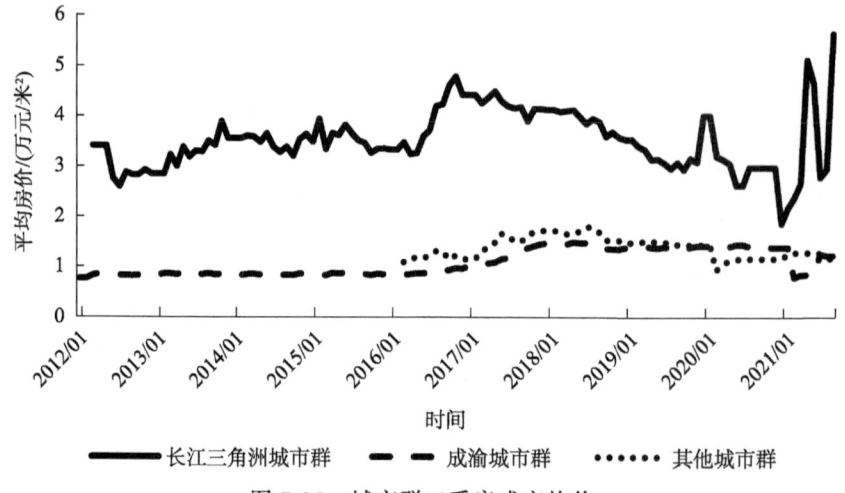

图7-25 城市群二手房成交均价

受图形显示限制，图中只画出了长江三角洲城市群、成渝城市群房价走势，其他地市群代表了剩下7个城市群。2018年发布的《中共中央 国务院关于建立更加有效的区域协调发展新机制的意见》明确指出，以京津冀城市群、长江三角洲城市群、粤港澳大湾区、成渝城市群、长江中游城市群、中原城市群、关中平原城市群等城市群推动国家重大区域战略融合发展，建立以中心城市引领城市群发展、城市群带动区域发展新模式，推动区域板块之间融合互动发展。中原城市群包括郑州、洛阳、开封、南阳、安阳、商丘、新乡、平顶山、许昌、焦作、周口、信阳、驻马店、鹤壁、濮阳、漯河、三门峡、济源、长治、晋城、运城、邢台、邯郸、聊城、菏泽、宿州、淮北、蚌埠、阜阳、亳州；兰西城市群包括兰州、西宁、海东及白银、定西、临夏回族自治州、海北藏族自治州、海南藏族自治州、黄南藏族自治州部分地区；关中平原城市群包括西安、宝鸡、咸阳、铜川、渭南及商洛、运城、临汾、天水、平凉、庆阳部分地区；北部湾城市群包括南宁、北海、钦州、防城港、玉林、崇左、湛江、茂名、阳江、海口、儋州、东方、澄迈、临高、昌江黎族自治县；呼包鄂榆城市群包括呼和浩特、包头、鄂尔多斯、榆林；哈长城市群包括哈尔滨、大庆、齐齐哈尔、绥化、牡丹江、长春、吉林、四平、辽源、松原、延边朝鲜自治州；成渝城市群包括重庆大部分地区、成都、自贡、泸州、德阳、遂宁、内江、乐山、南充、眉山、宜宾、广安、资阳及绵阳、达州、雅安部分地区；长江三角洲城市群包括上海、南京、无锡、常州、苏州、南通、盐城、扬州、镇江、泰州、杭州、宁波、温州、嘉兴、湖州、绍兴、金华、舟山、台州、合肥、芜湖、马鞍山、铜陵、安庆、滁州、池州、宣城；长江中游城市群包括武汉、黄石、鄂州、黄冈、孝感、咸宁、仙桃、潜江、天门、襄阳、宜昌、荆州、荆门、长沙、株洲、湘潭、岳阳、益阳、常德、衡阳、娄底、南昌、九江、景德镇、鹰潭、新余、宜春、萍乡、上饶及抚州、吉安部分地区

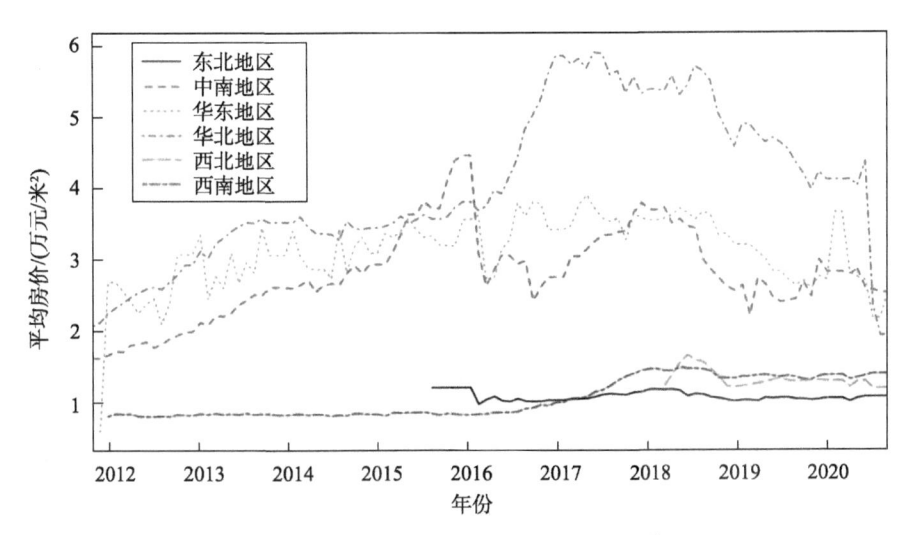

图 7-26　六大行政分区二手房成交均价

华北地区包括北京、天津、河北、山西、内蒙古（除西部外）；东北地区包括辽宁、吉林、黑龙江；华东地区包括上海、江苏、浙江、安徽、福建、江西、山东、台湾；中南地区包括河南、湖北、湖南、广东、广西、海南、香港、澳门；西南地区包括四川、贵州、云南、重庆、西藏；西北地区包括陕西、甘肃、青海、宁夏、新疆、内蒙古西部

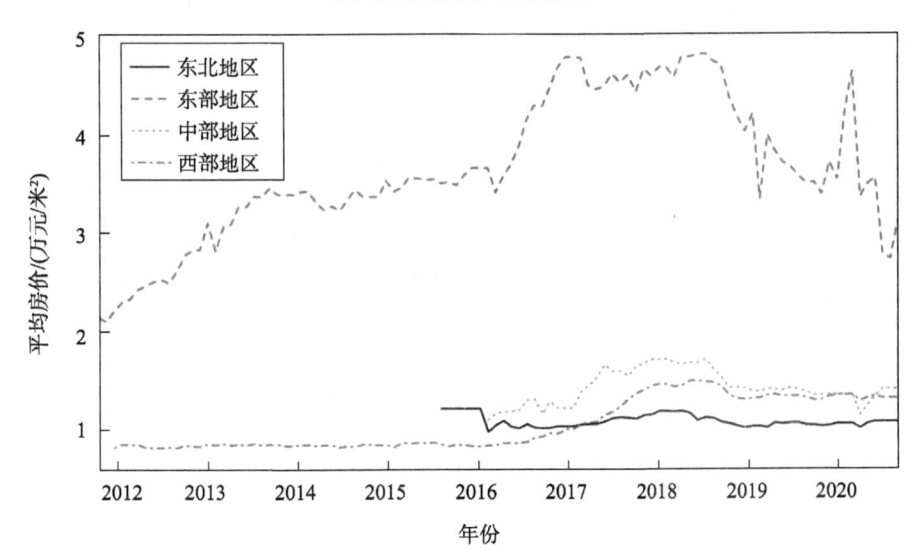

图 7-27　四大经济分区二手房成交均价

国家统计局根据《中共中央　国务院关于促进中部地区崛起的若干意见》《关于西部大开发若干政策措施的实施意见》以及党的十六大报告的精神，将我国的经济区域划分为东部、中部、西部和东北四大地区。各地区经济社会发展的主要内容为：西部开发、东北振兴、中部崛起、东部率先发展。东部地区包括北京、天津、河北、上海、江苏、浙江、福建、山东、广东和海南；中部地区包括山西、安徽、江西、河南、湖北和湖南；西部地区包括：内蒙古、广西、重庆、四川、贵州、云南、西藏、陕西、甘肃、青海、宁夏和新疆；东北地区包括辽宁、吉林和黑龙江

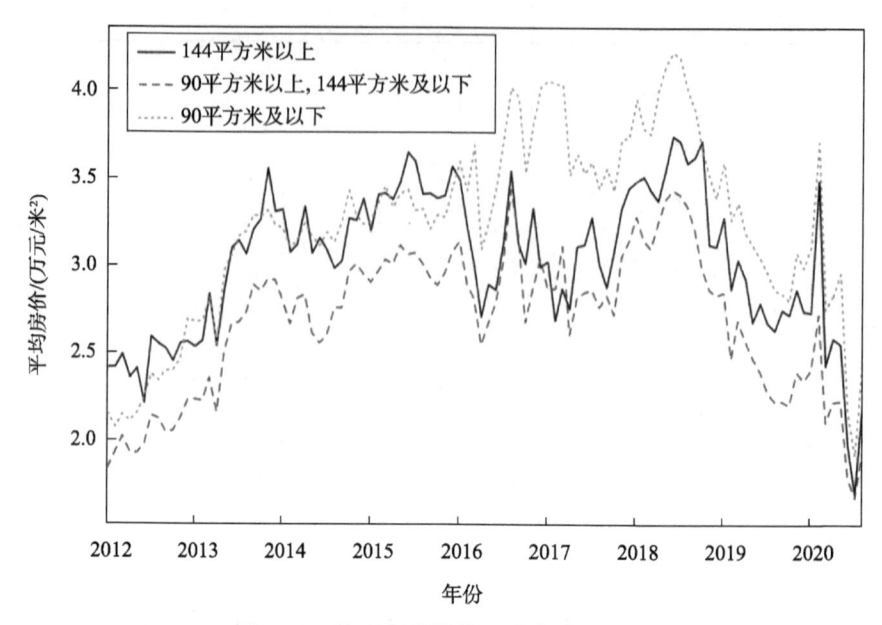

图 7-28　按面积分类的二手房成交均价

《关于调整住房供应结构稳定住房价格的意见》规定，自 2006 年 6 月 1 日起，凡新审批、新开工的商品住房建设，套型建筑面积 90 平方米以下住房（含经济适用住房）面积所占比重，必须达到开发建设总面积的 70%以上。参考《关于做好稳定住房价格工作的意见》，大多数大中城市都以 144 平方米作为享受优惠政策普通住宅与非普通住宅的建筑面积分界点

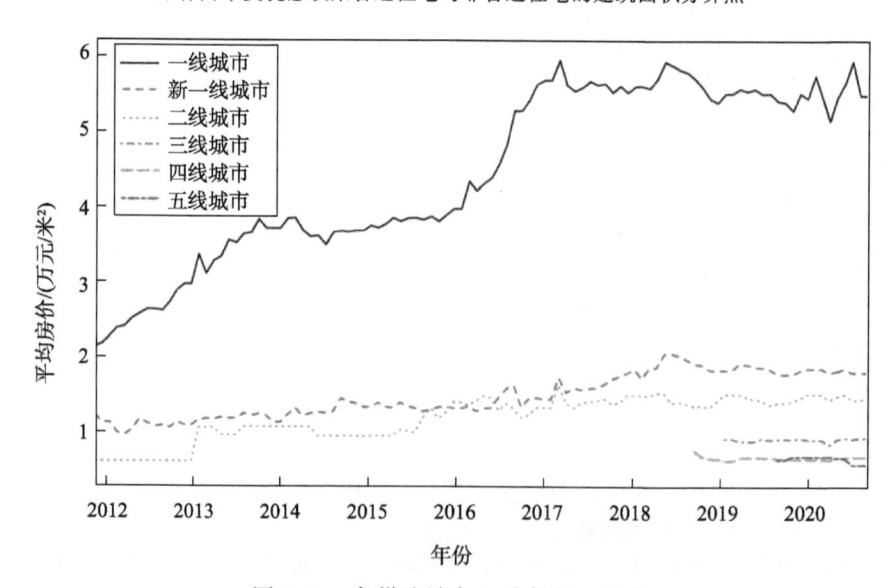

图 7-29　各梯队城市二手房成交均价

各城市梯队根据《2020 年城市商业魅力排行榜》分类。一线城市包括北京、上海、广州、深圳；新一线城市包括成都、重庆、杭州、武汉、西安、天津、苏州、南京、郑州、长沙、东莞、沈阳、青岛、合肥、佛山

3. 疫情前房价泡沫严重的地区疫情期间房价跌幅较大

中国长江三角洲城市群、华北地区、东部地区的房价远远高于其他地区，也是 2018 年之后以及疫情期间房价下跌较快、较猛，价格波动幅度较大的地区。这主要是因为这些地区是房价泡沫较大的区域。

房价泡沫主要是指土地和房屋价格极高，与其使用价值不符，通常来源于价格炒作形成的虚假繁荣。可以使用房价收入比、房价租金比以及成交在售比来衡量中国房地产市场的房价泡沫。

1) 房价收入比较高的地区疫情期间房价跌幅较大

房价收入比是房屋总价与当地平均年收入的比重，单位为年，其经济含义：平均来说一个在当地工作的人在完全不消费的情况下，其收入能够帮助其用多少年购买一套当地平均面积、平均价格的房产。这一指标是衡量房屋可负担性以及房价泡沫程度的一个重要指标，房价收入比越大，房价泡沫越大。北京、广东、福建、上海的房价收入比较高，分别为 73 年、67 年、66 年、61 年，意味着平均来说在这些城市工作，即使完全不消费也要花六七十年才能买一套房。

房地产热点跟踪及预警系统显示，2019 年房价下降较猛、房价波动较剧烈的长江三角洲城市群、华北地区和东部地区正是房价收入比较高的地区。

2) 房价租金比较高的地区房价跌幅较大

房价收入比没有考虑流动人口、外来资金等其他因素，因此本系统使用更准确的市场数据（租金和房价）计算租金收益率来考察房价泡沫程度。房价租金比是指每平方米的房价与每平方米的年租金之间的比值，大致反映了房屋以出租方式取得的投资回报用多少年能收回当时购房的投资。

中国房价租金比较高的省份是安徽、陕西、江苏和广东，分别为 68 年、68 年、61 年、60 年，意味着在这些城市购房并出租，花费六十年及以上才能收回当年购房时的投资。房价和月租金的比值远超过国际警戒水平[①]。相应地，北京、上海的房价租金比分别为 47 年和 39 年，说明在使用租金衡量房产的资产收益率时，北京和上海相对于安徽等城市更具投资价值。

图 7-30 展示了中国房价泡沫较严重的几个省或直辖市的房价收入比和房价租金比。北京、广东、上海、海南等省（直辖市）的房价收入比高于房价租金比，说明这些省（直辖市）囤房投资的现象可能更为严重，同时也可能存在较严重的财富不平等现象。具体来说，当前，惠州、嘉兴、厦门、廊坊、深圳、苏州、南通、绍兴、保定、青岛的房价泡沫较为严重，需要加强监管（表 7-3）。

---

① 一般情况下，若要满足 5%~6%的投资回报要求，房价与月租金的比值为 240~200，如果房价月租金比超过 300，说明该区域房产投资价值变小，房价高估，也就意味着房地产泡沫严重；如果低于 200，说明该区域投资潜力较大，房价泡沫不大。

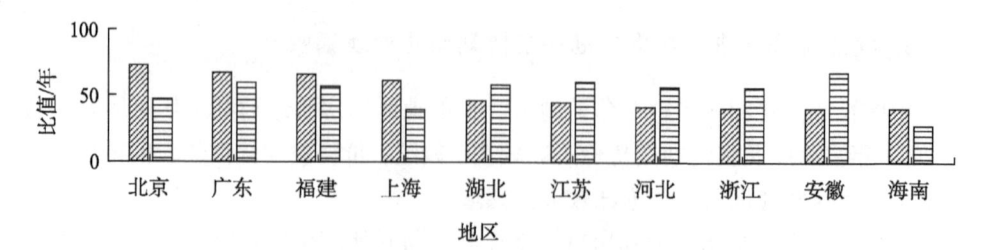

图 7-30　2019 年房价收入比和 2020 年房价租金比

表 7-3　2020 年房价租金比

排序	城市	房价/（元/米²）	年租金/（元/米²）	房价租金比/年
1	惠州	10 908.91	154.22	70.74
2	嘉兴	14 985.02	217.42	68.92
3	厦门	35 874.62	538.38	66.63
4	廊坊	14 678.72	227.20	64.61
5	深圳	63 392.00	997.86	63.53
6	苏州	23 459.18	372.48	62.98
7	南通	16 229.40	258.24	62.85
8	绍兴	15 335.87	247.85	61.88
9	保定	10 879.59	179.88	60.48
10	青岛	19 857.47	331.68	59.87
⋮	⋮	⋮	⋮	⋮
81	凉山	9 215.70	318.24	28.96
82	鄂州	4 702.04	164.51	28.58
83	丹东	6 725.58	239.24	28.11
84	大连	13 371.16	477.71	27.99
85	常德	7 041.39	262.17	26.86
86	哈尔滨	9 062.13	338.87	26.74
87	岳阳	6 446.79	241.48	26.70
88	湛江	8 649.81	350.79	24.66
89	吉林	6 354.99	266.75	23.82
90	江门	6 939.72	322.43	21.52

4. 新冠疫情中全国人流、物流集散地经济增长和房价受影响较大

新冠疫情反映出突发危机下各城市的经济增长韧性。受疫情影响，全国人流、物流集散地，如上海、北京、广州、天津（港口）、武汉（铁路交通集散地）、郑州（铁路交通集散地）等城市经济增速显著下滑。这些城市 2020 年上半年实际生产总值增长率分别为 –2.6%、–3.2%、–2.7%、–3.9%、–19.5% 和 –0.2%（图 7-31）。这些城市的二手房房价也相应下滑。受疫情影响较大的城市，尤其是人流、物流集散地的二手房成交价在疫情初期显著下滑，之后有不同程度反弹（图 7-32）。

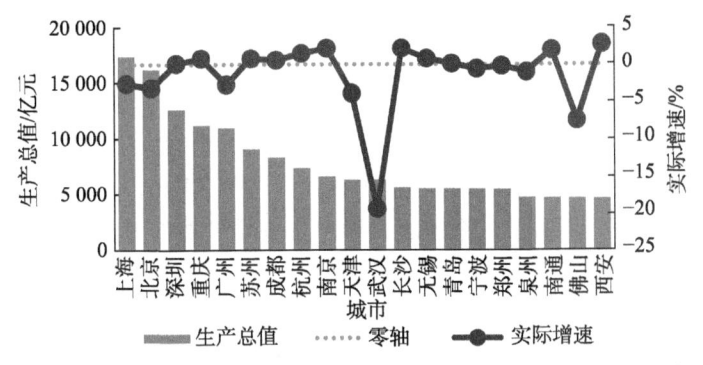

第 7 章 宏观经济风险监测分析报告

图 7-31 2020 年上半年城市生产总值总量 20 强及其实际增长率

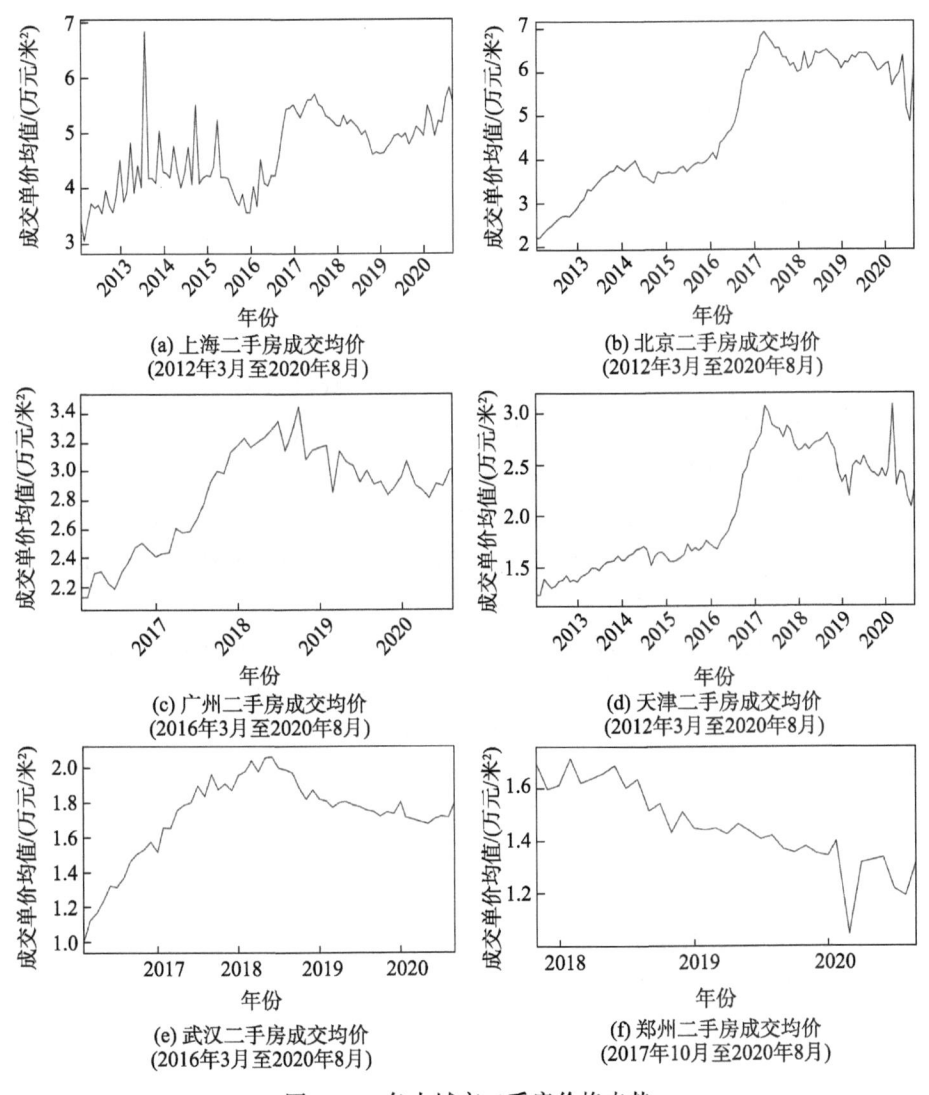

图 7-32 各大城市二手房价格走势

(a) 上海二手房成交均价
(2012年3月至2020年8月)

(b) 北京二手房成交均价
(2012年3月至2020年8月)

(c) 广州二手房成交均价
(2016年3月至2020年8月)

(d) 天津二手房成交均价
(2012年3月至2020年8月)

(e) 武汉二手房成交均价
(2016年3月至2020年8月)

(f) 郑州二手房成交均价
(2017年10月至2020年8月)

7.2.3 二手房市场情绪指数与房价波动[①]

2013~2018 年的五年间，中国二手房交易体量实现了跨越式增长，截至 2018 年 9 月，全国交易量达到 1557 万套，占全国房屋总交易额的 70%，二手房在房地产市场交易方面有着极其重要的地位。因此，本节使用 2017 年 1 月~2020 年 8 月的二手房交易数据，构造了六个反映二手房市场购房者行为的月度指标，分别是成交周期、成交价格差、调价次数、带看次数、关注人数、浏览次数，并使用主成分分析法在这六个指标中提取能够综合反映二手房市场活跃程度的综合指数，即二手房市场情绪指数，指数越大，房地产市场关注度越高，房价预期越积极；指数越小，房地产市场关注度越低，房价预期越消极。

二手房市场情绪指数显示，2020 年新冠疫情暴发初期我国二手房市场活跃程度极低，随着 2020 年 6 月国外疫情的集中暴发，各个城市二手房市场参与者的情绪普遍较为消极，预判房地产市场在近期表现将趋于平稳，不会大涨大跌；一线城市、直辖市二手房交易热度低，市场存在一定的不合理性，新房和二手房存在套利空间，监管部门需要将限价、限购等监管手段结合；二手房价格与二手房市场情绪指数具有正向关联，可通过情绪监测实现价格预警。

1. 二手房市场情绪指数构建

在房地产市场经过了多年的高速发展之后，一线城市和部分二线城市可开发空间逐步缩小，压缩了新房市场的空间，二手房交易量逐步上升，市场进入存量房时代。数据显示，1998~2018 年中国二手房市场从不到百亿元人民币的交易额扩大到了万亿元级别，全国累计成交总额达到 30.33 亿元，交易总套数达 2391 万套；尤其是 2013~2018 年，中国二手房交易体量更是实现跨越式增长，全国交易量达到 1557 万套，占总交易额的 70%。

由于二手房在房地产市场交易方面具有极其重要的地位，因此跟踪研究二手房市场的交易行为，对于防范房地产市场风险具有极其重要的作用。基于此，本节爬取了贝壳网站上二手房交易的共 2 318 440 条数据，去掉极端值、缺失值后剩余约 170 万条数据，构建了二手房市场情绪指标，如表 7-4 所示。

本节根据爬取的二手房交易数据，基于每一笔交易的挂牌时间和成交时间，算出每一笔交易的成交周期，计入成交时点当月。将当月所有的成交周期加总并进行平均，得到了全国每个月的二手房成交周期指标，见图 7-33。从 2012 年初开始，二手房成交周期逐步上升，在 2014 年 1 月达到顶峰，约 442 天。随后二手房交易市场逐步升温，交易周期下降，直至 2015 年 2 月再次达到高峰。从 2015 年 2 月后，二手房交易周期呈下降趋势，直至 2020 年达到较为平稳阶段。

[①] 本节写作完成时间为 2020 年 12 月。

表 7-4　二手房市场情绪指标

指标名称	含义
成交周期	每月二手房成交天数之和/当月成交套数。衡量全国二手房交易从挂牌时间到成交时间的平均交易时间差
成交价格差	成交价格差=（成交总价−挂牌价格）/挂牌价格。该值如果为正，值越大，房地产市场越活跃；值越小，房地产市场越冷清
调价次数	调价次数越多，表明房地产市场越受关注。除以成交套数进行标准化处理
带看次数	带看次数越多，表明房地产市场越活跃。除以成交套数进行标准化处理
关注人数	关注人数越多，表明房地产市场越活跃。除以成交套数进行标准化处理
浏览次数	浏览次数越多，表明房地产市场越活跃。除以成交套数进行标准化处理

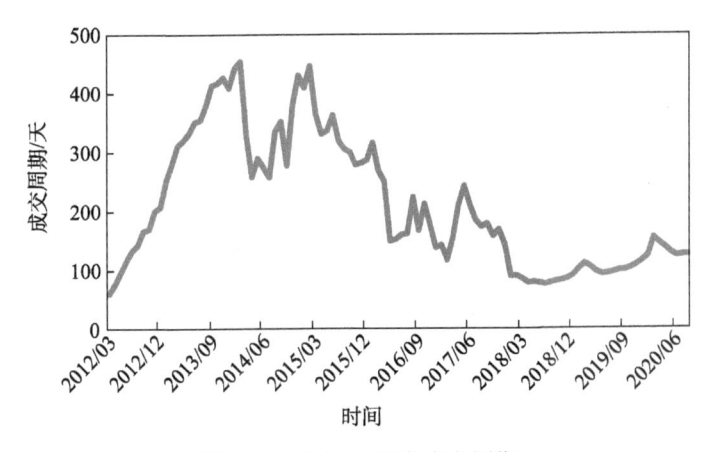

图 7-33　全国二手房成交周期

图 7-34 为 2012 年至 2020 年 8 月成交价格差指标走势。成交价格差的值如果为正，值越大，房地产市场越火热；值越小，房地产市场越冷清。图 7-34 中可以看到，2012 年到 2020 年 8 月该指标一直为负，表明二手房的挂牌价总是高于最终成交价。2012 年到 2020 年 8 月，该指标逐步波动上升，直至接近于 0，表明最终成交价越来越接近初始挂牌价。2016 年、2017 年该指标最大，表明这两年房地产市场交易较为繁盛，卖家议价权较大。

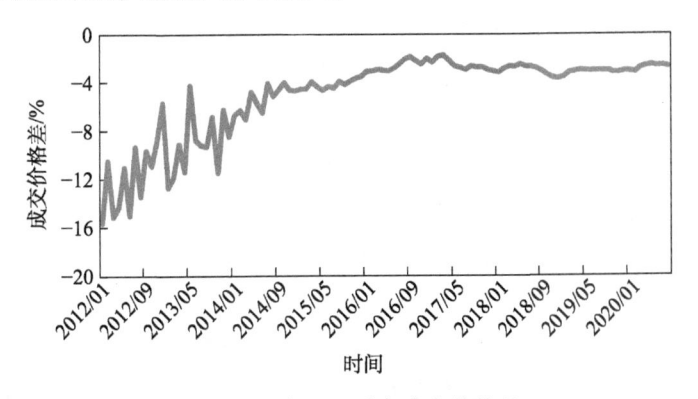

图 7-34　全国二手房成交价格差

图 7-35 为基于二手房交易数据构建的全国月度调价次数指标，该指标越大，表明当月调价次数越多，二手房市场越受关注。自 2015 年 1 月以来，该指标一直较为平稳地缓慢上升，但是 2018 年后上升幅度较大，表明二手房市场关注度上升。

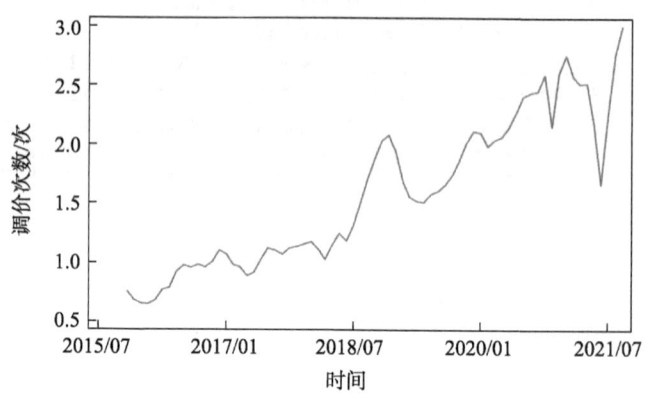

图 7-35　全国二手房调价次数

本章也构造了 2016 年至 2020 年 8 月全国每月二手房带看次数指标。带看次数越多，表明当月去实地看房的人数越多，二手房市场越受关注。根据图 7-36，2016 年至 2020 年 8 月带看次数指标呈上升趋势，表明 2016 年至 2020 年 8 月二手房市场呈升温态势。

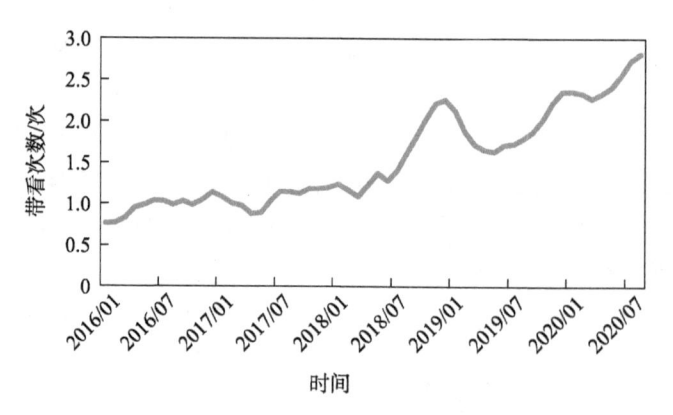

图 7-36　全国二手房带看次数

本节构造了自 2016 年至 2020 年 8 月全国每月二手房关注人数指标。该指标代表了每个月成交的二手房平均受到多少人的关注，该指标越大，表明二手房市场越受关注。根据图 7-37，自 2016 年 1 月后，该指标波动上升，在 2018 年 1 月达到顶峰，表明 2018 年 1 月二手房市场关注度最高，房地产市场最火热。随后该指标有所下降，在 2019 年 12 月再次达到顶峰，随后受疫情影响，房地产市场开始降温。

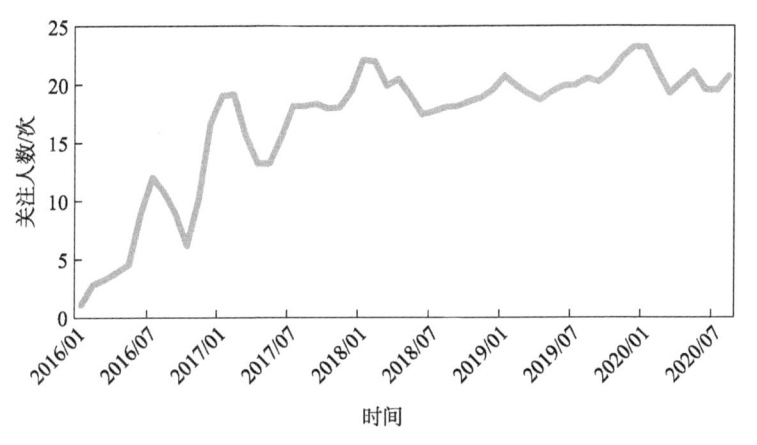

图 7-37 全国二手房关注人数

本节构造了自 2017 年至 2020 年 8 月全国每月浏览次数指标。该指标代表了在贝壳网上每个月成交的二手房受到多少人的浏览，该指标越大，表明二手房市场越受关注。根据图 7-38，自 2017 年 1 月开始，该指标呈上升趋势，在 2017 年 6 月达到顶峰，表明该时间段二手房市场关注度最高，房地产市场最火热。随后该指标下降，受新冠疫情影响，在 2020 年 6 月跌至 200 次以下，后由于疫情防控力度加大，房地产市场热度又得到回升。

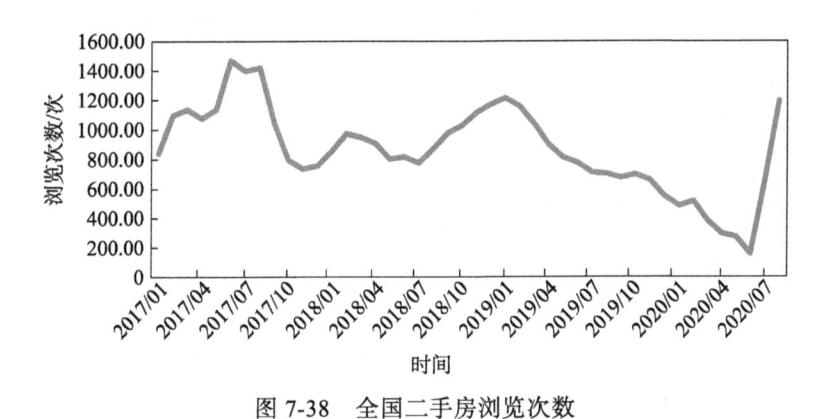

图 7-38 全国二手房浏览次数

在上文基础上，对选取的六个指标进行主成分分析。首先对数据进行标准化，参照 $\tilde{x}_t^j = \dfrac{x_t^j - \min\left(x_t^j, x_t^j, \cdots, x_t^j\right)}{\max\left(x_t^j, x_t^j, \cdots, x_t^j\right) - \min\left(x_t^j, x_t^j, \cdots, x_t^j\right)}$（ $t = 1, \cdots, 44$， $j = 1, \cdots, 6$）对所有数据标准化，使每个数据的取值都在 0~1。在进行主成分分析之前，首先对所有指标进行 SMC（sequential Monte Carlo，序列蒙特卡罗）检验、KMO（Kaiser-Meyer-Olkin）检验和 Bartlett's（巴特利特）球形检验（表 7-5 和表 7-6）。

表 7-5　变量的 KMO 值、SMC 值

变量	KMO 值	SMC 值
成交周期	0.6245	0.4926
成交价格差	0.6453	0.4586
调价次数	0.7186	0.5573
带看次数	0.6486	0.5772
关注人数	0.6369	0.5491
浏览次数	0.5863	0.4063
合计	0.6481	

表 7-6　变量 Bartlett's 球形检验结果

近似卡方	自由度	显著性
95.652	15	0.000

可以看到，各个变量之间的相关性较大，KMO 值大于 0.5，且 Bartlett's 球形检验明显是显著的，可以进行主成分分析。

主成分分析的结果如表 7-7 所示。以特征值大于 1 为标准，结合碎石图，提取了两个主成分，主成分的累计解释程度达到 69.806%。

表 7-7　主成分分析中总方差解释情况表

成分	初始特征值 总计	方差百分比/%	累计百分比/%	提取载荷平方和 总计	方差百分比/%	累计百分比/%
1	3.063 59	51.060	51.060	3.063 59	51.060	51.060
2	1.124 77	18.746	69.806	1.124 77	18.746	69.806
3	0.713 04	11.884	81.690			
4	0.578 77	9.646	91.336			
5	0.310 53	5.176	96.512			
6	0.209 28	3.488	100.000			

各主成分与原指标间的得分系数矩阵如表 7-8 所示，根据这些系数可以写出各主成分的计算公式：

$$F1 = -0.4073 X_1 - 0.3746 X_2 + 0.4555 X_3 + 0.4558 X_4 + 0.4348 X_5 - 0.2992 X_6$$
$$F2 = 0.1694 X_1 + 0.5140 X_2 + 0.2012 X_3 + 0.1911 X_4 - 0.3120 X_5 - 0.7299 X_6$$

表 7-8　各成分得分系数矩阵

指标	主成分 1	主成分 2	指标	主成分 1	主成分 2
成交周期（X_1）	−0.4073	0.1694	带看次数（X_4）	0.4558	0.1911
成交价格差（X_2）	−0.3746	0.5140	关注人数（X_5）	0.4348	−0.3120
调价次数（X_3）	0.4555	0.2012	浏览次数（X_6）	−0.2992	−0.7299

以两个主成分所对应的特征值占所提取主成分的特征值之和的比例作为权重，计算主成分综合模型，进一步得到综合主成分分值（即二手房市场情绪指数）：

$$Y = 3.063\ 59/(3.063\ 59 + 1.124\ 77) \times F1 + 1.124\ 77/(3.063\ 59 + 1.124\ 77) \times F2$$

2. 二手房市场情绪指数分析

1）各城市二手房交易热度情况

表7-9为2020年8月各城市二手房市场情绪指数排序，根据表7-9可以看到2020年8月二手房交易热度最高的城市为济宁，太原、汉中紧随其后；二手房交易热度最低的三个城市为柳州、眉山、金华。在93个城市中，四个一线城市北京、上海、广州、深圳分别位列第70位、第75位、第67位、第28位，可见北京、上海、广州的二手房市场交易热度在全国各城市中较低，深圳稍高。而直辖市中的重庆、天津的二手房市场交易热度位列第89位、第8位，可见重庆的二手房市场热度极低，而天津的二手房交易热度较高。

表7-9 2020年8月各城市二手房市场情绪指数

排序	城市	情绪指数	排序	城市	情绪指数	排序	城市	情绪指数
1	济宁	1.30	32	襄阳	0.71	63	济南	0.51
2	太原	1.09	33	鄂州	0.71	64	无锡	0.50
3	汉中	1.00	34	镇江	0.71	65	福州	0.49
4	保定	0.97	35	潍坊	0.70	66	泉州	0.48
5	防城港	0.95	36	上饶	0.70	67	广州	0.48
6	南通	0.92	37	中山	0.69	68	咸阳	0.47
7	南宁	0.91	38	绵阳	0.69	69	廊坊	0.47
8	天津	0.89	39	淮安	0.69	70	北京	0.47
9	九江	0.89	40	郑州	0.68	71	新乡	0.46
10	桂林	0.85	41	西安	0.65	72	临沂	0.46
11	张家口	0.84	42	贵阳	0.63	73	威海	0.43
12	南充	0.84	43	石家庄	0.62	74	大连	0.43
13	马鞍山	0.83	44	赤峰	0.62	75	上海	0.41
14	嘉兴	0.82	45	徐州	0.61	76	常州	0.40
15	许昌	0.81	46	佛山	0.60	77	珠海	0.37
16	黄石	0.80	47	开封	0.59	78	台州	0.34
17	惠州	0.80	48	杭州	0.58	79	湖州	0.34
18	漳州	0.80	49	成都	0.56	80	吉林	0.34
19	昆明	0.79	50	厦门	0.55	81	盐城	0.33
20	兰州	0.79	51	淄博	0.55	82	江门	0.33
21	包头	0.79	52	达州	0.55	83	东莞	0.32
22	长春	0.79	53	烟台	0.55	84	南京	0.32
23	北海	0.78	54	洛阳	0.54	85	哈尔滨	0.32
24	武汉	0.77	55	温州	0.54	86	长沙	0.32
25	苏州	0.76	56	海口	0.54	87	常德	0.31
26	合肥	0.76	57	沈阳	0.54	88	丹东	0.27
27	唐山	0.75	58	青岛	0.53	89	重庆	0.23
28	深圳	0.75	59	湛江	0.53	90	凉山	0.18
29	宝鸡	0.73	60	呼和浩特	0.52	91	柳州	0.17
30	清远	0.73	61	绍兴	0.52	92	眉山	0.15
31	银川	0.72	62	宁波	0.51	93	金华	0.07

2）二手房价格略呈颓势，疫情对于二手房市场有较大冲击

图 7-39 为 70 个大中城市二手房住宅价格变动，可以看到从 2019 年下半年开始，全国二手房住宅开始呈现颓势，上涨城市数量一直在减少，下跌城市数量一直在增加。2020 年 4 月二手房房价下跌的城市数量高达 26 个，此后一直持平，可见疫情对于房地产市场的冲击有一个较为长期的影响。

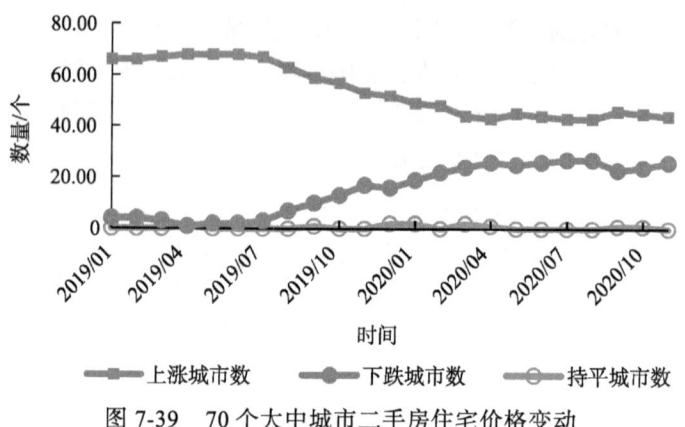

图 7-39　70 个大中城市二手房住宅价格变动

图 7-40 为四个一线城市二手房出售挂牌价指数，除了深圳的挂牌价指数一直走高之外，北京、上海、广州的挂牌价指数一直持平，波动较小。

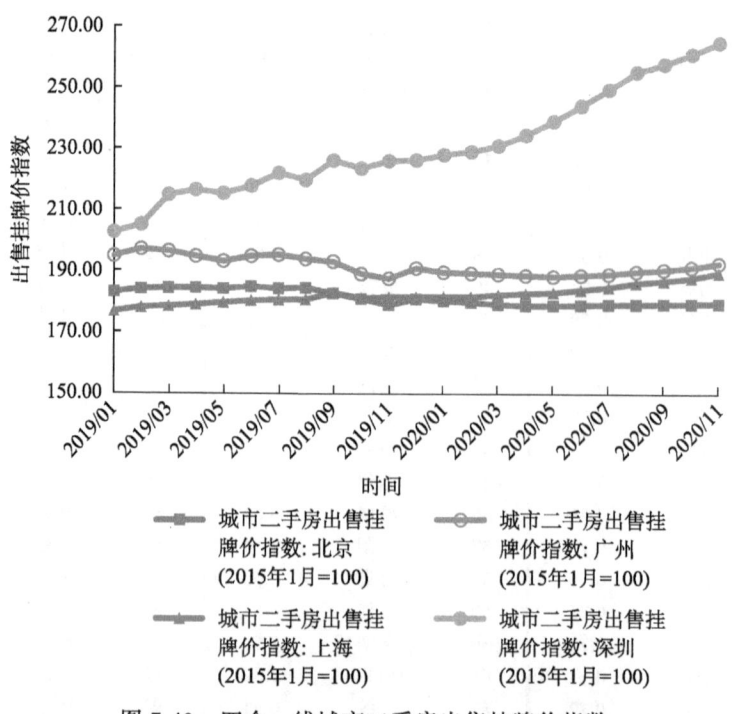

图 7-40　四个一线城市二手房出售挂牌价指数

图 7-41 为四个一线城市二手房出售挂牌量指数,可以看出在 2019 年 1~10 月一线城市的二手房挂牌量呈下降趋势,但是波动较小,而 2019 年 12 月和 2020 年初下跌趋势明显。疫情期间,由于购房者很难走出家门去看房,且受疫情影响,未来市场不明朗,导致购房者的购房需求暂时被压制,房东对于二手房市场也持观望态度,导致二手房出售挂牌量下降,二手房市场遭遇暂时的寒冬。

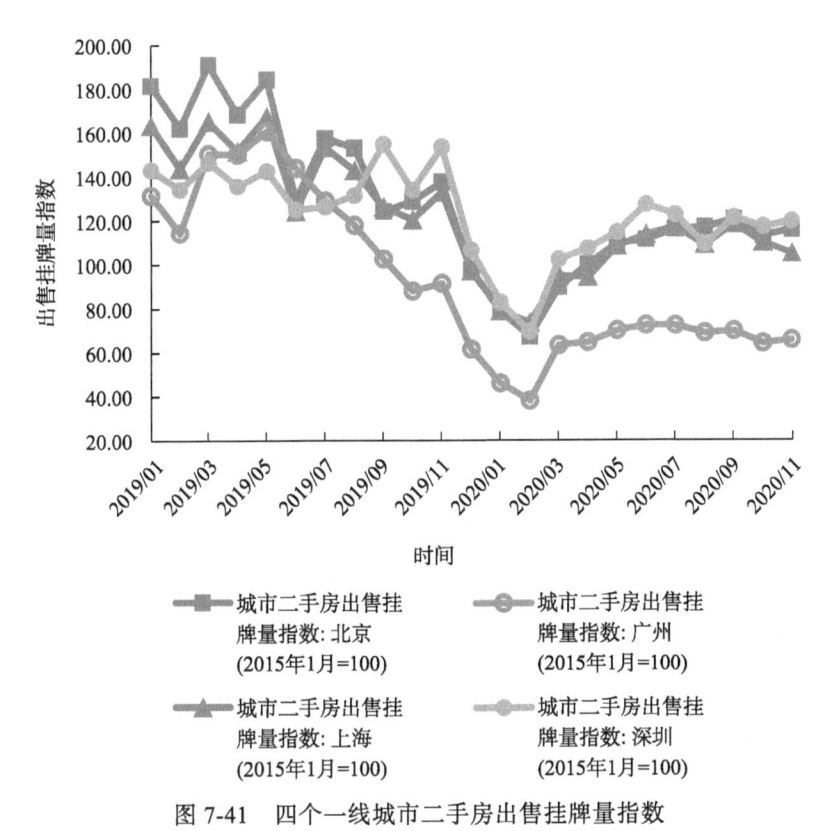

图 7-41 四个一线城市二手房出售挂牌量指数

3)全国二手房市场具有明显周期性,且交易热度总体呈逐年上升趋势

图 7-42 为 2017 年 1 月~2020 年 7 月全国二手房市场情绪指数变动情况,并使用 HP 滤波法分离得到全国二手房市场情绪指数的周期变动和趋势变动。从图中可以看到,全国二手房市场情绪指数存在明显的周期波动,每年的 1 月及 12 月,全国二手房市场情绪指数较高,二手房市场热度为全年最高;每年的 3 月、4 月全国二手房情绪指数较低,二手房市场交易热度为全年最低。根据图 7-42 分离得到的趋势项,可以看到历年来二手房市场情绪一直呈现上升趋势,二手房市场交易热度逐渐上升。近年来,随着房价不断攀升,而家庭传统投资理财方式较为单一,家庭往往基于投资动机购买二套房甚至多套房,导致整个房地产市场及二手房市场热度逐年走高。

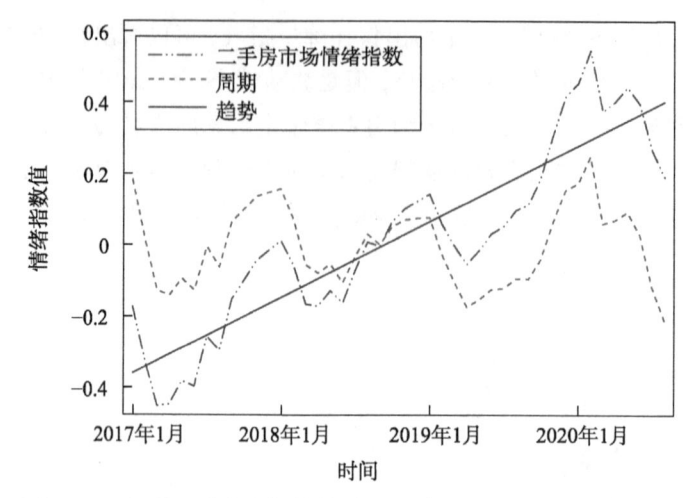

图 7-42 全国二手房市场情绪（2017 年 1 月至 2020 年 7 月）

图 7-43 为使用 HP 滤波法得到的二手房市场情绪变动趋势和二手房价格变动趋势。从图中可以看到两者几乎呈现平行变动趋势，二手房市场情绪指数与房价关联性较大，直观上具有较强的预测能力。

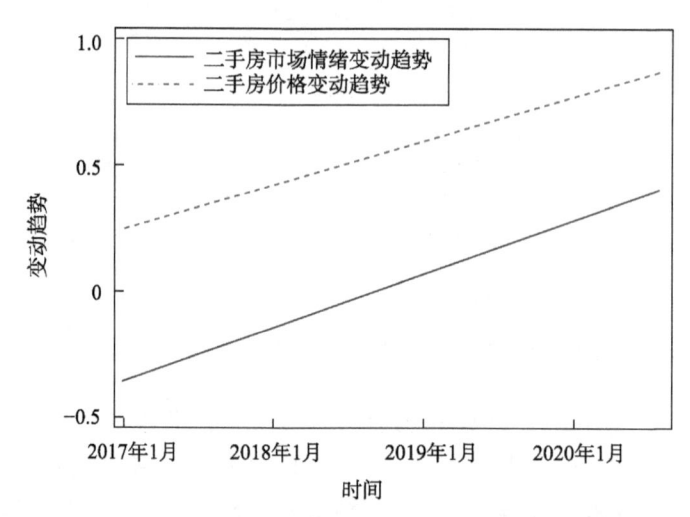

图 7-43 二手房市场情绪变动趋势与二手房价格变动趋势（2017 年 1 月至 2020 年 7 月）

4）各个城市二手房市场交易热度呈现上升趋势，疫情导致市场热度降低，随后出现反弹

图 7-44 列举了一些城市的二手房市场情绪指数。可以看到，自 2016 年以来，大多城市二手房市场交易热度整体呈现缓慢上升趋势。2020 年初，由于疫情原因，二手房市场交易暂停，但由于国内疫情防控效果较好，二手房市场并未受到太多影响，情绪出现大幅上升，随后回落到正常水平。

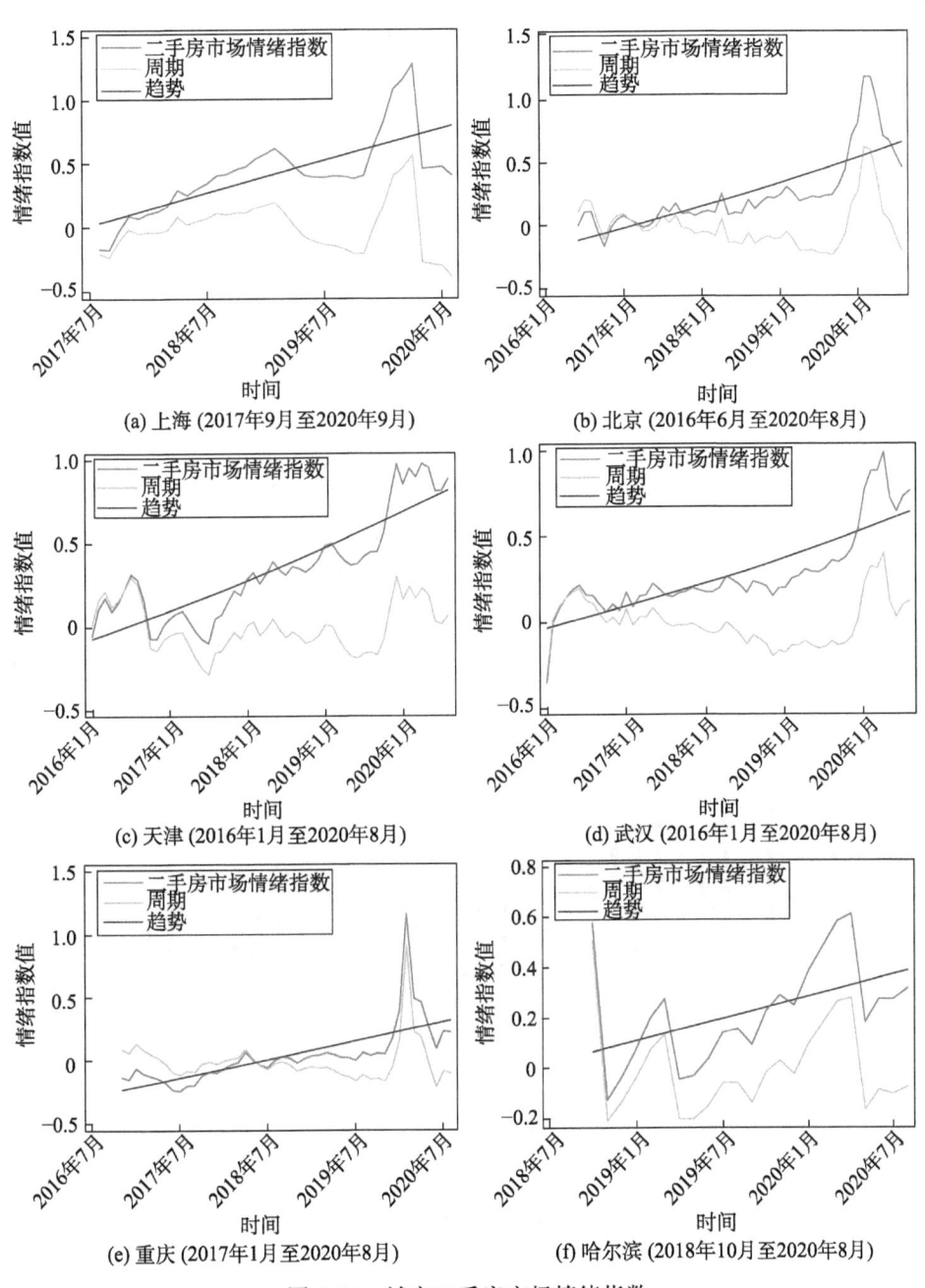

图 7-44 城市二手房市场情绪指数

7.2.4 房价关注度指数、情绪指数与房价波动①

当前,房地产市场过热已经成为威胁中国经济发展的巨大风险来源。因此,

---

① 本节写作完成时间为 2020 年 12 月。

有必要对各地房价波动及走势实现及时、快速的追踪,甚至应尽可能地提前预知房价波动的走势,从而对房地产市场进行实时监控,实现精准施策。然而,房地产市场价格信息变动快,短期拐点较多,是传统数据分析和预测方法难以解决的问题。本节根据"地区+房价"的方式获取了全国 34 个大中城市[①]的百度搜索指数,据此构造了房价关注度指数和房价情绪指数,发现这些反映房地产市场参与者行为活跃程度的指数对房价走势有一定的预测能力。

1. 房价关注度越高的地区房价增长越快,炒房现象越严重

本节使用了 2011 年 1 月~2020 年 12 月中国网民对 34 个大中城市房价搜索次数的日度数据,构造了网民对各城市房价关注度指数。发现房价关注度越高的城市房价增长越快,炒房现象越严重。因此,建议对房价关注度高的城市提前予以更严格的房价调控措施。

1)房价关注度越高的城市房价增长越快,需要更严格的房价调控措施

图 7-45 为 34 个大中城市房价关注度,可以看到网民关注度最高的四个城市分别为上海、北京、合肥、杭州,成都、西安、深圳、武汉紧随其后,而这几个城市房价涨幅也相对更高。

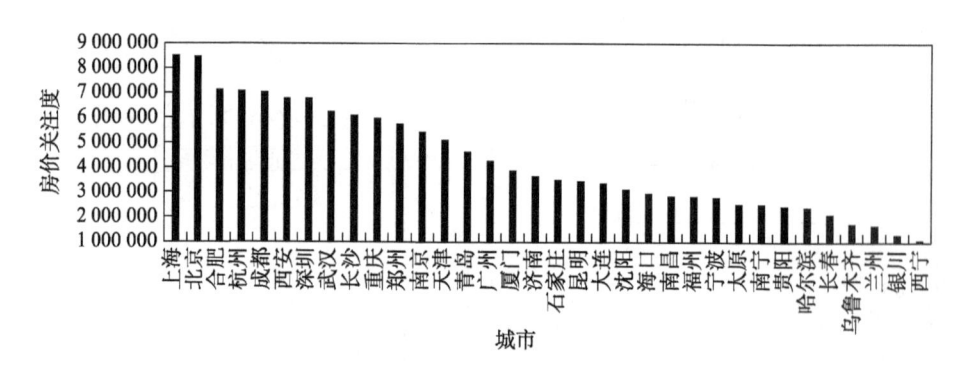

图 7-45 各城市房价关注度

资料来源:百度搜索。各城市房价关注度使用 2011 年 1 月 1 日至 2020 年 12 月 17 日各城市房价搜索次数累加计算

网民关注度越高的城市,房价普遍涨幅更大,这可能有三个原因:第一,这些城市近年发展势头迅猛,人口流入较多;第二,当地人看好城市发展而选择尽快购置刚需房产或投资更多的房产;第三,外地人炒房导致房价的迅速上涨。因此,网民关注度越高的城市房价增长可能越多,这值得政府重点关注并出台相关调控措施,保证这些地方的房价平稳波动。

---

① 本节没有以 35 个大中城市为研究样本的主要原因是百度指数没有呼和浩特的相关数据,因此剔除了该城市。

值得关注的是，一线城市中的广州仅在关注度排行榜中位列第 15 位，而事实上相较于其他三个一线城市，广州房价的确较低。广州房价相对较低的一个重要原因就是对于广东人而言，周边的珠海、汕头、佛山等城市都有较好的发展前景，广东人并不一定到广州安家，并且广州土地供应充足，土地价格相较于其他一线城市略低。借鉴广州的经验，城市的均衡发展有助于房价的平稳过渡，否则一旦城市发展不均衡，中心城区的区域优势过于明显，将导致中心城区的房价暴涨。

2）2016 年炒房现象严重，房价关注度增长率达到最高峰

图 7-46 为 34 个城市的房价关注度分布及增长率走势，可以看到房价关注度自 2011 年开始逐年递增，到 2017 年达到顶峰，随后逐渐下降，而其中 2011 年至 2015 年的增长都较为平稳，2016 年的增幅达到了 69%。2016 年，由于宽松的货币政策、"去库存"政策的推出等，房企融资规模飙升，地王频现，房价暴涨；房价的上涨一方面吸引了众多网民的关注；另一方面，关注度的提升又引发公众恐慌性购房，进一步推升了房价。2017 年之后网民对于房价的关注度仍然很高，但是增长率已经逐渐下降，因此相较于前几年房价的暴涨现象，可以预见以后房价的上升幅度会较为平稳。

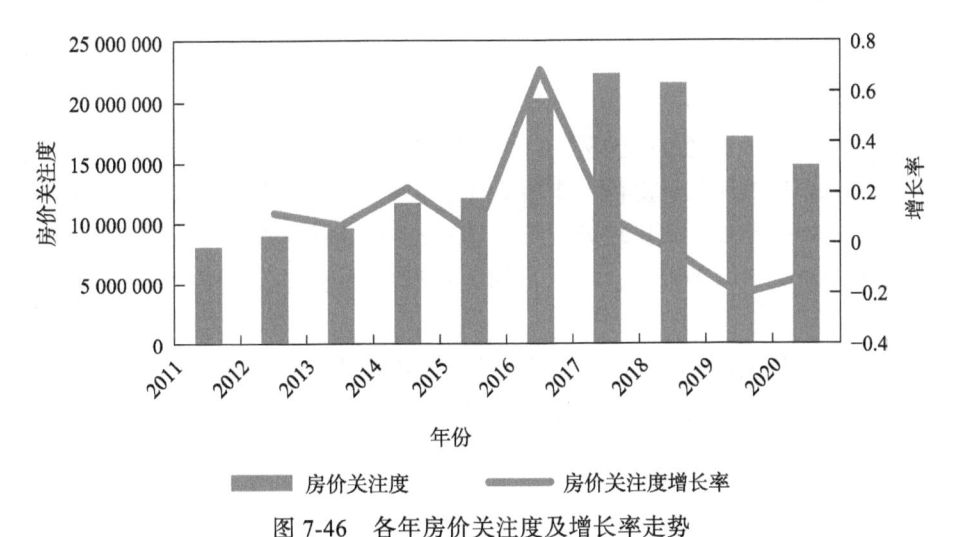

图 7-46　各年房价关注度及增长率走势

资料来源：百度搜索。房价关注度由各个城市每年的搜索指数量加总得到，2020 年的数据截至 12 月 17 日

图 7-47 为 2020 年 1~11 月 34 个城市的房价关注度分布，可以看到 2020 年 1 月受到新冠疫情的影响，有购房倾向的人群由于无法走出家门看房等，房价的关注度最低。此后，因为疫情的防控情况较好，房价关注度逐渐升高。但是在 9 月，随着国外疫情大面积暴发，中国房价关注度再次走低。

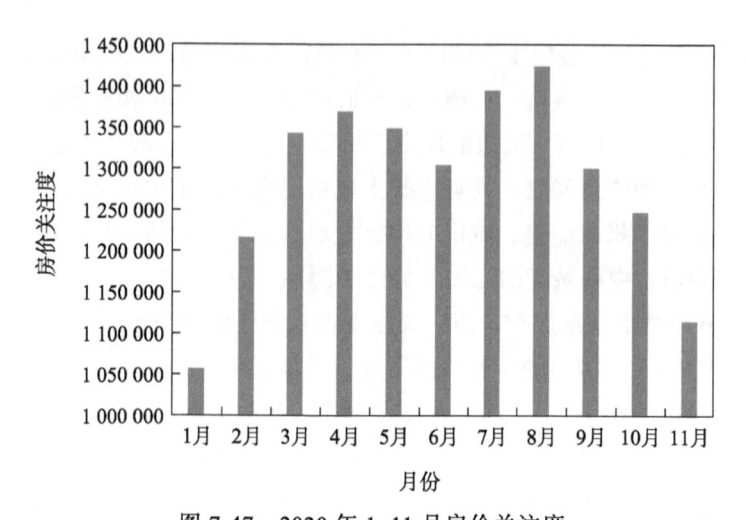

图 7-47 2020 年 1~11 月房价关注度

资料来源：百度搜索。各月房价关注度由各个城市每月的搜索指数量加总得到

3）从网民所在地域看，北京、上海、广州、深圳、成都、杭州的网民对房价关注度较高，炒房风气较重

2016 年，北京、上海、杭州、长沙、郑州、重庆、成都、深圳、合肥、武汉、西安这几个城市的房价平均关注度走势波动较大，本节进一步分析了关注这几个城市房价的网民来自哪些地域，以此探究各个城市的炒房风气。

对北京房价关注度极高的网民分别来自北京、成都、上海、深圳、天津、石家庄。可见网民关注某地房价可能基于两种原因：一种是北京、天津、石家庄等地的网民，由于距离北京比较近，所以有在北京购房的需求或打算，因而比较关注北京的房价；另一种则是成都、上海、深圳等地的网民，基于投资等需求关注北京房价。

对上海房价关注度极高的网民分别来自上海、北京、苏州、杭州、南京、成都。北京、成都的网民更可能是基于投资的角度关注上海房价，因此这两地的炒房风气较为严重。

对杭州房价关注度极高的网民分别来自杭州、上海、北京、温州、宁波、深圳。上海、温州、宁波等地距离杭州较近，更多可能是基于自住的角度关注杭州房价，而北京、深圳的网民更多是基于投资角度关注杭州房价。

对长沙房价关注度极高的网民分别来自长沙、深圳、北京、广州、上海、武汉，可见长沙很受一线城市网民的关注。长沙之所以受到一线城市的广泛关注，一方面是因为长沙离广州、深圳很近，每年大量的湖南人选择去广州、深圳工作，却因为一线城市高昂的房价选择在长沙置业；另一方面，自 2016 年全国房价暴涨以来，长沙房价一直处于价值低洼，上涨空间较大，因此广受关注。

对郑州房价关注度极高的网民分别来自郑州、北京、上海、南阳、新乡、深圳。北京、上海、深圳的网民购买力较强，投资意识较重，因此更多是基于投资角度关注郑州的房价，这三地的炒房风气较重。

对重庆房价关注度极高的网民分别来自重庆、北京、上海、成都、深圳、杭州。成都距离重庆很近，两地人员的流动较为频繁，因此很多人选择在重庆工作但在成都置业，或者在成都工作但在重庆置业；而北京、上海、深圳、杭州等地的网民可能更多是基于投资角度而关注重庆的房价。

对成都房价关注度极高的网民分别来自成都、北京、上海、深圳、重庆、杭州。近年来成都互联网等产业发展较快，吸引了众多网民的关注，很多人选择离开一线城市来成都置业工作，因此北京、上海、深圳、杭州等地的网民对成都房价都具有较高的关注度。

对深圳房价关注度极高的网民分别来自深圳、广州、北京、上海、武汉、成都。许多在深圳工作的年轻人因为其房价较高，选择距离较近的广州购房安家，而北京、上海、武汉、成都的网民可能更多是基于投资的目的关注深圳房价。

对合肥房价关注度极高的网民分别来自合肥、上海、北京、杭州、成都、苏州。合肥作为人口大省的省会，而且距离传统的长三角经济带较近，因此受到上海、杭州、苏州等地的关注；北京、成都等地网民则更多是基于投资等目的关注合肥房价。

对武汉房价关注度极高的网民分别来自武汉、深圳、北京、上海、广州、杭州。武汉作为中国的交通枢纽，是中国的经济中心，经济发展潜力极大，因此受到了北京、上海、广州、深圳等城市网民的广泛关注。

对西安房价关注度极高的网民分别来自西安、北京、上海、咸阳、深圳、郑州。咸阳距离西安较近，而北京、上海、深圳、郑州等地网民则可能基于投资的角度关注西安的房价。

通过对以上几个城市的网民关注度地域属性的分析发现，网民主要基于两个目的关注某地房价：一是自住属性，网民更加关注自身所在城市及邻近城市的房价；二是投资属性，网民关注城市发展潜力较高、房价增长空间较大的城市。总体来说，北京、上海、广州、深圳、成都、杭州的网民对房价关注度较高，炒房风气较重。

4）2017 年之前一线城市的关注度与房价走势趋同，2017 年之后房价稳中缓升，关注度则不断降低

图 7-48 为北京商品房价格及房价平均关注度的走势，可以看到，2016 年第一季度网民对于北京的房价关注度陡增，与此同时北京商品房价格在 2016 年前两个季度增长了约 6000 元/米^2，两者的变动趋势较为接近。从 2017 年第二季度开始，

网民对于北京房价的关注度下降，北京房价由于经历了前面的暴涨，逐渐趋于稳中有升的状态。

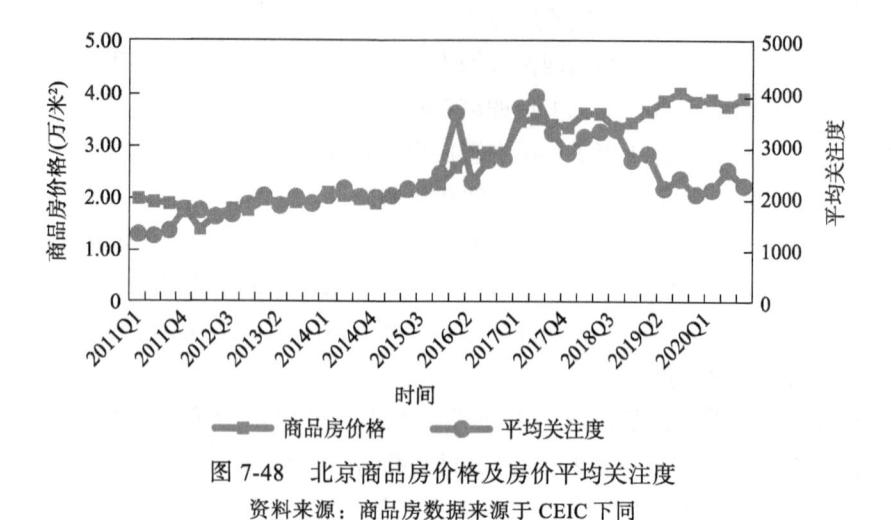

图 7-48　北京商品房价格及房价平均关注度
资料来源：商品房数据来源于 CEIC 下同

图 7-49 为上海商品房价格及房价平均关注度的走势，可以看到网民对于上海房价的关注度在 2016 年第一季度达到了顶点，随后呈现波动下降的趋势，而上海商品房价格在 2015 年开始呈现较为明显的上升趋势，但是 2018 年第一季度降低到 2015 年初的水平，随即反弹上升至更高点。

图 7-49　上海商品房价格及房价平均关注度

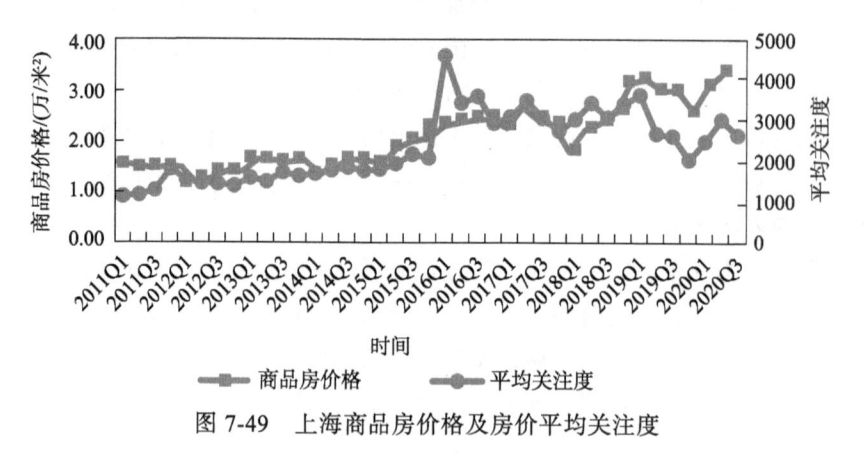

图 7-50 为广州商品房价格及房价平均关注度的走势，可以看到广州的房价在四个一线城市中最为温和，增幅缓慢且较低，而网民对于广州房价的关注度也相对较低，聚焦更为迟缓，直到 2017 年第一季度其网民关注度才达到顶峰。因此，其他城市可以借鉴广州房价调控的相关经验，注重城市各区域的均衡发展，避免房价的暴涨暴跌给城市发展带来冲击。

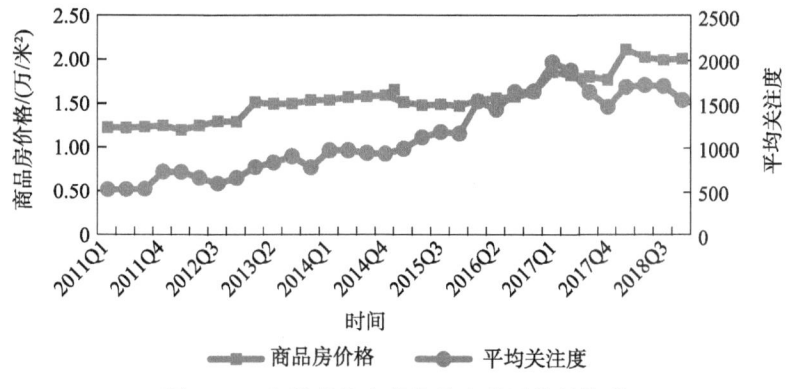

图 7-50　广州商品房价格及房价平均关注度

图 7-51 为深圳商品房价格及房价平均关注度的走势，可以看到网民对深圳的房价关注度在 2016 年第一季度达到顶峰，由此开启了深圳房价的暴涨序幕。2016 年之后，由于房价已经达到高点，套利空间较小，购房压力较大，网民对于深圳房价的关注度降低，深圳房价也保持稳中有升的状态。

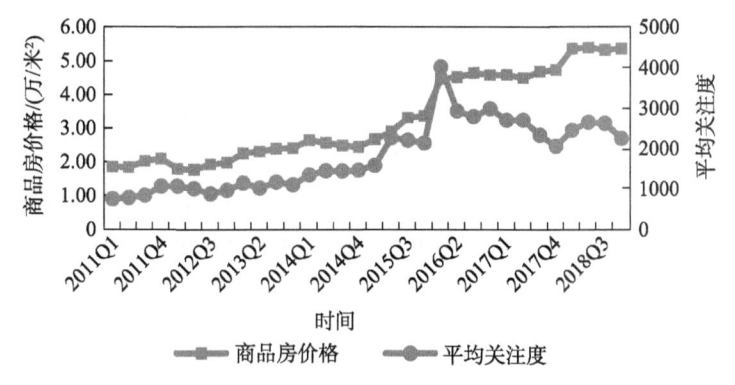

图 7-51　深圳商品房价格及房价平均关注度

5）目前公众对于房价预期较为消极，对于购房呈观望状态

房地产价格的波动可能来自房地产市场基本面的变动，也可能来自投资者预期的变动，因此可以将百度指数里面的"上涨"定义为积极预期，"下跌"定义为消极预期，从而构造全国房价情绪指数①，探讨情绪对于房价变动的影响。根据构造的全国房价情绪指数，其数值越大，则预期越积极，反之则越消极。图 7-52 显示 2016 年之前，房价一直呈现上升趋势，且情绪指数和房价增长率几乎呈现完全相同的波动，情绪指数越大，房价增长率越高；情绪指数越小，房价增长率越小。但是 2016 年之后，由于经历了前期的房价暴涨，房价逐渐达到平稳状态，网民的

---

① 构造方法为在百度指数里面查询"城市"+"房价"+"上涨"（或"下跌"），"上涨"的指数定义为积极预期，"下跌"的指数定义为消极预期。因此，房地产情绪指数=积极预期/（积极预期+消极预期）。

情绪指数也逐渐降低，预期较为消极，而且情绪指数在房价上面的体现往往呈现滞后效应（即前期的情绪指数变动趋势和当期房价变动趋势较为一致），表明公众对购房越来越呈现观望状态。

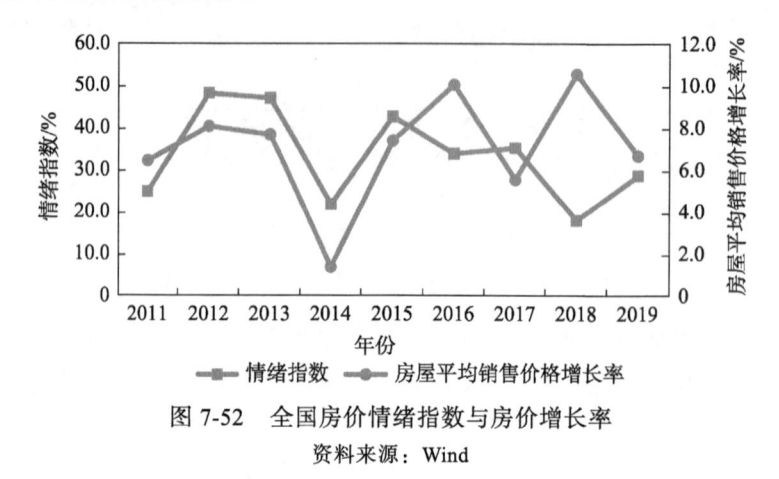

图 7-52 全国房价情绪指数与房价增长率
资料来源：Wind

6) 房价关注度与房价呈现显著正相关关系，可以通过对关注度的监测实现房价波动预警

图 7-53 为 2011 年第一季度至 2020 年第三季度全国 34 个大中城市商品房价格与房价平均关注度构建的散点图，根据该图可以看到，商品房价格和房价关注度指数呈现显著的正相关关系，关注度越高，城市房价往往越高。因此，监管部门可以通过对百度指数关注度的监测，实现房价波动预警。

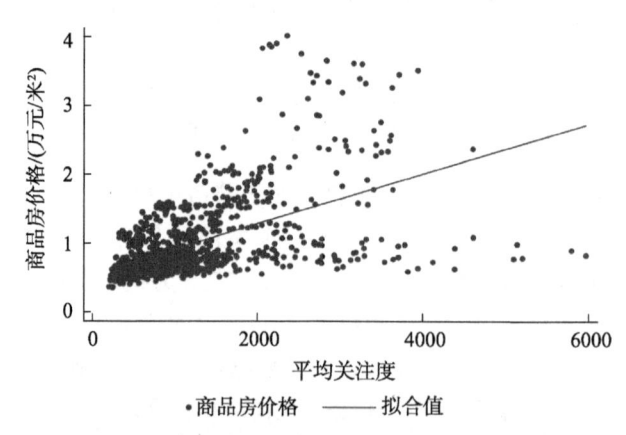

图 7-53 商品房价格与房价平均关注度散点图

2. 对策建议

（1）全国房价稳中有升，应着重关注北京、上海、合肥、成都等城市房价走势。

自 2016 年全国各个城市房价经历一轮暴涨之后，目前各个城市的房价普遍处于稳中缓升的态势，其中北京、上海、合肥、成都、杭州、西安、深圳等城市的网民关注度较高，房价上涨空间较大，这值得重点关注并出台相关措施，保证房地产市场的平稳发展。

（2）市场预期较为消极，应出台调控措施避免房价暴涨暴跌。

2016 年之后全国房价的增长率保持较为平稳的波动态势，但是网民对于房地产市场的预期较为消极，而这一预期也可能会影响房价的波动。由于房价高企，大部分家庭的资产配置中，房产占到了 80%，因此房价波动将会对社会产生巨大冲击[1]。一方面，要注意出台合理的调控措施，避免房价的暴涨暴跌；另一方面，要提高居民的金融素养，拓展家庭投资理财渠道，化解单一投资渠道带来的风险。

（3）注重区域均衡发展，实现房价平稳过渡。

借鉴广州的房价调控经验，各地政府可以注重区域的均衡发展，并保障土地供应量，使购房者既可以选择在中心城区购房，也能够选择在周边区域购房，实现地方房价的有利调控。

（4）北京、上海、广州、深圳等地炒房风气较重，应加强限购等措施。

通过对网民关注度地域属性的分析，网民主要基于两个目的关注某地房价：一是自住属性，二是投资属性。总体来说，北京、上海、广州、深圳、成都、杭州的网民对房价关注度较高，炒房风气较重，应通过限购等措施避免炒房给房地产行业带来的风险。

（5）可通过监测网民关注度实现房价预警。

房价关注度越高的城市往往房价越高，监管部门可以通过对网民关注度的实时监测，实现对城市房价的预警，从而提前出台调控监管措施，避免房价的剧烈波动。

7.2.5 房企融资情况分析[2]

2021 年 1 月以房企抢跑美元债市拉开债券融资的序幕。作为传统发债高峰，2021 年首月房企发债 1630 亿元，不及 2020 年同期。剔除 2020 年 1 月春节假期的影响，2021 年首月发债规模低于市场预期，融资新规效果不断显现，将影响房企全年的发债计划。

不断加码的监管政策与历史最高的到期债务规模，将给 2021 年房企增加更多的挑战。境外债市回暖明显，市场信心逐步拉升，预计短期房企融资将以境外债为主导。

克而瑞发布的数据显示，2021 年 1 月 Top100 房企实现全口径总销售金额

---

[1] 根据广发银行和西南财经大学发布的《中国城市家庭财富健康报告》，中国家庭的资产配比严重不合理，中国家庭有近 80%的资产都是房产，而存款、股票、理财、保险、基金等金融产品占比很少。房产属于固定资产，流动性较弱，应对紧急事件、短期抗风险能力较弱，因此中国家庭的抗风险能力较弱，一旦房屋减值，将对社会产生巨大的影响。

[2] 本节写作完成于 2021 年 1 月。

9598.1亿元,同比增长64.2%;100亿元以上的房企共有28家,相比上年同期增加一倍。

1. 整体规模:融资新规效果显现,2021年首月房企发债规模同比下降5.3%

历年首月均为房企债券融资的高峰,2020年首月发债规模为1721亿元,为全年峰值。因此2021年首月债市火热符合传统发债节奏,但发债规模受融资新规影响低于市场预期。

据贝壳研究院统计,2021年1月房企境内外债券融资累计约1630亿元,同比下降5.3%,增幅较2020年同期收缩11.2个百分点。2020年1月最后一周正值春节假期休市期,在2020年1月减少一周交易日的情况下,2021年首月发债规模未能超越上年同期。可见网传"三道红线"的融资新规效果显现,房企2021年首月发债意愿收敛,发债规模下降(图7-54和图7-55)。

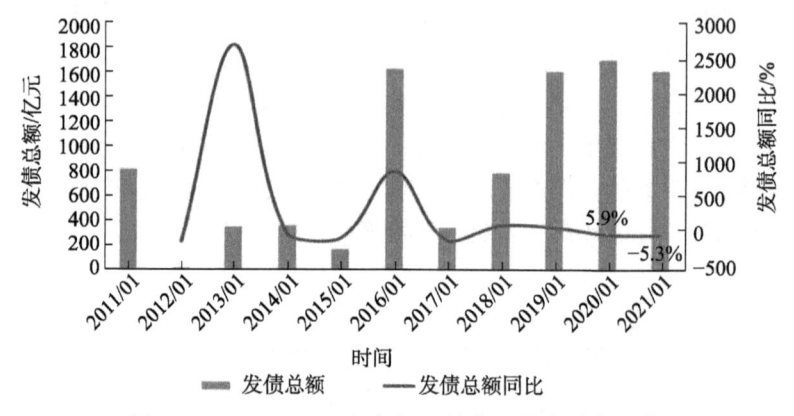

图7-54 2011~2021年各年1月房企债券融资规模
资料来源:Wind

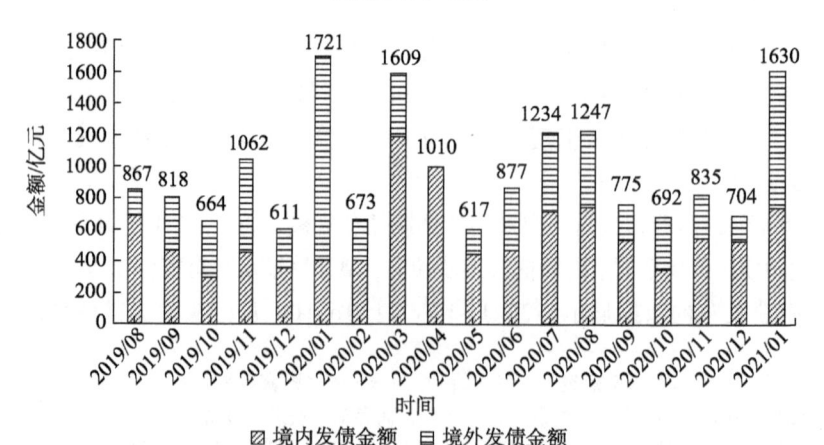

图7-55 2019年8月至2021年1月房企债券融资规模
资料来源:Wind

2. 结构分析：境内融资承压，2021年首月房企抢跑美元债市

2021年1月境外债券规模占比54%，较2020年同期下降22个百分点。2021年房企融资新规与银行业金融机构房地产贷款的集中度管理均处于过渡期，金融监管更趋严格，房企对金融环境预期紧张，境内融资环境承压，房企开年抢跑美元债市（图7-56）。

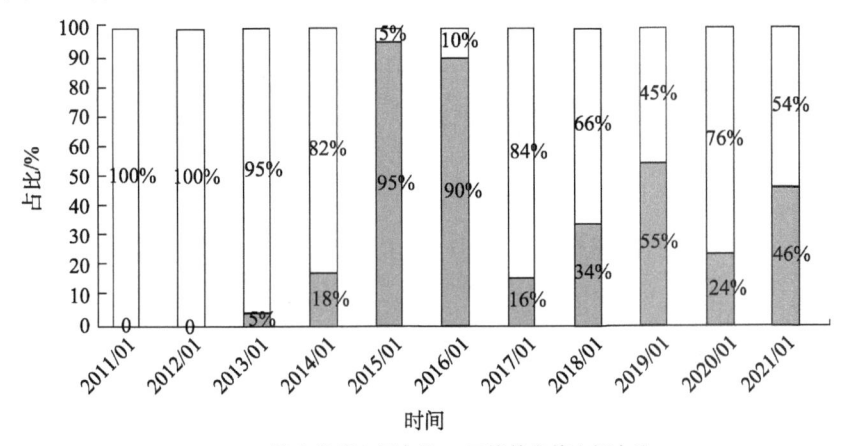

图7-56 2011~2021年各年1月房企债券融资结构

资料来源：Wind

境外债市趋势回暖，短期主导债券市场。随着2021年2月春节假期的到来，交易日减少将影响2月发债规模。

3. 票面利率：2021年1月境内外融资成本下降，银行集中度管理将加剧房企融资成本分化

2021年1月境内债券融资平均票面利率为4.75%，较上月下降0.28个百分点，同比下降6.1%；境外债券融资平均票面利率7.11%，较上月大幅下降0.68个百分点，同比下降17.5%（图7-57）。境内外融资成本较2020年末均有所下降，符合传统债市规律。2020年末发布的银行业金融机构房地产贷款集中度管理制度将加剧房企金融端集中度，预计2021年房企融资成本将扩大分化程度。

4. 到期债务：扭转连续4月发债规模不及到期债务规模趋势，预计全年偿债压力不断加大

2021年1月境内外债券融资到期债务规模约1447亿元，较上月增加43.4%，同比增加118.9%（图7-58）。融资新规出台后，2020年9~12月连续四个月发债规模不及到期债务规模，这一趋势被2021年首月发债高峰终止，而2021年房企偿债规模将不断走高，房企全年偿债压力将不断增大。

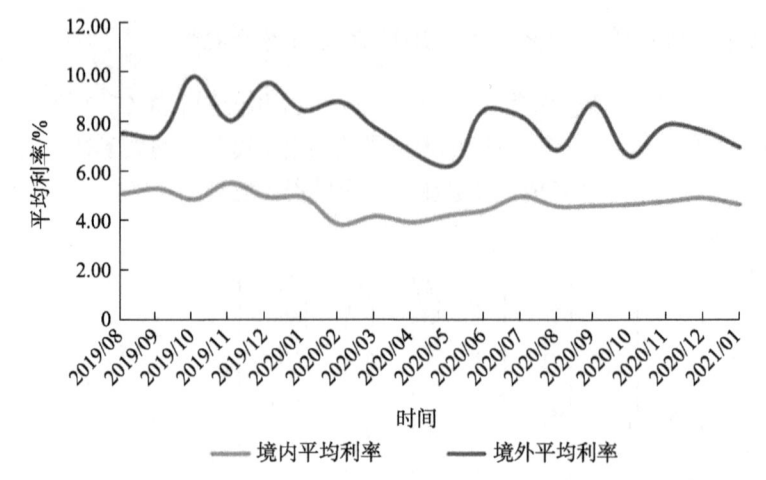

图 7-57　2019 年 8 月至 2021 年 1 月房企债券融资票面利率
资料来源：Wind

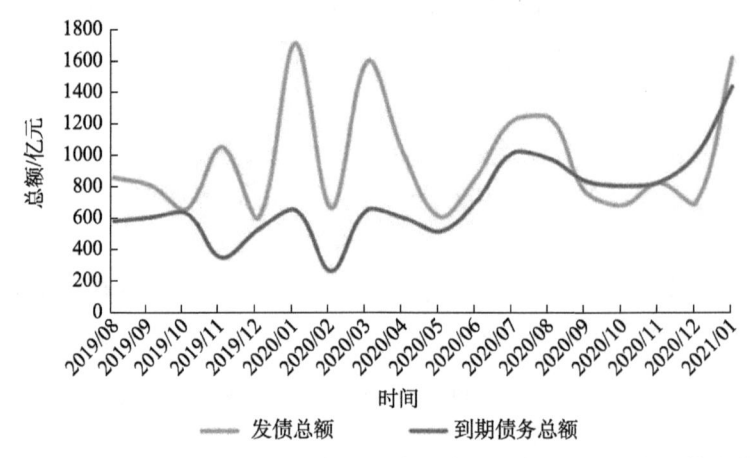

图 7-58　2019 年 8 月至 2021 年 1 月房企债券融资发行与到期规模走势
资料来源：Wind

5. 个企偿债能力分析：风险累积明显，偿债压力居高不下

自 2020 年以来，新华联集团、泰禾集团、天房集团及三盛宏业先后发生违约，地产行业合计违约本息金额 148.84 亿元，超出 2018~2019 年的违约水平。其中，Top50 房企泰禾集团共有 6 只债券发生违约，合计违约本息 116.77 亿元。

针对 2021 年 1 月融资规模最大的 50 家房企，我们根据其财务报表中披露的相关指标发现，虽然 2019 年以来融资规模大幅上升，各房企的资产负债率和流动比率等变化不大，但经营性净现金流以及已获利息倍数等反映企业偿债能力的指标都在不断下滑。以 2021 年 1 月融资额最高的碧桂园为例，自 2018 年起，经营性净现金流就呈现直线下滑的趋势，再加上融资规模的攀升，已获利息倍数也由 2019 年的 7.2044 下降至 2020 年的 4.4210（图 7-59）。

图 7-59　2018~2020 年碧桂园偿债能力指标

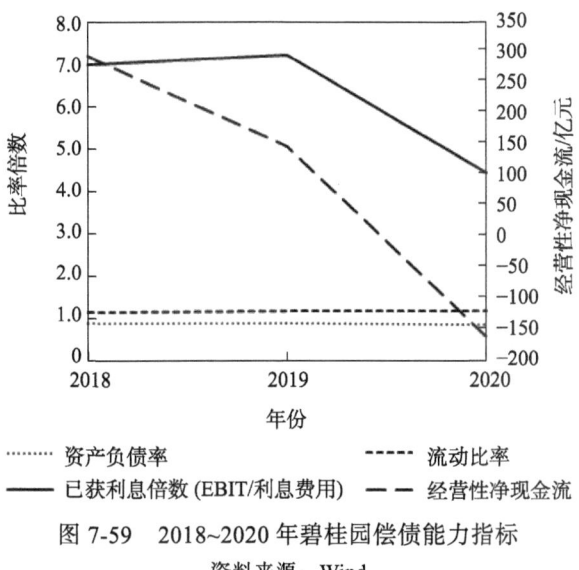

资料来源：Wind

以上指标反映出的房企偿债能力下降并不是偶然现象，绝大多数房企披露出的偿债能力指标也都呈现逐步降低的趋势。其中，首开股份 2020 年经营性净现金流同比下降 551.67%，已获利息倍数同比下降 31.22%（表 7-10）。

表 7-10　2020 年典型房企偿债能力指标同比增长率

房企名称	经营性净现金流	已获利息倍数
首开股份	−551.67%	−31.22%
碧桂园	−209.59%	−45.00%
保利地产	−164.47%	−57.31%
金融街	−160.63%	−61.69%
远洋集团	−109.39%	−3.68%
世茂集团	−106.61%	−82.64%
信达地产	−68.76%	320.70%
万科 A	−50.52%	−38.63%
龙湖集团	−46.17%	−68.69%
中国金茂	−28.15%	−14.09%

资料来源：Wind

6. 总结

2021 年，房企面临巨量债务到期潮。自 2015 年后房企开始密集发行公司债，而公司债的发债年限一般为 3~5 年，2021 年房企将迎来新一波的还债期；同时，在 2016 年底境内债发行受限后，2017 年房企开始大量转向海外发债，这也集中在2021~2023年偿付，到期量均较大。

据不完全统计，95家房企2021年到期债券7223.81亿元，同比增长22.45%，其中境内到期债券同比增长5.77%至4188.89亿元，境外到期债券同比增长56.52%至3034.92亿元。同时，截至目前房企的发债情况来看，房企在未来三年内均面临较大的债券到期潮，2021~2023年房企的到期债券金额均超过5500亿元。

继2020年8月"三道红线"出台后，2020年末房地产行业又遭遇"两个上限"，房地产企业融资进一步收紧，但是目前政策还未完全落地，也并未扩展到全行业。这促使房企抓紧窗口期，谋求海外发债的意愿增强。

随着融资渠道持续收紧，房企对于销售回款依赖程度提高，同时在经济仍未完全恢复、个人预期收入下降、调控仍严格的背景下，房企销售压力较大，加之部分银行可能对按揭贷款额度收紧，审批流程变长，会在一定程度上影响回款；此外，2020年紧张的融资环境已经消耗了部分房企的现金储备，从这个角度来说，债务杠杆过高的房企风险将持续暴露。

在防风险的政策背景下，预计2021年房企债券融资难度将不断升级，在扩大适用融资新规的影响下，更多房企需要"降负"，全年融资规模将保持低位，这也推动了房企年初的积极融资。

自2020年下半年以来，政策强调房地产行业去杠杆，监管措施有着加强和扩大范围的趋势，同时2021~2023年内房企的债券到期潮，也使得房企的偿债压力更大，未来可能出现更多的债券违约。

在集中偿债和政策限制的双重压力下，目前房企多采用谋求海外发债的方式来减轻负担，但这种"拆东墙，补西墙"的方法终究不是长远之计，除此之外，房企也必须加大项目去杠杆化，加强销售回款管理，增加自有现金，精细化经营管理，才能在整体行业增速放缓的情况下谋求有质量的增长。

7.3 其他行业风险监测分析报告

本节对行业风险的监测预警进行报告，包括四个方面的内容：一是行业健康度风险评价监测报告，二是行业健康度效率评价监测报告，三是行业舆情风险报告，四是行业破产风险报告。

7.3.1 行业健康度风险评价监测

1. 行业运营风险分析

1）方法：临界预警-功效系数法

根据行业风险演化的阶段性特征，将其分为无警、轻警、中警和重警四个阶段，每个阶段都是行业风险一次质的变换。通过计算确定预警临界值后，借鉴功效系数法的思想将所有预警指标值无量纲化，并把预警系数 $EESMRI_j$ 界定在[0,4]的范围内，j 代表不同的指标类型。再算出样本的最大值 $EESMRI_{jmax}$ 和最小值 $EESMRI_{jmin}$，再计算错配风险预警指标的不同等级的临界值，其中，中警临界值 $n_{j1} = \overline{EESMRI_j} - \left(\overline{EESMRI_j} - EESMRI_{jmin}\right)2/3$，轻警临界值 $n_{j2} = \overline{EESMRI_j} - \left(\overline{EESMRI_j} - EESMRI_{jmin}\right)/3$，无警临界值 $n_{j3} = \overline{EESMRI_j}$。

测算的时间区间为 2010~2020 年，通过将四个指标无量纲化，并进行多重插补、移动平均去季节性趋势（向前 6 窗口期），最大最小归一化到[0,4]区间。计算出预警系数 $EESMRI_j$，当预警系数低于 n_{j3}，行业的运营风险为无警；预警系数处于$[n_{j3}, n_{j2}]$时，行业的运营风险为轻警；预警系数处于$[n_{j2}, n_{j1}]$时，行业的运营风险为中警；预警系数大于 n_{j1} 时，行业的运营风险为重警。因此预警风险指数越大，行业的运营风险越高。

2）行业数据分析

目前，市场上的行业分类主要有证监会分类、申万行业分类、中证行业分类，本部分选择的是中证行业分类，从一级行业来看主要分为十大类：00 能源、01 原材料、02 工业、03 可选消费、04 主要消费、05 医药卫生、06 金融地产、07 信息技术、08 电信业务、09 公用事业。

结合 CEIC 行业宏观数据库的月度频率数据，通过应收账款周转率、存货周转率、总资产周转率、主营业务收入增长率四个运营指标，计算出各个行业 2010~2020 年月度运营风险预警系数。根据行业分类准则和数据的可获取性，分成能源、原材料、工业、可选消费、主要消费、医药卫生、信息技术七大类，并从中相应选取煤炭开采和洗选业，化学原料和化学制品制造业，汽车制造业，纺织业，农副食品加工业，医药制造业，计算机、通信和其他电子设备制造业等代表性行业进行数据分析。

首先是能源行业，以其代表性行业煤炭开采和洗选业为例，预警系数在[0,0.867 921 7]上属于无警区域，在(0.867 921 7,1.634 152]上属于轻警区域，在(1.634 152,2.400 383]上属于中警区域，在(2.400 383,4]上为重警区域。近些年煤炭开采和洗选业的运营预警系数显出明显的周期性，且从 2014 年起基本处于重警区域，叠加疫情影响，2020 年也均处于重警区域。原因可能在于自 2014 年后，经济增速放缓导致产能过剩，行业资金流动能力下降，使得预警系数处于重警区域，需重点警惕（图 7-60）。

以原材料行业中化学原料和化学制品制造业为例，前几年行业运营风险预警系数呈现出较为明显的周期性，总体处于高运营风险水平之下，但 2018 年后风险

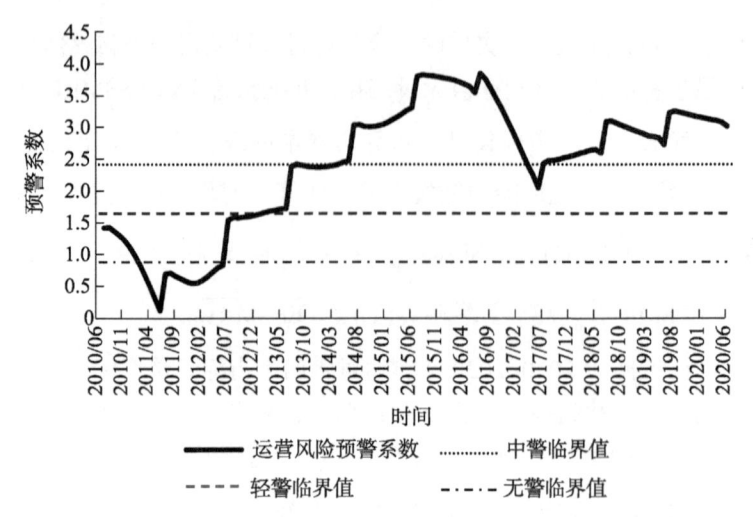

图 7-60 2010~2020 年煤炭开采和洗选业的运营风险预警系数

升高至重警区域。原因是 2018 年起经济增速低迷，叠加上下游行业需求不足和产能过剩，造成库存积压，应收账款周转率、存货周转率、总资产周转率、主营业务收入增长率下降，进一步导致运营资金紧张。2020 年下半年由于新冠疫情的影响，相当长时期内生产停滞，下游需求不足，上游化学材料需求下降，因此行业运营风险持续处于重警区域，应重点警惕（图 7-61）。

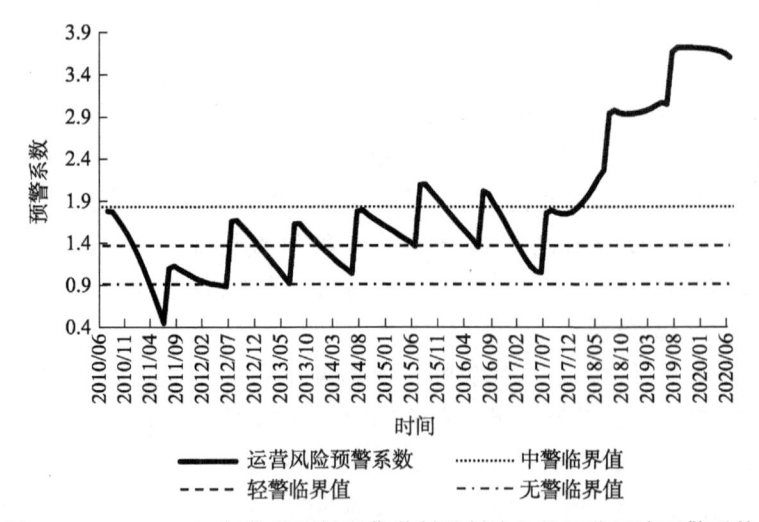

图 7-61 2010~2020 年化学原料和化学制品制造业的运营风险预警系数

就工业行业而言，以汽车制造业为例，2018 年前行业运营风险预警系数呈现出较为明显的周期性，但总体风险处于可控范围，但 2018 年后由于经济增速放缓，汽车购买消费意愿下降，汽车产品有效需求下降，因此其运营风险虽然周期性仍然显著，但数值逐渐爬升，至 2020 年 6 月始终处于高风险区域（图 7-62）。

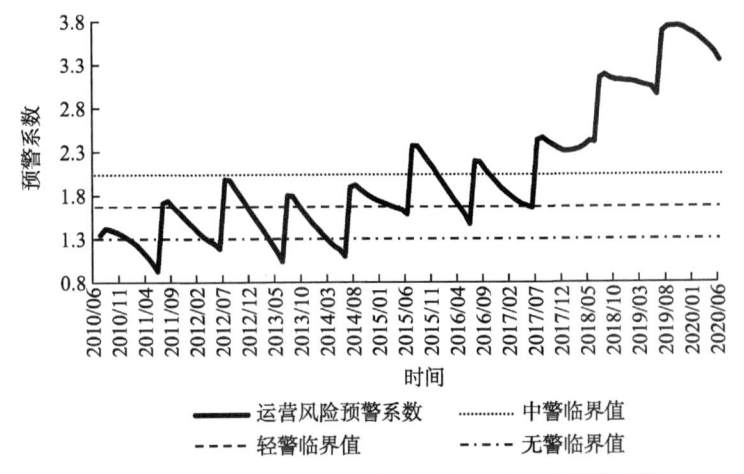

图 7-62　2010~2020 年汽车制造业的运营风险预警系数

对于可选消费中的纺织业而言，经历了 2010~2011 年风险下降区间后，同样进入到周期性震荡区间内，但 2018 年起经济增速放缓导致产能过剩，国内纺织品需求下降，加上对外出口增速下降，海外需求疲软，纺织业的运营风险上升至重警区域，而有效需求不足的问题在 2018 年出现后，加上 2020 年新冠疫情影响，企业生产活动受到极大影响，库存积压、运营成本上升等问题凸显，应收账款周转率、存货周转率、总资产周转率、主营业务收入增长率下滑，行业运营风险持续攀升，并有继续向上的趋势（图 7-63）。

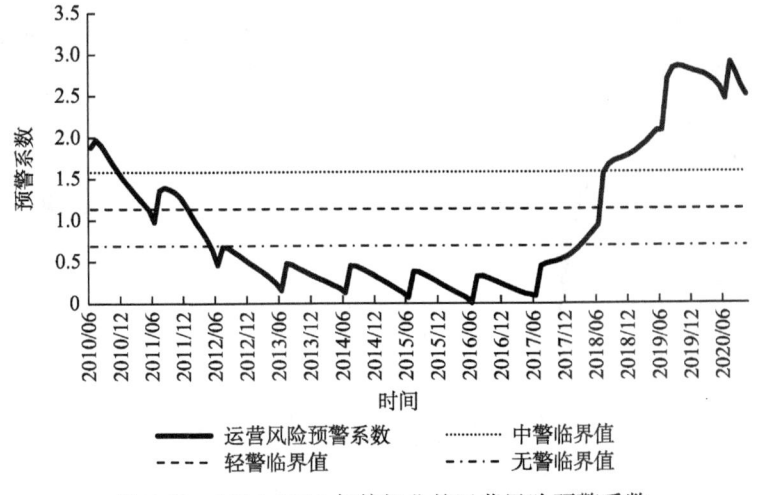

图 7-63　2010~2020 年纺织业的运营风险预警系数

就主要消费类别中的农副食品加工业而言，运营风险预警系数走势基本与其他行业相似，呈现较为明显的周期性，但同样因为经济下滑、消费欲望下降，有效需求不足，应收账款周转率、存货周转率、总资产周转率、主营业务收入增长率等运营指标逐渐下滑，因此自 2018 年起运营风险升至重警区域，并继续攀升，在 2020 年虽然有一定的下降趋势，但总体风险问题仍然突出（图 7-64）。

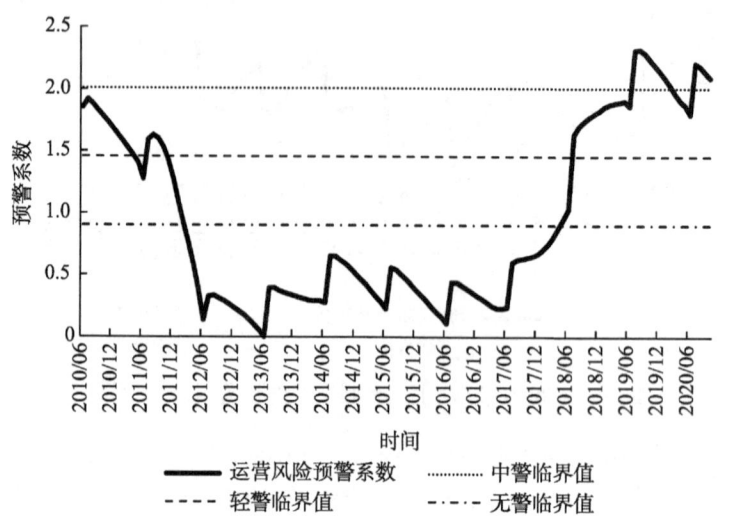

图 7-64　2010~2020 年农副食品加工业的运营风险预警系数

就医药卫生行业而言，以医药制造业为例，在 2010~2017 年周期性仍然明显，但在 2017 年后，同样受到经济增速下滑的影响，市场需求下滑，企业库存增加，应收账款周转率、存货周转率、总资产周转率、主营业务收入增长率出现较大程度下降，企业运营成本上升，营收能力下滑，运营风险随之升高，因此自 2018 年上升至重警区域后，此后几年仍然处于攀升状态。但随着疫情防控进入常态化，产品需求大幅度增加，预计行业整体运营水平将提升（图 7-65）。

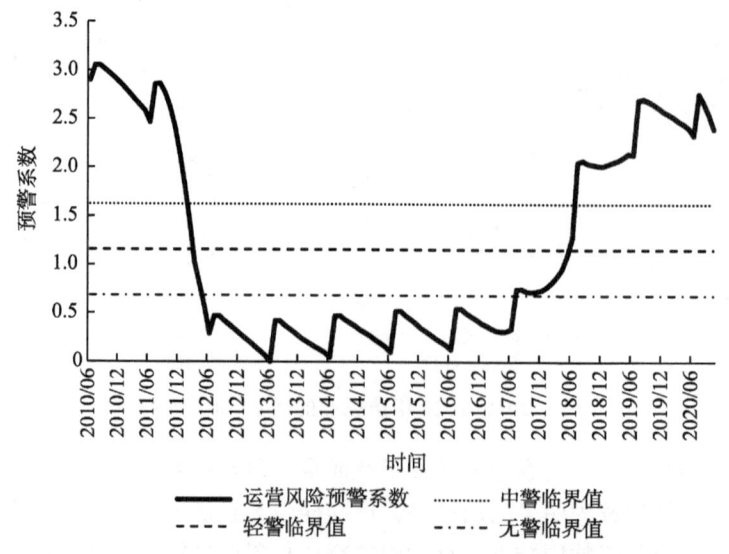

图 7-65　2010~2020 年医药制造业的运营风险预警系数

最后一个代表行业是信息技术中的计算机、通信和其他电子设备制造业，与其他制造业运营风险走势相同，前几年行业运营风险预警系数周期性明显，2018年后库存积压、成本上升、市场定价能力下降等问题凸显，运营风险开始升高，甚至达到重警区域，不容乐观（图7-66）。

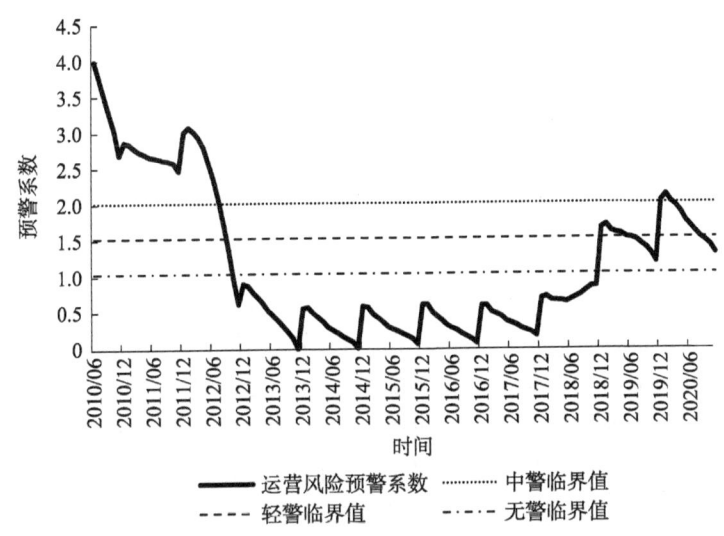

图 7-66　2010~2020年计算机、通信和其他电子设备制造业的运营风险预警系数

通过分析对比各个行业的预警系数图，可以发现在2010~2018年各个行业的运营风险都呈现出较为明显的周期性，对宏观事件的反应程度不同，如能源行业的代表性行业煤炭开采和洗选业反应较大，2014年、2015年宏观经济增速低迷，叠加煤炭下游需求不足和产能过剩，煤炭价格大幅下跌，企业库存积压严重，应收账款周转率、存货周转率、总资产周转率、主营业务收入增长率显著下滑，加上"三去一降一补"措施的推进，经营杠杆率下降，短期内面临产能削减、贷款紧张、环保投入增加等阵痛，因此运营风险逐渐爬升至重警区域。2016年开始的供给侧结构性改革取得初步成效后，市场供给过剩状况缓和，加上企业生产成本下降、煤炭价格持续低迷后回暖，使得运营风险得以缓控。但由于经济增速的持续下滑导致的市场有效需求不足、进口煤炭的价格优势等因素的冲击，煤炭开采和洗选业的总体运营风险又重新爬升。

其余类别的代表行业的运营风险走势相似程度较强，特别是制造业，其风险在2010~2017年经历了周期性震荡后，由于经济增速放缓，以及下游企业去库存、去杠杆进程的推进，市场有效需求出现较大下滑，生产企业库存积压、溢价能力下降、市场份额下滑等问题较为突出，许多企业至关重要的运营资金链不再"稳固"，因而2018年起风险水平都出现显著抬升。2020年各个行业的运营风险均受到新冠疫情冲击，且冲击程度不同，对于纺织业、医药制造业等可选消费和医药卫生行业，在疫情的冲击下，其运营风险仍居高不下，原因可能在于产品需求增加，资金流动能力降低。而对于其他类别的行业，在疫情的冲击下，其运营风险仍保持着原本的周期性。总而言之，即使是在经济增速下滑或新冠疫情的负面冲击下，各个行业的运营风险预警区间分布均呈现较明显的周期性，但随着防疫措施的逐步推进，经济重新回到发展轨道，预计运营风险能得到有效控制。

3）政策建议

从行业的预警系数图来看，各个行业的走势基本是一致的，周期性明显，2018年至2020年大多处于重警区域，叠加新冠疫情的影响，风险问题更加突出。因此，随着我国防疫取得阶段性成功和复工复产的全面推进，对于纺织业和医药制造业等可选消费与医药卫生行业，应该提高应收账款的变现能力和资金的流动能力，提高存货转化为资产的速度，提高经营管理效率，降低其运营风险。而对于其余行业，应刺激经济，宏观环境变好使得行业加快总资产周转速度，提升其资产使用效率，提高主营业务收入增长率，在各类措施的推行下使得行业的运营风险降低。而对于有关部门，应保持对运营高风险行业的关注，一是有效引导市场，惩治恶性价格竞争，通过推动破产、重组、兼并的方式整合行业资源，提高行业集中度，促使生产企业的议价能力得以提升，同时也能缓解供给过剩的情况；二是对于不是因为自身经营不善而面临困境的企业做好疏导、纾困，对其进行必要的"输血"，维持其运营能力；三是对于高新技术相关行业，包括计算机、通信和其他电子设备制造业，部分医药制造业，一方面突出相关龙头企业的行业领导地位，另一方面也要保护中低层处于挑战竞争中的企业的发展，促进行业内部实现优势竞争、集聚特色的良好发展局面。

2. 行业盈利风险分析

1）临界预警–功效系数分析方法

风险临界值计算和运营风险分析部分相同。

测算的时间区间为 2010~2020 年，通过将四个指标无量纲化，并进行多重插补、移动平均去季节性趋势（向前 6 窗口期），最大最小归一化到[0,4]区间。计算出预警系数 $EESMRI_j$，当预警系数低于 n_{j3}，行业的盈利风险为无警；预警系数处于$[n_{j3}, n_{j2}]$时，行业的盈利风险为轻警；预警系数处于$[n_{j2}, n_{j1}]$时，行业的盈利风险为中警；预警系数大于 n_{j1} 时，行业的盈利风险为重警。因此预警系数越大，行业的盈利风险越高。

2）行业数据分析

结合 CEIC 行业宏观数据库的月度频率数据，通过营业利润率、销售产值增长率、亏损企业数占比、累计同比亏损额四个盈利指标，计算出各个行业 2010~2020 年的月度盈利风险预警系数。行业选取规则与运营风险分析部分相同。

首先是能源行业，以其代表性行业煤炭开采和洗选业为例，预警指数在[0, 1.701 371]上属于无警区域，在（1.701 371, 2.051 445]上属于轻警区域，在（2.051 445, 2.401 519]上属于中警区域，在(2.401 519,4]上为重警区域。由图 7-67 可以看出，煤炭开采和洗选业的预警系数自 2010 年起不断上升，2012~2016 年持续处于重警区域，但 2016 年后至 2020 年，预警系数降低，处于一个较平稳的状态，原因可能在于供给侧结构性改革方针出现良好效果，煤炭开采和洗选业的营业利润水平升高，行业集中度提高，大量经营能力差的企业被淘汰，改善了以前产能过剩、需求降低导致的价格低迷问题，行业整体盈利能力开始爬升，使得行业从重警区域回到 2019 年的轻警区域，但由于 2020 年初新冠疫情的影响，下游企业的生产活动停滞，有效需求的下降导致上游生产企业的销售受阻、价格下滑、库存积压、成本抬升，造成整个行业盈利能力降低，总体经营水平恶化，风险又重新上升至中警区域，需重点关注。

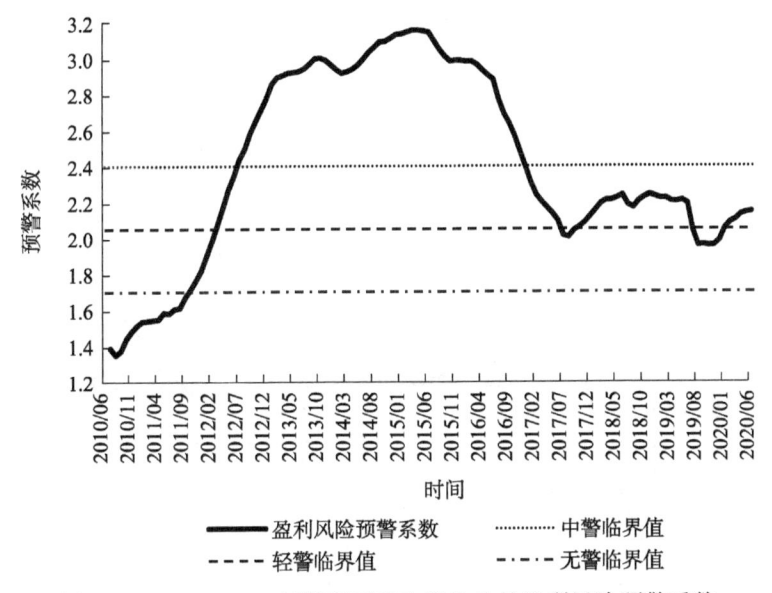

图 7-67 2010~2020 年煤炭开采和洗选业的盈利风险预警系数

原材料行业也需要重点关注。以化学原料和化学制品制造业为例，前几年行业盈利风险预警系数逐渐攀升，自 2013 年起，基本稳定保持在中警区域，2018 年又升高至重警区域。原因可能在于 2012 年以来行业整体处于一个底部整固阶段，盈利风险随之上升，接下来伴随着市场规模的发展扩大、原材料价格的上涨，行业迎来稳步发展阶段，之后随着原材料价格的稳定，国内供给侧结构性改革去产能的进程加速，叠加新冠疫情的影响，行业盈利增速放缓，进而处于高警区域，应重点警惕（图 7-68）。

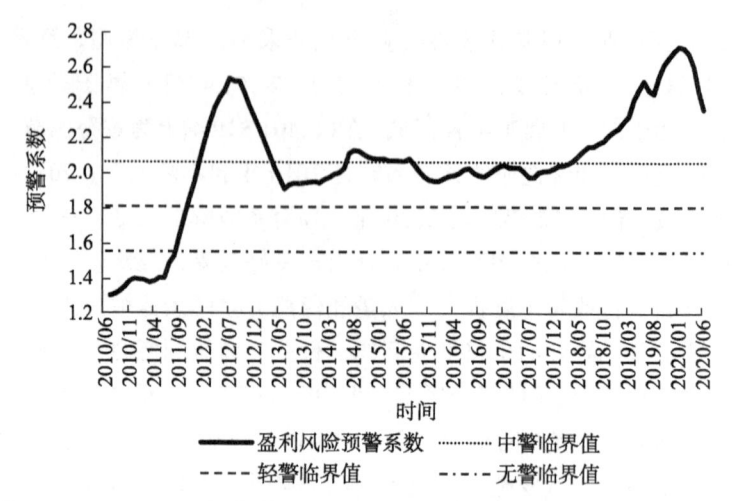

图 7-68　2010~2020 年化学原料和化学制品制造业的盈利风险预警系数

就工业行业而言，以汽车制造业为例，2012 年前行业盈利风险预警系数逐渐攀升，随后保持在稳定区域，随之风险下降至中警区域，2018 年又升高至重警区域。原因可能在于经济增速放缓导致产能过剩，有效需求下降，2016~2019 年销售产值下滑，营业利润率、销售产值增长率、亏损企业数占比、累计同比亏损额等指标持续恶化。2020 年在新冠疫情得到有效防控后，产能逐步恢复，且部分国外产能转移至国内，预计行业整体盈利水平能重新回暖（图 7-69）。

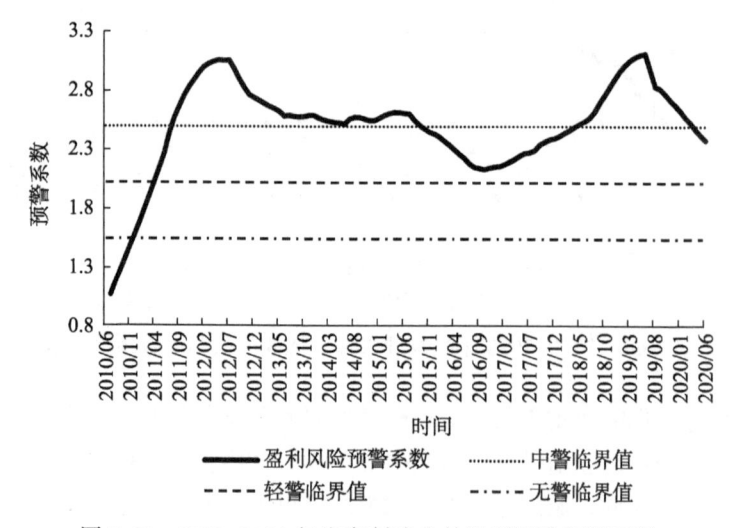

图 7-69　2010~2020 年汽车制造业的盈利风险预警系数

就可选消费中的纺织业而言，2011~2012 年纺织业整体盈利水平下滑，盈利风险上升，可能的原因是海外出口贸易量下降，部分外向型出口企业遭受危机，但随后随着国内有效需求的扩大，企业对内转型、向高端纺织品进军等策略逐渐取得成效，2013~2017年纺织业整体盈利风险得以防控。但2018年由于全球经济增速放缓，纺织品需求下降（国内外需求双降），产能相对过剩，企业库存问题凸显，议价能力下滑，纺织业的盈利风险处于重警区域。但在随后的2020年出现改善，由于全球新冠疫情的演化，国内疫情防控取得成效，经济自我造血能力逐渐恢复，加上部分海外加工代工产能转移至国内，预计行业盈利风险将持续回暖（图7-70）。

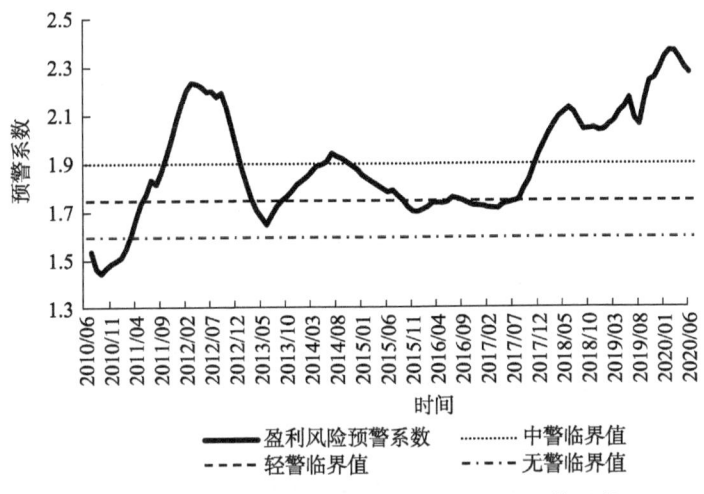

图7-70 2010~2020年纺织业的盈利风险预警系数

就主要消费类别中的农副食品加工业而言，与上述行业相类似，经历了2018年以前的波动震荡后，自2018年起盈利风险升至重警区域，但在随后的2020年出现改善，行业盈利风险逐渐下降至中警区域，虽然2020年初遭受疫情冲击，短期内有效需求持续下滑，但随着疫情防控取得良好成效，复工复产稳步推进，消费信心将持续提振，农副食品加工业整体盈利水平预期上升（图7-71）。

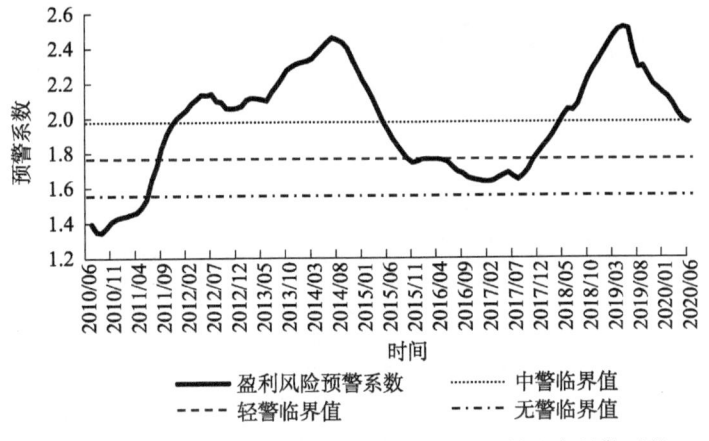

图7-71 2010~2020年农副食品加工业的盈利风险预警系数

就医药卫生行业而言,以医药制造业为例,2010~2016年处于较为平稳的中、重警区域,随着供给侧结构性改革的推进,盈利风险逐渐下降至轻警区域,甚至无警区域,但随后因为产品过剩、成本上升等因素,营业利润率下降,风险又逐渐攀升至重警区域。但随着疫情防控进入常态化阶段,医药制造相关的产品将持续增加,预计行业的盈利能力也将大幅提高(图7-72)。

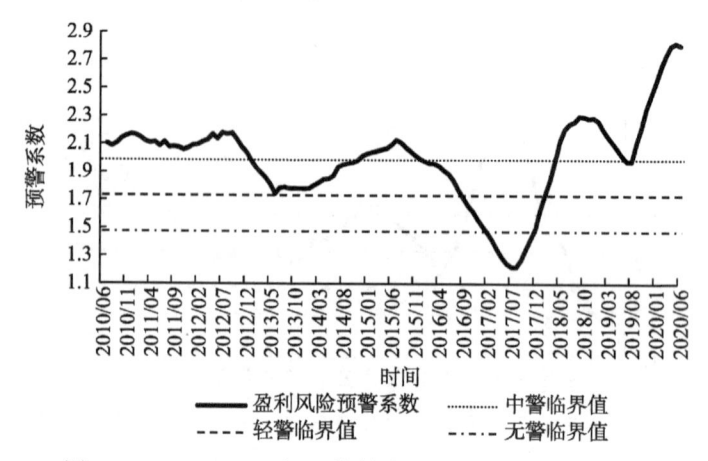

图7-72　2010~2020年医药制造业的盈利风险预警系数

最后来看信息技术中的计算机、通信和其他电子设备制造业,与上述原材料行业相类似,前几年行业盈利风险预警系数逐渐攀升,随后的2016~2018年风险预警系数下降至重警区域以下,行业整体盈利能力提升,可能得益于国家对通信基础设施的大力投入与电子消费品的快速增加。但2018年开始,由于经济增速进一步放缓,通信基础设施建设已逐步完善,因此对于相关产品的需求下滑,生产企业的盈利和定价能力下降,因此盈利风险又升高至重警区域(图7-73)。

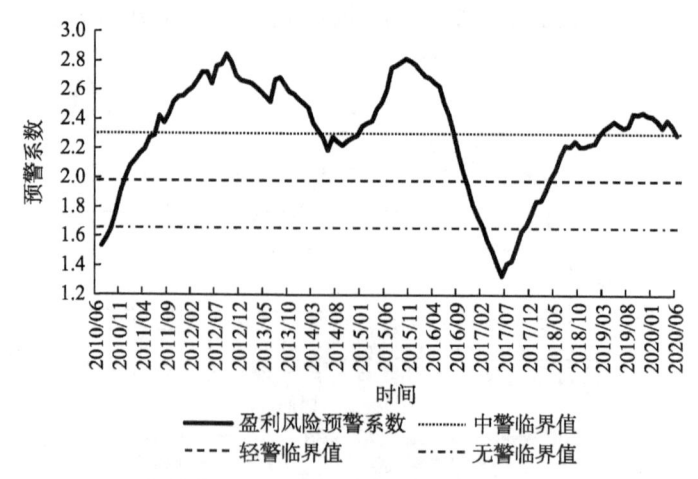

图7-73　2010~2020年计算机、通信和其他电子设备制造业的盈利风险预警系数

通过分析对比各个行业大类中代表性行业的预警系数图，可以发现，2016年前各个行业预警系数的走势是类似的，逐渐上升，随后保持在一个较为稳定的状态，并且各个行业在2016~2018年的盈利风险都处于较低的预警区域。原因可能在于2016年推行供给侧结构性改革方针，随后改革效果开始体现，行业集中度提高，大量运营能力差的企业被淘汰，盈利能力开始爬升，行业发展态势较好，盈利风险较低。对于不同类别的行业，如能源类、工业类、医药卫生类、信息技术类行业，供给侧结构性改革的效果在前期较为明显，显著降低了盈利风险；而对于主要消费、可选消费类、原材料类行业的效果相对没那么明显。但随着经济增速放缓，各个行业或多或少存在产能过剩、库存积压、需求下降、销售产值下滑等问题，使得盈利风险持续攀升，呈上升趋势。总而言之，由于行业自身的生产和销售具有周期性，行业的盈利风险预警区间分布呈现周期性。此外，行业盈利风险受外部宏观政策和突发事件的影响，如2016年的供给侧结构性改革，得益于供给侧结构性改革的有力推行，几乎所有行业在2016~2018年的盈利能力得到明显改善、盈利风险下降，呈现发展较好的态势。但受到经济增速放缓、市场有效需求不足的影响，加上2020年突发事件新冠疫情的负面冲击，各个行业遭受不同的负面影响。例如，能源行业的煤炭开采和洗选业在持续的负面冲击下，煤炭产业链下游行业市场表现不活跃，需求的减少导致销量的减少，加上进口煤炭的价格优势，引起整个行业生产低迷，盈利能力降低，盈利风险升高；其他类别的行业如医药制造业，新冠疫情的暴发反而降低了行业的盈利风险，疫情增加了产品需求，增加了销售产值，提升了行业整体盈利水平。

3）政策建议

由于近年来经济增速放缓的负面影响加上新冠疫情的不利冲击，整体行业盈利风险问题凸显，针对风险居高不下的问题，有关部门应做到：①有效引导市场，惩治恶性价格竞争，通过推动破产、重组、兼并的方式整合行业资源，淘汰经营落后的企业，提高行业集中度，促使企业提高议价能力，并缓解供给相对过剩；②在疫情防控取得良好成效、中国工业生产快速复苏的背景下，应引导企业增加出口销售，降低库存，提高销售产值，减少亏损，增加营业收入，从而提高行业营业利润率；③针对疫情常态化防控相关产业如医药制造业等，加大政府部门物资采买力度，一方面是为疫情突发状况做准备，另一方面带动相关企业的自主研发与市场覆盖，提升行业整体的经营水平和盈利能力。

7.3.2 行业健康度效率评价监测

1. 制造行业绿色环境效率分析

1）基于方向距离函数的数据包络分析模型绿色环境效率测算

由于制造业工业生产的特性，其在工业生产过程中产生大量的污染物，对环境污染最直接，因此，本部分主要对中国制造业进行绿色环境效率分析。根据《中国工业经济年鉴》《中国环境年鉴》，本节采用基于方向距离函数的数据包络分析模型对 20 个制造业行业的环境效应进行分析，从而测得中国制造业各行业 2005~2015 年环境效率值。

从表 7-11 中可知，2005~2015 年中国制造业的环境效率整体上波动较大，但呈现上升趋势，行业整体环境效率从 2005 年的 0.545 上升到 2015 年的 0.812，这与我国的环境治理中主要由政府投入和管理存在很大的相关性。当环境治理中资金投入大，强化节能减排任务时，环境效率可能就会上升；当资金投入不能跟上，节能减排思想松懈时，环境效率就有可能下降。另外，制造业行业整体的环境效率为 0.536~0.812，这也说明环境效率还存在较大的提升空间。制造业各行业的环境效率存在较大差异，在 2005~2015 年年均值排名在前三位的行业为仪器仪表及文化办公用机械、通信计算机及其他电子设备、电气机械及器材制造业；而排名在后三位的行业为化学原料及化学制品制造业、黑色金属冶炼及压延加工业、造纸及纸制品业。比较它们的年均值，其中行业环境效率最高和最低的企业相差 4.441。因此，提高制造业的环境效率，特别是环境效率低的行业，对于中国走上绿色经济发展道路显得尤为重要。

表 7-11　2005~2015 年中国制造业环境效率分行业测度值

行业	2005 年	2010 年	2012 年	2015 年
农副食品加工业	0.076	0.067	0.118	0.197
食品制造业	0.083	0.074	0.083	0.123
饮料制造业	0.225	0.053	0.024	0.096
烟草制品业	1.578	1.172	1.027	1.018
纺织业	0.227	0.098	0.105	0.774
纺织服装、鞋、帽制造业	1.226	1.162	1.45	1.277
造纸及纸制品业	0.019	0.011	0.021	0.111
石油加工、炼焦及核燃料	0.042	0.034	0.037	1.058
化学原料及化学制品制造业	0.021	0.017	0.03	0.049
医药制造业	1.057	0.092	0.072	0.091
化学纤维制造业	1.028	0.043	0.045	0.054
非金属矿物制品业	0.024	0.058	0.011	0.172
黑色金属冶炼及压延加工业	0.022	0.031	0.04	0.028
有色金属冶炼及压延加工业	0.038	0.063	0.064	0.066
金属制品业	0.256	0.135	0.11	0.105
通用设备制造业	0.221	0.244	1.031	0.524
专用设备制造业	0.248	0.27	0.435	1.069
电气机械及器材制造业	1.332	1.398	1.301	1.755
通信计算机及其他电子设备	1.949	1.789	1.076	1.425
仪器仪表及文化办公用机械	1.218	3.911	6.503	6.246
行业整体	0.545	0.536	0.679	0.812

2）基于聚类分析的环境效率分类

中国制造业各行业碳排放效率存在较为明显的差别，为此采用聚类分析方法将上述行业按其环境效率高低进行分类。本部分将 20 个行业的环境效率分为高效率行业、中效率行业和低效率行业三类，结果见表 7-12。

表 7-12 制造业行业环境效率分类结果

高效率行业	中效率行业	低效率行业
仪器仪表及文化办公用机械	烟草制品业，纺织服装、鞋、帽制造业，电气机械及器材制造业，通信计算机及其他电子设备	农副食品加工业，食品制造业，纺织业，金属制品业，饮料制造业，石油加工、炼焦及核燃料，造纸及纸制品业，非金属矿物制品业，专用设备制造业，化学原料及化学制品制造业，医药制造业，化学纤维制造业，有色金属冶炼及压延加工业，通用设备制造业，黑色金属冶炼及压延加工业

从制造业行业分类结果来看，我国制造业中环境高效率行业仅有一个行业，而环境低效率行业占 75%，总体上我国制造业环境效率偏低，制造业发展中环境效率亟待提高。仪器仪表及文化办公用机械高效率行业的特征是资金实力雄厚、重视技术研发、创新技术发展、产业附加值高、竞争力强。因此，通过加速产品制造过程和减少运输费用，利用技术研发可重复利用的材料和产品，提高产业竞争力，将会提高环境效率，促进环境友好型制造业发展。农副食品加工业、食品制造业、纺织业等低效率行业属于劳动力密集型行业，资本密集程度低，经济增长方式粗放，技术更新缓慢，企业规模普遍较小，能源利用率较低，环境污染物排放效率较低。石油加工、炼焦及核燃料等行业多数属于垄断性行业，竞争力相对不高，在污染物治理投入中不够积极，环境效率较低。

为了进一步分析行业环境效率的结构化差异，本节采用 Malmquist 指数的分解方式，将行业的综合环境效率分解为规模效率、技术进步。可见，从影响行业环境效率的增长因素来看，技术进步是最主要的增长因素（表 7-13）。

表 7-13 中国制造业 20 个行业各年均 Malmquist 指数及其分解值

年份	全要素生产率	技术进步	规模效率
2005～2006	0.903	1.348	0.970
2006～2007	1.131	1.246	1.206
2007～2008	1.091	1.110	0.922
2008～2009	0.960	1.159	1.082
2009～2010	1.130	1.132	1.074
2010～2011	0.858	0.034	0.955
2011～2012	0.991	0.967	1.047
2012～2013	0.954	1.472	0.756
2013～2014	1.162	1.182	1.362
2014～2015	1.994	0.456	0.946
平均值	1.086	0.759	1.020

2. 制造行业经营效率分析

21世纪以来，随着技术进步与经济的高速发展，中国正从世界工厂向制造强国转变，中国经济也逐步转入高质量发展阶段。制造业行业的经营效率是行业活力的重要体现，因此，本部分基于CEIC数据库、《中国工业经济年鉴》等工业数据，采用随机前沿模型对32个制造业行业的经营效率进行分析，从而测得中国制造业各行业2010~2020年月度经营效率值。

图7-74显示，自2010年以来中国制造行业经营效率不断攀升，特别是2010~2011年增长迅速，随后行业整体保持稳定增长，从0.7增长到0.9，于2017年到达最高点。直至2020年1月开始，全国新冠疫情蔓延，导致行业生产率骤降，经营效率基本回到2010年水平。2020年6月，全国疫情得到有效控制，我国制造业经营效率迅速恢复，仅半年的时间基本恢复到疫情前的经营效率，甚至存在小幅度的同比增长。

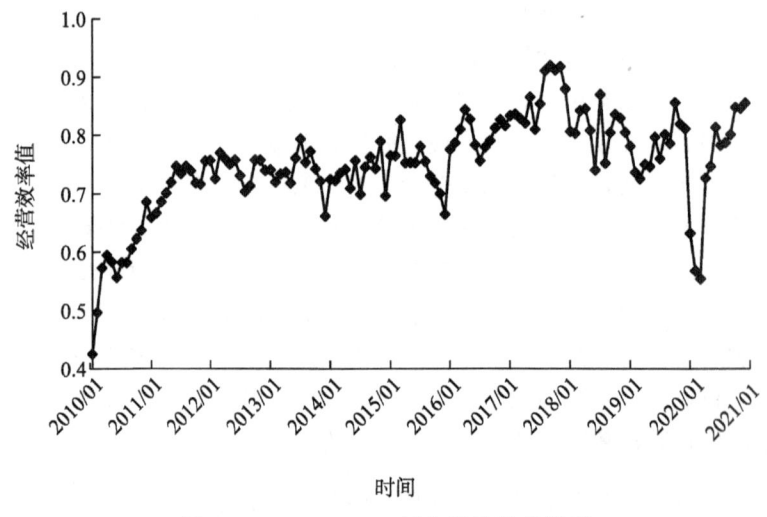

图7-74 2010~2020年全行业经营效率

为了进一步对制造行业的经营效率进行结构化分析，本节按照高新技术行业与非高新技术行业标准进行划分，并对整体行业的经营效率进行了分解。图7-75显示，2017年以前中国制造业的经营效率主要由非高新技术行业支撑，其经营效率远高于高新技术行业，并且一直保持在较高的效率水平。然而，自2017年以来，随着供给侧结构性改革的深入，高新技术行业的经营效率获得了极大提升，基本与非高新技术行业持平。但从疫情期间的表现来看，高新技术行业受到疫情的冲击更加猛烈，对疫情的冲击也更加敏感，其经营效率在疫情期间快速回落后，又立刻迅速恢复。

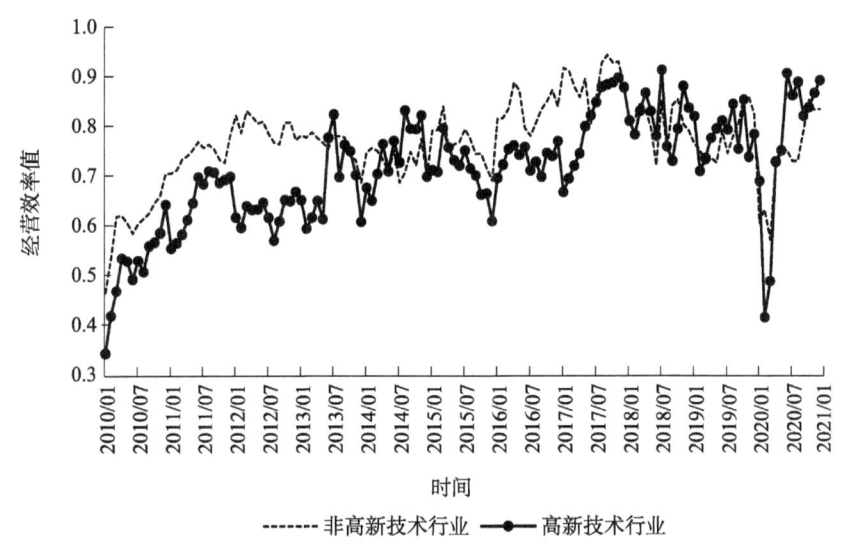

图 7-75　2010~2020 年全行业经营效率（按照是否高新技术行业划分）

根据不同的行业特性，制造行业在经营效率方面表现出较大的差距，本书测算了 2010~2020 年全行业的经营效率，从 2020 年各行业的经营效率来看（图 7-76），非金属矿物制品业、烟草制品业，以及酒、饮料和精制茶制造业等的经营效率居

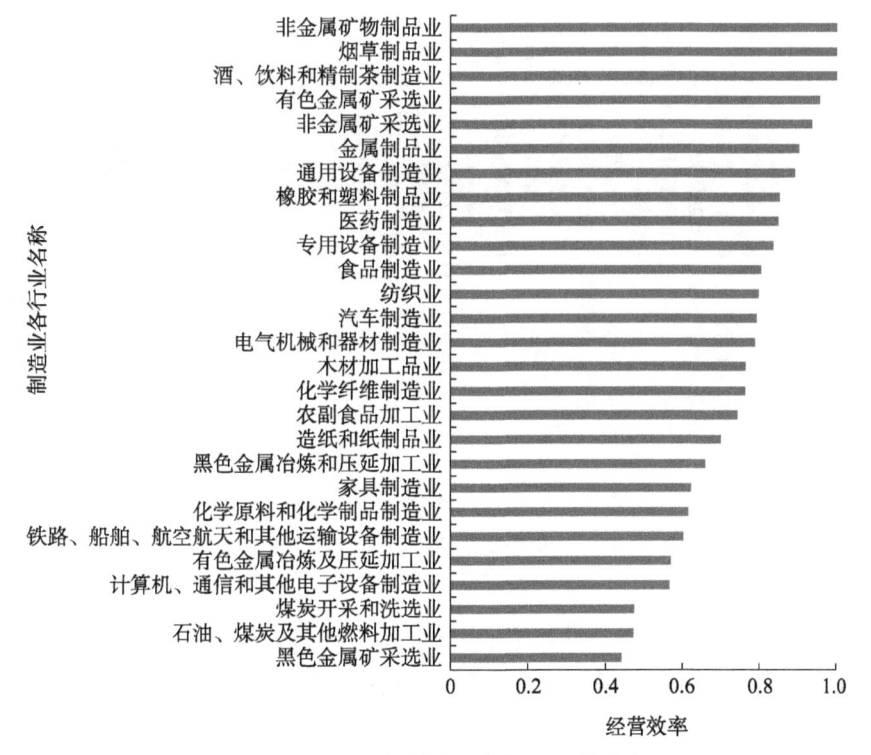

图 7-76　2020 年制造业各行业经营效率

于高位，而石油、煤炭及其他燃料加工业，黑色金属矿采选业等的经营效率处于低位，经营效率仅有 0.47 和 0.44，还不到前者的 1/2。这一方面在很大程度上是由于 2020 年处于疫情期间，非金属、烟草以及酒行业等受到的影响较小。另一方面，长期来看，在经营效率相对落后、表现不佳的行业中，重工业占了一定的比重，其中以石油加工、金属采矿等行业最为明显。因此，在工业结构优化的过程中，应积极调整其产业结构，促进节能减排，全面升级改造产业链。

同时，本节分析了 2020 年各行业经营效率的偏离度，从而探究行业经营效率的稳定性。图 7-77 显示，整体而言，行业间的经营效率波动差异性不大，其中石油、煤炭及其他燃料加工业，煤炭开采和洗选业，铁路、船舶、航空航天和其他运输设备制造业等行业的偏离度较高，其经营可能具有较大的项目周期性，导致其经营效率存在不平稳性。

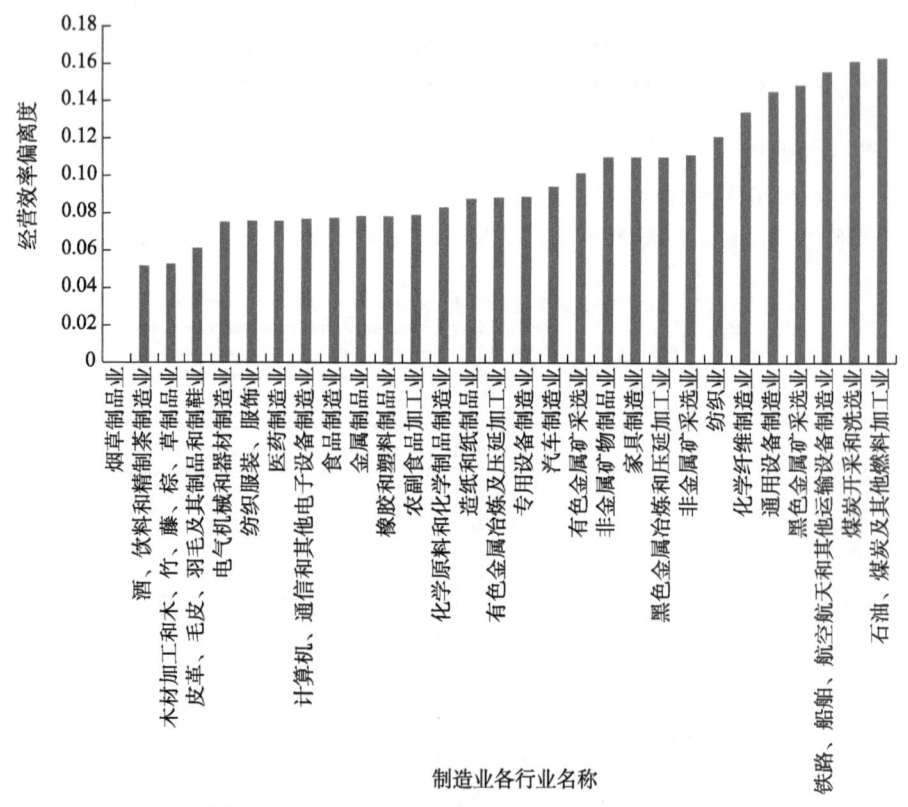

图 7-77　2020 年制造业各行业经营效率偏离度
烟草制品业数据缺失

从 2010~2020 年平均经营效率增速来看（图 7-78），贡献比例较大的行业为计算机、通信和其他电子设备制造业，电气机械和器材制造业，说明高新技术产业、信息行业对整体工业持续快速发展具有重要作用，在产业发展中应给予足够的支撑以使其更好地发挥带动作用。

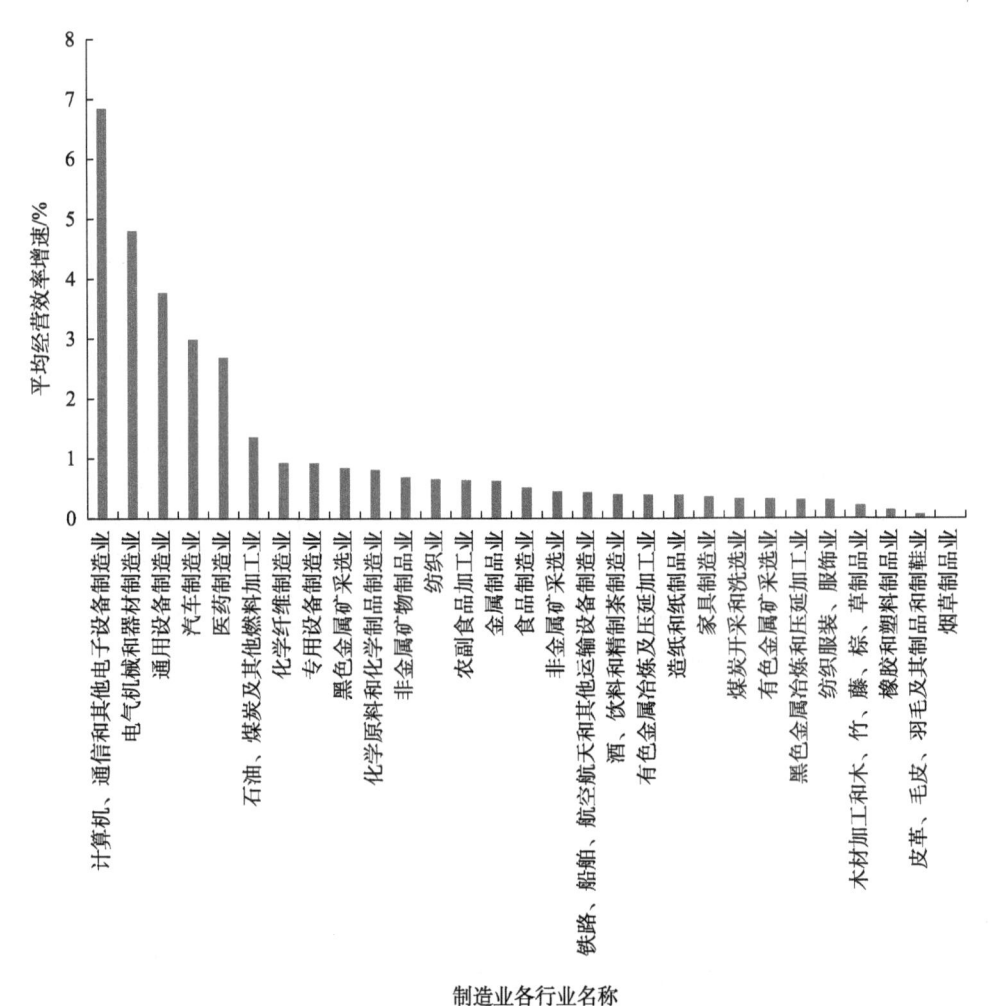

图 7-78　2010~2020 年制造业各行业平均经营效率增速
烟草制品业数据缺失

7.3.3　行业舆情风险分析[①]

1. 行业舆情情况

2020 年 11 月，从外部环境来看，尽管海外新冠疫情再度肆虐，但是各国的应对明显更具有经验，生产和消费两个层面所受冲击都有所趋弱。从国内经济来看，形势向好的趋势并未改变，而且在内外需缓慢恢复的推动下，生产的改善也再度开启。国内疫情控制的良好态势助推了经济复苏的延续。一方面，无论是货币还是财政刺激的力度都有所收缩，调控的重心更加强调结构性；另一方面，随

[①] 本节写作完成于 2020 年 11 月。

着"十四五"规划的相继落地,中国中长期经济发展目标及推进原则日趋明朗,基于对外部困难挑战的清晰认识,以创新驱动发展实体经济、完善经济内循环等为核心的经济发展质量的提升将是未来的目标所在。

从行业发展来看,企业销售好转将引发库存回补行为的发生,这将为工业生产带来新的助力。房地产投资的异常坚韧成为固定资产投资修复的主要动力,基建投资同样在财政刺激补足的作用下逐步回升,但是制造业累计投资增速依旧为负。此外,消费在温和修复后同比增速依旧维持在近6%的负增长,可以说制造业投资和消费是2020年内需增长的拖累项。关注行业的舆情情况,有助于更实时地了解到行业发展状况。

从行业舆情分数①来看,所有行业的舆情分数都在50分以上,表明2020年11月的舆情总体程度是正面的。

图7-79为负面风险舆情事件行业分布情况,从中可以看到,制造业的风险舆情事件数量显著高于其他行业。接下来是信息技术、租赁商务、金融业、批发零售等行业。剩下的行业风险舆情事件发生的数量相对较小,尤其是教育、卫生社会、居民维修等风险舆情事件的发生都处于非常低的水平。

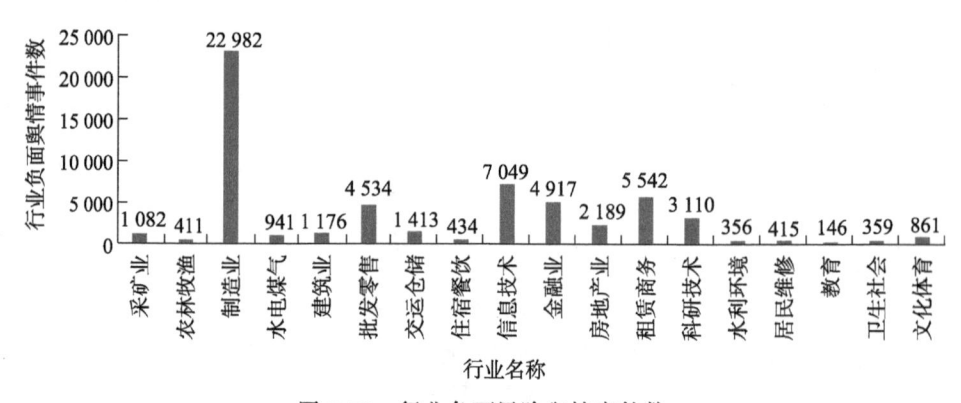

图 7-79 行业负面风险舆情事件数

资料来源:Wind

图 7-80 为各行业财务风险舆情事件数及占比情况,从中可以得知,财务风险负面舆情事件数占比基本上在20%至60%的区间里,并且更多地集中在35%至45%的区间里。较高的占比表明,财务风险是各行业风险的重要组成部分,甚至是风险的主要来源。具体而言,制造业、房地产业等的财务风险舆情占比偏大,反映出这几个行业的财务风险值得注意。

---

① 行业舆情分数由企业舆情分数汇总而得,舆情得分为 50 分代表舆情中性或无重要相关新闻;舆情得分大于50分,得分越高,舆情正面程度越高;舆情得分小于50分,得分越低,舆情负面程度越高,数据来源于 Wind。

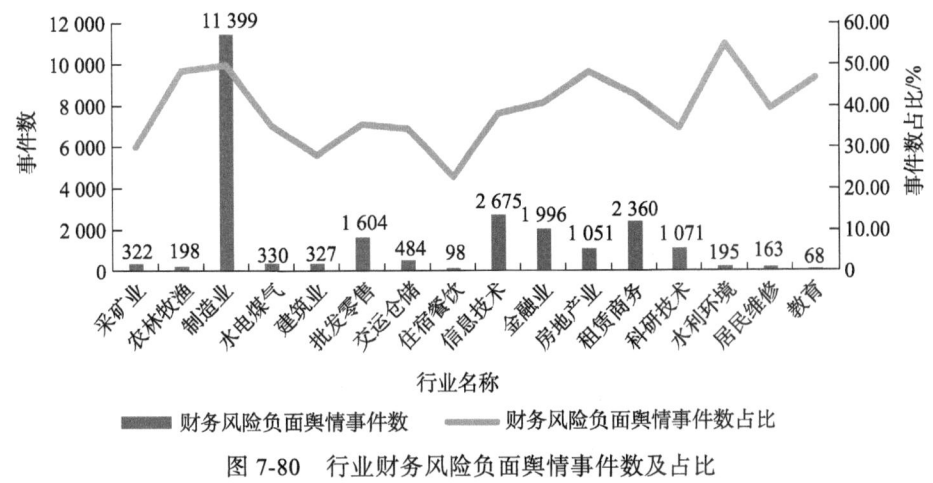

第7章 宏观经济风险监测分析报告

图 7-80 行业财务风险负面舆情事件数及占比
资料来源：Wind

图 7-81 为行业经营风险舆情事件分布情况。总体而言，各行业的经营风险差别较大，占比绝对值相对较低。具体而言，教育、住宿餐饮、交运仓储、文化体育等行业的经营风险相对较高，对行业健康构成了挑战。

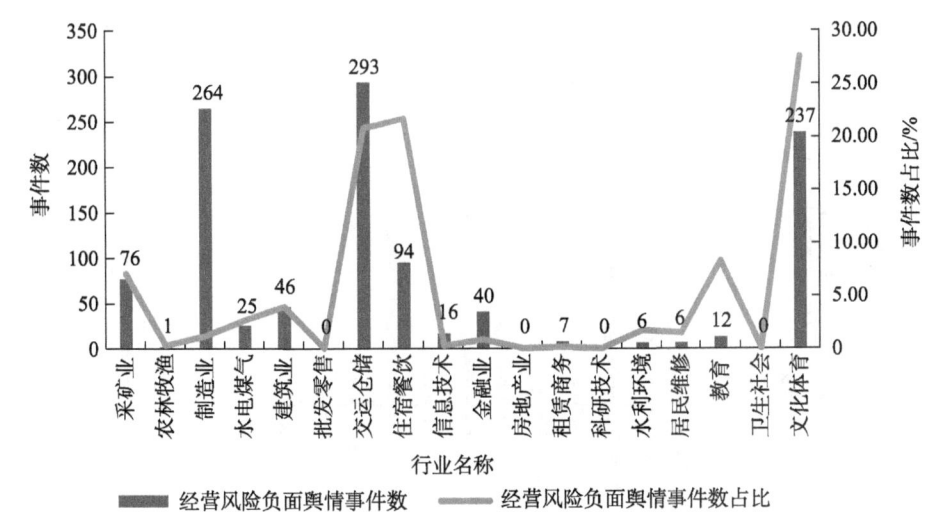

图 7-81 行业经营风险负面舆情事件数及占比
资料来源：Wind

图 7-82 为各行业投融资风险舆情事件分布情况。总体而言，大部分行业的投融资风险事件数占比在 10% 左右，投融资风险占总风险的比例是相对较低的，并且各行业的风险占比大致相当。具体来看，各行业的投融资风险占比相当，反映出行业投融资风险可能更多地受到宏观经济等一些系统性因素的影响。

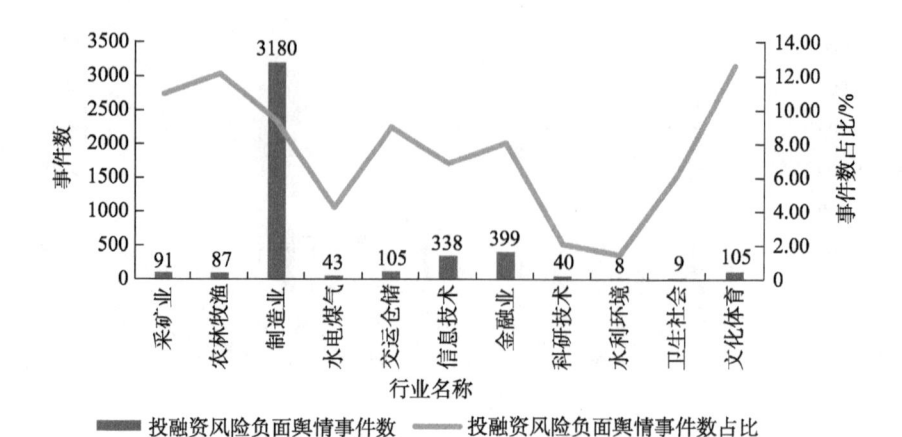

图 7-82 行业投融资风险负面舆情事件数及占比

资料来源：Wind

图 7-83 为各行业违规风险舆情事件分布情况。总的来说，违规事件占比的比例在 10%左右，最高的占比超过了 18%。对于占比较低的行业，如制造业、居民维修、采矿业、文化体育，违规事件占比在 5%左右。对于占比较高的行业，如建筑业、住宿餐饮、金融业，违规事件占比在 14%以上。所以对这三个行业需要引起警惕，尤其是对于金融业，因为企业违规风险在一定条件下是可以转化成金融波动甚至是金融风险，进而影响社会稳定和发展。

图 7-83 行业违规风险负面舆情事件数及占比

资料来源：Wind

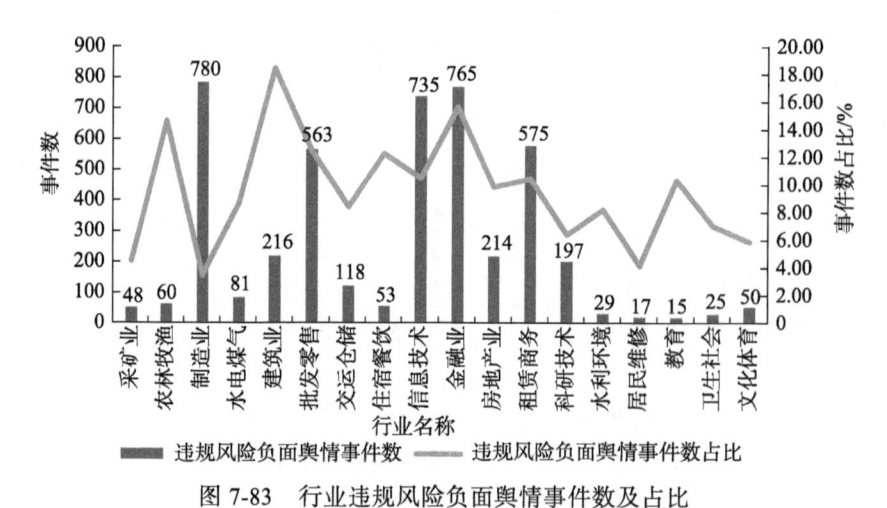

图 7-84 为行业地区负面舆情事件分布情况。总的来看，行业负面舆情主要集中在制造业、信息技术、租赁服务、科研技术、金融业，事件的占比超过了一半。广东和北京是出现频率最高的两个省市，虽然有两地产业规模较大的因素，但这样的高占比情况也需要引起警惕，尤其是广东。

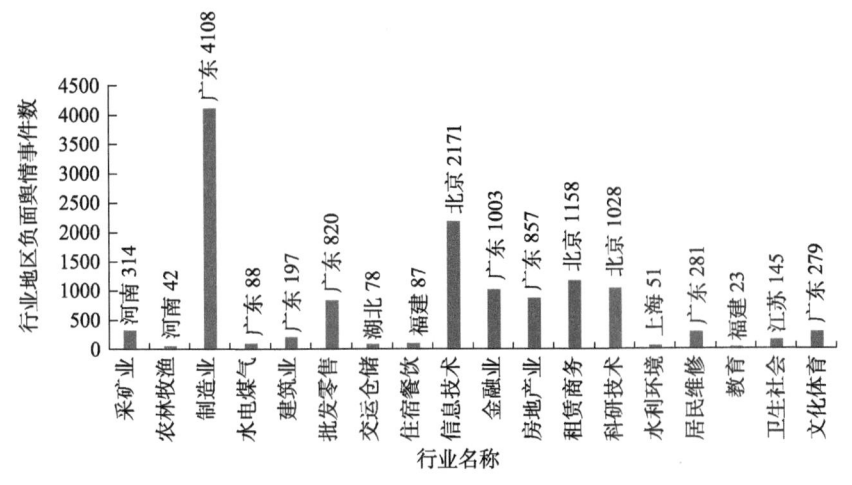

第7章 宏观经济风险监测分析报告 271

图 7-84 行业地区负面风险舆情事件数

资料来源：Wind

2. 行业风险事件

从行业风险分数[1]来看，采矿业、交运仓储、房地产业、金融业、水电煤气、建筑业、制造业的风险分数较高，表明这些行业每个企业遭受的风险事件较多，相反，其余的行业得分较高，表明这些行业每个企业遭受的风险事件较少。

接下来关注各行业的总风险事件数量。图 7-85 为行业风险事件数量分布情况。制造业、金融业、批发零售行业的风险事件数量较多，存在重大的行业风险，需要引起重点关注。

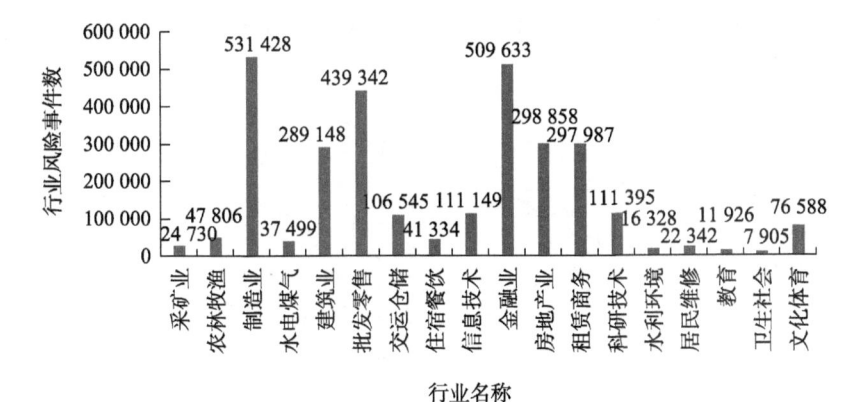

图 7-85 行业风险事件数

资料来源：Wind

---

[1] 得分越低，表明每个企业遭受的风险事件越多，数据来源于 Wind。

图 7-86 为行业信息变更风险的分布情况。整体来看，各行业的风险事件数占比在 0 至 15% 的区间里，大部分在 10% 左右。教育业、科研技术、信息技术行业的信息变更风险事件数占比很高，在 10% 以上，需要引起重视。批发零售行业的信息变更事件数量的绝对值较大，也需要注意。表现相对较好的行业有采矿业、金融业、房地产业和制造业。

图 7-86 行业信息变更风险事件数及占比

资料来源：Wind

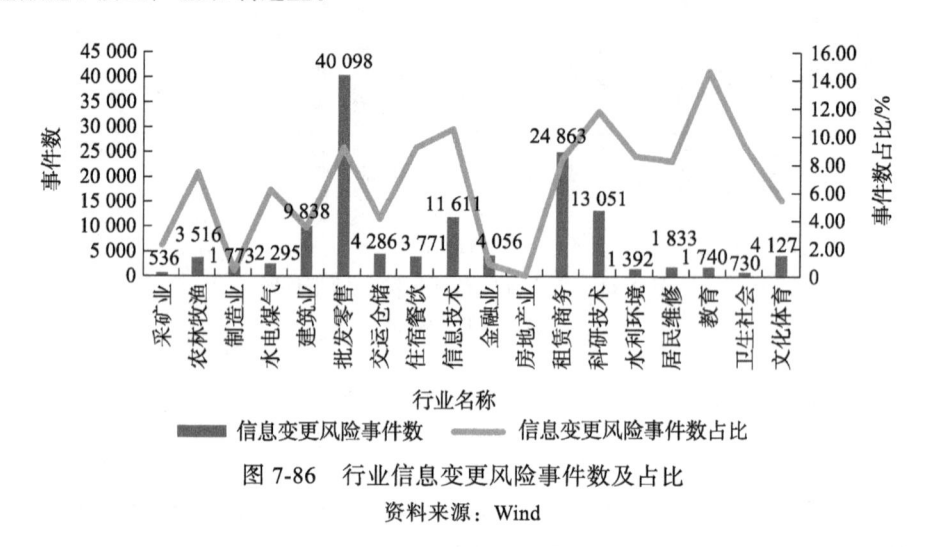

图 7-87 为行业法律涉诉风险事件分布情况。总体来看，各行业法律涉诉风险事件占比在 60% 至 97% 的区间内，主要集中在 80% 左右，所以，行业法律涉诉的风险事件类型是行业风险事件的主要构成类型。具体到各个行业：金融业的法律涉诉事件的数量最大，且该类风险事件占比也最多，需要重点关注。金融业、建筑业和采矿业的风险事件占比相对较高，需要关注。表现相对较好的行业有科研技术和教育行业。

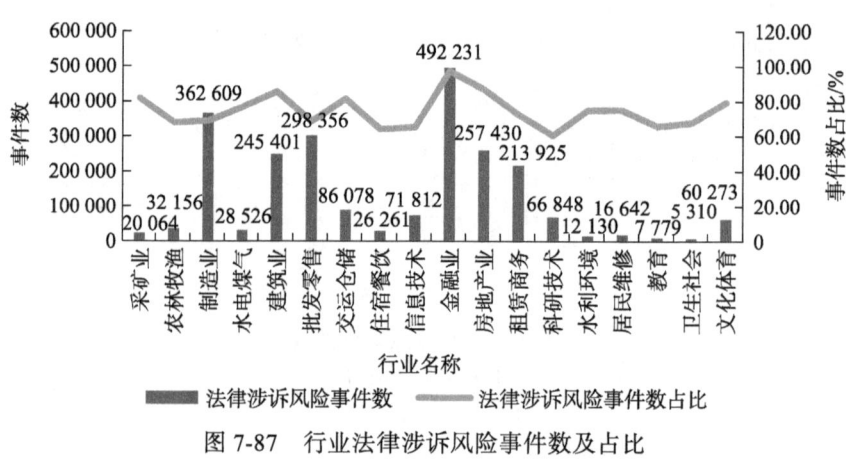

图 7-87 行业法律涉诉风险事件数及占比

资料来源：Wind

图 7-88 为行业地区风险事件分布情况。从图中看，金融业、制造业、批发零售行业的风险事件发生得较多。风险事件主要集中在广东、山东、北京三地。

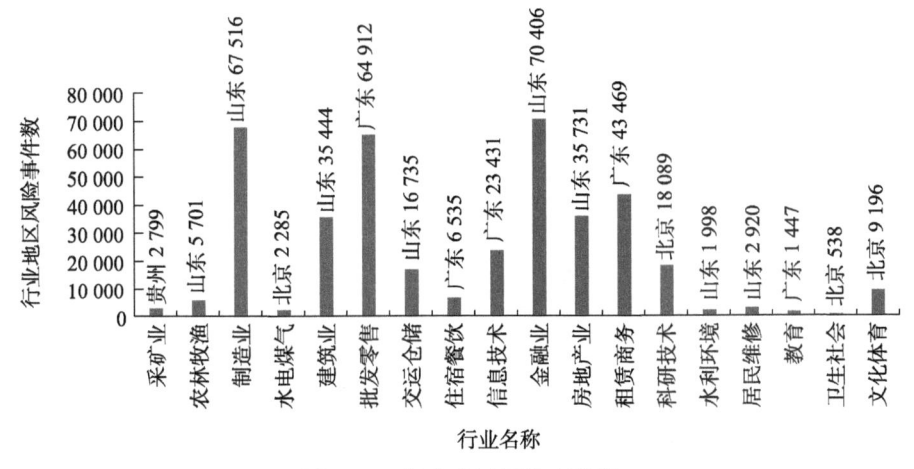

图 7-88　行业地区风险事件数

资料来源：Wind

3. 部分行业发展概况

由于行业众多，根据上述行业舆情及风险事件分析，选取风险较大的制造业、金融业进行具体分析。

1）制造业发展概况

2020 年 11 月单月制造业投资大幅增长 12.5%，国内制造业投资加快恢复。制造业子行业众多，在各类舆情事件和风险事件中均占比较大。

A. 制造业舆情情况

制造业的所有子行业的舆情分数都为 50 分，表明 2020 年 11 月对制造业来说无重要相关新闻。

图 7-89 为制造业负面风险舆情事件行业分布情况，从中可以看到，计算机、通信的风险舆情事件数量显著高于其他行业。接下来是电气机械、汽车制造业、医药制造业等。剩下的行业风险舆情事件发生的数量相对较小，尤其是金属制品、机械和设备修理业，烟草制品业等风险舆情事件的发生都处于非常低的水平。

图 7-90 为制造业财务风险舆情事件数及占比情况，从中可以得知：财务风险负面舆情事件数量的占比大多集中在 30%至 60%的区间里。其中，计算机、通信行业财务风险舆情事件较大，占比也相对较大，需要重点警惕。

图 7-91 为制造业经营风险舆情事件分布情况。总体而言，各行业的经营风险较低。具体而言，汽车制造业的经营风险舆情事件数量和占比相对较高，对行业健康构成了挑战。

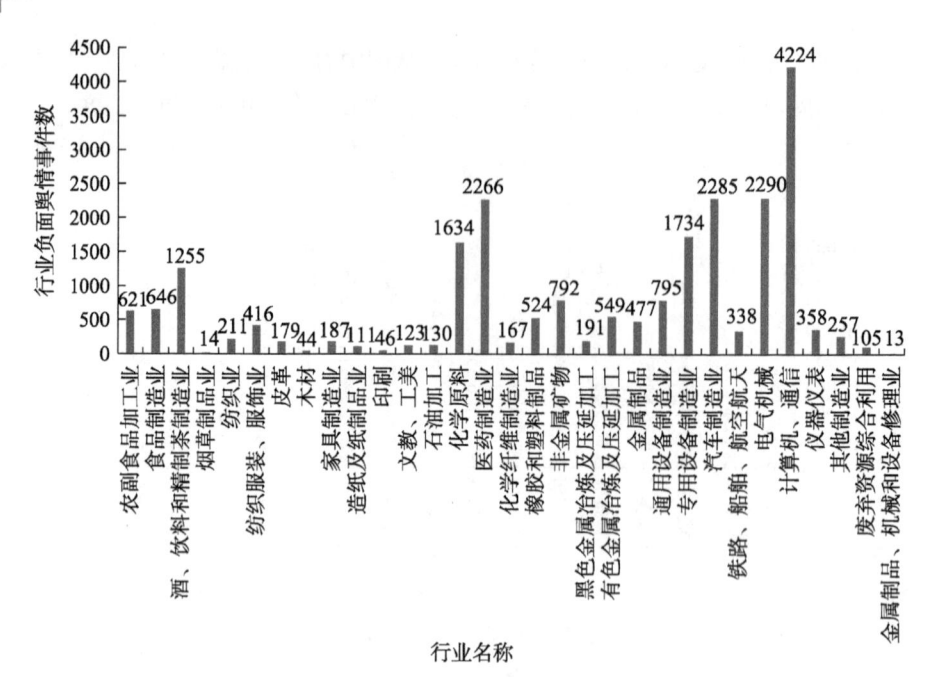

图 7-89 制造业负面风险舆情事件数
资料来源：Wind

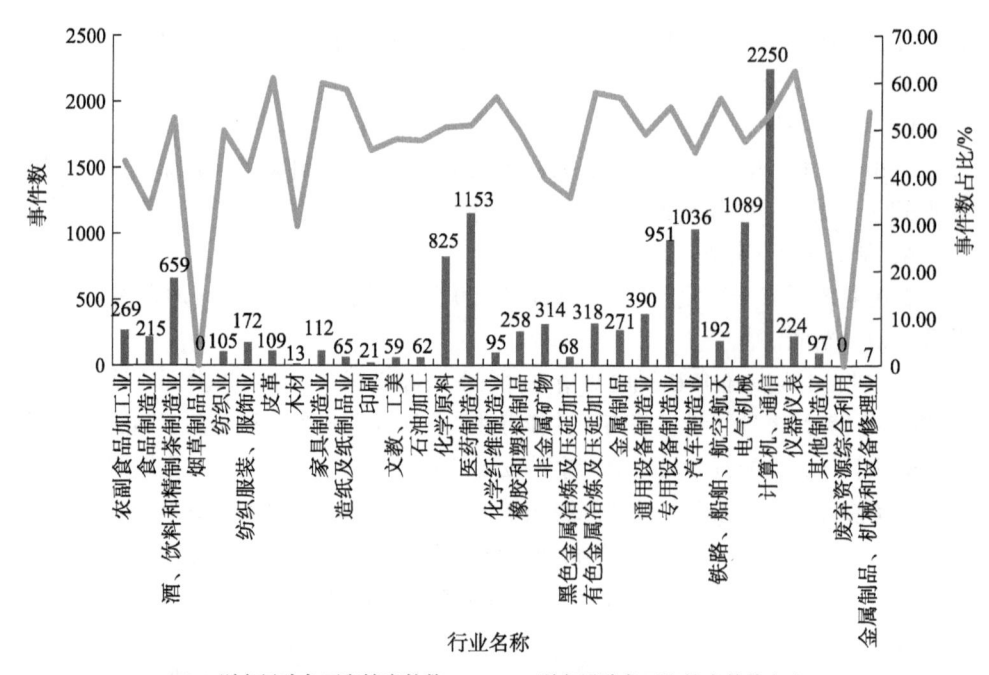

图 7-90 制造业财务风险负面舆情事件数及占比
资料来源：Wind

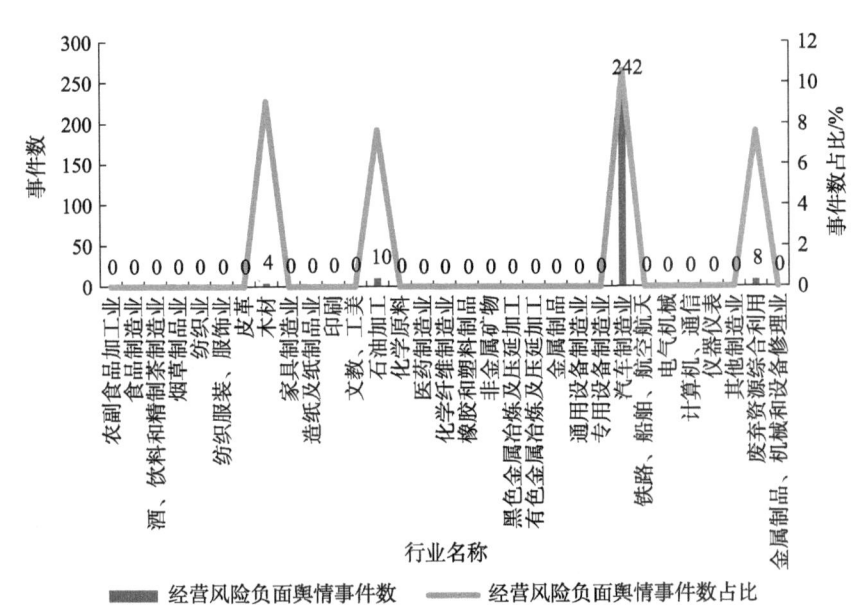

图 7-91 制造业经营风险负面舆情事件数及占比

资料来源：Wind

图 7-92 为制造业投融资风险舆情事件分布情况。总体而言，大部分制造业子行业的投融资风险事件占比在 10% 左右，投融资风险占总风险的比例是相对较低的，并且风险占比大致相当。

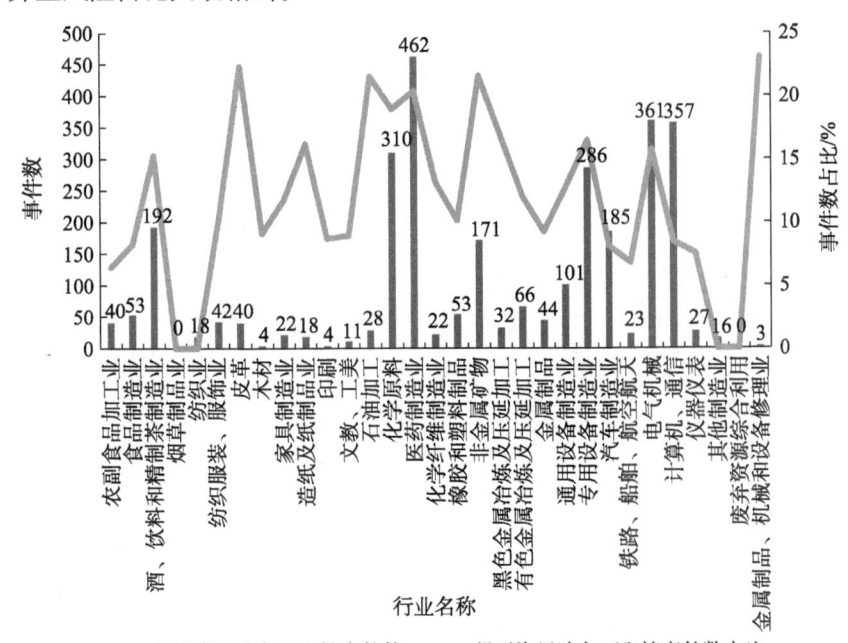

图 7-92 制造业投融资风险负面舆情事件数及占比

资料来源：Wind

图 7-93 为制造业违规风险舆情事件分布情况。总的来说，违规事件占比均较低。其中计算机、通信行业违规风险数量较高，但占比相对较低，说明计算机、通信行业 2020 年 11 月风险舆情事件相对较多。烟草制品业和废弃资源综合利用业占比较高，但数量偏低，说明应重点警惕这两个行业的违规风险。

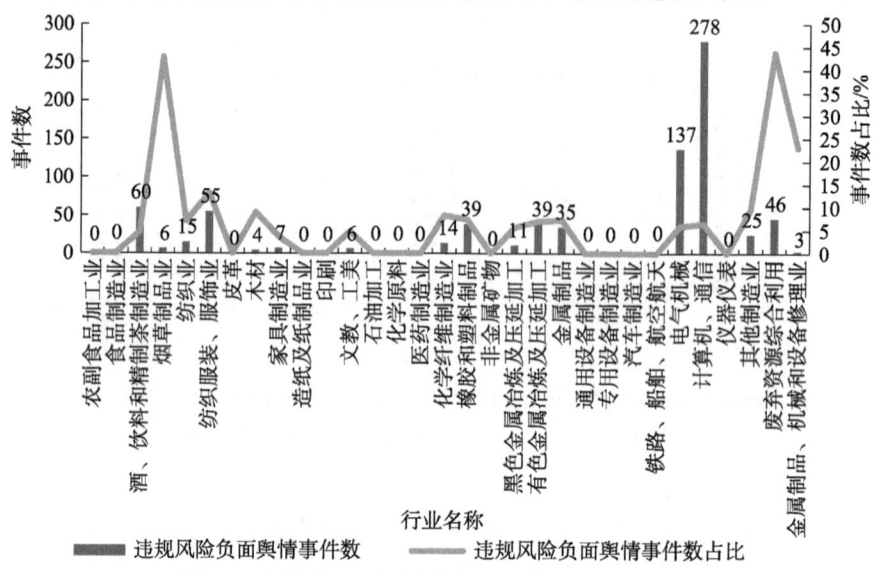

图 7-93 制造业违规风险负面舆情事件数及占比

资料来源：Wind

图 7-94 为制造业地区负面舆情事件分布情况。总的来看，制造业负面舆情主要依旧集中在计算机、通信，汽车制造业，电气机械。广东是出现频率最高的省，应重点关注。

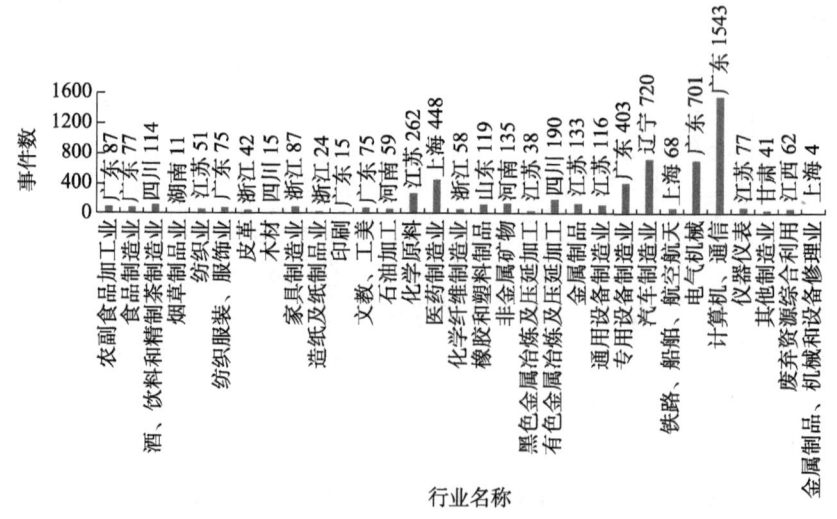

图 7-94 制造业地区负面风险舆情事件数

资料来源：Wind

B. 制造业风险事件

制造业大部分子行业的行业风险分数都偏低，说明 2020 年 11 月制造业企业所面临的事件风险相对较大。

图 7-95 为制造业风险事件分布情况。计算机、通信，电气机械，汽车制造业，医药制造业的风险事件数量较多，需要引起重点关注。

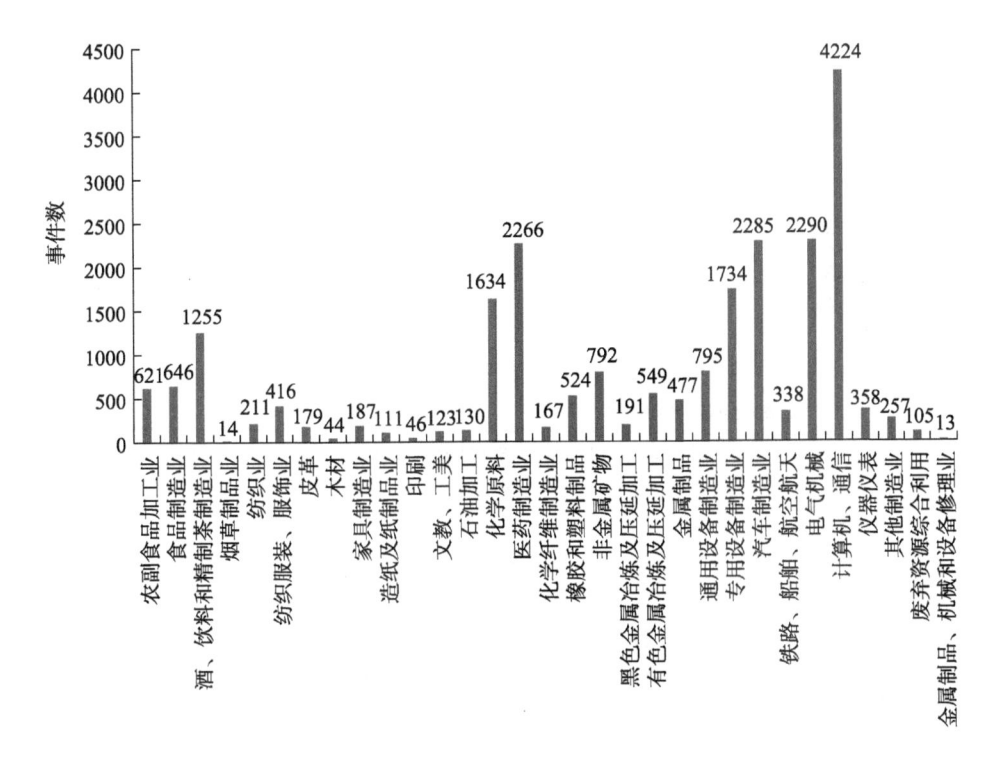

图 7-95　制造业风险事件数

资料来源：Wind

图 7-96 为制造业经营风险事件分布情况。整体来看，制造业子行业的风险事件数占比在 0 至 35% 的区间里，大部分在 10% 左右。计算机、通信，电气机械，通用设备制造业，专用设备制造业，纺织服装、服饰业的经营风险事件数量较多，需要引起重视。

图 7-97 为行业法律涉诉风险事件分布情况。总体来看，制造业行业法律涉诉风险事件占比在 50% 至 83% 的区间内，所以，行业法律涉诉的风险事件类型是行业风险事件的主要构成类型。具体到各个子行业，非金属矿物、金属制品、专用设备制造业的法律涉诉事件的数量绝对值较大，需要重点关注。

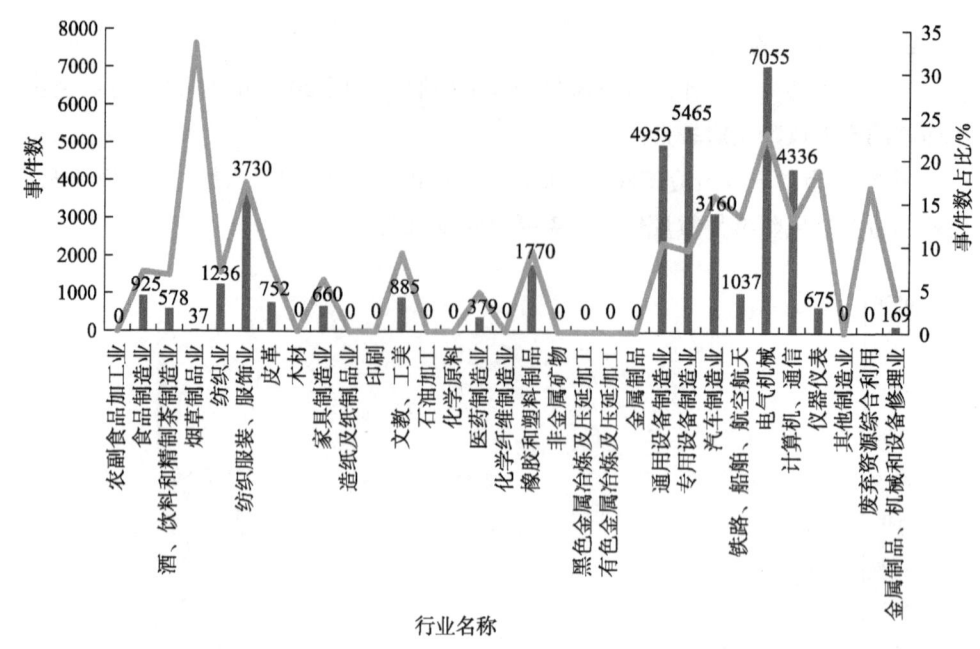

278 大数据环境下面向宏观经济风险的审计监测预警研究

图 7-96 制造业经营风险事件数及占比
资料来源：Wind

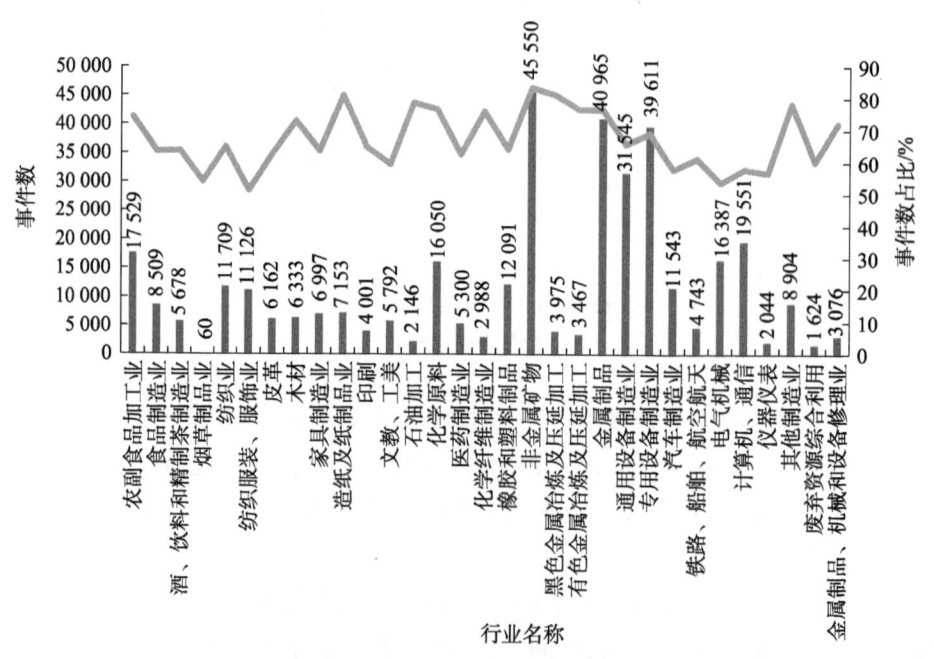

图 7-97 制造业法律涉诉风险事件数及占比
资料来源：Wind

图 7-98 为制造业地区风险事件分布情况。从图中来看，计算机、通信，专用设备制造业、通用设备制造业的风险事件发生得较多。风险事件主要集中在广东、江苏两个省份。

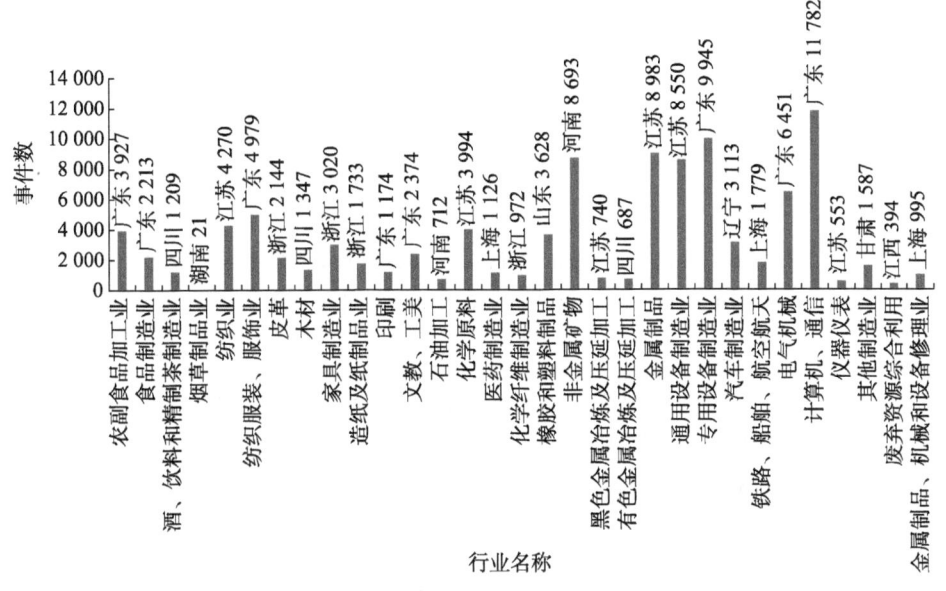

图 7-98　制造业地区风险事件数

资料来源：Wind

2）金融业发展概况

A. 金融业舆情情况

金融业各子行业的行业舆情风险分数都偏高，表明 2020 年 11 月金融行业的正面舆情程度较高。

图 7-99 为金融业负面风险舆情事件的行业分布情况。从图中可以看到，货币金融服务业、资本市场服务业发生的舆情事件数占比较大，需重点关注。剩下的行业风险舆情事件发生的数量相对较小。

图 7-99　金融业负面风险舆情事件数

资料来源：Wind

图 7-100 为金融业各子行业财务风险舆情事件数及占比情况。从图中可以得知，财务风险负面舆情事件数量的占比基本上在 30% 至 50% 的区间里，占比均较大，尤其是资本市场服务业和其他金融业财务风险占比在 45% 以上，需重点关注。

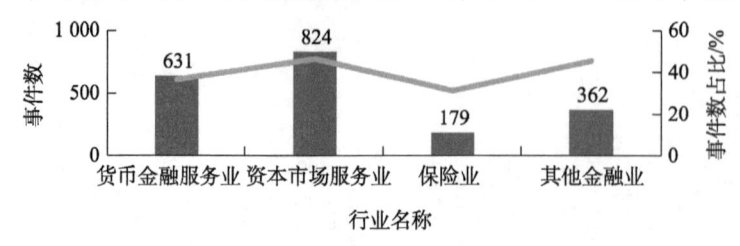

图 7-100　金融业财务风险负面舆情事件数及占比

资料来源：Wind

图 7-101 为金融业违规风险舆情事件分布情况。总的来说，违规风险事件数占比相较于财务风险低，但保险业和货币金融服务业的违规风险相比于资本市场服务业和其他金融业占比较高。

图 7-101　金融业违规风险负面舆情事件数及占比

资料来源：Wind

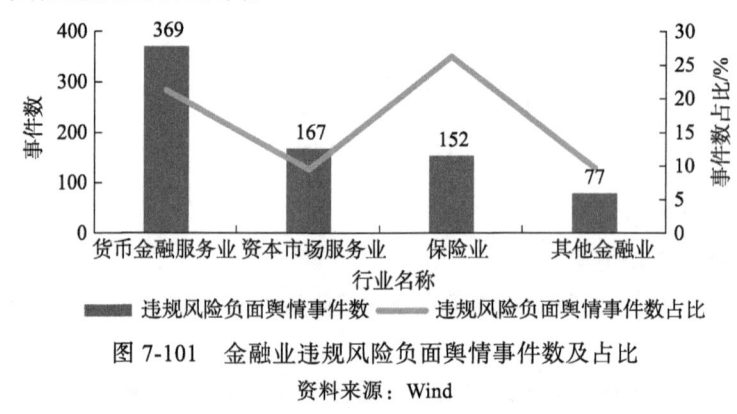

图 7-102 为金融业地区负面舆情事件分布情况。总的来看，金融业负面舆情主要集中在广东和北京两个发达的省市。

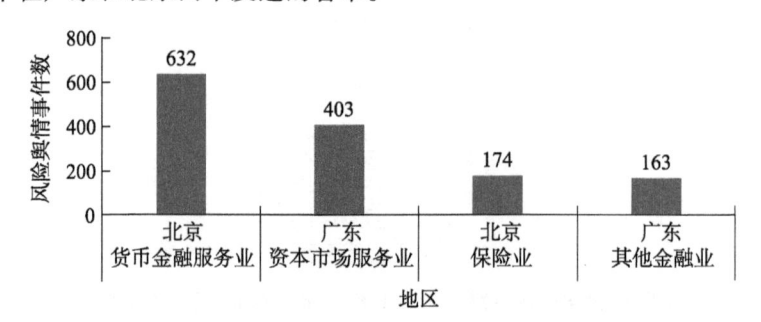

图 7-102　金融业地区负面风险舆情事件数

资料来源：Wind

B. 金融业风险事件

金融业的风险事件分数都偏低,尤其是货币金融服务业、保险业和其他金融业,说明2020年11月金融企业面临较大的风险事件风险。

图7-103为金融业风险事件数量分布情况。货币金融服务业的风险事件数量较多,占比超过一半,存在重大的行业风险,需要重点关注。其次是保险业、其他金融业、资本市场服务业。

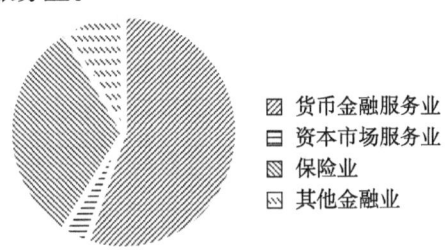

图 7-103　金融业风险事件数
资料来源:Wind

图7-104为金融业法律涉诉风险事件分布情况。总体来看,各行业法律涉诉风险事件占比均在70%以上,尤其是货币金融服务业和保险业占比在90%以上,需重点关注。

图 7-104　金融业法律涉诉风险事件数及占比
资料来源:Wind

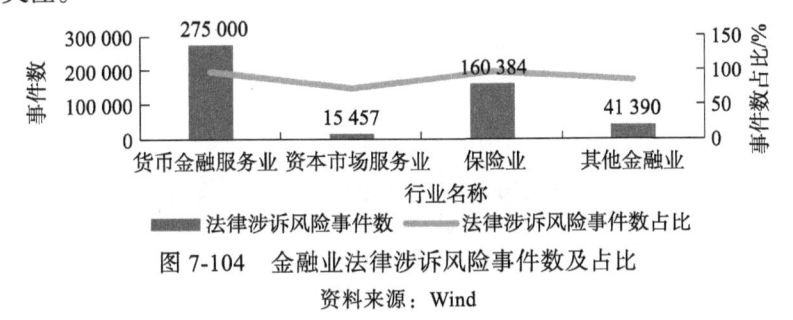

图7-105为行业地区风险事件分布情况。从图中来看,货币金融服务业的风险事件发生得最多。风险事件主要集中在广东、山东、浙江三个省份。

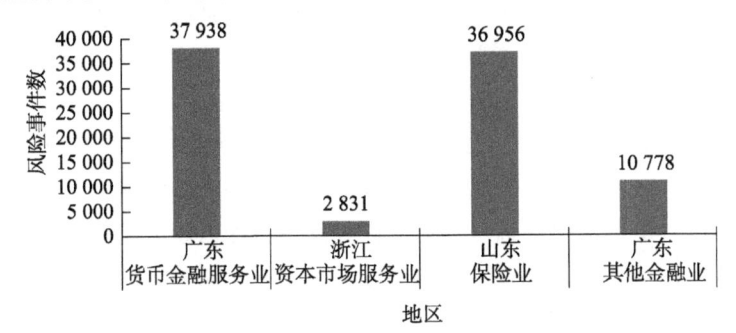

图 7-105　金融业地区风险事件数
资料来源:Wind

7.3.4 行业破产风险[①]

随着海内外疫情的冲击,全球经济下行风险加大,企业一旦资金链断裂,必然加大其破产风险。企业破产所导致的影响扩散至整个市场,震荡其产业链,会对国内乃至世界经济造成一定冲击。对不同行业的企业而言,面对的冲击程度不同,遭受的破产风险也不同。

从图 7-106 可以看出,2004~2020 年,批发业的破产企业数量最多,其次是商务服务业、货币金融服务业、房地产业、零售业、通用设备制造业、纺织业等。从中我们可以看出破产企业数量主要集中于批发零售业、服务业、房地产业、制造业等对外部冲击或是对外部现金流更敏感的行业(因为排版受限,我们只列出了破产企业数量较多的行业)。

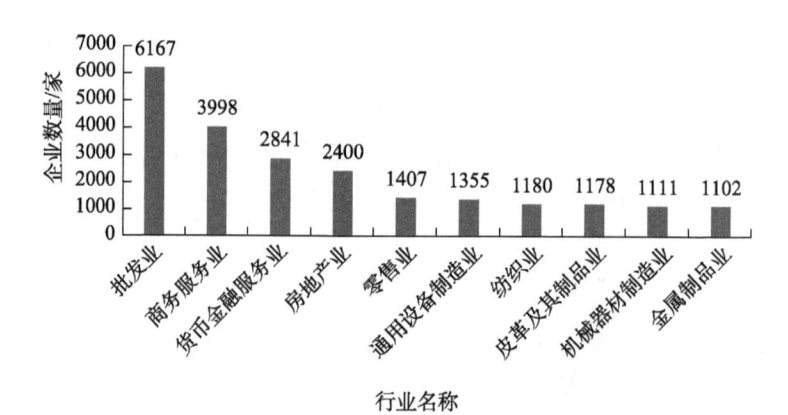

图 7-106　2004~2020 年分行业破产企业数量
资料来源:爬虫,手工整理
2020 年不包括 12 月数据

从图 7-107 可以看出,2004~2020 年,破产企业数量总体呈上升趋势。2017~2020 年可以说是破产企业的爆发潮。近几年企业融资渠道变得困难,融资成本不断上涨,再加上中美贸易战的影响、中国不断加强的监管力度、新冠疫情的冲击以及去杠杆、挤泡沫等举措,使得企业债务违约潮大规模出现,企业破产数量不断上涨。

从图 7-108 我们可以看出,2017~2020 年,破产企业主要集中在批发业、商务服务业、货币金融服务业、房地产业、零售业、通用设备制造业、纺织业等。从图中我们可以看出,货币金融服务业或许是受疫情冲击较大的行业,由于统计时间的限制,2020 年只包括 1~11 月的数据,但是对于货币金融服务业而言,它的破产数量总和已经超过了 2019 年。

[①] 本节写作完成于 2020 年 11 月。

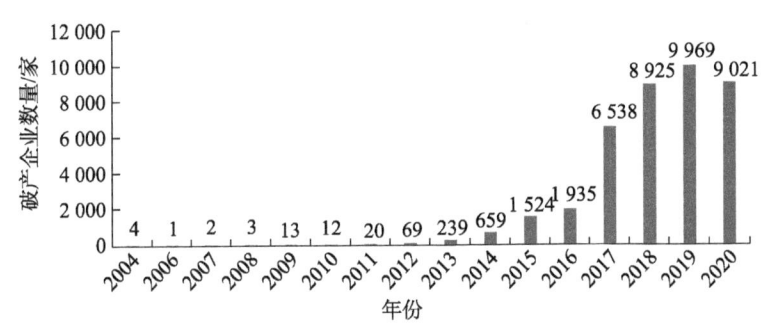

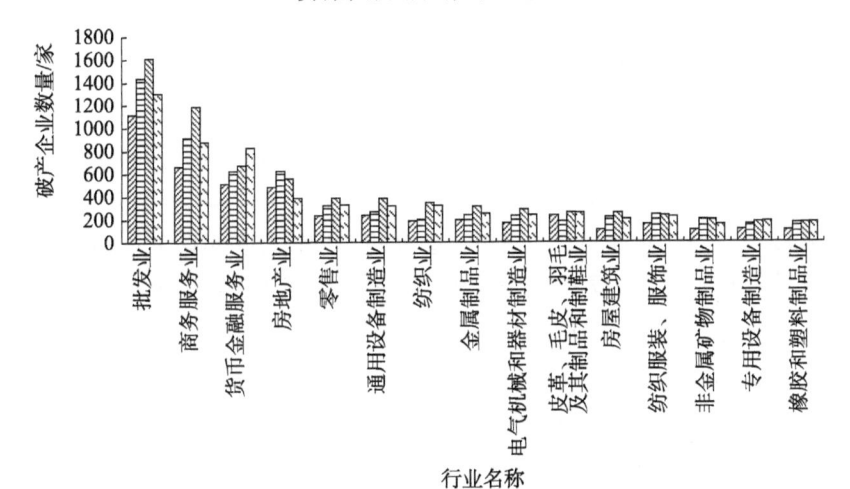

图 7-107　2004~2020 年分年份破产企业数量

资料来源：爬虫，手工整理

图 7-108　2017~2020 年分行业破产企业数量

资料来源：爬虫，手工整理

由于行业数量众多，只选取破产企业数量较多的行业

从图 7-109 中我们可以看出，从企业破产所处的月份来看，企业破产时间更多地集中在第三、第四季度，尤其是 12 月。

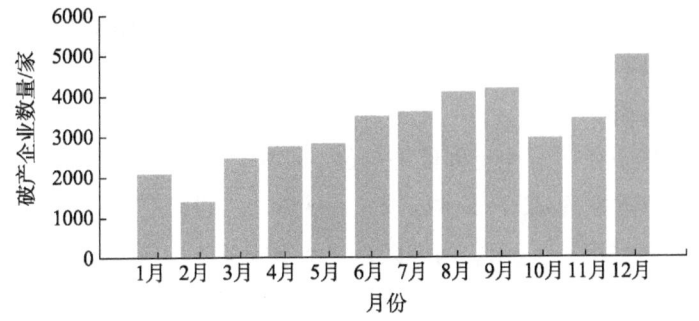

图 7-109　2006~2020 年分月份破产企业数量

资料来源：爬虫，手工整理

7.4 宏观经济风险监测预警报告

本节包括三个层面的报告：一是基于复杂网络的宏观经济风险监测预警报告，二是基于计量模型的宏观经济风险监测预警报告，三是基于机器学习的宏观经济风险监测预警报告。

7.4.1 基于复杂网络的宏观经济风险监测预警

1. 引言

在经济形势分析中，常常需要对主要经济指标进行预测，特别是对 GDP 或三大产业增加值的总量和增长速度进行预测。在以往的预测中，人们大多使用两种计量模型进行回归预测，一是利用固定资产投资、工业增加值、社会消费品零售额等主要经济指标建立多元线性回归模型；二是利用滞后期数据建立时间序列模型。有些计量模型的预测效果良好，误差可以控制在 5% 左右。我们认为宏观经济风险有其深刻的微观起源和产业背景。要实现对宏观经济风险的早期预警，需要找到微观数据与宏观经济风险之间的内在逻辑。由于某个区域的产业受多方面因素的影响且这些影响相互关联，计量经济学的方法已经不能描述产业网络体系的特征；而且直观的宏观经济数据忽略了中间投入产出结构，无法描述产业冲击的传染过程。因此，我们使用复杂网络方法构建产业空间关联网络来解构宏观经济指标的微观关联基础，并分析微观数据对宏观经济指标的影响。

2. 模型和数据

本节首先构建单期的复杂网络模型。模型结合产业经济学和空间经济学的思想，建立涉及 m 个空间经济单位（区域）的 n 个产业的区域间投入产出表。

用 W^I 表示产业之间基于中间品价值投入的产业关联矩阵（基本流量表的中间品投入产出部分），其矩阵元素 $\omega_{ij}^I = p_i x_{ij}$，表示产业 i 的产出中作为中间品而投入产业 j 的价值。由 W^I 得到的产业关联网络用 Ω^I 表示。该网络是一个有权有向的复杂网络；其节点表示产业，节点权重为产业总产值；有向边表示两个产业的中间品价值投入关系。

假设经济体中存在 m 个空间经济单位（区域），用 W^S 表示区域之间的空间关联矩阵，其矩阵元素为 ω_{st}^S，表示区域 s 和区域 t 之间的空间联系强度。由 W^S 得到的空间关联网络用 Ω^S 表示。两个区域之间空间关联强度 ω_{st}^S 的刻画来源于空间经济中的引力模型。在引力模型中，区域之间的空间关联关系会随着区域间的空间距离而衰减。但由于地理空间的非均质性，这里的距离并不是一个简单的地理距离，还必须考虑各类特定的政治、经济、社会和文化因素。其基本形式为

$$\omega_{st}^{\mathrm{S}} = \frac{\theta_{st}}{d_{st}^{\gamma_{st}}} \qquad (7\text{-}1)$$

其中，d_{st} 为两个区域之间的地理空间距离；γ_{st} 为待估的参数，是两个区域之间的距离摩擦系数，衡量了地理距离对联系强度的影响程度；θ_{st} 是调整系数，用于对结果进行标准化处理，需要根据数据情况来分别处理。该模型表明，两个区域之间的与两地之间的考虑摩擦系数之后的空间距离成反比。

产业空间关联网络是通过将产业关联网络和空间关联网络相互融合而形成的。假设经济体中存在 m 个空间经济单位（区域）和 n 个产业，用 W^{IS} 表示产业之间的跨区域经济关联矩阵，其矩阵元素为 $\omega_{is,jt}^{\mathrm{IS}}$，表示区域 s 的产业 i 和区域 t 的产业 j 之间的经济关系强度。由 W^{IS} 得到的产业空间关联网络用 $\varOmega^{\mathrm{IS}}$ 表示。该网络是一个有权有向的复杂网络。

在单期产业空间网络的基础上，引入每期各个行业和各个地区的冲击因子，冲击因子在网络体系中进行一轮乃至多轮冲击后趋于稳定，使网络演进到下一期。总产出是行业层面生产力冲击的线性组合，其系数为行业的多马权重，而后者又依赖于经济的产业关联网络，决定了微观冲击的宏观效应。

在构建单期中国产业空间网络时，本书利用投入产出表数据、地理信息数据、各产业各地区的产值数据等构建了基于 45 个标准行业之间的产业关联网络，以及中国 31 个省市之间的空间关联网络，将两个网络融合为一个统一的基于 1395 个节点的中国产业空间网络，以反映不同地区、不同行业之间的经济联系。由于投入产出表每五年更新一次，我们构建了 2012 年和 2017 年产业空间网络。

在构建多期中国产业空间网络时，本书利用前面分析的工业行业健康度数据和产业增长率数据，将以上两部分数据分别作为行业风险冲击和季节风险冲击来构建微观冲击。行业健康度数据从财务、盈利、运营三个维度对工业各个行业（整理后得到 28 个工业行业）的风险进行了判断，根据其对风险指标的计算结果，本书使用财务、盈利、运营的风险变化值作为行业风险冲击初始冲击，但是仅以风险变化值作为初始冲击无法很好地反映经济指标的季节性波动，为了提高不同季节数据之间的可比性，模型引入上年同期该工业行业同比增长率作为趋势成分，对模型进行季节成分的补充。

在 2012 年和 2017 年产业空间网络的基础上，使用 2013~2021 年的财务、盈利、运营风险季度变化值数据和 2012~2020 年的工业各个行业的各个季度同比增长率数据，可以得到 2013~2014 年各个季度的产业空间网络，下一期的产业空间网络 $\varOmega_{t+1}^{\mathrm{IS}}$ 可以表示为

$$\varOmega_{t+1}^{\mathrm{IS}} = p\big(1-\mathrm{indRisk}_t\big)L\big(\varOmega_t^{\mathrm{IS}}\big) \times q\big(1+\mathrm{indgrow}_{t-4}\big) \times \varOmega_t^{\mathrm{IS}} \qquad (7\text{-}2)$$

其中，

$$L\left(\Omega_t^{\mathrm{IS}}\right)=\left(I-M\left(\Omega_t^{\mathrm{IS}}\right)\right)^{-1} \qquad (7-3)$$

式（7-2）中，Ω_t^{IS} 为 t 期的产业空间网络；$\mathrm{indRisk}_t$ 为 t 期季度风险变化值（将财务、盈利、运营风险平均化处理），季度风险值是中性的，是由对行业正面信号和负面信号冲击形成的指标；$L\left(\Omega_t^{\mathrm{IS}}\right)$ 为 t 期的产业空间网络的里昂惕夫逆矩阵，由式（7-3）构成，表示产业空间网络的各个节点受到的所有直接和间接影响；$M\left(\Omega_t^{\mathrm{IS}}\right)$ 为产业空间网络的概率转移矩阵，衡量了网络中的生产要素进入以中间产品进行下一次生产循环的比例；$(1-\mathrm{indRisk}_t)L\left(\Omega_t^{\mathrm{IS}}\right)$ 为产业空间网络受到行业风险冲击的影响因子；$\mathrm{indgrow}_{t-4}$ 为去年同期工业行业的增长率；$(1+\mathrm{indgrow}_{t-4})$ 为产业空间网络受到季节风险冲击的影响因子；p 和 q 为待调节参数，表示产业空间网络受到行业风险冲击和季节风险冲击的比例。

在 2013~2021 年各个季度的共 36 期产业空间网络后，我们计算了 2016~2021 年各个季度共 32 期的工业增长率数据 indgrow_pre。由于工业行业健康度数据仅包含 28 个工业数据，所以预测工业增长率可以得到相对准确的结果，为了得到 p 和 q 值以及更好的工业生产率的预测效果，模型将预测的工业同比增长率与国家统计局发布的真实数据进行一元线性回归：

$$\mathrm{indgrow\_pre}_t = a \times \mathrm{indgrow}_t + \alpha \qquad (7-4)$$

模型以回归面板中的可决系数作为预测效果评估方式。通过设置不同的 p、q 参数值求得不同情景下的可决系数，我们选择可决系数最大时的 p、q 参数为最优参数（$p=2.9$, $q=0.35$）得到多期产业空间网络并预测工业增长率，此时模型预测效果是最佳的。

3. 应用

根据上述方法，我们可以得到 2013~2021 年各个季度（共 36 期）的产业空间网络，通过空间聚集和相关产业聚集的方法，求得 32 期的工业同比增长率。在最优参数下计算出 2014~2021 年各个季度的工业同比增长率，如图 7-110 所示。

由于 2020 年受到新冠疫情冲击，2020 年的工业增长率与其他时期相比变化较大，我们以两幅图展示。图 7-110（a）是 2014~2019 年的工业增长率的真实值和预测值，整体来看，预测效果较好，预测值能反映工业增长变化的整体趋势和关键拐点，预测最大误差不超过 1.2%，预测最小误差小于 0.2%。但预测值的波动幅度小于真实值，其主要原因是模型只考虑了工业行业的不稳定性，而没有考虑其他相关行业的波动，因此可能会造成对风险的系统性低估。图 7-110（b）的时间区间为 2020~2021 年，由于 2020 年受到新冠疫情冲击，模型因为没有考虑重大

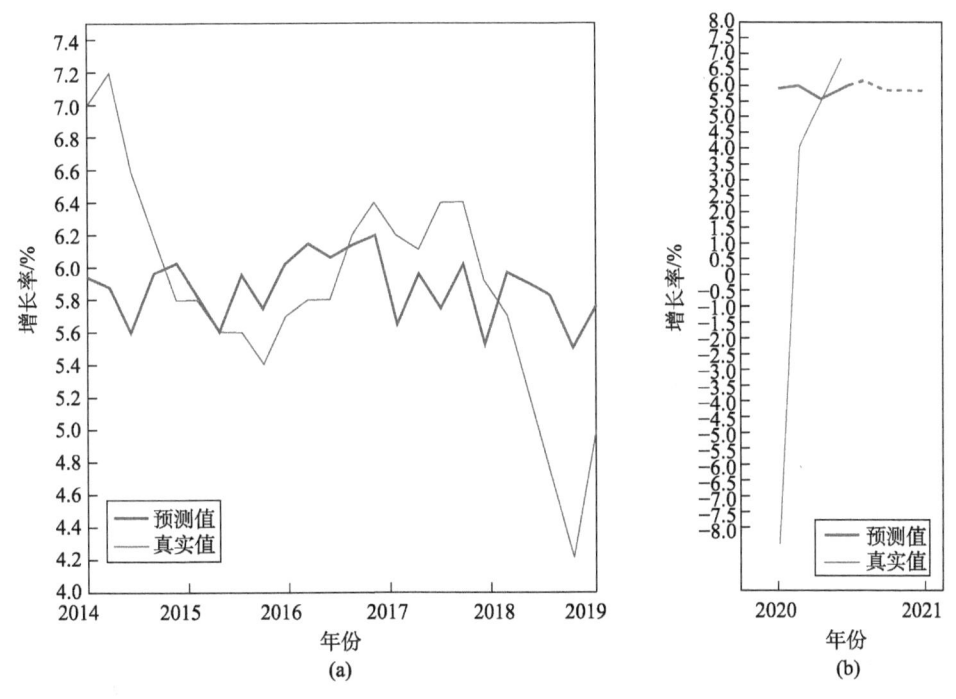

图 7-110 基于产业空间网络的工业增加值预测

卫生事件冲击的变故，所以 2020 年第一、第二季度预测值与真实值差距较大，虚线部分为 2021 年后三个季度的预测值，可见工业经济趋于平稳，增长率恢复到 2020 年之前的水平，2021 年四个季度工业增长率预测值见表 7-14（因为 2020 年的基准值大幅下降，所以 2021 年的预测值也会受较大影响，表中对 2021 年的预测值应体现为 2020 年与 2021 年的平均值）。

表 7-14 2021 年各个季度工业增长率预测值

时间	第一季度	第二季度	第三季度	第四季度
工业增长率/%	6.1588	5.8604	5.8575	5.8607

用产业空间网络模型进行预测不仅能反映工业增加值的变化，而且可以观测到经济结构在每个时期的变化情况和风险在经济体系中进行初次冲击与多轮冲击的强度，更重要的是模型还可以计算并预测不同地区或者不同产业在每一期的增长率。总之，用产业空间网络模型进行预测能够反映更多的经济信息，这些结果都是传统的计量模型预测宏观经济变量无法实现的。但是产业空间网络模型预测方法对数据的要求较高，需要收集大量历史数据而且建立好至少一期的产业空间网络，因此难度较大。

为了体现基于产业空间网络进行预测的优越性，本节分析了对微观工业产业的风险冲击的宏观影响,从对经济总体造成的宏观影响的视角来分析微观产业在系统中的重要程度。基于多期产业空间网络数据,模型假定某行业发生与风险变化值相等的风险冲击,该行业的风险冲击会沿上下游产业链传递,经过多轮风险传染,风险蔓延到整个经济系统。本节以 GDP 增长率衡量该行业受到此次风险冲击的影响,若影响越大,则该行业发生风险对经济产生的作用越大,需要引起监管部门的注意。

本节计算了 2013 年第一季度到 2021 年第一季度的行业冲击影响,这一影响以 GDP 增长率衡量,如表 7-15 和表 7-16 所示,两表分别表示正向影响和负向影响。在表 7-15 中,对于 2013~2020 年使用第四季度数据,列出了对经济总体冲击较大的排名前 10 的行业。对于 2021 年,表中列出了第一季度的相关数据。从行业来看,电子通信、电气机械、交通运输、专用机械设备、普通机械设备等行业在历年都相对重要,这些行业主要集中于重工业,发生风险时对整体经济的影响较大,这与之前我们给定各个产业固定风险冲击值情景下评估行业重要性的排序结果大体一致。2019 年第四季度的结果与其他时间有很大不同,部分轻工业(如烟草制品、纺织业、纺织服装服饰、皮革制品)的重要性相对较高。从时间来看,2019 年之前各个行业对经济总体影响相对较小,最大不超过 6%。但是 2020 年第四季度和 2021 年第一季度各行业对经济总体产生较大的影响,最大的接近 25%,这反映了 2021 年左右中国经济经过新冠疫情冲击后出现反弹,市场相对回暖,经济发出了迅速复苏的信号。在表 7-16 中,对经济产生负向影响的行业主要是煤炭开采和洗选产品、黑色金属矿采选产品、有色金属矿采选产品,主要为采矿行业,但这些行业若发生风险对 GDP 造成的影响都相对较小,最大影响不超过 1%。

表 7-15　2013~2021 年基于行业健康度的行业风险冲击对 GDP 的正向影响(前十名)

2013 年第四季度		2014 年第四季度		2015 年第四季度	
行业	GDP 增长率/%	行业	GDP 增长率/%	行业	GDP 增长率/%
电子通信	1.633	电子通信	0.397	电子通信	0.963
电气机械	1.613	电气机械	0.372	电气机械	0.956
交通运输	1.544	交通运输	0.350	橡胶塑料	0.928
专用机械设备	1.524	专用机械设备	0.336	交通运输	0.905
普通机械设备	1.494	普通机械设备	0.327	专用机械设备	0.877
金属制品	1.430	金属制品	0.323	普通机械设备	0.846
黑色金属	1.427	有色金属	0.309	化学纤维制品	0.836
有色金属	1.407	黑色金属	0.248	医药制品	0.814
非金属矿物	1.257	非金属矿物	0.123	金属制品	0.803
橡胶塑料	1.029	橡胶塑料	0.017	黑色金属	0.782

续表

2016 年第四季度		2017 年第四季度		2018 年第四季度	
行业	GDP 增长率/%	行业	GDP 增长率/%	行业	GDP 增长率/%
电子通信	5.243	交通运输	4.309	电子通信	3.277
电气机械	5.221	专用机械设备	4.307	电气机械	3.267
交通运输	5.115	有色金属	4.307	金属制品	3.247
专用机械设备	5.092	普通机械设备	4.305	交通运输	3.236
普通机械设备	5.022	金属制品	4.305	有色金属	3.235
金属制品	4.931	电气机械	4.294	普通机械设备	3.230
黑色金属	4.919	电子通信	4.293	专用机械设备	3.230
有色金属	4.894	黑色金属	3.432	黑色金属	3.151
橡胶塑料	3.879	非金属矿物	2.667	非金属矿物	1.503
化学纤维制品	3.708	化学纤维制品	1.264	橡胶塑料	0.737

2019 年第四季度		2020 年第四季度		2021 年第一季度	
行业	GDP 增长率/%	行业	GDP 增长率/%	行业	GDP 增长率/%
烟草制品	0.456	电子通信	24.974	电子通信	14.253
纺织业	0.449	电气机械	24.339	电气机械	14.220
纺织服装服饰	0.437	交通运输	24.306	交通运输	14.192
皮革制品	0.422	专用机械设备	24.297	专用机械设备	14.183
木材加工	0.411	普通机械设备	24.100	普通机械设备	14.165
造纸和纸制品	0.400	金属制品	23.012	金属制品	14.117
家具	0.394	有色金属	22.820	有色金属	14.110
石油炼焦	0.362	黑色金属	22.529	黑色金属	13.874
化学制品	0.349	非金属矿物	18.877	非金属矿物	13.353
医药制品	0.335	医药制品	15.623	橡胶塑料	1.858

表 7-16 2013~2021 年基于行业健康度的行业风险冲击对 GDP 的负向影响（前三名）

2013 年		2014 年		2015 年	
行业	GDP 增长率/%	行业	GDP 增长率/%	行业	GDP 增长率/%
		非金属矿采选产品	−0.1578	黑色金属矿采选产品	0.0831
		有色金属矿采选产品	−0.3209	煤炭开采和洗选产品	−0.2355
		黑色金属矿采选产品	−0.3297		

2016 年		2017 年		2018 年	
行业	GDP 增长率/%	行业	GDP 增长率/%	行业	GDP 增长率/%
		煤炭开采和洗选产品	−0.1057		
		黑色金属矿采选产品	−0.3221		
		有色金属矿采选产品	−0.3564		

2019 年		2020 年		2021 年	
行业	GDP 增长率/%	行业	GDP 增长率/%	行业	GDP 增长率/%
有色金属	−0.4137				
金属制品	−0.4226				
黑色金属	−0.6931				

注：表中没有数据的地方是因为该年并没有对经济产业负向影响的行业

7.4.2 基于计量模型的宏观经济风险监测预警[①]

2019年，为应对国内外经济下行压力，中央政府加强和改善宏观调控，出台减税降费、改善营商环境、支持实体经济发展等一系列政策措施，国民经济呈现总体平稳、稳中有进的态势。全年GDP实际增长6.1%，增速比上年下降0.6个百分点。

然而，2020年第一季度突如其来的新冠疫情直接从供需两端拉低了中国经济增速。为应对疫情冲击，第二季度中央政府有针对性地及时出台了一系列对冲政策，在最大限度地支持疫情防控的同时，有效推动了复工复产。但是，一方面，国内继续执行严格的防疫措施，仍在较大程度上抑制了消费需求特别是旅游、航空、住宿等需求的增长，同时，各地企业复工复产进度以及产能恢复的程度不一，损害了供应链，降低了生产效率，也使产能难以充分释放；另一方面，疫情在海外的暴发，冲击了中国的出口市场需求，工业企业因外需订单部分或全部被取消进一步减缓了生产进度，大幅拉低了中国的进出口增长。2020年上半年经初步核算，GDP实际累计增速同比下降1.6%。其中，第一季度增速同比大幅下降6.8%，第二季度增速转正，同比上升3.2%。总的来看，2020年上半年，疫情冲击对非国有企业投资增速的影响大于国有企业及国有控股企业，对农村居民实际收入的影响大于对城市居民实际收入的影响。

2020年是我国"十三五"规划收官之年，是"三大攻坚战"的最后攻关之年，是全面建成小康社会的"决胜之年"。短期来看，2020年初的新冠疫情冲击虽不会逆转我国经济稳中向好、长期向好的趋势，但也导致目前我国经济增长面临着较大的下行压力，需要政策配合以快速恢复经济繁荣并保持经济平稳健康的发展态势。

1. BVAR 的预测分析

1）数据处理

本书选取最能反映宏观经济运行状况的三项指标——GDP、通货膨胀率和利率作为预测分析的对象，数据频率为季度，数据区间为2000年第一季度至2020年第三季度。其中，GDP使用的数据为人均实际GDP环比增长率，通货膨胀率用GDP平减指数环比增长率来衡量，利率数据为七天的Shibor（Shanghai interbank offered rate，上海银行间同业拆放利率），如图7-111所示。

从图7-111中可以看出，人均实际GDP环比增长率呈现很明显的季度特征（各个季度增长率较为平稳，但与前后季度的差别较大，在图中表现为年内图形相像但波动较为剧烈），BVAR模型无法识别这种季度特征，从而会显著影响模型预测的准确性。然而受限于BVAR模型需要滞后期的标准一致，无法使用同比增长率

[①] 本节写作完成时间为2020年11月。

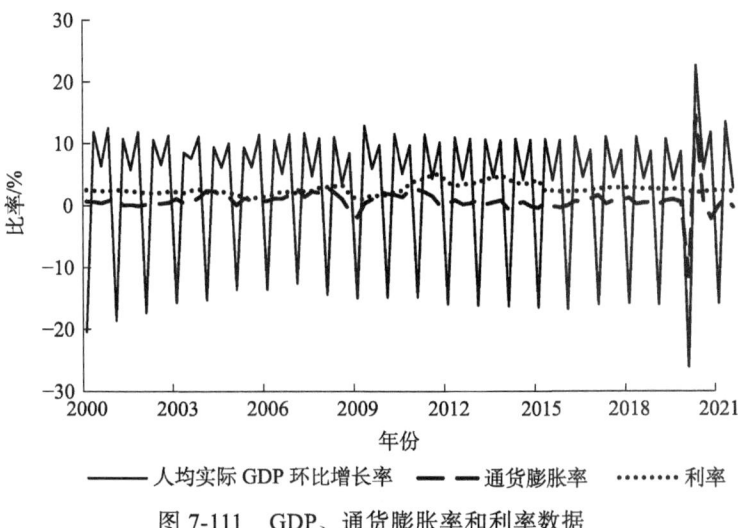

图 7-111　GDP、通货膨胀率和利率数据
资料来源：CEIC 数据库及作者计算

数据，同时需要使用季度数据以丰富观测集，提高预测精度，故在这里对人均实际 GDP 做了去季度化处理。具体操作步骤：计算各季度增长率的组内均值以及所有观测点的总样本均值，用观测数据减去该季度的平均增长率再加上总样本的平均增长率得到去季度化的增长率，这样去除了季度间的差异同时也保持了平均增长率，结果如图 7-112 所示。

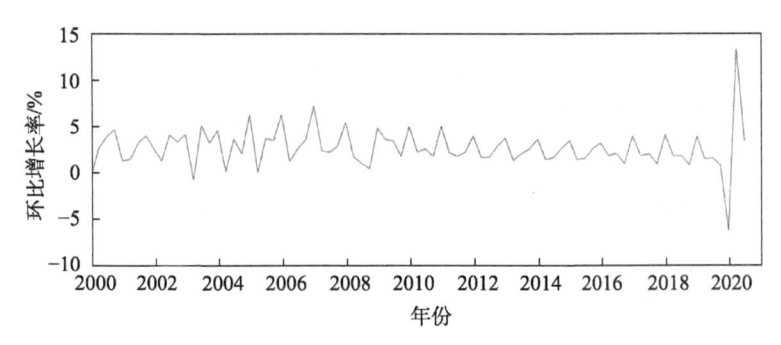

图 7-112　人均实际 GDP 环比增长率去季度化处理结果
资料来源：CEIC 数据库及作者计算

为了有足够的观察点来进行模型的预测和估计，同时样本外预测值不至于太少，本节选取 2000 年第一季度至 2007 年第四季度的 32 个观察点作为样本内数据，向前预测一期，即估计 2008 年第一季度的值，之后延长样本内数据区间至 2008 年第一季度，向前预测一期估计 2008 年第二季度的值，以此类推，不断延长样本内数据区间直至预测结果达到最后一期。模型共进行 51 次预测，得到 2008 年第一季度及以后每一期的三项指标的预测值。

2）最优滞后期选择

为确定 BVAR 模型的最优滞后阶数，本书分别设定滞后期数为 1 期、2 期和 4 期计算模型的预测结果，之后将预测结果与真实值比较计算其 MSE，同时也将基于随机游走（random walk）的预测值与真实值进行比较计算均方误差，二者相比得出 Theil 值（小于 1 说明预测模型的精度较高，越接近于 0 越好）以判断上述 BVAR 模型的预测精度，此外也比较各滞后阶数下的 MSE 值，取最小值得到最优滞后阶数，结果如表 7-17 所示。

表 7-17　不同滞后期数的预测结果 MSE 值与 Theil 值

指标	滞后期数	MSE 值 BVAR	MSE 值 随机游走	Theil 值
GDP	1 期	0.3793	3.2432	0.1170
GDP	2 期	0.7164	3.2432	0.2209
GDP	4 期	0.8652	3.2432	0.2668
通货膨胀率	1 期	0.0592	0.6295	0.0940
通货膨胀率	2 期	0.0857	0.6295	0.1361
通货膨胀率	4 期	0.0516	0.6295	0.0820
利率	1 期	0.0197	0.3004	0.0656
利率	2 期	0.0331	0.3004	0.1102
利率	4 期	0.0233	0.3004	0.0776

可以看出，各滞后期数预测结果的 Theil 值均明显小于 1 且接近于 0，说明上述建立的 BVAR 模型预测的精度较高。比较各滞后期数的 MSE 值，在 GDP 和利率方面，滞后 1 期的表现最好；而在通货膨胀率方面，滞后 4 期的效果最好。综合来看，滞后 1 期的结果对于 GDP 和利率预测的 MSE 值最小，而对于通货膨胀率的预测滞后 1 期与效果最好的滞后 4 期相差并不大，因此选择滞后 1 期作为模型的最优滞后期进行预测估计。

3）预测结果

模型对于各指标的预测结果如图 7-113~图 7-115 所示。

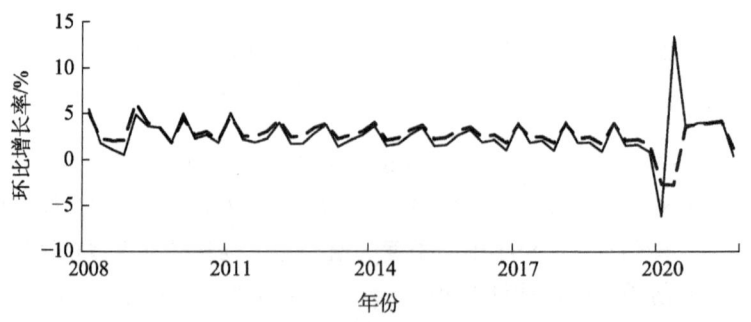

图 7-113　人均实际 GDP 环比增长率实际值与预测值

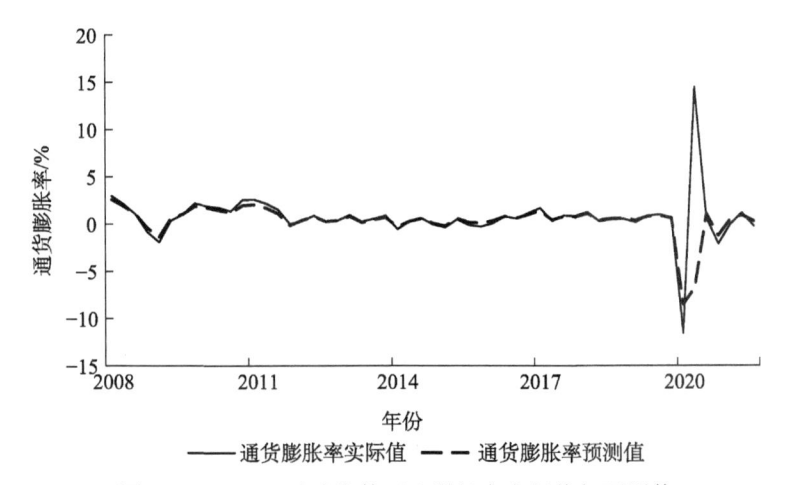

图 7-114 GDP 平减指数环比增长率实际值与预测值

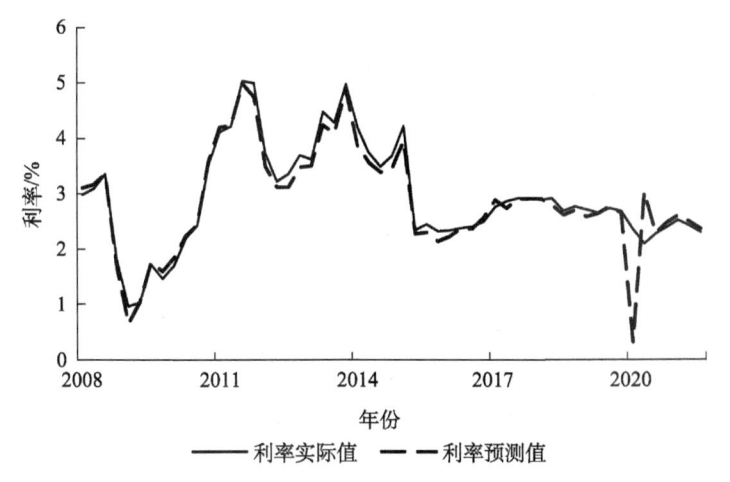

图 7-115 7 天 Shibor 利率实际值与预测值

图 7-113~图 7-115 中，实线是各数据指标的实际值，虚线是模型的预测值。可以看到，模型预测结果与实际值极为接近，预测精度较高，唯一的大幅偏离出现在新冠疫情发生后，即 2020 年第一季度开始。究其原因，在于模型无法预料到这种类似的"黑天鹅"性质的突发状况，导致 2020 年第一季度的预测值与实际值存在偏差。值得肯定的是，模型依旧预料到了 2020 年第一季度各指标的大幅下降，虽没有实际降幅那么大，但也呈现明显的跌落趋势。在疫情发生后，模型对于第二季度各指标数据的预测较为悲观，依旧为负的增长率，然而在全国人民的共同努力之下，我国 GDP 在 2020 年第二季度就实现了正增长，特别是环比增长率出现急剧上升的现象，大大超出了模型的预料，导致了明显的偏差。但这也体现了我国政府面对疫情迅速反应、积极应对、措施合理、效果明显的特征，在如此短的时间内就实现了经济的迅速恢复且保持良好健康的增长态势，是任何模型都没有预料到的。

4）风险度量

BVAR 模型的预测结果不仅给出了下一期人均实际 GDP 环比增长率的均值，同时也给出了对应的方差，假定预测值服从正态分布，均值和方差已知，由此可以确定其具体的分布。之后设定 GDP 增速的最小阈值，根据正态分布的概率密度函数特征可计算各期人均实际 GDP 环比增长率小于设定的 GDP 增速的最小阈值的概率，以此来度量 GDP 是否平稳增长的风险程度。具体实现步骤如下：①假定 GDP 增速的预测值服从正态分布，根据 $t+1$ 期预测结果 y_{t+1}^f 的均值和方差确定其具体分布，生成 1000 个服从该分布的数据；②设定 t 期 GDP 增速的最小阈值为 $\hat{y}_t = \min\{y_{t-7}, y_{t-6}, \cdots, y_t\}$，即人均实际 GDP 环比增长率真实值在过去两年中的最小值；③计算生成的 1000 个服从 y_{t+1}^f 分布的数据比 $\hat{y}_t$ 小的概率 p，即 GDP 增长率无法保持过去两年最低增长率的概率。

计算结果见表 7-18。

表 7-18　各时刻 p 值计算结果

t	p	t	p	t	p	t	p
2007.12	26.2%	2011.3	16.2%	2014.6	38.0%	2017.9	27.3%
2008.3	12.8%	2011.6	42.3%	2014.9	38.9%	2017.12	36.0%
2008.6	38.5%	2011.9	40.5%	2014.12	25.0%	2018.3	10.6%
2008.9	45.7%	2011.12	32.3%	2015.3	20.0%	2018.6	31.4%
2008.12	39.7%	2012.3	17.0%	2015.6	38.8%	2018.9	26.3%
2009.3	4.4%	2012.6	42.1%	2015.9	35.0%	2018.12	35.9%
2009.6	13.1%	2012.9	37.7%	2015.12	24.0%	2019.3	9.0%
2009.9	16.0%	2012.12	25.5%	2016.3	19.7%	2019.6	32.5%
2009.12	29.8%	2013.3	21.1%	2016.6	35.5%	2019.9	28.8%
2010.3	10.5%	2013.6	41.8%	2016.9	27.8%	2019.12	38.0%
2010.6	25.3%	2013.9	34.1%	2016.12	46.0%	2020.3	78.2%
2010.9	19.4%	2013.12	26.4%	2017.3	13.1%	2020.6	17.6%
2010.12	30.1%	2014.3	15.8%	2017.6	27.3%	2020.9	0

从表 7-18 中看出，除 2020 年第一季度以外，p 值均保持在 50%以下的水平，其中，p 值在 20%以下的季度均表现出明显的增长趋势，由此可划分三个风险区间方便政府部门查看 GDP 增长的风险情况（表 7-19）。

表 7-19　p 值与风险状态划分

项目	p 值区间		
	0~20%	20%~50%	50%~100%
风险状态	蓝色	绿色	红色
经济情况	经济高速增长	经济稳定增长	经济增长面临较大风险

2. LASSO 模型的预测分析

1）数据处理

本书选取最具有代表性的、能反映宏观经济运行状况的 21 项指标，即 GDP、居民消费、财政收入、财政支出、政府发债、人口数、就业率、实际工资、人均可支配收入、人均消费支出、消费品零售、CPI、贷款规模、存款规模、利率、汇率、固定资产投资、上证指数、深证指数、进口总额、出口总额；以及 9 个行业，即农林牧渔业，工业，建筑业，交通运输、仓储和邮政业，批发和零售业，住宿和餐饮业，金融业，房地产业，其他行业各自的产值。共有 30 项指标作为样本，分别对 GDP、CPI 以及利率进行 LASSO 回归。其中实际工资和 CPI 为指数形式，以 1978 年数据为基，利率选取 Shibor7 天利率。数据来源为 CEIC 宏观数据库，数据区间为 1997 年第一季度至 2020 年第三季度，共 95 个观察点，数据频率均采用月度平均或年度插值的方法统一为季度。具体变量介绍见表 7-20。

表 7-20 变量介绍

变量名	变量含义	变量名	变量含义
x_1	GDP	x_{16}	汇率（美元）
x_2	最终消费：居民消费	x_{17}	固定资产投资
x_3	财政收入	x_{18}	上证指数
x_4	财政支出	x_{19}	深证指数
x_5	财政收入：债务发行	x_{20}	进口总额
x_6	人口数	x_{21}	出口总额
x_7	就业率	x_{22}	农林牧渔业产值
x_8	实际工资指数（1978 年赋值为 100）	x_{23}	工业产值
x_9	人均可支配收入	x_{24}	建筑业产值
x_{10}	人均消费支出	x_{25}	交通运输、仓储和邮政业产值
x_{11}	消费品零售	x_{26}	批发和零售业产值
x_{12}	CPI（1978 年赋值为 100）	x_{27}	住宿和餐饮业产值
x_{13}	贷款总额	x_{28}	金融业产值
x_{14}	存款总额	x_{29}	房地产业产值
x_{15}	Shibor7 天利率	x_{30}	其他行业产值

由于 LASSO 回归要求自变量均服从均值为 0，标准差为 1 的分布，因此采用 z 均值的方法对所有变量数据进行标准化处理。

2）迭代方法选择

Stata16 提供了关于 λ 取值的两种不同的迭代方法，分别为不加设置的交叉验证（cross validation，CV）法以及根据输入变量特征的自适应选择（adaptive selection，简记为 AD）法。交叉验证法能根据变量之间的关系提取解释能力较好的变量，但缺点在于初始值的选取较为随机，容易导致估计偏差；自适应选择法则较为稳定，但同时其迭代次数一般较大、λ 值较小给提取变量带来了较多的不足。为比较两种方法在我们的数据中的表现，首先我们分别对 29 个宏观指标变量关于 GDP 环比增长率的回归做了基于交叉验证法和自适应选择法的 LASSO 回归，数据区间为 1998 年第一季度至 2020 年第三季度，共 91 个观察点，结果见表 7-21。

表 7-21　GDP 不同 λ 迭代方法 LASSO 回归结果

选择方法	模型提取的变量	λ	MSE	R^2
交叉验证法	$x_3, x_4, x_5, x_7, x_{15}, x_{16}, x_{18},$ $x_{19}, x_{22}, x_{24}, x_{25}, x_{27}, x_{30}$	0.001 426 1	0.016 778 9	0.732 8
自适应选择法	$x_3, x_5, x_{15}, x_{16}, x_{18}, x_{19},$ $x_{22}, x_{24}, x_{25}, x_{27}, x_{30}$	0.002 597 1	0.016 447 4	0.738 1

注：定义除因变量以外的 29 个变量分别为 x1~x9

从表 7-21 中我们可以看到两种方法的 LASSO 回归结果。其中，采用不加设置的交叉验证法最终的 λ 为 0.001 426 1，系数不为 0 的变量有 13 个，分别对应财政收入、财政支出、政府发债、就业率、利率、汇率、上证指数、深证指数、农林牧渔业产值、建筑业产值、批发和零售业产值、住宿和餐饮业产值、其他行业产值。而采用自适应选择方法最终的 λ 为 0.002 597 1，系数不为 0 的变量减少了两个，即去掉了财政支出和就业率两项指标。从结果对比上看，相对于交叉验证法，自适应选择方法的结果样本 R^2 更大，同时预测误差更小，是一种较好的迭代方法。因此我们在之后关于 GDP 的 LASSO 回归中都采用自适应选择法对 λ 进行迭代。

此外，对于 CPI 和利率，我们也基于两种不同的迭代方法做了 LASSO 回归，对比结果见表 7-22 和表 7-23。

表 7-22　CPI 不同 λ 迭代方法 LASSO 回归结果

选择方法	模型提取的变量	λ	MSE	R^2
交叉验证法	$x_7, x_{10}, x_{15}, x_{16}, x_{18}, x_{21}$	0.001 413 1	0.016 778 9	0.997 3
自适应选择法	x_{10}, x_{16}	0.028 846 1	0.016 447 4	0.996 5

表 7-23　利率不同 λ 迭代方法 LASSO 回归结果

选择方法	模型提取的变量	λ	MSE	R^2
交叉验证法	$x_1, x_2, x_3, x_4, x_5, x_6, x_7, x_{11},$ $x_{12}, x_{13}, x_{16}, x_{18}, x_{19}, x_{20},$ $x_{21}, x_{22}, x_{24}, x_{27}, x_{30}$	0.000 109 5	0.003 373 1	0.771 4
自适应选择法	$x_1, x_3, x_6, x_{11}, x_{12}, x_{13}, x_{20}$	0.001 0530	0.004 092 5	0.722 7

我们发现，在利率的 LASSO 回归中，基于交叉验证法的回归结果 MSE 更小而 R^2 更大，是较优的方法；在 CPI 的 LASSO 回归中，虽然基于交叉验证法的回归结果 MSE 更大，但 R^2 也更大，相比而言，交叉验证法仍是较优的方法。

3）最优滞后期选择

在主流的宏观经济模型回归分析中我们发现，由于大部分宏观经济变量都具有滞后效应，即上一期的消费和投资仍有可能影响这一期的 GDP，因此自变量的滞后项通常也被当作一个新的变量被引入回归方程，如

$$y_t = c_t + I_t + G_t + c_{t-1} + I_{t-1} + G_{t-1}$$

为丰富变量集，扩大数据的覆盖范围，同时结合主流的研究方法，我们引入 29 项指标各自的滞后项作为新的变量，对模型进行改进以提高预测的准确性。

定义基本数据集中除因变量以外的 29 个变量分别为 $x_1 \sim x_{29}$，其滞后 1 期的变量为 $x_{30} \sim x_{58}$，滞后 2 期的为 $x_{59} \sim x_{87}$，滞后 3 期的为 $x_{88} \sim x_{116}$，滞后 4 期的为 $x_{117} \sim x_{145}$。滞后期变量与基本指标排列顺序完全相同，只是数据开始和结束的时间分别往前进了 1 个、2 个、3 个、4 个季度。为比较不同滞后期回归结果的优劣，我们分别对 $x_1 \sim x_{29}$、$x_1 \sim x_{58}$、$x_1 \sim x_{87}$、$x_1 \sim x_{116}$、$x_1 \sim x_{145}$ 进行 LASSO 回归，对应没有滞后项、添加 1 阶滞后项、2 阶滞后项、3 阶滞后项以及 4 阶滞后项的模型，各模型的回归结果和 MSE、R^2 对比如表 7-24~表 7-26 所示。

表 7-24　GDP 不同滞后期模型 LASSO 回归结果对比

模型	MSE	R^2
原始模型（AD）	0.016 447 4	0.738 1
滞后一期（AD1）	0.018 369 0	0.707 5
滞后两期（AD2）	0.017 235 7	0.725 5
滞后三期（AD3）	0.017 209 5	0.726 0
滞后四期（AD4）	0.017 227 6	0.725 7

表 7-25　CPI 不同滞后期模型 LASSO 回归结果对比

模型	MSE	R^2
原始模型（CV）	0.000 273 4	0.997 2
滞后一期（CV1）	0.000 227 0	0.997 7
滞后两期（CV2）	0.000 206 1	0.997 9
滞后三期（CV3）	0.000 191 0	0.998 1
滞后四期（CV4）	0.000 185 2	0.998 1

表 7-26　利率不同滞后期模型 LASSO 回归结果对比

模型	MSE	R^2
原始模型（CV）	0.003 373 1	0.771 4
滞后一期（CV1）	0.003 117 0	0.788 8
滞后两期（CV2）	0.003 116 3	0.788 8
滞后三期（CV3）	0.003 107 1	0.789 4
滞后四期（CV4）	0.002 533 7	0.828 3

从表 7-24~表 7-26 中各模型 MSE 和 R^2 的对比中可以看出，对 GDP 而言，不添加滞后项的回归结果反而更好，而对 CPI 和利率而言，添加所有四期滞后项的回归结果更好。

综上所述，我们在对 GDP 的回归模型中不添加滞后项，而在对 CPI 和利率的回归模型中加入 29 项指标分别滞后 1 期、2 期、3 期和 4 期的所有滞后项作为新的变量，将解释变量扩充至 145 个以丰富数据集，提高预测精度。

4）预测结果

采用如上匹配的模型以及 λ 迭代的方法，利用选取的 30 项指标分别对我国 GDP、CPI 以及利率进行基于 LASSO 回归的预测分析。

为了有足够的观察点来进行模型的预测和估计，同时需要预留起始点位置以便引入滞后项，本书选取 1998 年第一季度至 2007 年第四季度的 40 个观察点作为样本内数据，向前预测一期，即估计 2008 年第一季度的值，之后延长样本内数据区间至 2008 年第一季度，向前预测一期估计 2008 年第二季度的值，以此类推，不断延长样本内数据区间直至预测结果达到最后一期。模型共进行 51 次预测，得到 2008 年第一季度及之后每一期的目标指标经标准化处理后的预测值，将预测值与实际值进行对比，结果见图 7-116~图 7-118。

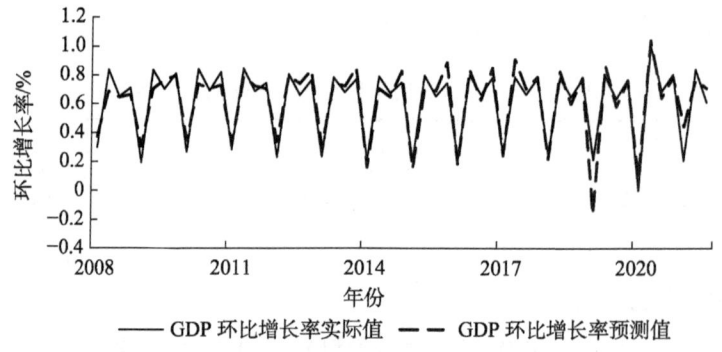

图 7-116　GDP 环比增长率预测值与实际值对比

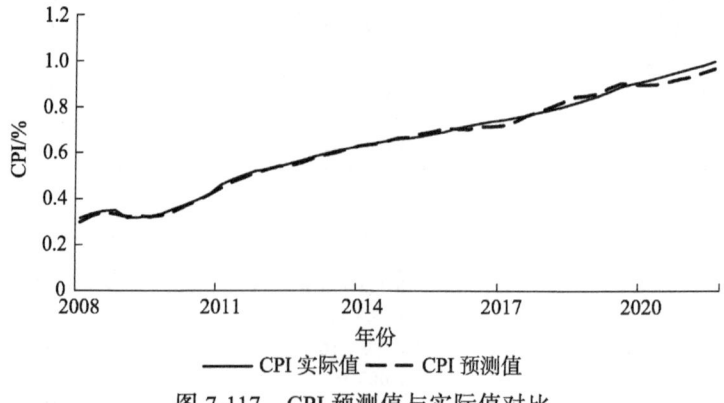

图 7-117　CPI 预测值与实际值对比

图 7-118　利率预测值与实际值对比

图 7-116~图 7-118 中实线代表目标指标的实际值，而虚线代表 LASSO 回归分析的预测值。从图中可见，三项目标指标（GDP 环比增长率、CPI、利率）的预测值与实际值的拟合程度较好，预测精度较高。同时，由于模型中引入了基本指标的滞后项，预测结果有较为明显的先验优势，这在模型很好地预测了 2020 年第一季度 GDP 增长率大幅下降中体现得尤为明显。此外，前文对 CPI 进行 LASSO 回归时发现 30 项基本指标对 CPI 的解释程度高达 99.81%，而在预测模型中 CPI 的表现也是最好的，其预测值与真实值的拟合程度极高。

3. 政策建议

2020 年，尽管中美第一阶段经贸协议的顺利签署为双方缓和并最终消除贸易摩擦奠定了良好的基础，但第一季度新冠疫情的暴发已不可避免地对 2020 年中国及世界经济的增长形成负面冲击，并加大了 2020 年中国 GDP 实现翻番目标的难度。在此背景下，基于上述预测及分析结果，本书建议如下。

第一，货币政策方面，应加快落实推进贷款基础利率（lending prime rate, LPR）改革及运用，以此提高市场利率向贷款利率的传导效率，激励对利率变化更为敏感的民间投资的增长，进而改善市场配置信贷资源的效率，推动投资结构调整，提升投资效率。进一步发挥信贷政策的结构引导作用，确保资金投向具有乘数效应的先进制造、民生建设、基础设施短板等领域，促进产业和消费双升级。积极做好金融支持实体经济、支持就业创业工作，继续加强产业转型升级的金融支持等。

第二，财政政策方面，要加快财政支出的增速，重点从需求端刺激经济增长，缓解经济下行压力。应充分灵活利用政府债券和各类支出工具，发行特别国债和地方专项债券，提高公共财政支出的增速，适度扩大赤字尤其是中央财政赤字，并通过盘活财政存量资金，提高财政资金的使用效率。财政支出的扩大还应强化民生导向，从需求端通过减税、加大转移支付、保就业等措施稳定居民实际收入，推动消费稳定增长。同时，进一步优化减税降费方式，从当前主要针对增值税的减税格局转为降低社保费率和企业所得税税率，继续推进财政"补短板"投资，特别是加强新型基础设施建设等领域的投资。

第三，在促进企业投资方面，应着眼于实现长期提升企业竞争力的目标，继续深化国企改革，落实竞争中性和所有制中性的政策，消除所有制歧视，加快构建公平竞争的营商环境，完善产权保护制度，拓展民营经济的发展空间，提振企业信心，稳定制造业民间投资的增长。继续加大针对创新企业和高新技术企业的减税力度，加大研发费用加计扣除力度，激励企业增加研发投入，增强企业的创新能力，提高高新技术制造业的比重，加快促进制造业的产业转型和产品升级，以实现劳动生产率的持续快速增长。

第四，在提高居民收入方面，应充分重视疫情冲击和食品类 CPI 高企对居民，尤其是低收入群体和农村居民实际收入的影响。尽管当前经济不具备严重通货膨胀的基础，但 2020 年上半年疫情的冲击和猪肉价格的坚挺将使 CPI 继续处于高位水平。因此，稳物价仍是当务之急，应在抑制肉类价格过快上涨的基础上稳定 CPI 的涨幅。同时，应继续实施减税降费政策，加大对城乡低收入家庭的转移支付，加快划转部分国有资本以充实社保基金，确保社保费率稳步降低，并确保居民特别是低收入群体和农村居民实际收入的稳步增长。

第五，在稳定就业增长方面，应引导产业转型与就业提升协同发展，以实现就业，特别是高收入岗位就业的稳定增长。近年来，随着中国工资水平的不断提高，劳动密集型制造业占比快速下降，加剧了产业结构转型与就业提升之间的矛盾。与此同时，第三产业中传统服务业比重较高，尽管有助于促进就业，但大多是低收入岗位的就业增长。为此，在稳定就业总量的同时，应改善就业结构，提升就业质量，确保高收入岗位就业的稳定增长；在推动扶持中小企业发展的同时，应更大力度扶持创业创新活动，进一步强化职业技能培训，并精准施策做好重点群体就业工作等。

7.4.3 基于机器学习和 Shapley 回归的 GDP 预测研究

1. 引言

经济预测是政府和企业制定和执行经济决策、编制计划和经济管理的重要依据。国家通过经济预测，掌握经济发展趋势，有利于加强对宏观经济的计划调控和经济干预。经济发展具有必然性和偶然性，必然性让经济预测成为可能，偶然性则导致经济预测可能存在预测误差。

机器学习模型在预测方面往往具有更好的性能，即预测误差更小，甚至有时能够完全拟合数据生成过程。所以本书采用了机器学习模型来预测中国经济，并与线性模型的性能进行对比。虽然机器学习模型预测性能的确较好，但由于模型结构复杂且不透明所以只能得到预测的优劣，不能得出影响因素对被解释变量的影响程度和显著性。也就是说，机器学习模型在可解释性和准确性之间做出权衡。准确性提供了模型预测接近实际结果的保证，而可解释性促进了对模型的理解和交流。在技术层面上，这通常归结为统计推断分析，如对模型中与变量相关系数的估计及其显著性的推断。这种方法主要局限于线性参数模型或广义线性模型。另外，机器学习模型大多是建立在产生准确预测的基础上的非参数模型。例如，人工神经网络以深度学习的形式推动了人工智能领域的当前进展，人们早已知道它具有普遍的近似器特性。只要有足够的训练数据，它几乎可以近似任何未知的函数。但是，这直接导致了对机器学习模型的黑箱批判，因为模型并没有直接可理解的输入–输出关系或者统计推断分析。这不仅给机器学习模型的应用带来了实际障碍，而且不透明的机器学习模型的应用可能会导致道德、安全、隐私和越来越多的法律问题交织在一起。所以为了解决这一问题，本书使用 Shapley 回归框架将计量经济学和机器学习模型联系起来，使机器学习模型能够像线性回归模型一样有简单易懂的输入–输出关系，以便在提高预测准确性的同时，观察预测因子对 GDP 的影响和预测能力，为经济预测做出贡献。

本节将机器学习和 Shapley 回归引入 GDP 预测之中，其贡献在于：第一，将混频数据引入被解释变量中，提高了数据的信息含量与频度，前人的研究中预测因子的频率都是月度、季度和年度，本书除了有月度和年度预测因子，还引入了日度变量，将预测因子的频率提高至日度，提高了线性模型拟合度。第二，本书将经典的机器学习模型引入到 GDP 预测中，使用线性回归模型为基准模型，对比了弹性网、神经网络、SVM、随机森林、极端决策树和 XGBoost 六种模型的预测准确性，提高了 GDP 预测的精度。第三，将 Shapley 回归引入 GDP 预测中，提升了模型的可解释性。前人的研究中使用机器学习模型时只能给出整个模型对经济预测的准确性，而没有分析影响因素对经济增长的影响程度和显著性。这样使得机器学习模型在可解释性和准确性之间进行权衡，预测准确性提高就意味着模型越复杂，可解释性就越低。本书使用 Shapley 回归解决了机器学习模型不可解释性的问题，在提高预测准确性的同时分析预测因子在预测中的作用，该框架提供了单个模型预测的可解释性，也为机器学习的不可解释性问题打开了参数统计的大门，为后续将更多的计量经济学技术运用到机器学习模型中提供了一个模板。

2. 文献综述

1）GDP 预测方法文献综述

对中国经济的预测方法主要有三类。第一类是用传统的计量经济学模型进行预测，第二类是使用混频数据抽样模型对混频数据进行预测，第三类是使用机器学习方法进行预测。

使用传统的计量经济学模型预测中国经济的研究角度主要分为三种。第一种是从生产函数角度预测经济增长。比如，张延群和娄峰（2009）利用柯布-道格拉斯生产函数和 Solow（索洛）经济增长模型研究全要素劳动生产率、资本和劳动力对中国经济增长的贡献，在对影响经济增长各个因素进行分析的基础上，对中国未来的经济做出长期预测。他们进行了分段预测和情景分析预测，将预测时间分为 2008~2010 年、2011~2015 年、2016~2020 年三段，然后根据全要素劳动生产率增长和投资假设的不同数值分为三种情形，预测结果表明中国经济保持快速增长主要取决于全要素劳动生产率对经济的贡献投资率，但是投资和资本存量的增长都会下降，所以中国经济不可能再达到年均 9.6% 的增长速度。翁媛媛和高汝熹（2011）从生产函数角度用新古典增长模型、有效劳动力模型和人力资本模型研究经济增长的动力和分情景预测经济增长。他们认为中国经济未来的增长空间在经济结构调整、人力资本、科技资本和城市化发展四个方面，预测中国经济在未来十年的增长速度在 6%~7%。Chow 和 Li（2002）利用柯布-道格拉斯生产函数预测中国的经济增长。他们利用中国官方数据估算柯布-道格拉斯生产函数，从劳动力、资本和全要素生产率三个方面来解释中国的经济增长。他们主要研究生产函数的参数是否发生了变化和利用生产函数预测 2010 年之前的 GDP 增长。胡文国和吴栋（2004）首先从理论上分析影响经济增长的直接因素和间接因素，其次在柯布-道格拉斯生产函数的基础上加入生产函数中没有的人力资本、知识资本和制度三个变量，然后进行回归分析，最后从回归分析中得到有关经济增长的结论和提出建议。这种从生产函数出发预测中国经济增长的研究中，研究者主要关注的是影响经济增长的因素，为经济发展提出政策建议。这类预测的缺点是研究者只使用传统的线性回归模型，对模型的预测性能并不太关心。但是，如果模型的准确性较低，那么这个模型在实际中也不具备应用的基础。这类预测的优点是可以直观地观察影响经济增长的因素，分析这些因素对经济增长的影响程度和显著性。

第二种是利用时间序列的自相关性来预测经济增长。比如，高铁梅等（2003）用 ARIMA 模型（autoregressive integrated moving average model，自回归整合移动平均模型）、增长曲线模型等中短期模型预测了 2003 年后三个季度和全年的主要宏观经济指标，包括 GDP 累计增长率（可比价格）、第二产业累计增长率（可比价格）、固定资产投资增长率（现价）、社会消费品零售额增长率（现价）、出口总额增长率、进口总额增长率、国家财政收入增长率、国家财政支出增长率、狭义货币供应量增长率、金融机构存款总额增长率、金融机构贷款总额增长率、居民储蓄存款增长率、金融机构企业存款增长率、全国商品零售价格指数、全国居民消费价格指数。他们结合多个宏观经济变量预测的结果评估了中国宏观经济的现状及趋势，并在此基础上提出了相应的建议。石柱鲜等（2005）利用 ARMA 模型（autoregressive moving average model，自回归移动平均模型）对我国 2005~2006 年经济增长率进行了预测与分析，发现在控制了趋势及季节虚拟变量后，周期成分利用 AR（autoregressive，自回归）模型能够很好地拟合我国实际 GDP 的序列值。这一类预测的优点主要是直接使用 GDP 数据进行自身数据的拟合，在操作上更加简单。拟合良好的 AR 模型、ARIMA 模型等在预测准确性上可能超过线性回归模型。缺点是由于这类预测并不需要使用经济增长的影响因素进行预测，它只是对数据的拟合，所以如果使用 AR 模型、ARIMA 模型单独预测 GDP 时，是没有办法去分析经济增长的影响因素的。

第三种是从其他角度研究经济增长。比如，肖志超和胡国强（2018）研究会计信息预测经济增长的实现路径。他们认为有两条路径，一条路径是盈余传导，指的是会计盈余一方面是 GDP 的组成部分，另一方面也提供了未来期间企业投资回报的信息。另一条路径是风险感知，指的是资产减值项目反映了未来企业可能要承受的损失和风险，从而影响经济增长。刘金全和郑挺国（2008）利用自激励门限自回归模型研究我国经济周期的特征和预测经济增长。Holz（2008）利用两种方法预测经济增长，一种是将过去的增长率外推预测，另一种是将 GDP 的增长分解为多个因素，用向量误差修正模型预测未来经济增长。这一类预测方法主要是研究除生产函数等传统影响因素外其他经济增长的影响因素，主要侧重于研究影响因素对 GDP 增长的影响机制。这类预测的优点和缺点与从生产函数角度预测中国经济增长的方法是一样的。

传统的计量经济学模型使用的都是同一频率的数据，但是由于统计的滞后性和统计频率的不同，研究者开始利用不同频率的数据预测 GDP。Michael 和 Beatriz（2009）发现使用当前季度的月度数据可以显著改善对当前和下一季度产出增长的预测，与其他方法相比，MIDAS（混合数据抽样，mixed data sampling）模型是利用混频数据的有效方法。他们使用 MIDAS 回归方法评估了领先指标在一年内对产出增长的预测能力，发现使用领先指标可以进一步增强预测能力。刘汉和刘金全（2011）利用 MIDAS 模型来预测 GDP，并对比了 MIDAS 模型和 OLS 模型、多项式分布滞后回归模型（polynomial distributed lag model）、自回归（autoregressive）模型、自回归分布滞后模型（autoregressive distributed lag model）四种模型的预测准确性，发现 MIDAS 模型在短期预测方面具有更好的性能，在实时预报时更具有可行性和及时性。郑挺国和尚玉皇（2013）从金融指标的角度利用 MIDAS 模型来预测 GDP。他们改进了 MIDAS 模型，发现自回归项的 MIDAS 模型具有更好的预测性能，投资和出口依旧是经济增长的主要影响因素。王维国和于扬（2016）构建了五种不同权重函数的混频数据回归预测模型和非限制混频数据回归预测模型对中国季度 GDP 进行短期预报，分析了高频解释变量滞后阶数变化效应及其对低频变量 GDP 的影响效应。混频数据抽样模型在短期预测时在预测性能上优于传统的计量经济学模型，并且在预测的及时性方面也有了很大的进步，它不再局限于数据必须是系统频率的，这样就可以在保证预测准确性的同时使用更多更及时的变量数据来进行经济预测。这类预测方法的主要优点在于因为数据信息的完整保存和充分利用，所以其预测准确性比使用传统的计量经济学模型更好，并且与线性回归模型相似，可以分析出影响因素对经济增长的影响程度以及影响是否显著。

传统的计量经济学模型和混频数据抽样模型的相同点在于，这两种模型都能够从预测结果中直接分析解释变量对被解释变量的影响。不同点在于，混频数据抽样模型允许使用不同频率的数据，而传统的计量经济学模型必须使用同频率的数据。所以混频数据抽样模型可以使用更多的数据，且数据信息能够完善保存和充分利用，所以混频数据抽样模型的预测性能往往比传统的计量经济学的预测性能更好。

2) GDP 机器学习模型

A. 机器学习模型

随着机器学习模型的兴起，研究者发现机器学习在预测方面更具有准确性，于是开始有学者将机器学习引入经济增长预测中。姜彬和杨柱元（2009）利用小波神经网络来预测云南的经济增长，他们发现小波神经网络在预测中的确具有良好的准确性。姜闪闪和夏旻（2015）自创了自适应极限学习机模型来预测经济增长。他们首先利用线性回归挑选出对经济增长影响较大的指标，然后对比自适应极限学习机模型与 AR 模型、BP（back propagation，反向传播）神经网络模型、自组织模型和单一的极限学习机模型的预测效果，发现自适应极限学习机模型的预测精确度最高。刘超等（2018）用遗传算法优化的神经网络模型模拟货币政策调控效果并预测经济增长率和三产贡献率，发现改进的神经网络模型具有更好的预测性能。优化的神经网络模型利用遗传算法弥补了神经网络模型在连接权值和阈值选择上的随机性缺陷，同时发挥神经网络较强的预测能力，使优化的神经网络模型进一步提高了预测准确性。机器学习方法大部分关注于模型的改进以便有更好的预测性能，但是很少关注机器学习模型与其他预测方法的性能比较。而且前人的研究也只能说明机器学习模型在预测方面的确具有优势，但是因为机器学习模型的结构往往十分复杂且不透明而无法解释预测因子的预测能力。

B. 机器学习模型的可解释性

尽管模型具有很好的预测性能，但是如果模型不具有可解释性，也会阻碍模型的运用。因为在告知决策的背景下，这些问题交织在一起，涉及伦理、安全、隐私以及越来越多的有关应用不透明模型的法律担忧。此外，人们更喜欢用简单的解释，尽管这些解释可能是有偏的。

从前人的研究来看，解决机器学习模型不可解释性的方法主要分为三个方向。第一个方向是模型训练后输出的结果，比如分类时输出的 ROC、AUC 等。第二个方向是在机器学习模型中加入一些技术方法，即利用变量归因技术进行模型分解。第三个方向是计量经济学或统计学方法，这个方向具体有三种做法。第一种是建立计量经济学和机器学习模型的联系。第二种是双重或无偏的机器学习。第三种是使用具有明确定义的统计性质的先验修正模型。在这些方法中，建立计量经济学和机器学习模型的联系后输出的结果是最简单易懂的，而且这个结果也可以看出解释变量对被解释变量的影响程度与显著性水平。

计算机科学的研究方法主要集中在通过变量归因技术进行模型分解。也就是说，对单个观察变量或整个模型的每个输入变量给予重要的打分。树模型的基尼信息增益就是一个模型得分的例子。它是衡量一个变量对目标函数优化的贡献（Kazemitabar et al.，2017；Hastie et al.，2009）。局部归因分解单个预测，并为每个输入变量打分。局部归因的一种方法是构造允许模型分解的近似代理模型，如 LIME（local interpretable model-agnostic explanations，局部模型无关可解释方法）（Ribeiro et al.，2016）、DeepLIFT（Shrikumar et al.，2017）和 Shapley 值（Strumbelj and Kononenko，2010）。Lundberg 和 Lee（2017）经过研究，认为 Shapley 值为以前的归因方法提供了具有良好性质的统一框架。

从计量经济学的观点来看，使用机器学习模型进行推理的研究才刚开始，这也是本书使用的方法。从计量经济学角度区分了三种方法。第一种方法是构建计量经济学模型和机器学习模型之间的对应关系。Mullainathan 和 Spiess（2017）提出了一个简单但有趣的想法，将一个不太深的树模型视为一个包含多个交互项的回归模型，每个叶节点是一个回归模型。与树模型类似，过拟合也是一个问题。这可以通过正则化来解决，并在将系数缩减为零时，对与修剪树对应的正则化模型的无偏系数进行估计。

第二种方法是无偏的机器学习（Chernozhukov et al.，2018）。它使用机器学习来处理参数正则化偏差的问题，如在估计存在高维干扰参数的部分线性模型时，通过构造正交得分函数来估计低维目标参数，避免了这种偏差。这个过程是独立于模型的，并且允许对因果参数进行定义良好的推理。

第三种方法是使用具有明确统计特性的先验修正模型。Wager 和 Athey（2018）介绍了一种用于评估异质处理效果的随机森林。这个想法是基于这样一种理念：足够小的叶节点可以提供不相关的子样本，就像它们来自随机实验一样。从直观上看，森林中的树作为一种匹配算法，由于树模型的自适应特性，比传统的匹配算法更加灵活。为了构建这些因果森林，他们引入了诚实树的概念作为对原始算法的修改。利用机器学习模型的特定特征来改进现有技术的想法再次引起了人们的兴趣。改进的随机森林仍然存在机器学习模型的黑箱问题，Joseph（2019）提出的 Shapley 回归框架可以对这种方法进行补充，通过 Shapley 回归框架为机器学习模型打开计量经济学的大门，以此来解决机器学习模型的黑箱问题。

3）文献述评

中国经济的预测方法主要有传统计量经济学方法、混频数据抽样模型和机器学习模型三类。传统计量经济学方法主要关注经济增长的影响因素，对模型的预测能力很少提及。混频数据抽样模型可以使用不同频率的数据，这有助于数据信息完整保存及充分利用，因此混频数据抽样模型的预测准确性往往比计量经济学模型更好。机器学习模型在预测领域往往有更出色的表现，但是由于其没有直接的输入–输出关系而只能评价模型的预测效果，无法分析影响因素对经济增长的作用。此外，在现有的研究中，机器学习模型侧重于模型的改进，也就是改进模型的预测性能。这些研究中并没有对比机器学习模型与计量经济学模型预测准确性，也没有对比不同机器学习模型的性能。

机器学习模型实现可解释性的方法有三个。第一个是模型训练后输出的结果，这个通常是指模型的预测效果，并不能具体分析每个影响因素对被解释变量的影响。第二个是利用变量归因技术进行模型分解，如 Shapley 值。这种方法虽然可以计算出影响因素在预测中的作用，但是并不能分析出影响的显著性。第三个是使用计量经济学或统计学方法，包括建立计量经济学模型和机器学习模型的联系、无偏的机器学习和使用具有明确统计特性的先验修正模型三种方法。这种方法的研究虽然刚刚开始，但其发展潜力巨大。

本书在前人的研究上增加了三点。第一点是使用日度、月度和年度的混频数据训练计量经济学模型和机器学习模型，而以前的研究中都使用同频的数据。第二点是本书对比了线性回归模型与神经网络、SVM、随机森林、极端决策树和 XGBoost 五种机器学习模型的预测性能，发现机器学习模型在预测方面的性能的确有所优化。第三点是预测的结果分析与前人的研究不同。以前的研究都只能看到整个模型的预测准确性，而不能分析用于预测经济增长的预测因子对经济增长的影响程度及显著性。本书除了使用 RMSE 来评估模型准确性以外，还使用 Shapley 回归框架将计量经济学模型和机器学习模型联系起来，以此来观察预测因子对经济增长预测的影响。

3. 因素与变量选择

影响经济的因素有许多，最早开始研究经济增长影响因素的是古典经济学家，在后续的研究中又形成了几个经典的经济增长理论。一直到现在，关于经济增长的影响因素的研究一直在进行，本书首先从经典的经济增长理论中发现经济增长的影响因素，再从最新的研究成果中寻找相应答案。

1）影响因素

除经济增长理论之外，还有其他学者对经济增长的影响因素进行了研究。胡文国等（2004）将影响经济增长的因素分为直接因素和间接因素。

直接因素指的是生产过程中直接涉及的资源投入数量和资源使用效率。资源也就是生产要素，与经典的生产函数一样通常包括资本、自然资源和劳动力。劳动力是指从事经济活动的人，他们在经济生活中进行消费、投资等经济活动，对经济增长具有直接的拉动作用。劳动力增长率的提高一方面意味着生产要素中劳动力的增加，另一方面又意味着经济活动中有更多的消费和投资，对经济增长具有促进的作用。劳动生产率的提高意味着生产效率的提高，也就意味着在投入相同数量的生产要素时，劳动生产率高时有更大的产出，也就有更快的经济增长。

资本是另一个重要的生产要素，指的是在生产过程中投入的物资和货币，分为物质资本、人力资本和知识资本三类。生产过程中的实物投入是物质资本，有固定资本、流动资本和存货三种。人力资本是指劳动者为了提高其自身的劳动生产率而进行的投资，这些投资能够让劳动者运用科学知识、科学技术进行生产，从而提高他们的劳动生产率。在实际生活中，劳动者往往是通过教育来掌握科学知识及科学技术的，所以人们在教育上的投资通常就可以代表人力资本。知识资本是指在新知识形成过程中需要的投资，这种投资会增加社会知识总量，让劳动者能够运用更多的社会知识进行社会生产，从而提高劳动生产率，将知识通过劳动者的运用转化为更高的经济产出。在现实中，新知识的产生需要经过长时间的科学研究，所以在科学研究过程中投入的资金往往可以用来表示知识资本。

自然资源是指国家或地区本身所在地的资源，如土地资源。一国或者地区的自然资源是有限的，也就意味着在生产中投入的自然资源是有限的，并不能像资本或者劳动一样会增长，所以在生产效率十分低下时，自然资源对经济增长有很强的限制作用，但经过人们对生产技术不断的改进和生产知识的不断积累，自然资源限制经济增长的作用越来越小。

资源的使用效率是影响经济增长的一个重要的直接因素，它往往受到技术进步的影响。资源使用效率的提高意味着相同的资源投入往往有更大的经济产出，因为在生产过程中资源如劳动力和资本可以被更加充分地使用，资源的浪费减少，转化为更多的经济产出。

间接因素指的是影响资源的投入数量和资源使用效率的各种因素，它一般通过影响中介因素来间接影响经济产出。间接因素中技术和制度是最重要的两类因素。技术与资源使用效率有直接的关系，技术进步表示新知识的增加，社会总知识量的增加让劳动者有更多更好的科学知识运用到实际生产中，从而劳动生产效率提高。

制度变迁也会间接影响经济增长，因为制度的改革可以改变资源的分配方向和分配效率。在实际中，制度改革通常会使资源从生产效率低的部门向生产效率高的部门转移，这样生产效率高的部门一方面获得了更多的生产投入资源，另一方面生产效率更高意味着这些相同数量的生产投入可以比生产效率低的部门有更多的经济产出。制度因素主要分为产权制度、产业结构、对外开放程度和市场化四类。产权制度明晰了我国企业资产的产权归属问题，改革产权制度对我国企业的资产归属问题有很好的保护作用，而由于企业资产能够在法律上得到保护，企业也会为了自身利益最大化而提高企业生产的积极性和运用资本的效率。产业结构反映我国经济的产业布局情况，通常指第一产业、第二产业和第三产业在经济中的占比情况。产业结构布局与我国经济的协调发展，以及资源在第一、第二、第三产业的合理分配直接相关，产业结构的合理调整可以改变资源的分配方式和改善资源的利用效率。对外开放程度是指我国经济与国外经济相关的紧密程度，在现在开放的世界经济体系中，一个国家的经济不仅与自身的发展有关，还与世界经济的发展相联系，而且这种联系越来越紧密。此外，经济开放程度的提高也可以引进国外的先进技术和管理经验，这样会使我国的生产技术有所提高，从而使资源利用效率提高。市场化制度是指使用市场经济方式对资源进行配置，衡量了我国的市场化程度。最后得到影响经济增长因素的结构框架图，如图7-119所示。

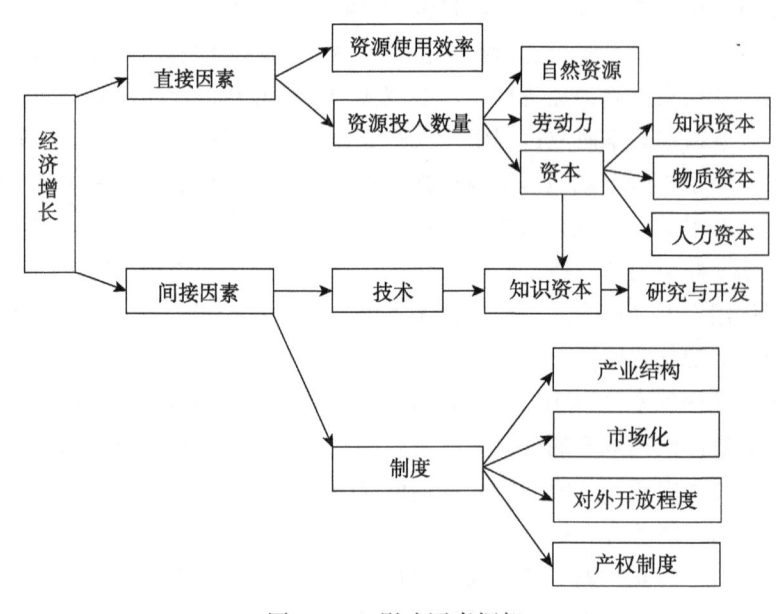

图 7-119 影响因素框架

国债收益率利差对经济增长的预测有一定作用（彭业硕，2021），其作用机制分别从预期理论和市场分割理论来阐述。首先，预期理论认为长期国债收益率是预期短期国债收益率的平均值。如果投资者预期未来经济不景气，一方面代表着投资机会更少，投资者所需资金也更少，资金的供需均衡决定了利率的下降；另一方面，为了应对经济不景气的情况，银行也会执行扩张性的货币政策，也就意味着未来利率会下降，收益率曲线向下倾斜。反之，如果市场参与者预期未来经济向好，投资者需要更多的资金，导致利率上升，收益率曲线就会向上倾斜。

其次，根据市场分割理论，期限不同的债券市场之间是相互独立的。如果投资者预期未来经济下滑，那么权益类等其他资产的预期回报率就会下降，投资者就会更偏向于购买更多的长期债券等固定收益类资产，从而导致长期债券需求增加，价格上升，利率下降，长短期利差收窄。反之，当经济向好时，投资者偏向于权益类投资，长期债券需求减少，价格下降，利率上升，长短期利差扩张。其理论如图 7-120 所示。

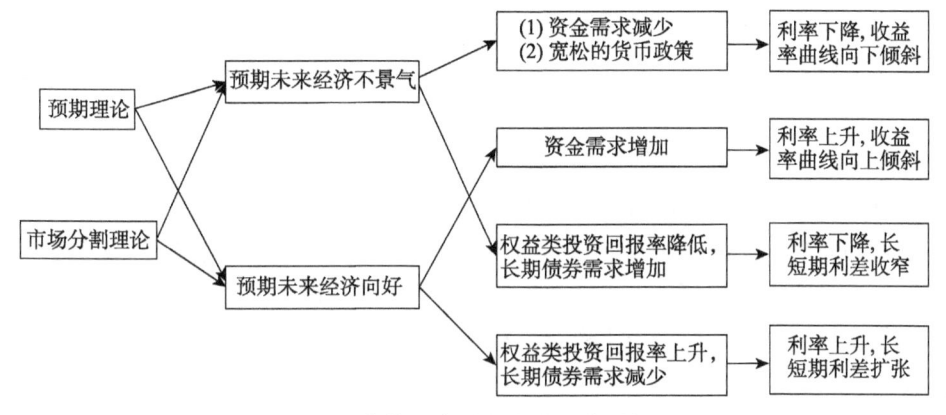

图 7-120　国债收益率利差影响经济增长的理论

股票市场主要是从股票市场的规模、流动性和融资率三个方面作用于资本因素来影响经济增长的（王定祥和许瑞恒，2019）。股票市场是企业直接融资的主要渠道，其规模越大，企业在股票市场上能够获得的资金就越多，企业就有越多的资金投入生产，从而拉动经济，这就是股票市场的规模效应。除此之外，股票市场还存在杠杆效应。企业通过股票市场融资，一方面改善了企业的财务状况，另一方面由于信息的披露减少了融资双方信息不对称的问题，所以企业可以从除股票市场外更多的渠道获得资金，如银行在向企业贷款时，上市企业由于信息的透明和财务状况更良好而更容易获得贷款。但是，如果股票市场的规模不足以使企业融到足够的资金，那么企业也会因为资金不足导致生产要素短缺，进而产出不足，影响经济；或者股票市场规模过大导致企业融资过度，企业将过多的资金继续投入金融市场，而没有投入实体经济生产，导致资本脱实向虚，从而抑制了经济增长。所以股票市场的规模需要在一定程度内才能对经济有增长作用，规模过小，融资不足，企业生产动力不足，经济增长乏力；规模过大，企业融资过度，导致资金在市场上空转，也不会对经济起促进作用，反而会抑制实体经济的增长。

对于投资者而言，由于股票具有流动性，可以随时买卖股票，降低了投资者长期投资的风险。投资者也会积极搜集股票市场的各种信息，以决定对股票的买卖决策，从而获得收益。当投资者通过分析信息获得收益后，又会进一步激励投资者收集信息进行股票买卖，从而让优质的企业获得资金，改善资金的配置，增加经济产出。此外，股票价格的上涨增加了投资者的财富，财富的增加刺激了投资者的消费与投资，从而从需求侧拉动经济增长。对企业而言，股票市场的流动性可以为企业带来长期使用的资金，而且这些资金不需要偿还，所以企业就会有资金投入长期的、更具盈利性的项目，而这些项目通常都是高科技项目，企业资金的投入有助于新技术的开发和进步，从而促进了经济增长。所以，股票市场的流动性可以提高资本的配置效率，但当股票市场的流动性过小时，资本配置效率过低，流动性过高时，投资者投机行为过剩，易导致经济波动。所以，股票市场的流动性过大或者过小对经济的影响都不好，只有在合理的区间内才能促进经济的增长。

股票市场的融资率是指单位融资额对 GDP 的贡献，用股票融资总额与 GDP 的比值表示。高的融资率可以为企业提供更多的长期资金，为企业的技术创新提供发展基础。此外，高的融资率可以借助股票市场风险投资机制促进中小型高科技企业的发展，改善投资结构，带动产业升级。与股票市场的流动性和规模一样，融资率也是在合理的范围内才能促进经济增长，过低的融资率表明资本配置的有效作用还没有发挥，缺乏溢出效应，对经济的增长作用有限；过高的融资率会导致企业的无序扩张，甚至导致企业将资金投入利润更高的金融业或房地产行业，导致实体经济缺乏资金，经济受到抑制。股票市场对经济增长的影响如图 7-121 所示。

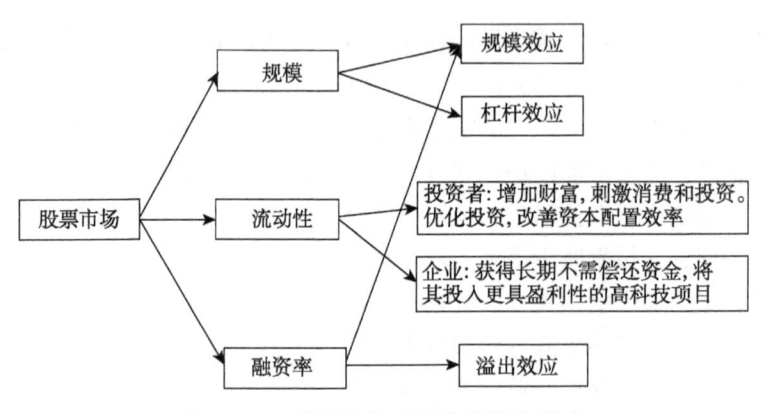

图 7-121　股票市场对经济增长的影响

2）最终选取因素

从以上的分析中，胡文国和吴栋（2004）将影响经济增长的因素分为直接因素和间接因素，直接因素包括资本、自然资源和劳动力，间接因素包括技术和制度。在随后的研究中，研究者发现国债收益率利差和股票市场对经济增长也有影响。综合来说，对经济增长的影响因素既有劳动力、资本、技术等，又有制度、国债收益率利差，以及股票市场的规模、流动性和融资率。基于数据的可得性，本书选取如表 7-27 所示的影响因素，其中国债收益率利差使用彭业硕（2021）的方法，用国债 10 年收益率与 3 个月收益率的差值表示。物质资本用固定资产投资表示。对外开放程度方面，由于国家早期公布数据的单位是美元，为了得到尽可能多的数据，用进出口增长率表示。知识资本和技术进步用 R&D 经费支出表示。人力资本用教育经费表示。股票市场规模、流动性和融资率采用王定祥等（2019）的方法，用股票总市值与 GDP 的比值表示股票市场规模，用股票市场成交金额和股票市场总市值的比值表示股票市场的流动性，用股票市场融资额与 GDP 的比值表示股票市场融资率。

表 7-27 影响因素含义与计算

指标名称	指标代码	指标频率	指标计算
国债收益率利差	yielddiff	日度	国债 10 年收益率−3 个月收益率
物质资本	invest	月度	固定资产投资
对外开放程度	IEG	月度	进出口总额（美元）_当期同比增速
知识资本（技术进步）	RD	年度	R&D 经费支出
人力资本	EM	年度	教育经费
股票市场规模	capital	日度	股票总市值/GDP
股票市场流动性	turn	日度	股票市场成交金额/股票市场总市值
股票市场融资率	finance	月度	股票市场融资额/GDP

4. GDP 预测的 Shapley 回归分析方法

与线性回归不同，非线性机器学习模型（如神经网络和随机森林）足够灵活，可以对其训练的数据获得完美的样本内精度。这并不意味着它们成功地学习了数据生成过程，而是完美地适应了不可预测的噪声。

为了有意义地评估预测模型的性能，需要在样本外进行测试以检验模型性能。一些机器学习方法需要学习超参数以使模型的性能更好，所以本书的实验中使用了嵌套的交叉验证。在训练好模型之后，由于机器学习模型不能像线性模型一样有直观易懂的输入–输出关系，所以本书采用了 Joseph（2019）提出的 Shapley 回归框架。

1）机器学习模型

本书选取线性回归的普通最小二乘模型作为对比的基准模型，对比模型有线性回归中的弹性网、神经网络、随机森林、SVM、极端决策树和 XGBoost。其中，机器学习模型设置为

$$\hat{y} = f(X) \tag{7-5}$$

其中，$\hat{y}$ 表示预测的一年后的季度 GDP；$X_{m\times n}$ 表示特征矩阵；m 表示有特征数，本书 m 为 8；n 表示数据量，一共 3371 条数据；f 表示预测模型，本书的机器学习模型包括神经网络、随机森林、SVM、极端决策树和 XGBoost。

弹性网是一种使用 L1、L2 范数作为先验正则项训练的线性回归模型，弹性网通常在多个特征相互关联时很有用。它是线性回归模型的一种。

神经网络由输入层、至少一个隐藏层和输出层组成。数据从输入层传入，激活神经网络，将数据从输入层传递至隐藏层，最后传递至输出层输出预测值。隐藏层中的节点通过权值连接到前一层和后一层。神经网络由超参数来控制模型的结构，如隐藏层和节点的数量，或者在节点的激活传递到下一层之前转换激活的激活函数。激活函数最常用的是 sigmoid 和 tanh 两种函数。设 z 表示模型输入值，sigmoid 函数的具体形式：

$$\mathrm{sigmoid}(z) = \frac{1}{1+\mathrm{e}^{-z}} \tag{7-6}$$

sigmoid 函数是非线性的，且它可以输出 0 到 1 之间的任意值。tanh 函数的具体形式：

$$\tanh(z) = \frac{\mathrm{e}^z - \mathrm{e}^{-z}}{\mathrm{e}^z + \mathrm{e}^{-z}} \tag{7-7}$$

tanh 函数的输出在 –1 到 1 之间。大量的参数和超参数，以及网络对这些参数的敏感性，使得学习具有适当架构的预测网络具有挑战性，特别是在可用数据很少的情况下。

随机森林是一种非常流行的通用分类算法。一个随机森林通常是数百个决策树的集合。通过对这些树的预测进行平均，随机森林的过拟合通常比单独一棵树要少。每棵树都有不同的覆盖范围，平均它们的预测可以抵消这些噪声成分，提高对不可见数据进行归纳的能力。只有当这些树之间的差异足够大时，这种方法才有效。为了使树的集合多样化，随机森林算法使用两种技术：首先，每棵树在不同的数据子集上进行训练，并从训练集中进行替换。其次，随机森林不从所有可能的分割中选择最好的，而是从 k 个预测指标中随机抽取 m 个候选，对它们中的每一个进行优化，然后从这个子集中选择最好的分割。随机森林通常比单个决策树表现得更好，但这是以可解释性降低为代价的。将数百棵树的预测结果聚合在一起，随机森林不能像单棵树那样分解成一组简单的规则。

SVM 使用超平面将阳性类与阴性类分离。任一超平面的具体形式：

$$w^{\mathrm{T}}x + b = 0 \tag{7-8}$$

其中，w 为每个输入变量的系数；x 为输入变量；b 为截距项。

为了避免过度拟合，它选择了各类样本点到超平面的距离最大化，点到超平面的距离为

$$\frac{|w^{\mathrm{T}}x+b|}{\sqrt{w_1^2+\cdots+w_n^2}} \tag{7-9}$$

而为了找到最大间隔超平面，SVM 的最优化问题为

$$\min \frac{1}{2}\left(w_1^2+\cdots+w_n^2\right) \text{ s.t. } y_i\left(w^{\mathrm{T}}x_i+b\right) \geqslant 1 \tag{7-10}$$

与随机森林相似，SVM 是非常流行的通用分类算法。其受欢迎和预测能力强的原因是，它们能够通过使用一个核来高效地建模非线性分类问题：输入变量的值转化为观测的内积进入模型训练，并隐式地转换为一个更高维度的非线性空间。

极端决策树与随机森林相似，但是通过引入随机森林算法的两个主要优化，可以生成更平滑的分类函数。首先，在完整的训练数据上对每棵树进行训练，而不是在重新采样的数据子集上进行训练。其次，每棵树的分裂过程更加随机。对于随机抽样的 m 个候选预测指标，在每个指标的取值范围内完全随机地进行分割。在这些随机的分割中，选出模型效果最好的指标和指标对应的值作为分割的节点。

XGBoost 是在梯度提升决策树模型上改进而来，属于一种树集成学习模型。它的预测值是 k 棵树的结果的和，其具体形式为

$$\hat{y}_i = \sum_{k=1}^{K} f_k(X_i) \tag{7-11}$$

由于集成模型的算法复杂度通常较大，计算时间较长，所以 XGBoost 在模型训练前首先将数据排序并保存，以便在后续重复使用，并且它可以同时计算多个数节点，这样相比于梯度提升决策树而言运算速度就会有很大的提升。此外，XGBoost 能够有效防止过拟合，主要原因有三点，第一点是它和随机森林一样支持列抽样和行抽样。第二点是 XGBoost 的树结构是有约束的，它在目标函数中引入了正则项，正则项包括叶节点的个数及叶节点的输出值的 L2 范数，这样有利于减少模型方差。第三点是 XGBoost 为了降低单棵树对整个模型结果的影响，在每一步中引入缩减因子，为模型的继续优化提供了一定空间。XGBoost 还有一个优点就是特征矩阵中可以存在缺失值，因为 XGBoost 能够自动学习分裂方向，对缺失值不敏感。

2）嵌套的交叉验证

嵌套交叉验证过程可以提供一个几近无偏的真实误差估计并且可以在一定程度上解决数据量较小的问题。机器学习方法需要训练超参数，超参数控制模型的灵活性，如神经网络的层数或节点数。这些参数不能简单地在训练集中优化，因为最灵活的模型结构总是获得最佳拟合，这样就会影响测试集的拟合，导致模型在样本外的预测性能较差。所以，超参数需要利用样本外的数据进行训练。为了实现这一点，本书采用嵌套交叉验证：在 5 倍交叉验证过程的每个训练集内，采

用 5 倍交叉验证来评估所有可能超参数组合的性能。然后，在这个 5 折交叉验证中获得最佳性能的参数组合被用于在完整训练集上训练模型。虽然嵌套的交叉验证有优点，但是在计算上是非常费时间的。

鉴于嵌套的交叉验证的优点和缺点，本节选择了外部 5 折，内部也是 5 折的嵌套交叉验证方法。嵌套交叉验证外部有一个 k 折交叉验证将数据分为训练集和测试集，内部 k 折的交叉验证用于选择模型算法的超参数。图 7-122 演示了一个 5 折外层交叉和 5 折内部交叉验证组成的嵌套交叉验证，也被称为 5×5 交叉验证。首先，将整个数据分为 5 折，其中一折数据作为测试集，用于模型样本外预测性能的检验；剩下 4 折数据作为训练集，用于训练模型。然后再将分为训练集的数据重新分为 5 折，其中一折作为验证集，用于选择模型的超参数，其余 4 折作为内循环的训练集。

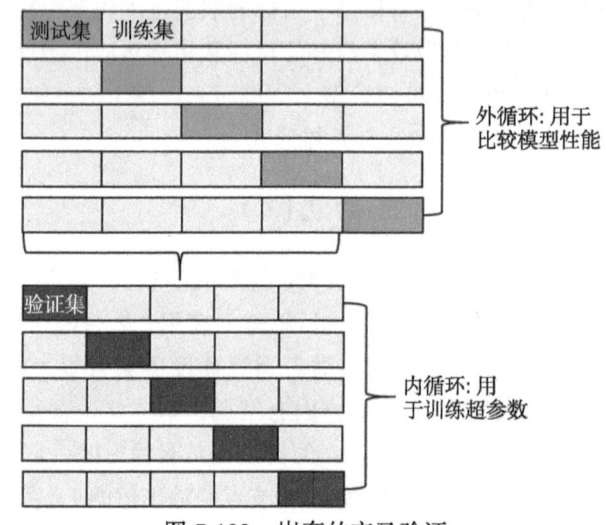

图 7-122　嵌套的交叉验证

图中黑色框代表验证集，深灰色框代表测试集，浅灰色框代表训练集

3）Shapley 回归框架

机器学习模型如 SVM、决策树和神经网络通常在预测方面具有更好的预测性能，尽管机器学习模型存在着黑箱问题，但是它在预测某些需要精确预测结果以做出决策的政策问题上还是会有实质性的优点。比如，经济发展的预测、消费信贷评分、极端天气事件的预测等。

从公共政策的角度来看，决策者需要制度是透明度的，如中央银行、监管者和政府的决策过程。一方面，决策者需要了解他们所依赖的定量模型的驱动因素，另一方面，也要能够清楚地传达这些因素。但是，机器学习模型的不透明性阻碍了它在这两个方面的应用。

机器学习模型的需求可能会因为目前大量的、频率高的数据而增加。例如，来自社交媒体、智能手机使用、无处不在的传感器或物联网的数据可能能够在前所未有的水平上用模型构建人类行为。这些功能可以为技术进步或更普遍的社会发展提供巨大的好处。同样，为了充分利用这种潜力，需要对构建的模型有详细的了解。

机器学习模型的黑箱问题的解决有两种方法，一种是局部归因，即通过单个预测分解得到变量归因，另一种是全局归因，也就是对整个模型进行打分。Shapley值模型是合作博弈论中的一个收益概念，它提供了一个动机良好的局部归因。它将一组变量中的一个变量的边际贡献映射到单个模型的预测。然而，模型分解只是模型可解释性的一部分。一个同样重要的部分是以假设检验的形式进行的统计推断，以评估对特定模型输出的可信度。

所以，本书选择了 Joseph（2019）提出的 Shapley 回归框架来解决机器学习模型的不可解释问题，这个框架为计量经济学模型和机器学习模型搭建起了桥梁，让机器学习模型的结果可以如计量经济学模型的结果一样被理解和交流。

A. Shapley 值的概念及性质

Joseph（2019）为解决机器学习模型的黑箱问题提出了 Shapley 回归框架，这个框架是基于模型的 Shapley 分解提出的非参数模型的一般统计推断框架。该框架将模型推理问题转移到局部线性空间。这个框架向机器学习打开了计量经济学（或更普遍的参数统计）的工具箱，反之亦然。模型推理包括三个步骤。第一，模型校准与拟合，也就是模型训练。第二，模型测试和 Shapley 值分解。第三，使用 Shapley 分解作为输入进行回归分析的推理。对于已知的线性模型情况，该方法简化为普通最小二乘情况。在这个意义上，Shapley 回归可以被视为基于回归推理的一般非线性模型的自然延伸。主要区别在于，由于模型平面的潜在非线性，推断通常仅在局部内有效，即在输入空间的区域内有效。这样做的一个结果是，回归系数用来衡量输入变量对输出变量的影响是不适用的。所以 Joseph 提出了一种适用于非线性情形的广义系数概念，该情形接近于其线性回归母体，它允许对建模结果进行类似的评估和交流。

首先介绍 Shapley 值，它是合作博弈论中的一个概念。最初，Shapley 值用于计算一组玩家的收益分布。类似地，Shapley 值也可以用来表示各预测因子之间的收益分布。进一步来说，就是将每个个体观测的预测值分解为每个变量贡献的总和，即其 Shapley 值。这样可以对每个驱动预测的变量做出信息陈述，以便观察如国债收益率利差、投资和股票市场融资率等变量是否具有较大预测价值。

理解 Shapley 值的计算的一种直观方式是去考虑 Shapley 值是如何出现的。Shapley 值最初是在博弈论中引入的，用来确定一个特定的参与者在一组参与者共同的博弈中贡献了多少。个体的贡献是不能直接观察到的，只有群体作为一个整体时其产生的回报才能被观察到。为确定参与人 k 的贡献，可以按顺序形成群体，k 的贡献通过进入群体的边际贡献来衡量。一个参与人的贡献取决于团队中的其他人。假设 k 加入了一个拥有类似技能的群体，而 j 也拥有类似技能。在这种情况下，k 加入组时的贡献比 j 不在场时要小。因此，我们需要评估所有可能的参与人联盟，以精确地描述 k 对收益的贡献。这一要求使得 Shapley 值的计算成本非常昂贵。将合作产生收益的多个参与人与模型中的变量进行类比，变量 k 的边际贡献以其 Shapley 值衡量的表达式为

$$\phi_k^S(\hat{f},x) = \sum_{x' \subseteq C(x)\setminus\{k\}} \frac{|x'|!(n-|x'|-1)!}{n!}\left[\hat{f}(x' \cup \{k\}) - \hat{f}(x')\right] \quad （7-12）$$

其中，ϕ_k^S 为变量 k 的边际贡献；$C(x)\setminus\{k\}$ 为除第 k 个变量的 $m-1$ 个变量的所有可能组合的集合；$\left[\hat{f}(x' \cup \{k\}) - \hat{f}(x')\right]$ 为 x_k 的边际贡献。

由于 Shapley 分解具有有效性、冗员性、对称性、强单调性（归因一致性）和线性特征。根据这五个性质，Joseph 推导出线性模型 $\hat{f}(x) = x\hat{\beta}$ 的 Shapley 分解 $\varPhi^S$ 就是其本身。在实证中，本书使用 5 倍交叉验证，在训练集中构建模型，计算测试集中解释变量的 Shapley 值。

B. Shapley 回归原理

Shapley 值只是测量了变量对模型预测结果的影响程度，而且它独立于模型的准确性。换句话说，Shapley 值并没有显示变量对真实数据的预测有多好。

为了判断预测因子的经济和统计意义，使用解释变量的 Shapley 分解值与被解释变量进行线性回归。通过这种方式，非参数且为"黑盒"的机器学习模型被转换为参数空间，这使得 p 值的估计成为一个简单的线性回归。Shapley 回归框架是目前唯一一个使用统计框架来估计非线性模型预测因子的重要性的方法，或者更普遍地说，假设检验。

有了一个定义明确的变量归因测量，接下来转向假设检验，如评估个体变量贡献的显著性。为此，Joseph 根据模型的 Shapley 分解来重新表达推理问题，也就是 Shapley 回归框架。

首先定义一个观测值 x_i 的 Shapley 分解，其具体形式为

$$\varPhi\left(\hat{f}(x_i)\right) \equiv \phi_0 + \sum_{k=1}^{m}\phi_k(x_i) \quad （7-13）$$

其中，m 为维度；i 为一个观测值；$\varPhi$ 为 Shapley 分解。在 Shapley 分解的数据基础上，Joseph 提出用因变量和自变量的 Shapley 分解值做线性回归，其具体形式为

$$y_i = \varPhi_i^S \hat{\beta}^S + \hat{\epsilon}_i = \sum_{k=0}^{m}\phi_k^S(\hat{f},x_i)\hat{\beta}_k^S + \hat{\epsilon}_i \quad （7-14）$$

其中，$\hat{\varepsilon}_i$ 为残差。

系数 $\hat{\beta}_k^S$ 根据原假设进行检验：$H_0^k(\Omega): \{\beta_k^S \leq 0|\Omega\}$。基于 Shapley 回归方程，Joseph 提出以下命题：$\hat{f}(x) = x\hat{\beta}$ 和 Shapley 回归问题相同，都是最小二乘问题，即 $\hat{\beta}^S = 1$，统计意义随着 $\hat{\beta}_k^S$ 趋近 0 而逐渐减小，并且 $\hat{\beta}_k^S$ 不能为负，为负代表模型拟合不好。$\hat{\beta}^S$ 偏离 1 有如下影响，$\hat{\beta}^S > 1$：$\hat{f}$ 低估了变量的影响。$\hat{\beta}^S < 1$：$\hat{f}$ 高估了变量的影响。

由于机器学习模型的潜在非线性，$\hat{\beta}^S$ 只包含部分信息，所以他提出了 SSC，其具体形式为

$$\Gamma_k^S(\hat{f}, \Omega) \equiv \left[\text{sign}(\hat{\beta}_k^{\text{lin}}) \frac{|\phi_k^S(\hat{f})|}{\sum_{l=1}^n |\phi_l^S(\hat{f})|}\right]_{\Omega_k}^{(*)} \in [-1, 1] \quad (7\text{-}15)$$

SSC 是 x_k 对模型贡献的汇总统计，一共包括三部分。第一部分 sign 代表相应的线性模型的符号，主要是为了保证变量与目标的对应。第二部分 $\hat{\beta}_k^{\text{lin}}$ 代表分配给 x_k 的变量归因的部分，它衡量了模型输出有多少可以被 x_k 解释。第三部分（*）代表 SSC 的显著性水平。

假设第 k 个变量的 SSC 的绝对值为 $\mu_k = |\Gamma_k^S(\hat{f}, \Omega)| \in [0, 1]$，$\mu_k$ 的方差的上限和平均抽样标准差，其具体形式为

$$\text{var}(\mu_k) \leq \mu_k(1 - \mu_k) \leq \frac{1}{2} \quad (7\text{-}16)$$

$$\sigma_k^\phi \equiv \text{se}(\mu_k) \leq \frac{1}{\sqrt{2|\Omega|}} \quad (7\text{-}17)$$

μ_k 的抽样分布随着样本量 $|\Omega|$ 的增加而接近高斯分布。因此，标准差为 SSC 的方差提供了一个良好的衡量。机器学习模型的统计推断工具已经可以用于判断变量贡献的方向、大小、显著性和可变性。同时，Shapley 回归具有一致性、无偏性和有效性三个性质。Joseph 在提出 Shapley 回归框架后，将其运用到宏观经济和金融危机预测中，取得了较好的效果。

与其他模型相比，Shapley 回归框架有两个优点。第一，Shapley 从博弈论的起源和理想性质中得到了清晰的解释；第二，Shapley 回归与参数线性模型的常规回归分析相同。因此，Shapley 回归可以解释为参数统计推断扩展到非线性和非参数模型的领域。

5. 实证分析结果

本书以线性回归模型作为基准模型，选取弹性网、神经网络、SVM、随机森

林、极端决策树和 XGBoost 六种模型对比预测准确性。本书采用的对比指标是 RMSE 和 R^2，RMSE 的具体形式为

$$\text{RMSE} = \sqrt{\frac{1}{m}\sum_{i}^{m}\left(y_{\text{test}}^{i} - \hat{y}_{\text{test}}^{i}\right)^2} \qquad (7\text{-}18)$$

其中，$\hat{y}$ 为用模型估计的 GDP；y 为真实的数据；m 为数据的行数。RMSE 越小，表明预测的误差越小，模型的预测准确性越高。

R^2 的具体形式为

$$R^2 = 1 - \frac{\sum_{i}^{m}(\hat{y}_i - y_i)^2}{\sum_{i}^{m}(\hat{y} - y_i)^2} \qquad (7\text{-}19)$$

R^2 的最大值是 1，当 R^2 到达最大值时，模型没有预测误差，表明模型预测准确度 100%。当 R^2 小于 0 时，表明模型预测效果很差，不能使用该模型预测。R^2 越接近 1，表明模型预测的准确度越大。

在训练预测模型前，为了提升模型的收敛速度和精度，将数据进行归一化处理，其具体形式为

$$x_i = \frac{x_i - x_{\min}}{x_{\max} - x_{\min}} \qquad (7\text{-}20)$$

其中，x_i 为特征 x 的第 i 个值；$x_{\max}$ 为特征 x 的最大值；$x_{\min}$ 为特征 x 的最小值。经过归一化处理，将数据归一到[0,1]的范围。

首先使用线性回归模型分析预测因子对中国经济的影响，其次训练机器学习模型，根据 RMSE 选出预测准确性最好的模型，接着计算该模型的 Shapley 值，最后使用 Shapley 回归框架，即使用计算好的 Shapley 和 GDP 进行线性回归，分析预测因子的预测能力。

1）模型设定及变量处理

本书的基准线性回归模型设定为

$$\begin{aligned}\text{GDP} = {}& \beta_0 + \beta_1\text{yielddiff} + \beta_2\text{invest} + \beta_3\text{IEG} + \beta_4\text{RD} + \beta_5\text{EM} + \beta_6\text{capital} \\ & + \beta_7\text{turn} + \beta_8\text{finance} + \mu\end{aligned} \qquad (7\text{-}21)$$

机器学习模型设定为

$$\text{GDP}_{t-4} = f(x, \theta) \qquad (7\text{-}22)$$

其中，t–4 为所有被解释变量滞后 1 年；θ 为机器学习模型的超参数，如神经网络的网络权重、SVM 的系数和随机森林的分裂点；f 为本书使用的神经网络、

SVM、随机森林、极端决策树和 XGBoost 五种模型。每个模型的系数是由 MSE 决定的，它可以进一步分解为模型的偏差和方差，如式（7-19）所示。

在使用 RMSE 选取出相对于基准模型预测性能有明显优化的随机森林、极端决策树和 XGBoost 三种模型后，计算这三种模型的 Shapley 值，然后使用 Shapley 回归，Shapley 回归公式为

$$\begin{aligned} \text{GDP} &= \sum_{k=0}^{m} \phi_k^S(\hat{f}, x_i) \hat{\beta}_k^S + \hat{\epsilon}_i = \\ &\hat{\beta}_0^S + \hat{\beta}_1^S \phi_1^S(\hat{f}, \text{yielddiff}) + \hat{\beta}_2^S \phi_2^S(\hat{f}, \text{invest}) + \hat{\beta}_3^S \phi_3^S(\hat{f}, \text{IEG}) + \\ &\hat{\beta}_4^S \phi_4^S(\hat{f}, \text{RD}) + \hat{\beta}_5^S \phi_5^S(\hat{f}, \text{EM}) + \hat{\beta}_6^S \phi_6^S(\hat{f}, \text{capital}) + \hat{\beta}_7^S \phi_7^S(\hat{f}, \text{turn}) + \\ &\hat{\beta}_8^S \phi_8^S(\hat{f}, \text{finance}) + \hat{\epsilon}_i \end{aligned} \qquad (7-23)$$

其中，$\hat{\beta}_k^S$ 为 Shapley 回归系数；$\phi_k^S(\hat{f}, x_i)$ 为变量的 Shapley 值；$\hat{f}$ 为机器学习模型，本书指随机森林、极端决策树和 XGBoost；yielddiff 为国债收益率利差；invest 为固定投资；IEG 为进出口总额增长率；RD 为研发投入；EM 为教育投入；capital 为股票市场规模；turn 为股票市场流动性；finance 为股票市场融资率。

考虑到年度数据一般要第二年的 3~4 月才会公布，以及政策的施行需要一定的时间才会有作用，本书预测一年以后的每季度 GDP 总值。本书数据来源于中国经济信息网、CSMAR 和 RESSET。首先将 GDP 向上移动 1 年，然后将月度、季度、年度数据填充为日度数据。最后得到从 2006 年 3 月 1 日到 2019 年 12 月 31 日的数据，共 3371 条数据。数据的描述性统计如表 7-28 所示。

表 7-28 数据描述性统计

变量	数据总量	均值	标准差	最小值	最大值
GDP_1	3 371	158 552.54	61 599.20	57 159.30	296 297.80
yielddiff	3 371	1.053 7	0.580 5	−1.511 8	2.502 8
invest	3 371	191 545.71	169 877.22	3 532.44	635 636.00
IEG	3 371	9.88	16.02	−29.00	48.40
EM	3 371	28 925.12	12 529.81	9 815.31	50 178.12
RD	3 371	11 325.01	5 861.99	3 003.10	22 143.60
capital	3 371	2.173 5	0.662 2	0.680 5	4.972 7
turn	3 371	0.009	0.004	0.002	0.035
finance	3 371	0.533 1	0.375 3	0.000 0	2.301 9

注：GDP_1 表示滞后一年的 GDP 数据

GDP 取均值为 158 552.54 亿元，最大值为 296 297.8 亿元。国债收益率利差最小值小于 0，表明某段时间投资者预测我国经济不景气，最大值为 2.5028。进出口总额增长率的最小值为−29，最大值为 48.40，均值为 9.88，标准差为 16.02，波动较大。教育投入均值为 28 925.12 亿元，研发投入均值为 11 325.01 亿元，股

票市场规模和股票市场流动性的标准差都不大，表明股票市场波动不大。股票市场的融资率最小值为 0，表明某段时间股票市场的融资情况很糟糕。

2）线性回归模型

为了避免数据的不平稳造成伪回归，本书首先对解释变量和被解释变量进行了单位根检验，检验结果如表 7-29 所示。

表 7-29　平稳性检验

变量	DF 检验的 p 值
GDP_1	0.0000
yielddiff	0.0099
invest	0.0000
IEG	0.0028
RD	0.0079
EM	0.0002
capital	0.2140
turn	0.0001
finance	0.0001

在 5% 的显著性水平下，除股票市场规模外，其他变量都是平稳的。然后检验股票市场规模的一阶差分是否平稳，检验结果如表 7-30 所示。

表 7-30　股票市场规模一阶差分平稳性检验

变量	DF 检验的 p 值
dcapital	0.0000

本书用 dcapital 表示股票市场规模的一阶差分，从表 7-30 中可以看出，股票市场规模是一阶平稳的。

未来为使结果更加稳健和可靠，本书使用豪斯曼检验进行内生性检验，其结果如表 7-31 所示。

表 7-31　内生性检验

变量	p 值
yielddiff	0.5719
invest	0.5477
IEG	0.4331
RD	0.7652
EM	0.8890
dcapital	0.1310
turn	0.8611
finance	0.4340

在 5%的显著性水平下,所有变量都没有拒绝原假设,所以所有变量都是外生的。通过变量平稳性和内生性的检验,本书的线性回归模型变为

$$\text{GDP}_1 = \beta_0 + \beta_1 \text{yielddiff} + \beta_2 \text{invest} + \beta_3 \text{IEG} + \beta_4 \text{RD} + \beta_5 \text{EM} \\ + \beta_6 \text{dcapital} + \beta_7 \text{turn} + \beta_8 \text{finance} + \mu \quad (7\text{-}24)$$

线性回归结果如表 7-32 所示。

表 7-32　线性回归结果

变量	模型(1)	模型(2)	模型(3)
yielddiff		0.055 224 13.618 35 (0.000 0)	0.063 054 15.457 89 (0.000 0)
invest	0.297 224 93.759 54 (0.000 0)	0.301 152 96.366 26 (0.000 0)	0.300 745 97.978 46 (0.000 0)
IEG	0.031 824 12.711 85 (0.000 0)	0.038 64 15.756 35 (0.000 0)	0.030 272 11.608 85 (0.000 0)
RD	0.501 251 17.783 38 (0.000 0)	0.386 492 13.093 97 (0.000 0)	0.368 354 12.533 08 (0.000 0)
EM	0.164 541 6.318 795 (0.000 0)	0.290 493 10.459 13 (0.000 0)	0.308 426 11.115 09 (0.000 0)
dcapital			−0.029 42 −2.256 94 (0.024 1)
turn			−0.036 48 −7.881 91 (0.000 0)
finance	0.023 25 7.524 484 (0.000 0)	0.019 611 6.186 806 (0.000 0)	0.027 007 8.448 775 (0.000 0)
R^2	0.986 275	0.986 85	0.987 166
调整后的 R^2	0.986 254	0.986 826	0.987 135
对数似然值	7 016.465	7 088.40	7 129.869
F 值	48 360.97	42 074.31	32 315.29
F 值概率	0.000 0	0.000 0	0.000 0
DW 检验	0.060 638	0.064 069	0.066 593

表 7-32 中每个变量中第一个数据是变量的系数,第二个数据是 t 统计量,第三个数据是 P 值。模型(1)是预测因子中没有日度变量,即没有国债收益率利差、股票市场规模和股票市场流动性三个变量。模型(2)是在模型(1)的基础上加入了日度变量国债收益率利差。模型(3)是本书的基准模型,在模型(2)上进

入了股票市场规模和股票市场流动性两个日度变量。从各模型的 R^2 和似然比检验中，发现加入日度变量后模型的拟合度会更好。回归结果中 DW 值为 0.0666，这个数值过小，表明模型存在自相关。所以本书在估计线性回归时使用了 White 稳健估计，这样既可以解决自相关，也可以解决可能存在的异方差。从回归结果来看，除股票市场规模的一阶差分是在 5%的显著性水平下游显著影响外，国债收益率利差、固定投资、进出口总额增长率、研发投入、教育投入、股票市场流动性和股票市场融资率都是在 1%的显著性水平下显著。从变量的影响方向看，国债收益率利差对 GDP 是正向影响，符合投资者预期未来经济向好，长期收益率上升，国债收益率利差扩大的理论。固定投资也是正向影响，符合经济理论中的资本要素理论。进出口总额增长率对 GDP 也是正向影响，表明进出口对经济也有显著的正向作用。研发投入和教育投入都是正向的，它分别代表技术进步和人力资本，表明技术进步对经济有正向影响，符合索洛模型。人力资本积累对经济也有正向影响，符合卢卡斯的人力资本内生化模型。股票市场规模和股票市场流动性对经济是负向影响，表明股票市场规模和股票市场流动性没有在合理的区间。股票市场融资率对经济有正向影响，表明股票市场融资率在能够促进经济增长的合理区间。股票市场总体来看对经济的影响是负向的，表明经济发展和股票市场的发展不相适应。

3）Shapley 回归结果

A. 模型预测准确性对比

本书采用线性回归模型作为基准模型，对比弹性网、神经网络、SVM、随机森林、极端决策树和 XGBoost 六个模型的预测性能，对比结果如表 7-33 所示。

表 7-33 模型对比

指标	线性回归	弹性网	SVM	神经网络	随机森林	极端决策树	XGBoost
R^2	0.987 087	0.987 032	0.987 002	0.990 103	0.999 980	0.999 981	0.999 986
RMSE	0.029 260	0.029 322	0.029 355	0.025 615	0.001 148	0.001 125	0.000 947
MSE	0.000 856	0.000 860	0.000 862	0.000 656	0.000 001	0.000 001	0.000 001
偏差	0.000 489	0.000 496	0.000 474	0.000 388	0.000 000	0.000 000	0.000 000
方差	0.000 000	0.000 000	0.000 000	0.000 000	0.000 000	0.000 000	0.000 000

从表 7-33 中可以看出，每个模型的方差都基本为 0，以线性回归模型作为基准模型，其 RMSE 为 0.029 260，R^2 为 0.987 087。弹性网作为线性回归中的另一种模型，其 RMSE 为 0.029 322，比基准模型的 RMSE 更大，R^2 虽然比线性回归的小，但两者之间相差不多，综合来看弹性网的预测性能并没有比线性回归好。同样没有改善预测性能的是 SVM，其 RMSE 为 0.029 355，也比基准模型更大，R^2 的缩小同样不明显。神经网络的 RMSE 为 0.025 615，R^2 为 0.990 103，RMSE 比基准模型要低，R^2 比基准模型更高，表明神经网络在预测时预测误差更小，模

型预测性能更优。随机森林、极端决策树和 XGBoost 三种模型的 RMSE 分别为 0.001 148、0.001 125、0.000 947，不仅比基准模型的 RMSE 低，还比神经网络的 RMSE 低，而且随机森林、极端决策树和 XGBoost 三种模型预测误差和线性回归模型的预测误差的差值比神经网络的预测误差和线性回归模型的预测误差的差值更大，随机森林、极端决策树和 XGBoost 三种模型的 R^2 也比其他模型更加接近于 1，表明随机森林、极端决策树和 XGBoost 三种模型在预测性能上的改善程度比神经网络的改善程度要高，而随机森林、极端决策树和 XGBoost 三种模型的 RMSE 和 R^2 的值相差较小，表明随机森林、极端决策树和 XGBoost 三种模型的预测性能其实并没有太大差别。所以用随机森林、极端决策树和 XGBoost 计算 Shapley 值并带入 Shapley 回归框架中观察预测因子的预测能力。在线性回归、弹性网、神经网络、SVM、随机森林、极端决策树和 XGBoost 七种模型中，XGBoost 的 RMSE 值最小，R^2 值最大，表明 XGBoost 的预测准确性最高。

B. Shapley 值

Shapley 是在博弈论中提出的概念，它衡量的是单独变量在中国预测中做出的贡献。本书使用的线性回归、弹性网、神经网络、SVM、随机森林、极端决策树和 XGBoost 七种模型中，随机森林、极端决策树和 XGBoost 的 RMSE 值最小，且与基准模型线性回归模型的 RMSE 相差较大，所以本书计算了随机森林、极端决策树和 XGBoost 三种模型的 Shapley 值，以此来观察国债收益率利差、固定投资、进出口总额增长率、研发投入、教育投入，以及股票市场规模、股票市场流动性和股票市场融资率八个预测因子的预测能力。

首先观察不同时间国债收益率利差、固定投资、进出口总额增长率、研发投入、教育投入，以及股票市场规模、流动性和融资率对经济预测的重要性，如图 7-123~图 7-125 所示。

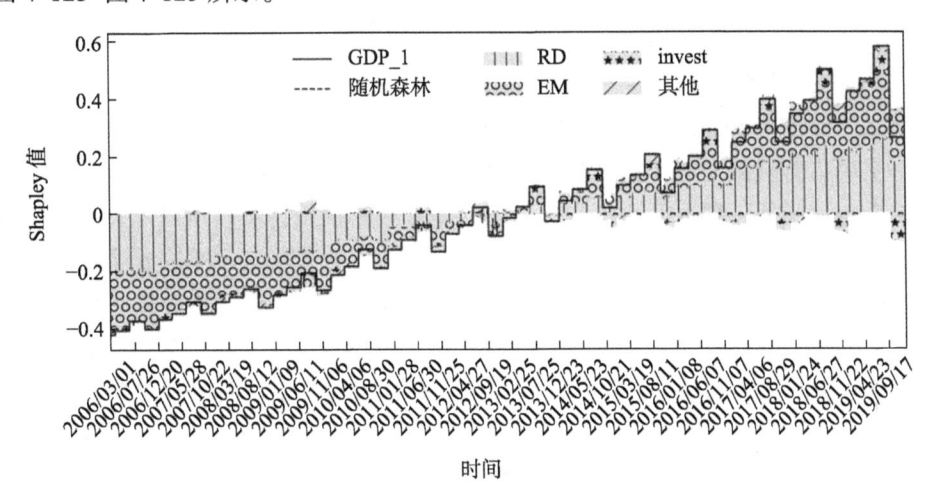

图 7-123　随机森林不同时间 Shapley 值

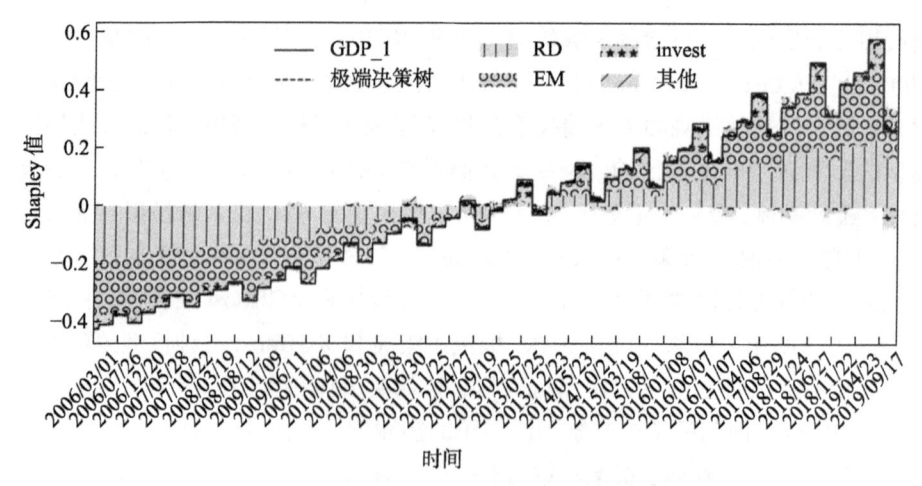

图 7-124　极端决策树不同时间 Shapley 值

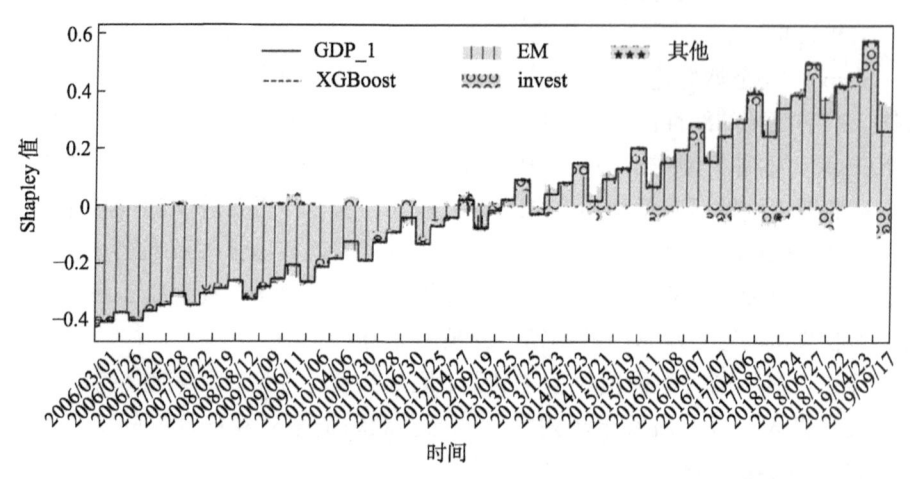

图 7-125　XGBoost 不同时间 Shapley 值

图 7-123 是随机森林在不同时间计算的 Shapley 值，图 7-124 是极端决策树在不同时间计算的 Shapley 值，图 7-125 是 XGBoost 在不同时间计算的 Shapley 值。每个图中将贡献最多的变量单独标示出来，剩下的变量合在一起。从这三张图中，可以看出"其他"部分几乎没有，随机森林和极端决策树中科研投入、教育投入和固定投资的和，以及 XGBoost 中教育投入和固定投资的和几乎在整个预测区间与预测值相差不多，表明随机森林和极端决策树中科研投入、教育投入和固定投资，以及 XGBoost 中教育投入和固定投资基本可以覆盖整个模型的预测能力。随机森林和极端决策树从 2006 年 3 月开始一直到 2019 年底，都是通过教育投入、研发投入、固定投资三个关键指标的共同贡献而正确预测的，而且教育投入、研发投入、固定投资在不同时间段对预测准确性的贡献也几乎一致。XGBoost 是通过教育投入、固定投资两个关键指标的共同贡献而正确预测的，教育投入和固定

投资两个变量整个预测区间的贡献几乎是整个模型预测值,其中教育投入的面积又是最大的,表明教育投入的贡献是最大的。而其他变量在预测中的贡献几乎微乎其微。从随机森林、极端决策树和 XGBoost 的 Shapley 分解值来看,教育投入和固定投资是这三个模型贡献靠前的变量,所以教育投入和固定投资是经济预测的重要预测因子。

为了评估预测因子在这个预测区间的重要性,计算随机森林、极端决策树和XGBoost三个模型每个预测因子的Shapley绝对值的平均值,结果如图7-126所示。

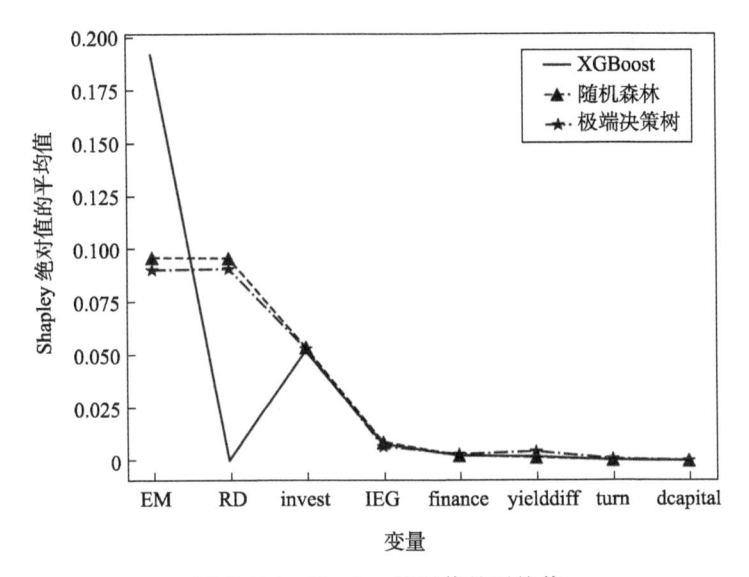

图 7-126 Shapley 绝对值的平均值

从图 7-126 可以看出,随机森林和极端决策树两条曲线几乎重叠,表明随机森林和极端决策树中每个预测因子 Shapley 绝对值的平均值几乎是一样的,教育投入、研发投入和固定投资是最重要的三个预测因子,进出口总额增长率、国债收益率利差,以及股票市场规模、流动性和融资率的 Shapley 绝对值的平均值与教育投入、研发投入和固定投资有较大的差值,表明进出口总额增长率、国债收益率利差,以及股票市场规模、流动性和融资率在预测中的贡献很小。XGBoost 中教育投入的 Shapley 绝对值的平均值是最大的,固定投资的 Shapley 绝对值的平均值排在第二,研发投入的 Shapley 绝对值的平均值为 0,进出口总额增长率、国债收益率利差,以及股票市场规模、流动性和融资率几乎和随机森林与极端决策树的线重合,表明进出口总额增长率、国债收益率利差,以及股票市场规模、流动性和融资率的贡献在随机森林、极端决策树和 XGBoost 中几乎一样。所以,教育投入和固定投资是最重要的预测因子。

C. Shapley 回归

机器学习模型的预测性能虽然比线性回归模型好,但是单独的机器学习模型不能像线性回归一样可以直观地理解输入–输出关系，所以本书使用 Shapley 回归框架连接计量经济学模型和机器学习模型，解决了机器学习模型不透明的问题。

本书选择预测准确性最高的随机森林、极端决策树和 XGBoost 三种模型进行 Shapley 回归。其回归结果如表 7-34 所示。

表 7-34　Shapley 回归结果

变量	随机森林	极端决策树	XGBoost	OLS
EM	0.345***	0.329***	0.689***	0.308***
	（0.018,0.000,0.940）	（0.020,0.000,1.019）	（0.037,0.000,1.000）	（0.007,0.000,11.115）
invest	0.244***	0.251***	0.238***	0.301***
	（0.030,0.000,1.000）	（0.030,0.000,1.004）	（0.003,0.000,1.000）	（0.003,0.000,97.978）
IEG	0.048***	0.040***	0.048***	0.030***
	（0.008,0.000,1.003）	（0.006,0.000,0.998）	（0.008,0.000,0.999）	（0.003,0.000,11.609）
finance	0.013***	0.015***	0.014***	0.027***
	（0.002,0.000,0.994）	（0.001,0.000,1.097）	（0.002,0.000,1.004）	（0.003,0.000,8.449）
yielddiff	0.007***	0.026***	0.010***	0.063***
	（0.001,0.000,0.971）	（0.005,0.000,0.982）	（0.001,0.000,0.998）	（0.003,0.000,15.458）
turn	0.002***	0.004***	0.001***	−0.036***
	（0.001,0.000,1.051）	（0.001,0.000,0.922）	（0.000,0.000,0.665）	（0.004,0.000,−7.882）
dcapital	0	0.000	0	−0.029**
	（0.000,0.000,−3.423）	（0.000,0.385,0.110）	（0.000,0.241,−0.498）	（0.005,0.024,−2.257）
RD	0.340***	0.335***	0	0.368***
	（0.019,0.000,0.940）	（0.019,0.000,0.980）	（0.000,0.002,0.000）	（0.014,0.000,12.533）

***表示在1%的显著性水平下显著，**表示在5%的显著性水平下显著

Shapley 回归系数的方向都应该为正，而方向为负表明模型没有很好地学习该变量中的信息，认为此变量是不显著的。表 7-34 中前三个模型中，即随机森林、极端决策树和 XGBoost，每个变量的第一行数据表示 SSC，第二行括号中的第一个表示 SSC 的标准差，第二个表示 SSC 的 P 值，第三个表示 Shapley 回归系数。最后一个模型中第一行数据表示 OLS 回归系数，第二行括号中的第一个表示回归系数的标准差，第二个表示 P 值，第三个表示变量的 t 统计量。

从表 7-34 中可以看出，XGBoost 中教育投入和固定投资的 SSC 是最大的两个而且在 1%的显著性水平下显著，而其他预测因子的 SSC 比教育投入和固定投资 SSC 小很多，表明在使用 XGBoost 模型预测 GDP 时教育投入和固定投资是影响最大的。随机森林中教育投入、研发投入和固定投资的 SSC 是排在前三的预测因子，极端决策树中研发投入、教育投入和固定投资的 SSC 排在前三，线性回归模型中研发投入、教育投入、固定投资的系数排在前三。这三种模型主要的预测因子都是研发投入、教育投入和固定投资，虽然在每个模型中排序不同，但是这三

个变量的系数相差不大，表明研发投入、教育投入、固定投资在使用随机森林、极端决策树和线性回归模型预测中都是主要的预测因子。综合四个模型来看，教育投入和固定投资是重要的预测因子。

教育投入在随机森林和 XGBoost 两种模型中获得了最高的 SSC，并且其在 1% 的显著性水平下显著，表明教育投入在使用随机森林和 XGBoost 模型预测 GDP 的贡献很大且显著。教育投入在极端决策树和线性回归中的系数排在第二位，其与排在第一的研发投入相差不大，表明教育投入在使用极端决策树和线性回归模型预测时也有重要的作用。所以教育投入是最重要的预测因子。

在随机森林和 XGBoost 模型中，股票市场规模由于 Shapley 回归系数为负而不显著，所以不能用于 GDP 的预测。在极端决策树中，股票市场规模的 Shapley 回归系数虽然是正向的，但是由于其不显著而不具备预测 GDP 的能力。所以股票市场规模不能用于预测 GDP。

在 Shapley 回归中，进出口总额增长率、股票市场融资率、国债收益率利差和股票市场流动性都是显著的，虽然 SSC 较小，但是也可以为经济增长提供有用的信号。

6. 结论与展望

经济预测是国家和企业制定和实施决策的主要依据，经济现象具有偶然性和必然性。正是因为经济现象具有必然性，所以经济现象是可以被预测的。但是经济现象的偶然性又会导致预测具有一定的偏差，即预测误差。所以在预测经济现象时，要尽可能地将偶然性因素排除，也就是说将预测误差尽可能减少。机器学习模型通常在预测领域具有较好的性能，但是由于其复杂的结构而不透明，换句话说，也就是没有直接的输入-输出关系。所以，本部分首先对比了线性回归模型和弹性网、神经网络、SVM、随机森林、极端决策树和 XGBoost 六种模型的预测性能，然后使用 Shapley 值和 Shapley 回归框架解决机器学习模型的不可解释性。

本部分得到的结论主要有六点。

（1）除了使用月度、年度的预测因子外，也使用了日度的预测因子，发现加入日度的变量使线性回归模型的拟合度提升。

（2）在线性回归中，发现影响程度靠前的预测因子是研发投入、教育投入和固定投资，这三个变量对经济都有正向显著的影响。而股票市场规模和流动性对经济有负向的显著性影响，表明我国经济发展与股票市场发展不适应，股票市场的发展抑制了经济发展。

（3）相比于线性回归模型，弹性网和 SVM 在预测 GDP 时并没有更好的预测性能，神经网络对比线性回归模型虽然有更好的预测性能，但是改进的程度并不大，而随机森林、极端决策树和 XGBoost 的预测准确性有很大的提升，其中又以

XGBoost 的预测性能最好。

（4）在评估预测因子在预测中的贡献时，我们发现随机森林和极端决策树两种模型中预测因子的作用是几乎一样的，教育投入、研发投入、固定投资、进出口总额增长率四个变量的作用靠前，且几乎占据预测的全部贡献。而使用 XGBoost 预测 GDP 时，教育投入和固定投资几乎做出了全部贡献。在 Shapley 回归中本部分发现教育投入和固定投资是使用机器学习模型进行预测时的重要因子，且都是正向影响 GDP。所以，教育投入和固定投资是重要的预测因子，而其中教育投入是最重要的预测因子。

（5）股票市场规模在 Shapley 回归中由于不显著，对预测没有影响，所以股票市场规模不能用于预测 GDP。

（6）进出口总额增长率、股票市场融资率、国债收益率利差和股票市场流动虽然在预测时贡献较小，但这些变量对经济的影响都是显著的，所以可以为经济增长提供有用的信号。

本部分利用 RMSE 对比线性回归模型、弹性网、神经网络、SVM、随机森林、极端决策树和 XGBoost 的预测准确性，然后使用 Shapley 回归框架使机器学习模型有直观易懂的输入–输出关系，从而可以分析预测变量对预测的作用，但本部分仍有不足。首先，并没有使用更适合混频数据的混频数据抽样模型作为基准模型，而是使用了线性回归模型作为基准模型，在以后的研究中可以对比混频数据抽样模型和机器学习模型的预测准确性。其次，本部分只选取八个日度、月度和年度的预测变量，影响经济发展的因素很多，绝不止八个，在以后的研究中一方面可以增加影响经济发展的变量，另一方面可以使用更高频率的数据，如用全是日度数据的变量预测季度的 GDP，这样可以提升预测的及时性，且可以高频地监测经济发展。最后，本部分只关注了经济增长，在中国经济进入新常态以后，中国经济不仅追求增长更追求质量，在以后的研究中可以进一步纳入经济质量的指标。

参 考 文 献

巴曙松, 居姗, 朱元倩. 2013. 我国银行业系统性违约风险研究——基于 Systemic CCA 方法的分析. 金融研究, (9): 71-83.
蔡春, 刘静, 黄昊. 2018. 新时代审计理论研究创新发展的思考. 审计研究, (5): 12-16.
蔡春, 唐凯桃, 刘玉玉. 2016. 政策执行效果审计初探. 审计研究, (4): 35-39.
曹芳, 朱永忠. 2012. 基于多重共线性的 Lasso 方法. 江南大学学报（自然科学版）, (1): 87-90.
陈宏. 2005. 公共财政效益审计探索. 审计与理财, (12): 13-14.
陈伟, Wally S. 2016. 大数据环境下的电子数据审计: 机遇、挑战与方法. 计算机科学, (1): 8-13, 34.
陈武朝. 2010. 内部审计有效性与持续改进. 审计研究, (3): 48-53, 47.
陈宇. 2004. 国际内部审计准则理念的发展及启示. 审计与经济研究, (3): 15-18.
陈雨露, 王芳, 杨明. 2005. 作为国家竞争战略的货币国际化: 美元的经验证据——兼论人民币的国际化问题. 经济研究, (2): 35-44.
陈仲常. 1999. 失业风险监测预警指标体系研究. 统计研究, (2): 41-44.
邓超, 陈学军. 2014. 基于复杂网络的金融传染风险模型研究. 中国管理科学, (11): 11-18.
董小刚, 刁亚静, 李慧玲, 等. 2018. 岭回归、LASSO 回归和 Adaptive-LASSO 回归下的财政收入因素分析. 吉林师范大学学报（自然科学版）, (2): 45-53.
董小君, 李宇航. 2006. 中国金融体系脆弱性与系统性金融风险. 国家行政学院学报, (5): 20-23.
窦祥胜. 2002. 宏观经济风险探析. 经济学家, (4): 60-63.
范小云, 方意, 王道平. 2013. 我国银行系统性风险的动态特征及系统重要性银行甄别——基于 CCA 与 DAG 相结合的分析. 金融研究, (11): 82-95.
方匡南, 杨阳. 2018. SGL-SVM 方法研究及其在财务困境预测中的应用. 统计研究, (8): 104-115.
房巧玲, 高思凡, 曹丽霞. 2020. 区块链驱动下基于双链架构的混合审计模式探索. 审计研究, (3): 12-19.
冯乾, 高洋. 2017. 银行业不当行为风险、行为成本与金融稳定——全球金融行为监管和风险治理的焦点领域. 上海财经大学学报, (4): 52-65.
冯文权, 傅征. 2018. 经济预测与决策技术. 6 版. 武汉: 武汉大学出版社.
高铁梅, 刘玉红, 王金明. 2003. 中国转轨时期物价波动的实证分析. 中国社会科学, (6): 73-83, 206.
高铁梅, 王金明. 2003. 2003 年中国宏观经济发展趋势的分析与预测. 数量经济技术经济研究, (6): 5-8.
宫小琳, 卞江. 2010. 中国宏观金融中的国民经济部门间传染机制. 经济研究, (7): 79-90.
龚建朝. 2008. Lasso 及其相关方法在广义线性模型模型选择中的应用. 长沙: 中南大学.

苟文均, 袁鹰, 漆鑫. 2016. 债务杠杆与系统性风险传染机制——基于 CCA 模型的分析. 金融研究, (3): 74-91.

郭娜, 祁帆, 张宁. 2018. 我国系统性金融风险指数的度量与监测. 财经科学, (2): 1-14.

郭文军. 2015. 中国区域碳排放权价格影响因素的研究——基于自适应 Lasso 方法. 中国人口·资源与环境, 25 (S1): 305-310.

胡春杰. 2016. 基于 BVAR 的利率、汇率与股市关系研究. 长沙: 湖南大学.

胡继荣. 2009. 基于 ERM 框架的商业银行内部审计机制研究. 南开管理评论, (2): 146-152.

胡文国, 吴栋. 2004. 中国经济增长因素的理论与实证分析. 清华大学学报 (哲学社会科学版), (4): 68-76.

黄海. 2009. 对基本审计作业制度的思考. 天然气技术, (3): 73-74, 80.

姜彬, 杨柱元. 2009. 基于小波神经网络的经济增长预测. 云南民族大学学报 (自然科学版), (1): 81-84.

姜闪闪, 夏旻. 2015. 基于自适应极限学习机模型的经济增长率预测. 统计与决策, (18): 18-21.

金成晓, 朱培金. 2012. 价格水平与财政政策选择——基于 BVAR 模型的计量研究. 学习与探索, (5): 105-107.

柯郑林. 2011. Lasso 及其相关方法在多元线性回归模型中的应用. 北京: 北京交通大学.

赖娟. 2011. 我国金融系统性风险传导机制的实证检验. 云南财经大学学报, (5): 109-114.

李成艾, 何小宝. 2019. 大数据审计组织方式的探索与创新. 审计研究, (5): 23-29.

李冻菊. 2006. 股票市场发展与经济增长的关系研究——源自计量经济学的解释. 金融研究, (9): 75-80.

李玲, 陈任武. 2006. 风险导向内部审计在现代企业中的作用分析——兼论风险导向内部审计的特点. 财会通讯 (学术版), (12): 77-79.

李美羲. 2017. 大数据环境对审计项目组织管理的影响研究. 审计与理财, (3): 47-49.

李文峰. 2015. 国际油价波动与我国通货膨胀——基于贝叶斯向量自回归方法的实证研究. 金融发展研究, (11): 63-68.

李学龙, 龚海刚. 2015. 大数据系统综述. 中国科学信息科学, (1): 1-44.

林斌, 舒伟, 李万福. 2012. COSO 框架的新发展及其评述——基于 IC-IF 征求意见稿的讨论. 会计研究, (11): 64-73, 95.

林宇, 黄迅, 淳伟德, 等. 2016. 基于 ODR-ADASYN-SVM 的极端金融风险预警研究. 管理科学学报, (5): 87-101.

刘超, 蒋玉洁, 马玉洁, 等. 2018. 新常态条件下中国经济增长预测研究——基于货币政策调控视角. 管理评论, (6): 28-39.

刘春航, 朱元倩. 2011. 银行业系统性风险度量框架的研究. 金融研究, (12): 85-99.

刘发跃, 马丁丑. 2014. 中国三大酒业的盈利能力预测——基于 BVAR、VAR 模型的对比. 统计与咨询, (4): 26-28.

刘国城, 王会金. 2017. 大数据审计平台构建研究. 审计研究, (6): 36-41.

刘汉, 刘金全. 2011. 中国宏观经济总量的实时预报与短期预测——基于混频数据预测模型的实证研究. 经济研究, (3): 4-17.

刘家义. 2015. 国家治理现代化进程中的国家审计: 制度保障与实践逻辑. 中国社会科学,

（9）：64-83，204-205．

刘杰，韩洪灵，陈汉文．2019．大数据时代的审计变革：分析框架与实现路径．财务研究，（3）：42-53．

刘金全，郑挺国．2008．我国经济周期阶段性划分与经济增长走势分析．中国工业经济，（1）：32-39．

刘睿智，杜溦．2012．基于 LASSO 变量选择方法的投资组合及实证分析．经济问题，（9）：103-107．

刘星，牛艳芳，唐志豪．2016．关于推进大数据审计工作的几点思考．审计研究，（5）：3-7．

卢文鹏，尹晨．2004．隐性担保、补偿替代与政府债务——兼论我国的财政风险问题．财贸经济，（1）：55-61，97．

吕劲松，王志成，王秦辉，等．2017．大数据环境下商业银行审计非结构化数据研究．软科学，（1）：141-144．

马德辉．2017．参与式审计方式在内部审计中的应用．企业改革与管理，（1）：140，142．

马君潞，范小云，曹元涛．2007．中国银行间市场双边传染的风险估测及其系统性特征分析．经济研究，（1）：68-78，142．

牛艳芳，冯占国，孟祥宇．2017．大数据价值链视角下的审计工作创新与实践．审计研究，（5）：17-22．

牛艳芳，薛岩，邓雪梅，等．2018．审计大数据关联的网络分析平台构建及应用研究．审计研究，（5）：35-42．

裴文华，成维一．2017．大数据环境下财政审计数据分析研究．审计研究，（3）：53-58．

彭业硕．2021．国债利差在中长期宏观经济预测中的作用．云南财经大学学报，（2）：13-29．

乔雅婷，时现．2017．大数据时代背景下审计资源组织模式创新研究．中国内部审计，（9）：76-79．

秦莉，王颖，姚如一．2008．基于 BVAR 模型对我国证券市场的相关分析．现代经济（现代物业下半月），（4）：22-24．

秦荣生．2014．大数据、云计算技术对审计的影响研究．审计研究，（6）：23-28．

沈佳斌．2004．现代经济增长理论与发展经济学．北京：中国财政经济出版社．

石柱鲜，王威，王立勇．2005．对我国 2005～2006 年经济增长态势的分析与预测．经济与管理研究，（11）：7-10．

宋杨慧子．2018．基于 BVAR 模型的 PPI 和 CPI 的传导分析．北京：北京第二外国语学院．

苏治，卢曼，李德轩．2017．深度学习的金融实证应用：动态、贡献与展望．金融研究，（5）：111-126．

孙力军．2016．理解中国通货膨胀—紧缩交替现象——基于 BVAR 模型的估计．经济问题探索，（4）：14-19．

孙文生，杨汭华．2005．经济预测方法．北京：中国农业大学出版社．

唐文进，苏帆．2017．极端金融事件对系统性风险的影响分析——以中国银行部门为例．经济研究，（4）：17-33．

陶玲，朱迎．2016．系统性金融风险的监测和度量——基于中国金融体系的研究．金融研究，（6）：18-36．

佟家栋，谢丹阳，包群，等．2017．"逆全球化"与实体经济转型升级笔谈．中国工业经济，

（6）：5-59.

童牧，何奕. 2012. 复杂金融网络中的系统性风险与流动性救助——基于中国大额支付系统的研究. 金融研究,（9）：20-33.

王朝明，朱睿博. 2016. 产业结构升级中的货币政策与金融市场效应——基于BVAR模型与门限回归模型的分析. 财经科学,（12）：23-34.

王定祥，许瑞恒. 2019. 中国股票市场发展对经济增长的门槛效应研究——基于省级面板数据的实证分析. 东岳论丛,（8）：50-61，191-192.

王国静，田国强. 2014. 金融冲击和中国经济波动. 经济研究,（3）：20-34.

王家新，晏维龙，尹平，等. 2016.《关于完善审计制度若干重大问题的框架意见》学习笔谈纪要. 审计与经济研究,（1）：3-17.

王靖一，黄益平. 2018. 金融科技媒体情绪的刻画与对网贷市场的影响. 经济学（季刊）,（4）：1623-1650.

王鹏，黄迅. 2018. 基于Twin-SVM的多分形金融市场风险的智能预警研究. 统计研究,（2）：3-13.

王晴. 2014. 基于BVAR模型的股债联动关系实证研究. 上海：上海交通大学.

王维国，于扬. 2016. 基于混频回归类模型对中国季度GDP的预报方法研究. 数量经济技术经济研究,（4）：108-125.

王晓枫，廖凯亮，徐金池. 2015. 复杂网络视角下银行同业间市场风险传染效应研究. 经济学动态,（3）：71-81.

王彦. 2006. 试论"国家审计"在企业全面风险管理中的职能及作用. 审计月刊,（22）：11-12.

魏祥健. 2015. 云计算环境下的云审计系统设计与风险控制. 会计之友,（1）：101-105.

翁媛媛，高汝熹. 2011. 中国经济增长动力分析及未来增长空间预测. 经济学家,（8）：65-74.

吴冲，吕静杰，潘启树，等. 2004. 基于模糊神经网络的商业银行信用风险评估模型研究. 系统工程理论与实践,（11）：1-8.

吴禾日. 2018. 中国财政支出冲击对宏观经济影响的研究. 厦门：厦门大学.

吴恒煜，胡锡亮，吕江林. 2013. 我国银行业系统性风险研究——基于拓展的未定权益分析法. 国际金融研究,（7）：85-96.

吴洪权. 2014. 基于KLR的金融安全预警指标研究. 青岛：青岛大学.

肖争艳，安德燕，易娅莉. 2009. 国际大宗商品价格会影响我国CPI吗——基于BVAR模型的分析. 经济理论与经济管理,（8）：17-23.

肖志超，胡国强. 2018. 会计信息预测宏观经济增长的实现路径：盈余传导与风险感知. 财经研究,（1）：61-74.

徐超，陈勇. 2020. 区块链技术下的审计方法研究. 审计研究,（3）：20-28.

徐元玲. 2008. 风险导向内部审计应用研究. 财会研究,（7）：72-74.

轩慧芳. 2014. 基于BVAR模型的我国股票价格宏观经济因素影响分析. 广州：暨南大学.

叶五一，李飞，缪柏其. 2016. 基于局部相关系数的美国次贷危机传染分析. 数理统计与管理,（3）：525-535.

易纲. 2010. 关于国际金融危机的反思与启示. 求是,（20）：33-35.

袁靖，孙爱玲. 2014. 中国宏观经济变量预测的实证研究——基于混合频率数据BVAR模型. 山东工商学院学报, 28（3）：1-6.

袁象, 余思勤. 2007. BVaR 方法在股指期货投资中的应用. 数理统计与管理,（4）: 693-696.

袁野. 2020. 推进新时代大数据审计工作的思考. 审计研究,（1）: 3-6.

张慧霞. 2010. 政府非税收入规范化管理的思考. 知识经济,（18）: 5-6.

张立华, 丁建臣. 2016. 高阶矩、HCCA 模型与银行系统风险前瞻预判. 统计研究,（1）: 70-77.

张丽英, 杨俊峰. 2015. 我国内部审计模式导向转变及路径分析. 河北经贸大学学报,（2）: 103-107.

张思奇, 萨默斯 P M. 1998. 贝叶斯向量自回归（BVAR）季度预测模型. 数量经济技术经济研究,（9）: 29-33.

张秀秀, 王慧, 田双双, 等. 2013. 高维数据回归分析中基于 LASSO 的自变量选择. 中国卫生统计, 30（6）: 922-926.

张延群, 娄峰. 2009. 中国经济中长期增长潜力分析与预测: 2008~2020 年. 数量经济技术经济研究,（12）: 137-145.

章柯, 张冬雯, 梁轩瑞, 等. 2018. 大数据审计中要做到的"三个把握". 审计研究,（5）: 30-34.

郑石桥. 2020. 电子数据环境对审计流程的影响: 一个理论框架. 财会通讯,（21）: 14-17, 47.

郑挺国, 尚玉皇. 2013. 基于金融指标对中国 GDP 的混频预测分析. 金融研究,（9）: 16-29.

郑伟, 张立民, 杨莉. 2016. 试析大数据环境下的数据式审计模式. 审计研究,（4）: 20-27.

中国人民银行长春中心支行课题组, 孙维仁. 2018. 影子银行发展增加了货币供给吗?——基于信用创造视角和 BVAR 模型. 金融发展评论,（8）: 104-114.

朱培金. 2016. 中美货币政策溢出效应研究——基于 BVAR 模型分析. 金融与经济,（10）: 39-44, 58.

庄飞鹏. 2014. 风险导向内部审计应用初探. 财务与会计,（10）: 32-34.

左大培, 杨春学. 2007. 经济增长理论模型的内生化历程. 北京: 中国经济出版社.

Aboura S, van Roye B. 2017. Financial stress and economic dynamics: the case of France. International Economics, 149: 57-73.

Acemoglu D, Akcigit U, Kerr W. 2016. Networks and the macroeconomy: an empirical exploration. National Bureau of Economic Research Macroeconomics Annual, 30: 276-335.

Acemoglu D, Azar P D. 2018. Endogenous production networks. NBER Working Paper.

Acemoglu D, Carvalho V M, Ozdaglar A, et al. 2012. The network origins of aggregate fluctuations. Econometrica, 80(5): 1977-2016.

Acemoglu D, Ozdaglar A, Tahbaz-Salehi A. 2015. Systemic risk and stability in financial networks. American Economic Review, 105(2): 564-608.

Acemoglu D, Ozdaglar A, Tahbaz-Salehi A. 2017. Microeconomic origins of macroeconomic tail risks. American Economic Review, 107(1): 54-108.

Acharya V V, Engle R, Richardson M P. 2012. Capital shortfall a new approach to ranking and regulating systemic risks. American Economic Review, 102(3): 59-64.

Acharya V V, Pedersen L H, Philippon T, et al. 2010. Measuring systemic risk. AFA 2011 Denver Meetings Paper.

Adrian T, Brunnermeier M K. 2011. CoVaR. NBER Working Paper.

Afonso G M, Shin H S. 2008. Systemic risk and liquidity in payment systems. FRB of New York Staff Report.

Ahn J J, Oh K J, Kim T Y, et al. 2011. Usefulness of support vector machine to develop an early

warning system for financial crises. Expert Systems with Applications, 38(4): 2966-2973.
Aksu Y, Miller D J, Kesidis G, et al. 2010. Margin-maximizing feature elimination methods for linear and nonlinear kernel-based discriminant functions. IEEE Transactions on Neural Network, 21(5): 701-717.
Alessandri P, Gai P, Kapadia S, et al. 2009. Towards a framework for quantifying systemic stability. International Journal of Central Banking, 5(3): 47-81.
Allen F, Carletti E. 2003. What is systemic risk. Journal of Money, Credit and Banking, 45(s1): 121-127.
Allen F, Carletti E. 2006. Credit risk transfer and contagion. Journal of Monetary Economics, 53(1), 89-111.
Allen F, Carletti E. 2011. What should central banks do about real estate prices. Wharton Financial Institutions Center Working Paper No 11-29.
Allen F, Gale D. 2000a. Bubbles and crises. Economic Journal, 110: 236-255.
Allen F, Gale D. 2000b. Financial contagion. Journal of Political Economy, 108(1): 1-33.
Amini H, Cont R, Minca A. 2016. Resilience to contagion in financial networks. Mathematical Finance, 26(2): 329-365.
Antràs P, Chor D. 2013. Organizing the global value chain. Econometrica, 81(6): 2127-2204.
Antràs P, Teresa C, Tintelnot F. 2017. The margins of global sourcing: theory and evidence from U. S. firms. American Economic Review, 107(9): 2514-2564.
Atalay E. 2017. How important are sectoral shocks. American Economic Journal: Macroeconomics, 9(4): 254-280.
Atalay E, Hortaçsu A, Roberts J, et al. 2011. Network structure of production. Proceedings of the National Academy of Sciences, 108(13): 5199-5202.
Bach F R, Lanckriet G R G, Jordan M I. 2004. Multiple kernel learning, conic duality, and the SMO algorithm. Banff: The 21th International Conference on Machine Learning.
Bae K, Karolyi G A, Stulz R M. 2003. A new approach to measuring financial contagion. Review of Financial Studies, 16: 717-763.
Banulescu G, Dumitrescu E. 2015. Which are the SIFIs? A component expected shortfall approach to systemic risk. Journal of Banking & Finance, 50: 575-588.
Baqaee D R, Farhi E. 2019. The macroeconomic impact of microeconomic shocks: beyond Hulten's theorem. Econometrica, 87(4): 1155-1203.
Barsky R B, House C L, Kimball M S. 2007. Sticky-price models and durable goods. American Economic Review, 97(3): 984-998.
Battiston S, Gatti D D, Gallegati M, et al. 2012. Default cascades: when does risk diversification increase stability. Journal of Financial Stability, 8(3): 138-149.
Bernard A B, Dhyne E, Magerman G, et al. 2018. The origins of firm heterogeneity: a production network approach. Journal of Political Economy, 130(7): 1765-1804.
Bernard A B, Moxnes A. 2018. Networks and trade. Annual Review of Economics, 10: 65-85.
Berman A B, Plemmons R J. 1979. Nonnegative Matrices in the Mathematical Sciences. Pittsburgh: Academic Press.
Bigio S, La'O J. 2017. Distortions in production networks. The Quarterly Journal of Economics, 135(4): 2187-2253.
Billio M, Getmansky M, Lo A W, et al. 2012. Econometric measures of connectedness and systemic risk in the finance and insurance sectors. Journal of Financial Economics, 104(3): 535-559.
Black F, Scholes M. 1973. The pricing of options and corporate liabilities. The Journal of Political Economy, 81(3): 637-654.
Bloom N, Mahajan A, McKenzie D, et al. 2010. Why do firms in developing countries have low productivity. American Economic Review, 100(2): 619-623.
Blum A, Mitchell T. 1998. Combining labeled and unlabeled data with co-training. New York:

the Eleventh Annual Conference on Computational Learning Theory.

Boivin J, Giannoni M. 2006. DSGE models in a data-rich environment. NBER Working Paper.

Brownlees C T, Engle R F. 2011. Volatility, correlation and tails for systems risk measurement. Working Paper.

Brownlees C T, Engle R F. 2017. SRISK: a conditional capital shortfall measure of systemic risk. The Review of Financial Studies, 30(1): 48-79.

Brunnermeier M, Crocket A, Goodhart C, et al. 2009. The fundamental principles of financial regulation: Geneva reports on the world economy 11. Geneva: International Center for Monetary and Banking Studies.

Brzoza-Brzezina M, Kolasa M, Makarski K. 2013. The anatomy of standard DSGE models with financial frictions. Journal of Economic Dynamics and Control, 37(1): 32-51.

Caliendo L, Parro F, Tsyvinski A. 2018. Distortions and the structure of the world economy. National Bureau of Economic Research Working Paper.

Holz C A. 2008. China's economic growth 1978-2025: what we know today about China's economic growth tomorrow. World Development, 36(10): 1667-1691.

Carvalho V M. 2010. Aggregate fluctuations and the network structure of intersectoral trade. Economics Working Paper 1206.

Carvalho V M. 2014. From micro to macro via production networks. Journal of Economic Perspectives, 28(4): 23-48.

Carvalho V M, Draca M. 2018. Cascading innovation. Working Paper from Society for Economic Dynamics.

Carvalho V M, Gabaix X. 2013. The great diversification and its undoing. American Economic Review, 103(5): 1697-1727.

Carvalho V M, Nirei M, Saito Y, et al. 2017. Supply chain disruptions: evidence from the great east Japan earthquake. Becker-Friedman Institute Working Paper.

Castren O, Kristian I, Kavonius. 2009. Balance sheet interlinkages and macro-financial risk analysis in the Euro area. Working Paper from European Central Bank.

Chambers R. 1996. Productivity growth in APEC countries. Pacific Economic Review, 1(3): 181-190.

Chaney T. 2014. The network structure of international trade. American Economic Review, 104(11): 3600-3634.

Chen W J, Tian Y J. 2010. L_p-norm proximal support vector machine and its applications. Procedia Computer Science, 1(1): 2417-2423.

Cheng H, Koc L, Harmsen J, et al. 2016. Wide & deep learning for recommender systems. Boston: Workshop on Deep Learning for Recommender Systems.

Chernozhukov V, Chetverikov D, Demirer M, et al. 2018. Double/debiased machine learning for treatment and structural parameters. The Econometrics Journal, 21(1): 1-68.

Chow G C, Li K W. 2002. China's economic growth: 1952-2010. Economic Development and Cultural Change, 51(1): 247-256.

Christiano L J. 2015. Comment on "Networks and the macroeconomy: an empirical exploration". NBER Macroeconomics Annual 2015, 30: 346-373.

Ciccone A. 2002. Input chains and industrialization. The Review of Economic Studies, 69(3): 565-587.

Cifuentes R, Ferrucci G, Shin H S. 2005. Liquidity risk and contagion. Journal of the European Economic Association, 3: 556-566.

Cobb C W, Douglas P H. 1928. A theory of production. American Economic Review, 18(1): 139-165.

Coke E, Berg M. 2004. Autocorrelation-corrected standard errors in panel probits: an application to currency crisis prediction. IMF Working Paper.

Collins S, Gallagher E. 2016. Assessing the credit risk of money market funds during the

eurozone crisis. Journal of Financial Stability, 25: 150-165.
Conley, Timothy G, Dupor B. 2003. A spatial analysis of sectoral complementarity. Journal of Political Economy, 111(2): 311-352.
Corbae D, Quintin E. 2015. Leverage and the foreclosure crisis. Journal of Political Economy, 123 (1): 1-65.
Danielsson J, Zigrand J P. 2001. What happens when you regulate risk? Evidence from a simple equilibrium model. FMG Discussion Papers from Financial Markets Group.
Dasgupta P. 2001. Human Well-Being and the Natural Environment. New York: Oxford University Press.
Diebold F X, Yilmaz K. 2014. On the network topology of variance decompositions: measuring the connectedness of financial firms. Journal of Econometrics, 182(1): 119-134.
Dilla W N, Raschke R L. 2015. Data visualization for fraud detection: practice implications and a call for future research. International Journal of Accounting Information Systems, 16: 1-22.
Dixit R K, Pindyck R S. 1994. Investment Under Uncertainty. Princeton: Princeton University Press.
Dixon M, Klabjan D, Bang J H. 2016. Classification based financial market prediction using deep neural networks. Algorithmic Finance, 6: 3-4, 67-77.
Dupor B. 1999. Aggregation and irrelevance in multi-sector models. Journal of Monetary Economics, 43(2): 391-409.
Duttagupta R, Cashin P. 2011. Anatomy of banking crises in developing and emerging market countries. Journal of International Money and Finance, 30(2): 354-376.
Dynan K. 2012. Is a household debt overhang holding back consumption. Brookings Papers on Economic Activity, 1: 299-362.
Eisenberg L, Noe T. 2001. Systemic risk in financial systems. Management Science, 47: 236-249.
End J W V D, Tabbae M. 2005. Measuring financial stability: applying the MfRisk model to the Netherlands. DNB Working Papers from Nederlands Central Bank.
Färe R, Primont D. 1995. Multi-output Production and Duality: Theory and Applications. Boston: Kluwer Academic Publishers.
Foerster A T, Sarte P G, Watson M W. 2011. Sectoral versus aggregate shocks: a structural factor analysis of industrial production. Journal of Political Economy, 119(1): 1-38.
Fouejieu A. 2017. Inflation targeting and financial stability in emerging markets. Economic Modelling, 60: 51-70.
Frankel J A, Rose A K. 1996. Currency crashes in emerging market: an empirical treatment. Journal of International Economic, 41:351-366.
Freixas X, Parigi B M, Rochet J. 2000. Systemic risk, interbank relations, and provision by the central bank. Journal of Money, Credit and Banking. 32(3): 611-638.
Furfine C H. 2003. Interbank exposures: quantifying the risk of contagion. Journal of Money, Credit and Banking, 35(1): 111-128.
Gabaix X. 2011. The granular origins of aggregate fluctuations. Econometrica, 79(3): 733-772.
Gai P, Haldane A, Kapadia S. 2011. Complexity, concentration and contagion. Journal of Monetary Economics, 58(5): 453-470.
Galí J, Smets F, Wouter R. 2012. Slow recoveries: a structural interpretation. Journal of Money, Credit and Banking, 44: 9-30.
Ganong P, Noel P J. 2019. Consumer spending during unemployment: positive and normative implications. American Economic Review, 109(7): 2383-2424.
Ganong P, Noel P J. 2020. Liquidity versus wealth in household debt obligations: evidence from housing policy in the great recession. American Economic Review, 110(10): 3100-3138.
Gapen M T, Gray D F, Lim C H, et al. 2004. The contingent claims approach to corporate

vulnerability analysis: estimating default risk and economy-wide risk transfer. IMF Working paper.

Gapen M T, Gray D, Lim C H, et al. 2005. Measuring and analyzing sovereign risk with contingent claims. IMF Working paper.

Gertler M, Karadi P. 2011. A model of unconventional monetary policy. Journal of Monetary Economics, 58(1): 17-34.

Gertler M, Kiyotaki N. 2010. Financial intermediation and credit policy in business cycle analysis. Handbook of Monetary Economics, 3: 547-599.

Grassi B. 2017. IO in I-O: Size, industrial organization, and the input-output network make a firm structurally important. Working Papers from IGIER.

Gray D F. 2001. Macrofinancial risk country report: Thailand, MfRisk and marcofinancial risk framework. MfRisk Document.

Gray D F, Jobst A A . 2010. Systemic CCA-A model approach to systemic risk. IMF Working Paper.

Gray D F, Merton R C, Bodie Z. 2006. A new framework for analyzing and managing macrofinancial risks of an economy. NBER Working Paper.

Gray D F, Merton R C, Bodie Z. 2008. New framework for measuring and managing macrofinancial risk and financial stability. Harvard Business School Working Paper.

Greenwood R, Landier A, Thesmar D. 2015. Vulnerable banks. Journal of Financial Economics, 115(3): 471-485.

Haddow A, Hare C, Hooley J, et al. 2013. A new age of uncertainty? Measuring its effect on the UK economy. http://www.thethao247web.net/article/new-age-uncertainty-measuring-its-effect-uk-economy[2022-12-20].

Hastie T, Tibshirani R, Friedman J. 2009. The Elements of Statistical Learning. New York: Springer.

He K M, Zhang X Y, Ren S Q, et al. 2016. Deep residual learning for image recognition. Las Vegas: the IEEE conference on computer vision and pattern recognition.

Herskovic B. 2018. Networks in production: asset pricing implications. Journal of Finance, 73(4): 1785-1818.

Hidasi B, Karatzoglou A, Baltrunas L, et al. 2016. Session-based recommendations with recurrent neural networks. https://arxiv.org/abs/1511.06939[2022-12-20].

Horvath M. 1998. Cyclicality and sectoral linkages: aggregate fluctuations from sectoral shocks. Review of Economic Dynamics, 1(4): 781-808.

Horvath M. 2000. Sectoral shocks and aggregate fluctuations. Journal of Monetary Economics, 45(1): 69-106.

Huang J, Breheny P, Ma S G. 2012. A selective review og group selection in high-dimensional models. Statistical Science, 27(4): 481-499.

Iacoviello M. 2015. Financial business cycles. Review of Economic Dynamics,18 (1): 140-163.

Illing M, Liu Y. 2003. An Index of financial stress for Canada. Bank of Canada Working Paper .

Imakubo K, Soejima Y. 2010. The transaction network in Japan's interbank money markets. Monetary and Economic Studies, 28: 107-150.

IMF. 2009. Global financial stability report: responding to the financial crisis and measuring systemic risks. IMF Working Paper.

Iori G, Jafarey S, Padillab F G, et al. 2006. Systemic risk on the interbank market. Journal of Economic Behavior & Organization, 61(4): 525-542.

Jackson M O, Rogers B W. 2007. Meeting strangers and friends of friends: how random are social networks. American Economic Review, 97(3): 890-915.

Johnson R C. 2018. Measuring global value chains. Annual Review of Economics, 10(1): 207-236.

Jones C I. 2011. Intermediate goods and weak links: a theory of economic development.

American Economic Journal: Macroeconomics, 3(2): 1-28.
Jones C I. 2013. Misallocation, Economic Growth, and Input-Output Economics. Cambridge: Cambridge University Press.
Joseph A. 2019. Shapley regressions: a framework for statistical inference on andreas machine learning models. https://arxiv.org/abs/1903.04209[2020-12-20].
Kaihatsu S, Kurozumi T. 2014. Sources of business fluctuations: financial or technology shocks. Review of Economic Dynamics, 17: 224-242.
Kaminsky G, Lizondo S. Reinhant C M. 1998. Leading indicators of currency crises. IMF Staff Papers.
Kaminsky G, Reinhart C M. 1999. The twin crises: the causes of banking and balance-or-payments problems. American Economic Review, 89: 473-500.
Kazemitabar J, Amini A, Bloniarz A, et al. 2017. Variable importance using decision trees. Long Beach: 31st Conference on Neural Information Processing Systems.
Kimmel B W, Anderson G E. 2010. ERM myths and truths. Financial Executive, 26(10): 48-50.
Knechel W R, Vanstraelen A. 2007. The relationship between auditor tenure and audit quality implied by going concern opinions. Auditing: A Journal of Theory & Practice, 26(1): 113-131.
Kryshko M. 2011. Bayesian dynamic factor analysis of a simple monetary DSGE model. IMF Working Paper.
Lazear E P, Spletzer J R. 2012. Hiring, churn, and the business cycle. American Economic Review, 102(3): 575-579.
Lundberg S, Lee S. 2017. A unified approach to interpreting model predictions. Long Beach: 31st Conference on Neural Information Processing Systems.
Mantegna R N. 1999. Hierarchical structure in financial markets. The European Physical Journal B-Condensed Matter and Complex Systems. 11: 193-197.
Merton R C. 1973. Theory of rational option pricing. The Bell Journal of Economics and Management Science, 4(1): 141-183.
Mian A, Rao K, Sufi A, et al. 2013. Household balance sheets, consumption, and the economic slump. Quarterly Journal of Economics, 128(4): 1687-1726.
Mian A, Sufi A. 2011. House prices, home equity-based borrowing, and the US household leverage crisis. American Economic Review, 101: 2132-2156.
Mian A, Sufi A. 2014. What explains the 2007-2009 drop in employment. Econometrica, 82(6): 2197-2223.
Miccolis J A, Hively K, Merkley B W. 2005. Enterprise Risk Management: Trends and Emerging Practices. Lake Mary: The Institute of Internal Auditors.
Michael P, Beatriz A. 2009. Forecasting US output growth using leading indicators: an appraisal using MIDAS models. Journal of Applied Econometrics, 24(7): 1187-1206.
Mimir Y. 2016. Financial Intermediaries, credit shocks and business cycles. Oxford Bulletin of Economics and Statistic, 78(1): 42-74.
Mistrulli P E. 2011. Assessing financial contagion in the interbank market: maximum entropy versus observed interbank lending patterns. Journal of Banking and Finance, 35: 1114-1127.
Mullainathan S, Spiess J. 2017. Machine learning: an applied econometric approach. Journal of Economic Perspectives, 31(2): 87-106.
Nolan C, Thoenissen C. 2009. Financial shocks and the US business cycle. Journal of Monetary Economics, 56(4): 596-604.
Phillip B. 1987. Power and centrality: a family of measures. American Journal of Sociology, 92(5): 1170-1182.
Rakotomamonjy A, Bach F R, Canu S, et al. 2008. Simple MKL. Journal of Machine Learning Research, 9: 2491-2521.

Ribeiro M T, Singh S, Guestrin C. 2016. "Why should I trust you?": explaining the predictions of any classifier. San Francisco: The 22nd ACM SIGKDD International Conference on Knowledge Discovery and Data Mining.

Romer P M. 1990. Endogenous technological change. Journal of Political Economy, 98 (5) : 71-102.

Rose A M, Rose J M, Sanderson K, et al. 2017. When should audit firms introduce analyses of big data into the audit process. Journal of Information Systems, 31(3): 81-99.

Sachs J, Tomell A, Velasco A. 1996. Financial crises in emerging markets: the lessons from 1995. Brookings Papers on Economic Activity, (5): 147-199.

Saldías M. 2013. Systemic risk analysis using forward-looking distance-to-default series. Journal of Financial Stability, 9(4): 498-517.

Schwarcz S L. 2008. Markets, systemic risk, and the subprime mortgage crisis. Southern Methodist University Law Review, 61(2): 209-216.

Sedhain S, Menon A, Sanner S, et al. 2015. AutoRec autoencoders meet collaborative filtering. Florence: The 24th International Conference on World Wide Web.

Segoviano M A, Goodhart C A E. 2009. Banking stability measures. IMF Working Paper.

Shrikumar A, Greenside P, Kundaje A. 2017. Learning important features through propagating activation differences. Sydney: 34th International Conference on Machine Learning.

Simon N, Friedman J, Hastie T, et al. 2013. A sparse-group lasso. Journal of Computational and Graphical Statistics, 22(2): 231-245.

Strumbelj E, Kononenko I. 2010. An efficient explanation of individual classifications using game theory. The Journal of Machine Learning Research, 11: 1-18.

Sun Y Z, Han J W, Yan X F, et al. 2011. PathSim: meta path-based top-K similarity search in heterogeneous information networks. Proceeding of the VLDB Endowment, 4(11): 992-1003.

Sun Y Z, Han J W, Zhao P X, et al. 2009. RankClus: integrating clustering with ranking for heterogeneous information network analysis. Saint Petersburg: the 12th International Conference on Extending Database Technology: Advances in Database Technology.

Tarashev N, Borio C, Tsatasronis K. 2010. Attributing systemic risk to individual institution. BIS Working Paper.

Tasca P, Battiston S. 2011. Diversification and financial stability. CCSS Working Paper.

Trapp M, Wewel C. 2013. Transatlantic systemic risk Original Research Article. Journal of Banking & Finance, 37(11): 4241-4255.

Trichet J C. 2010. Keynote address by Jean-Claude Trichet. CESifo Forum, 11(3): 8-11.

Tumminello M, Aste T, Matteo T, et al. 2005. A tool for filtering information in complex systems. Proceedings of the National Academy of Science, 102(30): 10421-10426.

Wager S, Athey S. 2018. Estimation and inference of heterogeneous treatment effects using random forests. Journal of the American Statistical Association, 113(523): 1228-1242.

Yang Y, Zou H. 2013. An efficient algorithm for computing the HHSVM and its generalizations. Journal of Computational and Graphical Statistics, 22(2): 396-415.

后 记

本书是国家自然科学基金委员会 2019 年度"国家宏观战略中的关键问题研究"专项项目"大数据环境下面向宏观经济风险的审计监测预警研究"（项目编号：71950010）的结项成果。本书由王擎教授总撰写，西南财经大学中国金融研究院的董青马教授参与了宏观经济风险框架及风险指数的写作，宋易珈讲师参与了行业健康度部分的写作，万晓莉副教授、程欣讲师参与了房地产行业风险的写作，童牧教授参与了产业网络模型部分的写作，尚玉皇教授参与了金融系统性风险部分的写作，徐彤副教授参与了宏观经济风险计量分析部分的写作，审计署审计科研所的崔竹副研究员参与了数字化审计工作模式优化研究的写作，四川省大数据中心的刘张副教授参与了机器学习部分的写作。罗翊烜、周思言、叶莉、殷越、严钰童、杨曼路、潘静珍、龙先琴、兰春霞、侯佩汝、郭媛媛、李书妮、刘瑞杰、王哲钊、杨皓忠、应希晨等参与了宏观经济风险监测分析报告的部分写作和数据的爬取工作。同时感谢西南财经大学寇纲教授、林华珍教授对项目的大力支持，感谢成都数融科技有限公司在项目技术上给予的支持。